וָחַי עִמָּךְ

מיעוטים במדינה יהודית: תורה של אחריות ושותפות

יעקב נגן, שראל רוזנבלט, מיכל טיקוצ׳ינסקי, אסף מלאך

וָחַי עִמָּךְ

מיעוטים במדינה יהודית: תורה של אחריות ושותפות

המרכז הבין דתי אור תורה
בית מדרש לישראל והאנושות
אור תורה סטון

מגיד

Yakov Nagen, Sarel Rosenblatt, Michal Tikochinsky, Assaf Malach
That They May Live Among You
Minorities in a Jewish State: An Ethic of Responsibility and Partnership

עורך אחראי: ראובן ציגלר
עורכת ראשית: אוריה מבורך
עורכת משנה: אפרת גרוס
עריכת לשון: הניה קולומבוס, דוד צרי
עיצוב עטיפה: סטודיו עפעף
עימוד: עדי רובין

ספרי מגיד, הוצאת קורן
ת״ד 4044 ירושלים 9104001
טל׳: 02-6330530 פקס: 02-6330534
office@korenpub.com
www.korenpub.co.il

ISBN 978-965-526-410-4 מסת״ב

Printed in Israel 2025 נדפס בישראל

הכלל הגדול והמוסכם על כל באי עולם – 'ואהבת לרעך כמוך' – אינו עומד לבדו בתורת ישראל. לצידו שבים ומופיעים שוב ושוב ציוויים המרחיבים את תחום האהבה, הדאגה והחמלה גם כלפי הזר והשונה. יחד הם מבטאים חזון מוסרי מקיף של צדק ויושר, הנדרש הן כלפי הקרוב והמוכר, הן כלפי הגר היושב בתוכנו.

תקוותנו היא, כי ספר זה יהיה לפתח פתוח להשראה ולעשייה, ויעורר בלב יחידים וציבור כאחד מחויבות עמוקה להציב את טובת המיעוטים, את ההגינות ואת החסד כלפיהם כעיקרון עליון של העם היהודי.

עדנה ועבר זוסמן ◆ גיטי וג'ק בנדהיים

תוכן העניינים

נשיא המדינה
رئيس الدولة
THE PRESIDENT

ירושלים, כ"ט באייר תשפ"ה
27 במאי 2025

לכבוד יעקב נגן

יעקב היקר,

אני מודה לך, מקרב לב, על שהעברת לעיוני את הספר "וחי עמך: מיעוטים במדינה יהודית - תורה של אחריות ושותפות", פרי עטך יחד עם תלמידי החכמים והמלומדים הנוספים הרב שראל רוזנבלט, הרבנית ד"ר מיכל טיקוצ'ינסקי וד"ר אסף מלאך.

זהו תוצר מובהק וחשוב מאין כמוהו של בית המדרש לישראל והאנושות, בראשותך, הפועל במרכז הבין-דתי של "אור תורה". הוא עשוי וראוי להיות ספר מפתֵחַ ומורה דרך חשוב בנושא זה, של היחס למיעוטים במדינה, בבחינת "דבר בעִתו - מה טוב".

הספר עוסק באופן מעמיק, מקיף, סדור ובהיר בסוגיות חשובות הנוגעות לבירור היחס הראוי לזרים ולמיעוטים במדינה, מתוך המקורות ולאור הנסיבות המשתַּנות תכופות. הספר פורס יריעה מקיפה בנושא ערכי ומשמעותי מאין כמוהו, המלווה את העם היהודי לדורותיו ובמידה מיוחדת, בנסיבות שונות בתכלית, מאז שובנו לארץ וכינון המדינה.

כמי שעמל רבות בנושא הזה - ברוח סבי, אבי ודודי, אני משבח אתכם אף על הגישה הכוללת, שמתוכה צמח ספר זה, כמו גם פרסומים אחרים ופעילויות מבורכות וחשובות אחרות של המרכז ושל בית המדרש, ולפיה הפָּן הדתי אינו אמור להיוותר רק כשורש הבעיות ומוקד הסכסוכים שבין לאומים, עמים ודתות - אלא חלק מהפתרון,

במה שאתם מכנים "דיפלומטיה בין-דתית". הגישה המוסרית שאתם מציגים כלפי "גֵר תושב", המתבוננת באדם באשר הוא ובה בעת גם מתוך מבט מפוכח על המציאות המורכבת כאן, ראויה וחשובה מאוד.

בכך אני מוצא נקודות השקה חשובות הן למשנתו של סבי, הרב ד"ר יצחק אייזיק הלוי הרצוג זצ"ל, שדגל בשיח בין-דתי מתמיד ועסק בכך רבות, מתוך השקפתו ורוחב יריעת השכלתו היהודית והכללית, וכפי שציינתם אף הקדיש חלק ניכר מהגותו לבירור היחס למיעוטים במדינה הצעירה; והן לדרכו של אבי, הנשיא השישי חיים הרצוג ז"ל, כמו גם של אחיו ודודי, ד"ר יעקב הרצוג ז"ל, שהיה כזכור דיפלומט מזהיר.

כולם השכילו, בדרכם, למצוא נתיבים לשיח פורה עם אומות העולם ומנהיגיהן, המדיניים והדתיים גם יחד, מתוך עולמם היהודי העשיר. הבריח התיכון לגישה זו הוא, כי היחס לזרים ולמיעוטים נגזר גם מעצם היותנו כאלה רוב שנותינו בעבר, ותורת ישראל שואבת את הגישה לאחֵר גם מתוך עברנו שלנו, באומרה: "ואתם ידעתם את נפש הגֵר, כי גֵרים הייתם בארץ מצרים".

יישר כוחכם על העבודה המקיפה, היסודית והמסורה ועל הוצאתו לאור של ספר חשוב זה. עלו והצליחו בפועלכם במרכז הבין דתי ובבית המדרש הייחודי, בהשמעת קול יהודי צלול וערכי זה.

אנחנו נתונים בתוך תקופה מטלטלת במיוחד. לכן, אסיים את מכתבי בתפילה לחזרת כל אחינו החטופים, עד האחרון שבהם - מי לשיקום ולביתו ומי לקבר ישראל; להחלמת הפצועים בגוף ובנפש; להצלחתם ושלומם של חיילות וחיילי צה"ל וכוחות הביטחון; לשיבתן של המשפחות והקהילות העקורות לנוף מולדתן; ולנחמה של כל משפחות הנופלים והנרצחים יחד עם נחמת כלל הציבור במדינת ישראל.

שלכם,

יצחק הרצוג
נשיא המדינה

מבוא

זהות, רגישות ואחריות: מבט חדש על מקומם של המיעוטים במדינת ישראל

שראל רוזנבלט

לאחר מאות שנים של נדודים בארצות נכר קמה מדינת ישראל בארץ ישראל. במשך כל השנים האלה היינו זרים בחסות שלטון אחר. שאלות יסודיות הנוגעות לתשתית החיים טרדו את מנוחתנו. איך ייראו חיינו בארץ זרה? מה יהיה יחסם של השליטים כלפי הקהילות היהודיות? האם נזכה לביטחון והגנה, האם נוכל לצמוח ולשגשג, האם תכובד האוטונומיה הקהילתית? במשך שנים פיתח עם ישראל משנה שלמה בנוגע לדרך הנכונה להיות קהילת מיעוט שמכבדת את המארחים שלה, משנה שהביאה לא רק לשרידות אלא במקומות רבים גם לצמיחה, והדבר נכון אף בימינו עבור מיליוני יהודים בתפוצות.

* הרב שראל רוזנבלט הוא עמית מטעם מרדכי ז"ל וד"ר מוניקה תבל"א כץ ב"בית מדרש לישראל והאנושות" וראש ישיבת "אור תורה מחנים" ע"ש רוברט מ. ברן.

עם שובנו ארצה התורה מלמדת אותנו ששאלות אלו אינן נעלמות אלא משנות את מושאן. אנחנו מוסיפים לשאול אותן, אלא שהפעם מנקודת המבט של הריבון שבקרבו חי מיעוט לא־יהודי. בעיני התורה אלו שאלות שנוגעות באחד האתגרים היסודיים העומדים לפתחנו. זוהי סוגיה שמציבה לפנינו תמונת ראי של מי אנחנו ומה מנחה את חיינו הפוליטיים בארץ ישראל, ובוחנת אם הפנמנו את המסר שנצרב בבשרנו בשנות הגלות המרובות. עלינו לעמול על פיתוח משנה סדורה שתיתן מענה לשאלות אלו.

אברהם אבינו מגיע לארץ כנען כאדם זר ופונה אל אנשי חברון במילים: "גֵּר וְתוֹשָׁב אָנֹכִי עִמָּכֶם" (בראשית כג, ד). אני אומנם זר אבל אני יושב איתכם, בתוככם, תעזרו לי ונוכל לחיות ביחד. באותן המילים מצווה עלינו התורה על היחס כלפי המיעוט בארץ ישראל: "וְהֶחֱזַקְתָּ בּוֹ גֵּר וְתוֹשָׁב וָחַי עִמָּךְ" (ויקרא כה, לה).[1] הוא אומנם זר, אבל הוא כאן איתנו, בתוכנו; תחזיק בו, תעזור לו.

כדרכה של תורה, היא מעצימה את משמעות ישיבתנו בארץ ובד בבד תובעת מאיתנו תביעות מוסריות בלתי מתפשרות בתחומים רבים. הדאגה האנושית והמוסרית כלפי מיעוטים הגרים בארץ מודגשת בתורה באופן מיוחד והיא ניצבת כקריאה חשובה בעידן של ריבונות יהודית בארץ ישראל. כדבריו של הראי"ה קוק זצ"ל (**אורות התחיה**, יח), הלאומיות והקודש והאנושיות המוסרית נתבעים מאיתנו בו זמנית.

בתלמודים ובספרי ההלכה, הדיונים על היחס לגויים עסקו בעיקר בטיב מערכת היחסים שבין אדם יהודי פרטי לשכנו הנוכרי, או בניסיון למצוא פתרון הלכתי לבעיה קהילתית כזו או אחרת. נקודת המוצא של ספר זה שונה ביסודה. היא מתחילה **בקבלת אחריות** הנגזרת מעצם הריבונות הפוליטית של מדינת ישראל. השאלה המרכזית היא מהן ההשלכות הערכיות והחובות המוסריות כלפי המיעוטים הנגזרות

1. ראו שם ברש"י וכן בהשגות הרמב"ן **לספר המצוות** שכחת עשין, מצווה טז.

ממעמדנו כריבונים בארץ. זאת נקודת המבט שמתוכה יש לשוב ולדון ולהעמיק בסוגיות רגישות אלו.

הספר שלפניכם מבקש להישיר מבט אל המציאות הממשית, אל מדינת ישראל, אל האתגרים שניצבים לפניה ואל ההזדמנויות שצומחות בה, ובו בזמן להרים את המבט כדי לצייר אופק שמתעלה מעל הקשיים המציאותיים בארץ ולהאיר חזרה על חיינו במדינה מתוך עומקה של מסורת ישראל.

משעבוד מצרים לריבונות בארץ: רגישותה של התורה למיעוטים

להיות מיעוט, להיות זר, אחר ושונה בתוך חברת רוב - זה מצב קשה ומאתגר, שכן הוא מערער את אדני הקיום האנושיים הראשוניים ביותר הן ברמה התודעתית והן ברמה המעשית. העוגנים החברתיים, תחושת הביטחון, העצמאות, השאיפה לחיות בכבוד, להיות מובן ולהצליח להבין את המערכת החברתית־כלכלית, היכולת להתפרנס באופן ראוי, לממש את המאוויים הרוחניים והקהילתיים, כל אלו זקוקים לתמיכה אקטיבית תמידית. הקלות שבה אדם זר יכול להיות סחוף ורמוס תחת גלגלי השיניים של חברת הרוב עשויה להיות דרמטית כל כך עד שהיא עלולה לפגוע במשמעות הבסיסית של אדם שנברא בצלם אלוהים.

התורה רגישה עד למאוד למעמדם של החלשים בחברה, ולא רק אלו היהודים. היא חוזרת ומזהירה שוב ושוב על חובת היחס ההוגן כלפי הנוכרי הגר בארץ. פסוקים אלו כוללים לא רק אזהרות בבחינת "סור מרע" אלא גם ציוויים חיוביים על דאגה ממשית כלפיו. הדגשה זו מטרתה להבהיר כי מצבו של הגר הוא אבן בוחן יסודית ביותר למצבה המוסרי של חברת הרוב.

ברם, לא רק חוק ומוסר לפנינו אלא גם ציוויים הקשורים בטבורם לסיפורו של עם ישראל וזהותו הבסיסית. כבר בברית בין הבתרים, הברית המכוננת בין הקב"ה לאברהם וזרעו, מתבשר אברהם "כִּי גֵר יִהְיֶה זַרְעֲךָ בְּאֶרֶץ לֹא לָהֶם וַעֲבָדוּם וְעִנּוּ אֹתָם אַרְבַּע מֵאוֹת

שָׁנָה" (בראשית טו, יג). עם ישראל יחווה על בשרו את הזרות בארץ נוכרייה, את הקלות שבה זרים נדחקים לתחתית הסולם החברתי ונעשים מושא לקונספירציות בדבר היותם בגדר סכנה דמוגרפית, בוגדים וגיס חמישי. רק לאחר מכן יוכל עם ישראל לצאת ממצרים ולזכות להיות ריבון בארץ משלו.

התורה מדגישה כי ערך זה הוא אחד הלקחים החשובים שעל עם ישראל ללמוד משעבוד מצרים: "וַאֲהַבְתֶּם אֶת הַגֵּר כִּי גֵרִים הֱיִיתֶם בְּאֶרֶץ מִצְרָיִם" (דברים י, יט).[2] בסיפור המכונן של עם ישראל אשר מסופר בכל שנה ושנה בליל חג הפסח אנחנו מדגישים כי הוא "מתחיל בגנות ומסיים בשבח" (משנה פסחים פ"י מ"ד). לא רק נס ההצלה צריך להתנוסס על דגלנו כי אם גם זיכרון הגרות והזרות בהיותנו עבדים בארץ לא לנו. מתוך חוויה קולקטיבית זו, הקב"ה מזהיר בדבר ההתנהגות הנאותה והמוסרית כלפי הזרים הגרים בארצנו. לא בכדי איננו מוצאים בתורה שאיפה שבשטחי הארץ המובטחת יתגוררו רק יהודים. הרי מצוות קריאה לשלום קודמת למצוות המלחמה, כלומר המצב האידיאלי הוא חיים של שלום ושותפות בין עם ישראל לבין המיעוטים החיים תחת ריבונותו. רבי יוסף אלבו ב**ספר העיקרים** רואה באהבה ובדאגה לגר יסוד חשוב ומיוחד בתורת ישראל:

> ואולם בחלק מהמצות שבין אדם לחבירו... הנה תורת משה שלמה מזולתה מן הדתות, כי היא תזהיר אהבת האנשים, אמרה ואהבת לרעך כמוך (ויקרא יט, יח)... ועל הגר אמרה ואהבתם את הגר (דברים י, יט), והזהירה שלא להונות אותו, אמרה עמך ישב בקרבך במקום אשר יבחר באחד שעריך בטוב לו לא תוננו (דברים כג, יז), ולא גר צדק בלבד אלא אפילו על גר תושב. (**ספר העיקרים** מאמר ג, פרק כה)

2. עיינו בפרק על אהבת הגר (להלן עמ' 72 ואילך), שם מבואר מדוע מכוון פסוק זה במיוחד לאהבת גר תושב.

על בסיס דברי המהר"ל מפראג[3] מגדיר הרב יהודא ליאון אשכנזי (מניטו) את חוויית הגרות של עם ישראל לאורך הדורות כדבר שעומד בבסיס האחיזה של עם ישראל בארץ ישראל:

> שהארץ ניתנת למי מבין צאצאי אברהם שמוכן להיות גר... רק מי שמוכן לרדת לגלות יכול לטעון שיש לו אחיזה כלשהי בארץ ישראל... בני יעקב הגיעו גם לכל מקום בעולם, אולם תמיד כגרים, כגולים שלא מרצונם מארץ ישראל. מכל צאצאי אברהם, התקיימה בפועל גזרת הגלות רק בקרב בני ישראל. לכן רק להם יש זכות על ארץ ישראל.
>
> (מניטו, **סוד מדרש התולדות ב**, עמ' 147)

אפשר לסכם ולומר שהתיאור של אברהם כגר בארץ, הסיפור המכונן של בני ישראל כגרים משועבדים במצרים והדגשת הצורך להתייחס באהבה אל הגרים עקב כך, מלמדים על מרכזיות היחס הנאות לגרים ולמיעוטים בעיני התורה כחלק בלתי נפרד מהסיפור והייעוד הגדול של עם ישראל.

בין מבט הומני למבט פוליטי: מצלם אלוהים ועד גר תושב

במחשבה מעמיקה יותר, את הסיפור עלינו להתחיל מבראשית, שכן הגר התושב, עוד לפני שהוא זר הוא קודם כול אדם. אחת הבשורות הגדולות שהביאה התורה לעולם היא התפיסה שהאדם נברא בצלם אלוהים - כל אדם. לקביעה הזאת יש משמעות לא רק במישור הרוחני והקיומי אלא גם במישור החברתי והפוליטי. זוהי מהפכה כנגד תפיסת מעמדות מובנית הגורסת כי יש הבדל מהותי, אונטולוגי, בין מעמד האצולה לשכבה הנמוכה בחברה. אזהרת התורה "שֹׁפֵךְ דַּם הָאָדָם בָּאָדָם דָּמוֹ יִשָּׁפֵךְ כִּי בְּצֶלֶם אֱלֹהִים עָשָׂה אֶת הָאָדָם" (בראשית ט, ו) אמורה

3. ראו מהר"ל מפראג **גבורות ה'** פרק ט (דף נג בהוצאת האחים הוניג).

כלפי כל אדם. בלשונה של המשנה (סנהדרין פ"ד מ"ה): "לפיכך נברא האדם יחידי ללמדך שכל המאבד נפש אחת מעלה עליו הכתוב כאילו איבד עולם מלא... ומפני שלום הבריות שלא יאמר אדם לחבירו אבא גדול מאביך".[4] סיפור בריאת האדם אמור לכונן מבט אחר על כל אדם.

על גבי שכבת יסוד זו, המצויה בכל אדם, בהמשך ספר בראשית ישנן שתי קומות נוספות - ברית נח וברית אברהם. ברית נח, בפרשנות המסורתית, היא לא רק התחייבותו של הקב"ה שלא להחריב שוב את העולם אלא גם הטלת מחויבות על כל אדם לשמור את "שבע מצוות בני נח", שהן למעשה הרף המוסרי המינימלי שכולל גם הימנעות מעבודת אלילים וגם ניהול אורח חיים חברתי מוסרי. זוהי ברית אוניברסלית שמאפשרת לכונן חברה אנושית מוסרית בעולמנו.

בשלב הבא נכרתת עוד ברית, פרטיקולרית יותר, עם אברהם אבינו וזרעו. אברהם אבינו אינו מסתפק בהתנגדות לעבודת אלילים אלא מוסיף ומלמד על משמעויות עמוקות יותר של אמונה באל אחד ובעיקר על המשמעות המוסרית ועל האחריות האנושית שזו מטילה על האדם. שתי בריתות אלו מכוננות שני מעגלי שייכות נוספים שעשויים לגזור גם יחס אחר כלפי האדם המשתייך להם.

ספר בראשית נקרא "ספר הישר" מפני "אברהם יצחק ויעקב שנקראו ישרים" (עבודה זרה כה ע"א). הנצי"ב מוולוז'ין מסביר שמעלת מידותיהם של האבות וישרותם באות לידי ביטוי ביחסם לאנשים מאומות העולם: "היינו שהתנהגו עם אומות העולם אפילו עובדי אלילים מכוערים. מכל מקום היו עמם באהבה וחשו לטובתם באשר היא קיום הבריאה" (**העמק דבר**, פתיחה לספר בראשית). כדוגמה לכך מציין הנצי"ב את תפילתו של אברהם על אנשי סדום, התפייסותו של יצחק עם אבימלך ויחסו של יעקב ללבן: "ומשום הכי נקרא כמו כן ספר הישר על מעשה אבות בזה בפרט". כלומר אברהם, יצחק ויעקב מלמדים אותנו ששכבת היסוד של צלם אלוהים מצויה

4. בגרסת כתב־יד קאופמן וכתב־יד פארמה, גרסת הרמב"ם והדפוס של התלמוד הירושלמי.

בכל אדם ודורשת את היחס ההגון כלפיו גם אם אנשים אלו אינם ממלאים את כל הדרישות של שבע מצוות בני נח. בהמשך דבריו אומר הנצי"ב שבית המקדש השני נחרב מפני שאנשי אותו הדור לא היו ישרים, אף על פי שהיו צדיקים.

אם היחס ההוגן והישר, האוהב והחומל הוא היחס הראוי כלפי עובדי אלילים, קל וחומר שהדברים נכונים כשמדובר באלה ששומרים את שבע מצוות בני נח, ובפרט אם הם גם מאמינים באמונת הייחוד ובמשמעויותיה המוסריות.

בספר שמות, כלקח משעבוד מצרים, מוסיפה התורה רובד נוסף - גר תושב. כלומר הרגישות לאדם הזר מתחייבת לא רק מעצם היותו נברא בצלם אלוהים או שומר שבע מצוות בני נח, אלא גם מהעובדה שהוא מיעוט שעלול להירמס מתחת לגלגלי הדינמיקה החברתית של חברת הרוב.

ממעמד הר סיני ועד סוף ספר דברים תוסיף התורה את הספֵרה הפוליטית, היינו את הציווי להקים בארץ ישראל ממלכת כוהנים וגוי קדוש, לדאוג לקדושתה של הארץ ולמנות מלך שיהיה מקרב עם ישראל דווקא ושיוכל להנהיג העם על פי ערכי התורה.

בנקודה זו אנו יכולים להבין את הקונפליקט המובנה שהתורה עצמה מציבה אותנו בתוכו. האדם שחכמים מכנים "גר תושב" הוא אותו אדם שהתורה מכנה "צלם אלוהים" וגם "בני נח" ואפילו "בני אברהם". כלומר, באדם קיימים רבדים שונים, שכבה ועוד שכבה, וכל נקודת מבט שמתייחסת לאחד מהם נכונה מצד עצמה ואין היא אמורה להעלים או לבטל לחלוטין את נקודת המבט האחרת. התורה מצווה עלינו להקים בארץ ישראל "ממלכת כהנים וגוי קדוש", חברה שתקדם את ערכי התורה ותשמור על קדושתה של הארץ, ובה בעת היא מצווה עלינו לראות את צלם אלוהים שבכל אדם, ולהפנים את אחד הלקחים הגדולים של בשורת החירות של יציאת מצרים - להעניק יחס ישר, אוהב ומכבד למיעוט הלא־יהודי שגר איתנו בארץ המובטחת. בבואנו לדון בשאלת המיעוטים בארץ עלינו להביא בחשבון את כל הרבדים הללו.

לפגוש את המציאות: בין השאלה העקרונית למציאות הממשית

ככל שאלה הלכתית ומעשית, גם הדיון על היחס למיעוטים במדינת ישראל מוכרח לפגוש את המציאות הקונקרטית. לעיתים קרובות מחלוקות משמעותיות בין פסקים הלכתיים שונים אינן מצויות בהבנה שונה של שורת הדין אלא דווקא בהבנת המציאות. ולפעמים נמצא את הפער בתפיסה שונה של העקרונות התורניים היסודיים שקודמים לסוגיה הספציפית ומכלול השיקולים הרלוונטי.

כשאנו באים לבחון את המאפיינים המציאותיים הייחודיים בנושא דידן עלינו לתת את דעתנו על שלושה מישורים שונים: זהותם של המיעוטים וההיסטוריה שלהם אל מול המציאות של מדינת ישראל, אופי המסגרת הפוליטית והזהותית של מדינת ישראל, והיותנו חיים במציאות גלובלית שבה עיני רבים מהעולם נשואות לארץ הקודש.

זהותם של המיעוטים במדינת ישראל

השאלות שניצבות לפנינו אינן עוסקות רק בשאלה תיאורטית על אדם שמגיע לראשונה לגור בארץ אלא גם, ובעיקר, במיעוטים שגרים כאן מדורי דורות ויש להם היסטוריה מורכבת ומגוונת לנוכח ההתיישבות היהודית בארץ. בתוך מדינת ישראל חיות קבוצות מיעוטים שונות הנבדלות זו מזו הן באמונתן, הן בזהותן והן ביחס שלהן למדינת ישראל. במישור הלאומי והפוליטי, נוכל למצוא בקצה האחד את אלו שמבחינת זהותם רואים עצמם שותפים מלאים במדינת ישראל לא רק ברמה האזרחית אלא גם בנשיאת עול המאמץ הלאומי והביטחוני, כדוגמת העדה הדרוזית ועוד. בקצה השני יש מי שחותרים כנגד הלגיטימיות של תקומת עם ישראל בארצו. רבים ניצבים במקומות שונים על הרצף בין שני הקצוות. על רקע הסכסוך היהודי־ערבי או ישראלי־פלסטיני בארץ ישראל שנמשך זה שנים רבות, סוגיה זו רגישה במיוחד ויש לה השלכות במישורים רבים.

לזהותם הדתית של המיעוטים בארץ יש השפעה ניכרת על מעמדם של המיעוטים מנקודת מבט הלכתית. ספרנו הראשון **ושמו אחד** פורס באופן יסודי את שאלת היחס העקרוני של תורת ישראל לדתות אחרות. הראינו שיש מסורת רציפה בקרב רבותינו המצביעה על ההיבטים החיוביים בהתפתחות הדתות הגדולות כדוגמת האסלאם והנצרות. נקודת מבט זו תורמת לאפשרות להתייחס אל רוב המיעוטים במדינה כאל "גר תושב", ועל כך עוד נרחיב בגוף הספר. מנקודת מבט זו, דווקא זהותם הדתית של המיעוטים עשויה לשמש נקודת מפתח לפיתוח מערכות יחסים עמוקות ומשמעותיות יותר על בסיס אמוני וערכי.[5]

לא נוכל להתעלם מכך שכל אותם ארגוני הטרור שנלחמים בנו, ובכללם אלה שביצעו את הטבח הנורא בבוקר שמחת תורה תשפ"ד, עושים זאת בשם דת האסלאם. אנו חיים במציאות שברירית ועמוסה בכאב וקושי וחשדנות, בפרט בזמן כתיבת שורות אלו. ברם, עלינו לראות גם את המדינות, התנועות, הארגונים והמאמינים הרבים בארץ ומחוצה לה שבשם האסלאם מתנגדים למעשי זוועה אלו. מגמות של רדיקליזם לצד מגמות של התקרבות והזדהות עם הישראליות בקרב קבוצות מיעוטים שונות משמשות בערבוביה. לכן יחס מכליל כלפי קבוצה מסוימת גורם לחוסר צדק. זאת ועוד, שילוב נכון בין הענקת כבוד למיעוטים במדינה ודאגה מתמדת לשוויון כלפיהם לבין מאבק ברור כנגד גורמים מסיתים ופוגעניים, הוא דרך שעדיפה מבחינות רבות על פני ההכללה. גם לגבי קבוצות בעלי זהות מורכבת יותר ביחס למדינת ישראל, עלינו לשאול כיצד אנחנו מעודדים את הזרמים המתונים בתוכם ותומכים בהם; כיצד אנחנו מעריכים את ההשתדלות שהם עושים בתוך הקהילות באופן שיראו שמאמציהם להתרחקות מתנועות אלימות וקיצוניות ולהשתלבות טובה יותר בחברה הישראלית נושאים פירות, ונזהרים שלא לדחותם חלילה ובכך לגרום לתהליך הפוך.

5. ראו להלן, בפרק "מסובלנות לשותפות: מנח לאברהם", עמ' 53 ואילך.

ספר זה אינו עוסק במובן מאליו, היינו בחשיבות אכיפת החוק והסדר כנגד אלו הפועלים להרע למדינת ישראל ותושביה. מן הדיונים בו מתחדדות שתי שאלות יסודיות. מן הצד האחד נשאל: מהי מידת ההזדהות עם מדינת ישראל ועם עַם ישראל שההלכה דורשת מהמיעוטים שרוצים להיות אזרחים טובים ונאמנים אך אינם מזדהים באופן מלא עם כל ערכי המדינה? ומן הצד השני נשאל: האם - וכיצד - החברה היהודית ומדינת ישראל מטפחות ומקדמות את תחושת השייכות העמוקה שמחפשות קבוצות מיעוט אחרות ששותפות באופן מלא במאמץ הלאומי של החברה בישראל?

היחס ההלכתי כלפי גויים בארץ ישראל מורכב משני מישורים שונים: הדתי־מוסרי (שבע מצוות בני נח) וקבלה דה־פקטו של שלטון החוק של מדינת ישראל.[6] ברם, לא מצאנו שיש קריטריונים המחייבים הזדהות נפשית מלאה עם כל ההיבטים של ממלכת ישראל ומוסדותיה. גם אם ישנה שאיפה שתהיה מידת הזדהות גבוהה ושזו תתרום תרומה משמעותית לשגשוג של החברה והמדינה, הרי היעדרה אינו משמש עילה לשלילת הזכויות שהתורה דורשת להעניק למיעוטים. במילים אחרות, כשם שצריך לדייק ברמה העקרונית והמעשית בשאלה מה ההלכה דורשת מגר תושב, כך יש לדייק גם במה שהיא איננה דורשת ממנו.

על כך כתב הרב קוק זצ"ל דברים יסודיים:

> אנו רק מקפידים על הסרתו מדרך רעה ומזקת ולהיות איש ישר כחובת בני נח. אמנם אם יש לו אומה וארץ אבות יכול להיות לו עליהם געגועים וחבה ומזה יהי' גר, אך בכ"ז תכירהו לתושב לענין קירוב הדעת וחופש וזכיות הראויות לאדם. ולא יקחך לבך להכחיד ממנו את רגשותיו הטבעיות לעמו ולארצו

6. ראו להלן, בפרק מאת הרב יעקב נגן, "למי מעמד של גר תושב בזמן הזה", הדן בציווי התורה "יהיו לך למס ועבדוך" וביחס לקבלת החוק הישראלי ותשלומי מיסים (להלן עמ' 39 ואילך).

עד שיהי' רק תושב, כי אם "גר ותושב (יהיה) וחי עמך".
(עין איה פאה א, לה)

הראי"ה מלמד כי המונח "גר תושב" מכיל בתוכו הפכים. ההקפדה ההלכתית מחייבת לדרוש מנוכרי בארץ לסור מדרכו הרעה אך בד בבד עלינו לכבד את זהותו כגר, כזר, כלומר להבין שמבחינה לאומית ליבו נמצא במקום אחר. הוא אינו חייב לראות במסגרת הפוליטית הישראלית את ביתו הזהותי ועלינו להישמר מלנסות להכחיד את זהותו. אכן, הכרה בזרות זו עשויה להוביל אותנו להתנכרות אליו. על כן מזהירה התורה שלמרות זרותו עלינו לראות בו "תושב", היינו לקרב אותו ולהעניק לו אמפתיה וחופש זכויות שמגיע לכל אדם ואף את תחושת השייכות שרוצה להרגיש אזרח במדינה שבה נולד ושאותה הוא משרת. בעיני הרב קוק, רק אם נצליח לאפשר לנוכרי בארץ להיות גם בבחינת "גר" וגם בבחינת "תושב", רק אז קיומו בארץ אכן ימלא את דרישת התורה "וחי עמך". ספק אם הרב קוק שיווה לנגד עיניו מציאות כה מורכבת כמו שלנו, ועדיין דבריו צריכים לשמש לנו קווי מתאר עקרוניים בסוגיה שלפנינו.

מדינת ישראל: מדינה יהודית ומשטר דמוקרטי

מדינת ישראל היא ראשית צמיחת גאולתנו, התחלה של התממשות תפילותינו ותקוות עמנו במשך אלפיים שנה. ברגע ייסודה של המדינה נאמר כי היא נוסדה על מנת "להקים מחדש את ביתו הלאומי" (כלשון **מגילת העצמאות**) של העם היהודי. הכוונה לבית לא רק במובנו הפיזי ולא רק כמקלט מדיני אלא גם כמסגרת פוליטית שבה יוכל עם ישראל להקים מדינה יהודית ולהביא לידי ביטוי את מאווייו הרוחניים והתרבותיים. בד בבד, מגילת העצמאות מנסחת גם את אופייה הדמוקרטי של המדינה: "תקיים שיוון זכויות חברתי ומדיני גמור לכל אזרחיה בלי הבדל דת, גזע ומין; תבטיח חופש דת, מצפון, לשון, חינוך ותרבות; תשמור על המקומות הקדושים של כל הדתות; ותהיה נאמנה לעקרונותיה של מגילת האומות המאוחדות". האופי

הדמוקרטי בא לידי ביטוי גם בצורת הארגון השלטוני של מדינת ישראל כדמוקרטיה פרלמנטרית הגוזרת שוויון בחובות ובזכויות האזרחיות של כל אזרח במדינה ללא הבדל דתי, עדתי או אתני. על גבי האמנה החברתית הזאת, החוזה החברתי־פוליטי, הוקמה המדינה.

בעקבות כך, הרב הראשי הרב יצחק אייזיק הלוי הרצוג ניסח באופן חד את השאלה היסודית: "כלום היתה על מדינה זו תורת מלכות ישראל באותה המידה של מלכות ישראל כימי דוד ושלמה, של מלכות ישראל?!... הרי זה ענין אחר. בעצם זוהי שותפות של עם ישראל ועם נכרי" (הרב הרצוג, **תחוקה לישראל**, עמ' 20). המשמעות המעשית של צורת השלטון הדמוקרטי היא "שכל התושבים הם שותפים במדינה" (שם, עמ' 22 הערה 1). באופן דומה כתב הראשון לציון הרב בן־ציון מאיר חי עוזיאל שכך הייתה טענתנו בכל ארצות הנכר שגרנו בהן: "זאת היתה והיא טענתנו בכל ארצות מגורנו לתבוע זכויות שוות ומלאות ובצדק". ההבנה הזאת גוזרת ממילא חובה הלכתית של הענקת הזכויות בדומה לכל דיני חוזים אחרים, כפי שמחויב על פי ההסכם האזרחי שבין כל השותפים במדינה: "ושורת הדין מחייבת להשוות את כל התושבים בזכות כמו בחובה" (**שו"ת משפטי עוזיאל בשאלות הזמן**, סימן מד). דברים אלו דורשים ליבון ודיון ארוך, וראו בפרק בהמשך הספר שדן בכך.[7]

ואולם אם כנים הדברים הרי יש להגדיר היטב את הקונפליקט המונח לפנינו. לא מדובר כאן בקונפליקט שבין התורה וההלכה ובין ערכים אחרים, אלא בקונפליקט פנים־תורני הנגזר מהמתח שבין הגדרתה של מדינת ישראל כמדינה יהודית לבין צורת השלטון הדמוקרטית שלה. כל אחד מהקטבים האלה גוזר השלכה הלכתית אחרת. האחד מושך אותנו ל"הלכות מלכים" ולמימוש התפילה הנאמרת בכל יום ויום "וכסא דוד עבדך מהרה לתוכה תכין", והשני להלכות חוזים ושותפים. לשון אחרת, אם אנו מתבוננים במציאות

7. ראו הפרק "'גֵּר וְתוֹשָׁב וָחַי עִמָּךְ': זכויות סוציאליות למיעוטים במדינת ישראל" מאת מיכל טיקוצ'ינסקי (להלן, עמ' 135).

הריאלית שלפנינו אזי שאלת המיעוטים במדינת ישראל עוסקת ברובה בקבוצת אנשים גדולה מאוד שהם כבר אזרחי המדינה, על כל המשתמע מכך. פרקים שונים בספר עוסקים בסוגיה זו ולא כאן המקום ליישב את המתח בין שני הקטבים ולהכריע בדבר המשקל הראוי לכל אחד מהם, אך מחובתנו ההלכתית והמוסרית לשוות את שניהם לנגד עינינו.

סוגיות המיעוטים במציאות גלובלית

העולם היום הוא כפר גלובלי, ומעשה של אדם בקצה אחד של הגלובוס עשוי להשפיע בקצהו השני בתוך שניות אחדות. במיוחד נכונים הדברים בעניינים הקשורים ליחס למיעוטים במדינה ריבונית כסוגיה מוסרית ופוליטית שזוכה לרגישות מיוחדת בסדר היום העולמי. נתון עובדתי זה מעצים סוגיות הלכתיות עתיקות יומין כגון איבה וחילול השם, וכן דרכי שלום וקידוש השם. השתיים הראשונות עוסקות באחריות המוטלת עלינו במניעת יחס עוין כלפי יהודים בארץ ובעולם וכן במניעת פגיעה בשם ה׳, בתורת ישראל ובמעמדו של עם ישראל בעולם. שתי הסוגיות האחרונות עוסקות באחריות הפוזיטיבית לקדם מערכת יחסים טובה יותר בין אנשים וקבוצות בעולם ולהאהיב שם שמיים על ידי טיפוח מעמדו של עם ישראל כאומה הפועלת בדרכי מוסר וצדק. יש שיראו במציאות גלובלית זו נטל ועול מכביד מפני שהיא מונעת מאיתנו לעשות את מה שנכון באמת. בהחלט, עלינו לחוש את כובד האחריות המוטלת עלינו הן במילים שאנחנו אומרים והן במעשים שאנו עושים מתוך הבנת גודל ההשפעה שיש לכל ממשק כנפיים בארץ הקודש. ואולם מהפרקים בספר זה העוסקים בסוגיות אלו עולה כי עלינו גם לראות את הברכה שבכך ואת ההזדמנות שההשגחה האלוהית מניחה לפנינו להרבות שלום ואחווה ולקדש שם שמיים בעולם. הרי ״דרכיה דרכי נועם וכל נתיבותיה שלום״, וכדברי רבי שמעון סופר, נכדו של החתם סופר: ״כי דרכי התורה נעימים ושלום ולכן נעשה את כל זה, וגם היא כבוד התורה והאמונה לאומת ישראל״ (**שו״ת התעוררות תשובה** א, סימן קסו).

ניסינו אפוא לשרטט את קווי המתאר, את מכלול השיקולים ואת הסוגיות הערכיות שצריכים ללוות את הדיונים בשאלת מעמדם של המיעוטים במדינת ישראל. כל אלו מעמיקים את מבטנו והופכים את הדיונים ואת ההכרעות העקרוניות וההלכתיות לעדינים הרבה יותר. פרקי ספר זה מבקשים להאיר דרך שמקדמת כבוד ושוויוניות, שלום ושותפות ביחס למיעוטים; דרך שנסללת דווקא מתוך התורה והמסורת ההלכתית ורואה בכך את הקיום השלם יותר של מדינת ישראל - תורה של אחריות ושותפות. ההתאמה למציאות חיינו המשתנה והמורכבת מזקיקה עיון מסדר שני והתחשבות בשלל היבטים מעשיים נוספים, אך נדמה שעצם החידוד של הגישה הבסיסית הזאת יש בו כדי לכוון את מחשבותינו ומעשינו ולשמש מצפן ערכי ומוסרי ברמת הפרט וברמת המדיניות הציבורית של מדינת ישראל.

על הספר

ארבעה שותפים הם בספר זה: הרב ד"ר יעקב נגן, שעומד בראש "המרכז הבין־דתי אור תורה" ו"בית מדרש לישראל והאנושות" מבית רשת אור תורה סטון, ועמיתי "בית מדרש לישראל והאנושות" הרב שראל רוזנבלט, הרבנית ד"ר מיכל טיקוצ'ינסקי וד"ר אסף מלאך. הספר בנוי מפרקים שונים, מהם הגותיים ומהם הלכתיים. כל פרק מבטא גם את הלימוד המשותף וגם את דרכו, הכרעותיו וסגנונו הייחודי של מחברו. פרט להעמקה העיונית בכל אחת מהסוגיות, המסע הלימודי שלנו כלל גם לימוד ומפגשים מגוונים. העמקנו מחשבה בשאלות יסוד של מחשבה מדינית, שמענו על מצב מדיניות ההגירה של מדינת ישראל, וכמו כן יצאנו ופגשנו גורמים רבים בקבוצות הלא־יהודיות בישראל ושוחחנו עימם. מהם שמענו על המצוקות והתקוות, על קשיים שמבקשים מענה ועל המגמות החיוביות שמחכות להכרה, לאמפתיה ולתמיכה.

חלקו הראשון של הספר עוסק בהנחת התשתית היסודית לספר כולו: מעמדו העקרוני של "גר תושב" במדינת ישראל בזמן הזה.

השאלה המרכזית היא אם מדובר בזכויות טבעיות או במעמד שצריך לזכות בו ואם זה אפשרי בזמן שלא נוהג בו דין יובל; איך נכון להתייחס למיעוטים שחיים היום בארץ ישראל ומה המשקל שיש לתת לעובדה שרבים מהם משתייכים לדתות מונותיאיסטיות המייחסות עצמן לאברהם אבינו; וכיצד כל זה צריך לשנות את המבט שלנו על יחסה של מדינת ישראל לקבוצות המיעוט השונות. החלק השני של הספר מאגד כמה פרקים שעניינם היבטים שונים של חובות וזכויות הנגזרות ממעמדם של המיעוטים בארץ. חלקם עוסקים בחובות המוטלות על עם ישראל לדאוג למעמדם החברתי, לפרנסתם, למקום מושבם ואף לזכויות סוציאליות עבורם כולל יום שבתון. שני פרקים נוספים עוסקים ביחס שבין הלכות גר תושב למצוות יישוב ארץ ישראל ולמצוות מינוי מלך. בחלק השלישי שלושה פרקים שדנים בהיבטים כלליים יותר. שניים מהם עוסקים בסוגיות מטא־הלכתיות שיש להן השלכה ישירה לענייננו - חילול שם ה׳ ו״דרכי שלום״. הפרק השלישי מבקש להאיר את מעמדם של המיעוטים וזכויותיהם מפרספקטיבה של פילוסופיה פוליטית ומתוך מבט על מתחים שקיימים באופן רחב יותר בעולם המערבי בשאלת היחס שבין מדינת לאום לשוויון אזרחי ופוליטי.

לסיום חלק זה אבקש לשתף נקודת מבט אישית יותר.

ספר זה נכתב בארץ ישראל, ארץ הקודש, המולדת האהובה מלאת הפוטנציאל ועמוסת הכאב; לא בשווייץ ולא בניו זילנד, אלא במדינת ישראל המשגשגת וספוגת השכול. אותי באופן אישי ניסו מחבלים להרוג כמה פעמים, ורבים מדי הם מכריי שמסרו נפשם על קדושת העם והארץ. המילים הבאות נכתבות מתוך ההשראה והשיעור הגדול שלמדתי מחוכמת רבותינו. תורת ישראל עוסקת בצדק ומוסר וגם באמונה ותקווה ואופטימיות ותשובה. חכמי ישראל לאורך הדורות ידעו לסמן את החושך והרע אך לצידו גם את האור והטוב, לדרוש תיקון מחד גיסא ולתת אמון בתהליכים ארוכים שנדרשת להם נשימה ארוכה מאידך גיסא; הם ידעו לסמן את האופק ולהרים את העיניים ואת התודעה לשמיים גם כאשר חשכה הארץ; הם השכילו לסלול

דרכים של תיקון והארה גם כאשר המציאות הייתה כאובה ושבורה. ולעולם, לעולם, לא הפסיקו להאמין באדם ובתיקון עולם. "שחקי שחקי על החלומות", כתב שאול טשרניחובסקי, "שחקי, כי באדם אאמין". זוהי תמצית רעיון התשובה היסודית כל כך לתורתנו; תשובה שמכירה בפגמי העבר אך מאמינה באפשרות להתגבר על טראומות ולסלול דרך חדשה הצופה פני עתיד.

מתוך כך בחרתי לקום מאותם מפגשים בלתי אמצעיים עם הרוע המוחלט. החשדנות, הכאב והכעס אינם מרפים, אך אני משתדל שלא לתת להם לנהל את ליבי, לסמא את עיניי ולהסתיר ממני את אמונתי ותפילתי. קמתי לא לעמדה נאיבית אלא דווקא לעמדה מפוכחת. זו עמדה שמכירה את הרע אך גם מסמנת את אלומות האור בחיינו ויודעת שגדולה מידה טובה ממידת פורענות; היא יודעת לזהות את השותפים והידידים, אינה מכלילה ואינה נכנעת לסטריאוטיפים; היא יודעת שהכוח נצרך כדי להגן עלינו אך הרוח היא שתנחה את דרך האמונה. לאחר יותר מעשור של מסעות ומפגשים בארץ ומחוצה לה, ראיתי כי בכוחם של מפגש ושיחה, לימוד וויכוח אמיתי, לגשר ולקרב ולרפא, גם אם קמעא קמעא. כיום, גם כאשר התקווה נסתרת מן הארץ עלינו לדאוג שהשמיים יישארו גלויים, שהאופק יהיה בהיר. כוחה של הרמת המבט איננו בשקיעה בחלומות רחוקים אלא ביכולת להעמיק את מבטנו ולהמשיך ברכה למציאות חיינו כאן ועכשיו.

יש החוששים שכיווני חשיבה אלו עשויים לכרסם באופייה של מדינת ישראל כמדינה יהודית או ביכולתו של עם ישראל להתגונן כראוי מפני מבקשי רעתו, אך דומה כי ההפך הוא הנכון. כיוונים אלו הם השלמה חשובה למשמעותה של מדינת ישראל ככזו היונקת מערכי התורה והמסורת היהודית - זו המבקשת לשלב בין כוח פוליטי לרגישות מוסרית ובין טובת הכלל לדאגה לכל אדם; זו החותרת לחיזוק עמוד השדרה הזהותי של המדינה היהודית ודווקא מתוך כך יודעת לתת את היחס הנכון למיעוטים שבתוכה. דומה כי יש בכיוונים אלו כדי לחזק את כוחם של אלו מן המיעוטים שנכונים להיות

שותפים מלאים במאמץ החברתי והאזרחי במדינת ישראל ולהיאבק במגמות של הקצנה ואלימות. זוהי דרך המעצימה את ההבנה שהכוח המוצדק המופעל כלפי אויבינו איננו נובע מקידוש המלחמה חלילה אלא מתוך הכרח שלעולם אינו משכיח מאיתנו את אהבת האדם ואת בקשת השלום שהוא שמו של הקב"ה.

כריבונים בארצנו, הצעד הראשון שעלינו לעשות הוא לשאול מהו האופק שאנחנו מציעים לריפוי החברה הישראלית על כל חלקיה וגווניה. האם נצליח לדבר שפה של תורה שהיא מאירה ומזמינה, מאמינה ומנחילה תקווה לכל יושבי הארץ?

לצערנו, בשנים האחרונות הולך וגובר שיח שמבקש לטעון שככל שהמדינה תתחזק בזהותה היהודית, כך מעמדם של המיעוטים ייפגע. האמת הפוכה דווקא - ככל שנעמיק באופן נכון יותר במשמעות היהודית של ריבונות, כך תורחב עוד יותר מידת האחריות והדאגה כלפי המיעוטים.

הספר שלפניכם מבקש ללכת בדרכם של רבותינו ולהתוות שפה ודרך ביחסה של תורת ה' למיעוטים במדינת ישראל מתוך עומקה של תורה והלכה ומתוך מבט מפוכח ומאמין על מציאות חיינו כאן בארץ הקודש.

תודות

ספר זה הוא השני במספר של "בית מדרש לישראל והאנושות", חלק מ"המרכז הבין־דתי אור תורה" מבית רשת אור תורה סטון. מרגע לידתו זוכה המרכז לתמיכתו החמה ולליוויו האישי של נשיא הרשת, הרב ד"ר כתריאל ברנדר. תודתנו נתונה למנכ"ל הרשת, מר ינון אחימן, על הדאגה שבית המדרש יגדל בעיסוקיו ובהשפעתו; לסמנכ"ל החינוכי, הרב יהודה שטאובר, על ליווי עם עין טובה ועצה נבונה; לרב נחמיה קרקובר על שותפות והכוונה רגישה; למר דויד כץ על הגדלת קהילת השותפים של בית המדרש. לפני שנה זכה המרכז במנהל חכם ומסור, הרב ד"ר אהרן אריאל לביא, שמרגע כניסתו לתפקיד מצמיח

את המרכז בכל היבט אפשרי, מדייק את העשייה ומרחיב את מעגל ההשפעה, ועל כל פועלו אנו מלאים תודה.

תודה מיוחדת מקרב לב נתונה לשותפים לדרך שללא תמיכתם בעמיתי בית המדרש, פירות הלימוד לא היו יכולים להבשיל ולצאת לאור: ד"ר מישל פרידמן ובנימין בלפיר, חביבה ויוסף ווילד, מרדכי ז"ל וד"ר מוניקה תבל"א כץ, וקרל ז"ל וליסבט תבל"א בליקלה, ד"ר גיטי וג'ק בנדהיים ועדנה ועבר זוסמן.

תודה להוצאת מגיד ולעומד בראשה מת'יו מילר, ליו"ר המערכת הרב ראובן ציגלר, לעורכת הראשית הרבנית אוריה מבורך ולעורכת המשנה אפרת גרוס.

תודה לעורכי הלשון הניה קולומבוס ודוד צרי על העבודה המסורה והיסודית. תודה מיוחדת למעצבת הכריכה צופיה הרבנד וסטודיו עפעף על היכולת לספר סיפור בתמונה, ולעדי רובין על העימוד מאיר העיניים של הספר.

תודה לריבונו של עולם שלו הארץ ומלואה, על הזכות הגדולה לחיות בארץ הקודש ולכונן כאן את תקומת עם ישראל מתוך תורה שבה תביעת הקודש והמוסר, הצדק והשלום, בקשת אלוהים ובקשת האדם שלובות זו בזו. תודה על הזכות להסתופף בצילם של תלמידי חכמים המבקשים להרבות שלום בעולם.

"ה' עֹז לְעַמּוֹ יִתֵּן ה' יְבָרֵךְ אֶת עַמּוֹ בַשָּׁלוֹם".

"וְאַתֶּם יְדַעְתֶּם אֶת נֶפֶשׁ הַגֵּר": הגר במקרא

יעקב נגן

הקדמה

בחסדי ה', לאחר אלפיים שנות גלות זכינו להקים מדינה יהודית ריבונית בארץ ישראל ולחיות בה. מדינה יהודית היא זכות גדולה אך היא נושאת עימה גם **אחריות כבדה**, וקיומה מציב שאלות ואתגרים רבים המחייבים בירור באשר לעיצוב דמותה. יש לזכור שמציאות כזו - של מדינה עצמאית וריבונית - לא הייתה קיימת אלפי שנים. בתקופת חז"ל, ואפילו קודם לכן, לאורך רוב ימי הבית השני, חי עם ישראל תחת צורות שונות של שלטון זר. כיוון שכך, שאלות יסוד הקשורות לעיצובה הרוחני והמעשי של מדינה לא נידונו בהרחבה בדרך כלל. לכן העיסוק בשאלות שיש בהן היבטים רבים שלאחר

* הרב ד"ר יעקב נגן הוא ראש "בית מדרש לישראל והאנושות" ומכון בליקלה לשיח בין־דתי מבית רשת "אור תורה סטון"; ר"מ בישיבת עתניאל.

אלפי שנים שבים ונעשים הלכה למעשה, מעמיד אתגר מיוחד ומרגש מאוד. "הלכות מדינה" אלה מתאפיינות לא רק בכך שיש בהן תחייה של נושאים שהיו תיאורטיים שנים רבות, אלא גם בעובדה שמדובר בנושאים ציבוריים, מדיניים. אופיין של הלכות אלה שונה מזה של פסיקת הלכה למטבח הפרטי, לבית הפרטי ואפילו לקהילה, שכן הן מכוונות למדינה כולה. היקף הציבור המושפע מפסיקות אלו והשיקולים השונים - הלאומיים ואפילו הבין־לאומיים - שצריכים להיות מובאים בחשבון הופכים תחום זה למורכב במיוחד.

אחת השאלות שלאורך הגלות הייתה בעיקר "הלכתא למשיחא" וכעת מתעוררת במלוא עוזה היא שאלת היחס למיעוטים לא־יהודיים שחיים בארץ. כבר מראשית ימיה של המדינה החלו הפוסקים לעסוק בשאלה זו,[1] אולם היות שמדובר בהתמודדות במציאות מתחדשת ודינמית, נדרש תהליך מתמשך של ליבון ובירור.

מושג מרכזי ביחס למיעוטים החיים בארץ ישראל הוא המעמד של "גר תושב" - אדם לא־יהודי הגר בארץ ישראל. מעמד זה יוצר בקרב החברה היהודית כמה וכמה מחויבויות כלפיו. מי נמצא בקטגוריה הזאת ומה מעניק לו מעמדו? אילו דרישות נדרשות ממנו? מה כלול במחויבויות של החברה כלפיו? ואיך אפשר לתרגם מעמד זה למציאות העכשווית, בעיקר באשר לנורמות הבין־לאומיות המקובלות ביחסה של מדינה כלפי המיעוטים החיים בה? פרק זה מוקדש לעיון יסודי במקרא, עיון שצריך לעמוד בתשתית הדיון ההלכתי.[2]

1. בייחוד מפורסמים דבריו של הרב הרצוג, "זכויות". עבודה מקיפה על הנושא ומקורות נוספים ראו חדד, **מיעוטים**.
2. אומנם אין הכוונה לפסוק הלכה מתוך המקרא, אך המקרא הוא תשתית להבנה יסודית של הדיון ההלכתי, והוא מקרין על הבנת העומק - ולעיתים גם על היבטים ממשיים - של הדיון ההלכתי. דוגמה מפורסמת לכך מתחום אחר היא הבנת הציווי (שמות כא, כד): "עין תחת עין". בעוד בתורה שבכתב באופן פשוט ההלכה היא "עין תחת עין", בתורה שבעל פה נפסק שהמזיק משלם ממון תחת העין. ובכל זאת, העובדה שלשון התורה היא "עין תחת עין" מקרינה על הפסיקה, ומעניקה בסיס לתפיסת כמה מהראשונים שהתשלום על העין הוא בגדר עונש וקנס, מידה כנגד מידה, ולא פיצוי ממוני. לשיטתם יש לכך גם

בחירת האבות והיחס לאחר בספר בראשית

היחס אל האחר בסיפור בחירתו של אברהם

היחס אל האחר אינו שאלה צדדית או נקודתית ביהדות, אלא נושא מכונן בזהותנו, והוא עולה כבר בבחירת האבות. התורה מנמקת את הבחירה באברהם אבינו:

> וְאַבְרָהָם הָיוֹ יִהְיֶה לְגוֹי גָּדוֹל וְעָצוּם **וְנִבְרְכוּ בוֹ כֹּל גּוֹיֵי הָאָרֶץ**. כִּי יְדַעְתִּיו לְמַעַן אֲשֶׁר יְצַוֶּה אֶת בָּנָיו וְאֶת בֵּיתוֹ אַחֲרָיו וְשָׁמְרוּ דֶּרֶךְ ה' לַעֲשׂוֹת צְדָקָה וּמִשְׁפָּט... (בראשית יח, יח-יט)

הקב"ה בוחר באברהם מפני שהוא מאמין ביכולתו להנחיל לבניו את דרך ה', שהיא עשיית צדקה ומשפט. ואולם הבשורה של אברהם היא שלא רק האח הקרוב ייהנה מהצדקה והמשפט אלא גם האחר: "וְנִבְרְכוּ בוֹ כֹּל גּוֹיֵי הָאָרֶץ". כדי להבין את עוצמת החידוש יש לשים לב להקשר של הפסוקים. פסוקים אלו מופיעים ממש לפני סיפור הפיכת סדום ועמורה, ומשמשים מעין הקדמה לסיפור זה. בסיפור הפיכת סדום, אברהם משתדל אצל הקב"ה ומנסה לבטל את הגזרה:

> וַיִּגַּשׁ אַבְרָהָם וַיֹּאמַר הַאַף תִּסְפֶּה צַדִּיק עִם רָשָׁע... הֲשֹׁפֵט כָּל הָאָרֶץ לֹא יַעֲשֶׂה מִשְׁפָּט? (שם, כג-כה)

זעקתו של אברהם מדגישה את תפיסתו שצדקה ומשפט הם מדרכי ה', "הֲשֹׁפֵט כָּל הָאָרֶץ", ואברהם עצמו הולך בדרכיו ומתאמץ לקיימן הלכה למעשה ביחס לאחר.

השלכות בפסיקה. אנו למדים מכך שהבנה יסודית של הפסוקים חשובה לראיית התמונה השלמה של התורה שבכתב והתורה שבעל פה.

גם הרב אברהם יצחק הכהן קוק, בספרו **אורות התורה** (א, ג), רואה את הניתוק בין התורה שבכתב לתורה שבעל פה כאחד מסממני הגלות, ואת ההתקרבות המחודשת ביניהן כחלק מתהליך הגאולה.

תפיסתו של אברהם את האחר עומדת בניגוד מוחלט לתפיסה שהייתה נהוגה בסדום שעל שלומה הוא נלחם. התורה אינה מפרטת את חטאיה של סדום. נאמר רק "וַיֹּאמֶר ה' זַעֲקַת סְדֹם וַעֲמֹרָה כִּי רָבָּה וְחַטָּאתָם כִּי כָבְדָה מְאֹד" (בראשית יח, כ). אומנם מתוך הפרשה ברור חטאם של אנשי סדום, המתעללים באורחים הזרים הבאים לבקר בעיר. זאת ועוד, מה שסתמה התורה פירש הנביא יחזקאל (טז, מט): "הִנֵּה זֶה הָיָה עֲוֹן סְדֹם אֲחוֹתֵךְ - גָּאוֹן שִׂבְעַת לֶחֶם וְשַׁלְוַת הַשְׁקֵט הָיָה לָהּ וְלִבְנוֹתֶיהָ, **וְיַד עָנִי וְאֶבְיוֹן לֹא הֶחֱזִיקָה**". מדרשי חז"ל רבים השלימו עוד את מהות רשעותה של סדום, למשל: "כך התנו אנשי סדום ביניהם אמרו כל אכסניא שהוא בא לכאן יהו בועלים אותו ונוטלים את ממונו" (בראשית רבה פרשה נ, ז). הרשעה הסדומית הייתה ניצול האורח, העני והחלש והתעללות בהם, במקום לתת להם תמיכה. מהצעתו של מלך סדום, "וַיֹּאמֶר מֶלֶךְ סְדֹם אֶל אַבְרָם תֶּן לִי הַנֶּפֶשׁ וְהָרְכֻשׁ קַח לָךְ" (בראשית יד, כא), אפשר לכאורה להתרשם שמנהיג נפלא לפנינו, המבקש: "קח את הרכוש והשאר לי את בני האדם! מה שחשוב איננו הכסף אלא בני האדם!" אבל מהסיפור על שאירע לאורחים מבחוץ שהגיעו לסדום (בראשית יט, ד–ה) נחשפת כוונתו האמיתית של מלך סדום: לדידו מי שאינו נמנה עם אנשי סדום לא צריך לדאוג לו, ואפשר לעשות בו כרצוננו. זהו אכן הגורל שאנשי סדום ייעדו לאורחיו של לוט. אם כן, בחירת אברהם, שהיא נקודת הראשית של בחירת ישראל, קשורה לצדקה ומשפט, שמופנים כלפי המעגל הרחב, כלפי האחר - בהנגדה לאנשי סדום, שהרשע שלהם התבטא ביחסים עם האחר שבתוכם.

אפשר להסביר שמה שעומד ביסוד היחס אל האחר הוא תפיסת מהות האדם. תפיסה זו, לא פחות מהאמונה באל אחד, היא אחת התרומות הגדולות של התורה לעולם. הכרזת העצמאות של ארצות הברית, "מקובלות עלינו אמיתות אלה כמוכחות מאליהן, שכל בני־האדם נבראו שווים, שהבורא העניק להם זכויות מסוימות שאי־אפשר לשלול מהם, וביניהן הזכות לחיים, לחירות ולרדיפת האושר" (ארצות הברית, **הכרזת העצמאות**), מעגנת במפורש את זכויותיו של האדם

בסיפור בריאת העולם שבתורה; הוא הבסיס לקביעה שיש אנושיות משותפת לכולם, שכולנו צאצאים של אותו אב ואותה אם, ושיש ערך סגולי לכל אדם כנברא בצלמו של האלוהים. תקומתה של מדינה יהודית מציבה לפתחנו הזדמנות להיות לא רק נאה דורש אלא גם נאה מקיים באשר ליסודות אלו.

בחירת האבות וירושת הארץ כברכה לאנושות

לא רק בחירתו של אברהם מתאפיינת בדאגה לאחר. קריאה פשוטה של הסיפור בספר בראשית מלמדת שמהלך הבחירה באבות לא נועד להזניח את שאר האנושות אלא להביא לה ברכה:

לאברהם נאמר: "**וְנִבְרְכוּ** בְךָ כֹּל מִשְׁפְּחֹת הָאֲדָמָה" (בראשית יב, ג);

ליצחק נאמר: "**וְהִתְבָּרְכוּ** בְזַרְעֲךָ כֹּל גּוֹיֵי הָאָרֶץ" (שם כו, ד);

וליעקב נאמר: "**וְנִבְרְכוּ** בְךָ כָּל מִשְׁפְּחֹת הָאֲדָמָה וּבְזַרְעֶךָ" (שם כח, יד).

המסר העולה מספר בראשית הוא שהסיפור הגדול הוא סיפורה של האנושות כולה, ולישראל תפקיד מיוחד בסיפור זה.

לא רק הבחירה בעם ישראל קשורה לברכה המגיעה לאנושות כולה, אלא גם הבחירה בארץ ישראל: אפשר לדייק שבכל שלושת הפסוקים שצוטטו לעיל, האמירה שהאבות יביאו ברכה לעולם צמודה להבטחה של נתינת הארץ. הבאת הברכה לעולם קשורה אפוא לייעודה של הארץ.[3]

3. אברהם: "וַאֲבָרֲכָה מְבָרְכֶיךָ וּמְקַלֶּלְךָ אָאֹר **וְנִבְרְכוּ בְךָ כֹּל מִשְׁפְּחֹת הָאֲדָמָה**... וַיֵּרָא ה' אֶל אַבְרָם וַיֹּאמֶר **לְזַרְעֲךָ אֶתֵּן אֶת הָאָרֶץ הַזֹּאת**..." (בראשית יב, ג-ז);
יצחק: "וְהִרְבֵּיתִי אֶת זַרְעֲךָ כְּכוֹכְבֵי הַשָּׁמַיִם **וְנָתַתִּי לְזַרְעֲךָ אֵת כָּל הָאֲרָצֹת הָאֵל וְהִתְבָּרְכוּ בְזַרְעֲךָ כֹּל גּוֹיֵי הָאָרֶץ**" (בראשית כו, ד);
יעקב: "וְהִנֵּה ה' נִצָּב עָלָיו וַיֹּאמַר אֲנִי ה' אֱלֹהֵי אַבְרָהָם אָבִיךָ וֵאלֹהֵי יִצְחָק הָאָרֶץ **אֲשֶׁר אַתָּה שֹׁכֵב עָלֶיהָ לְךָ אֶתְּנֶנָּה וּלְזַרְעֶךָ**: "וְהָיָה זַרְעֲךָ כַּעֲפַר הָאָרֶץ וּפָרַצְתָּ יָמָּה וָקֵדְמָה וְצָפֹנָה וָנֶגְבָּה **וְנִבְרֲכוּ בְךָ כָּל מִשְׁפְּחֹת הָאֲדָמָה וּבְזַרְעֶךָ**" (בראשית כח, יג-טו).

מדבר ה׳ בפי ירמיהו אנו לומדים שישנו קשר בין נחלת הארץ לבין ההתנהגות שלנו:[4]

אָנֹכִי עָשִׂיתִי אֶת הָאָרֶץ אֶת הָאָדָם וְאֶת הַבְּהֵמָה אֲשֶׁר עַל פְּנֵי הָאָרֶץ בְּכֹחִי הַגָּדוֹל וּבִזְרוֹעִי הַנְּטוּיָה **וּנְתַתִּיהָ לַאֲשֶׁר יָשַׁר בְּעֵינָי**. (ירמיהו כז, ה)

ירושת הארץ דורשת את היושר, הצדקה, המשפט והבאת הברכה לאחר, בהיותם ערכים מכוננים בתורה. לכך חייבת להיות השפעה על יחסנו אל המיעוטים בישראל ועל מעמדם.

חוויית הגרות – חוויה מכוננת בהיסטוריה של עם ישראל

נקודה משמעותית נוספת שעולה מן העיון במקרא היא שתודעת הגרות אינה מכוונת רק כלפי היחס לאחר, אלא היא תודעה מכוננת של עם ישראל ביחס לעצמו. אברהם אבינו מציג את עצמו לפני אנשי כנען כ״גר ותושב״ - ״גֵּר וְתוֹשָׁב אָנֹכִי עִמָּכֶם״ (בראשית כג, ד). בהמשך מתבשר אברהם על ירידתם העתידית של בניו למצרים. כבר בבשורה זו, עוד בטרם נולד עם ישראל והתעצב במצרים, עולה שאלת משמעותה של גלות מצרים. לאחר היציאה ממצרים מצוות רבות בתורה שנוגעות לאחר ולגר מנומקות בכך שאנו היינו גרים במצרים וסבלנו מהמשמעות של היות בארץ זרה. אך נראה שאין זו רק תוצאה אגבית של גלות מצרים, אלא חלק מהמטרה שלה מלכתחילה:

וַיֹּאמֶר לְאַבְרָם יָדֹעַ תֵּדַע כִּי גֵר יִהְיֶה זַרְעֲךָ בְּאֶרֶץ לֹא לָהֶם וַעֲבָדוּם

4. תודתי לרב יעקב מדן שהעיר לי על כך. ההנחה כאן היא שישרות קשורה להתנהגות ישרה. ראו גם ירמיהו יח, ד. בהקשר של הפרק יש ניגוד בין הישר בעיני ה׳ ובין העושה רע בעיני ה׳ (ראו שם, י׳).

וְעִנּוּ אֹתָם אַרְבַּע מֵאוֹת שָׁנָה. וְגַם אֶת הַגּוֹי אֲשֶׁר יַעֲבֹדוּ דָּן אָנֹכִי
וְאַחֲרֵי כֵן יֵצְאוּ בִּרְכֻשׁ גָּדוֹל. (בראשית טו, יג-יד)

אם כן, הענקת המשמעות לסיפור יציאת מצרים כמעצב את היחס לגר מתחילה עוד לפני הירידה למצרים, בהתבשרות הראשונה עליה, הפותחת ב"יָדֹעַ תֵּדַע כִּי גֵר יִהְיֶה זַרְעֲךָ". כבר בשלב הזה מודיע ה' לאברהם שעם ישראל עתיד להתעצב מתוך מפגש קשה עם סבל העינוי והשעבוד שיכול לחוות הגר מהעם שהוא אזרח הארץ, ועם העונש החמור שיקבל העם המשעבד - "וְגַם אֶת הַגּוֹי אֲשֶׁר יַעֲבֹדוּ דָּן אָנֹכִי".

היותנו "גרים בארץ לא להם" הוא חלק מלב הסיפור היהודי שלנו. גם הביקורת הנוקבת על יחס שלילי לגר היא מיסודות ברית הארץ שנכרתה עם אברהם.

עובדה זו יכולה להעניק משמעות גם לסיפור בריחתו של משה רבנו למדיין. משה, שלכאורה ניצל מחוויית הגרות היות שגדל בארמונו של פרעה, צריך היה לחוות גלות וגרות כדי לקבל את היכולת להנהיג את עם ישראל. ואכן, הוא חותם את משמעות חוויית הגרות שלו בשם שהוא נותן לבנו:

וַתֵּלֶד בֵּן וַיִּקְרָא אֶת שְׁמוֹ גֵּרְשֹׁם כִּי אָמַר גֵּר הָיִיתִי בְּאֶרֶץ נָכְרִיָּה.
(שמות ב, כב)

עיצוב היחס לגר ממשיך להתגבש גם לקראת היציאה ממצרים, בפרשה הפותחת במצווה הראשונה שמצטווים בה ישראל. מייד בהמשך הפרשה, בהקשר של מצוות קורבן הפסח, נידונים מעמדם של הגרים והתושבים ושותפותם באירוע: "וְכִי יָגוּר אִתְּךָ גֵּר..." (שמות יב, מח-מט). כלומר כבר בפרשה זו, שהיא רגע לידתו של עם ישראל עם קבלתו את המצווה הראשונה, "הַחֹדֶשׁ הַזֶּה לָכֶם רֹאשׁ חֳדָשִׁים", יש עיסוק לא מועט ביחס אל הגר. מכאן שנוכחות של גרים עימנו אינה תקלה היסטורית, אלא חלק מן הראייה האלוהית באשר לאופי הראוי של החיים בארץ הקודש.

מרכזיותה של חוויית הגרות בחיי עם ישראל עולה גם מן העובדה שלא רק במצרים היינו גרים. חידוש עצום מתחדש בספר ויקרא - גם בארצנו שלנו, במולדתנו הנמצאת בבעלותנו המוחלטת, איננו אלא גרים:

וְהָאָרֶץ לֹא תִמָּכֵר לִצְמִתֻת כִּי לִי הָאָרֶץ כִּי גֵרִים וְתוֹשָׁבִים אַתֶּם עִמָּדִי. (ויקרא כה, כג)

בניגוד לכל העמים, שהם גרים רק כאשר הם נמצאים "בארץ לא להם", עם ישראל, המכיר בבעלות המוחלטת של הקב"ה על עולמו, צריך לחוות חוויית גרות גם בארצו שלו. הספרא על הפרשה מלמד שזוהי חויה ההולכת ושוזרת את ההיסטוריה של עם ישראל:

"כי גרים ותושבים אתם" - אל תעשו עצמיכם עיקר.

וכן הוא אומר (דברי הימים א כט, טו): "כִּי גֵרִים אֲנַחְנוּ לְפָנֶיךָ וְתוֹשָׁבִים כְּכָל אֲבֹתֵינוּ".

וכן דוד אומר (תהילים לט, יג): "כִּי גֵר אָנֹכִי עִמָּךְ תּוֹשָׁב כְּכָל אֲבוֹתָי". (תורת כוהנים פרשה ג פרק ד)

דוד המלך, ועם ישראל כולו, לכל דורותיו, הם גרים ותושבים עם ה' גם בארץ.

כל זה הוא הרקע לאמירות ולמצוות רבות הקוראות ליחס הוגן ואמפתי כלפי הגרים מכוח היותנו אנו עצמנו גרים במצרים, למשל:[5]

5. ראו גם שמות כב, כ; ויקרא יט, לד; דברים י, יט. בהמשך נעסוק בדברי חז"ל, שבחלק מן המקומות מפרשים שמדובר בגר צדק ולא בגר תושב.

וְגֵר לֹא תִלְחָץ וְאַתֶּם יְדַעְתֶּם אֶת נֶפֶשׁ הַגֵּר כִּי גֵרִים הֱיִיתֶם בְּאֶרֶץ מִצְרָיִם. (שמות כג, ט)

דברים אלו נכונים לא רק באשר לגלות מצרים והגאולה ממנה, המחייבת אותנו ביחס אוהד ומתחשב המכיר בסבלו של הגר, אלא גם באשר לגלות הארוכה ולגאולה הנוכחית שאנו נמצאים בתוכה. הנביא ירמיהו מתנבא:

לָכֵן הִנֵּה יָמִים בָּאִים נְאֻם ה׳ וְלֹא יֵאָמֵר עוֹד חַי ה׳ אֲשֶׁר הֶעֱלָה אֶת בְּנֵי יִשְׂרָאֵל מֵאֶרֶץ מִצְרָיִם. כִּי אִם חַי ה׳ אֲשֶׁר הֶעֱלָה אֶת בְּנֵי יִשְׂרָאֵל מֵאֶרֶץ צָפוֹן וּמִכֹּל הָאֲרָצוֹת אֲשֶׁר הִדִּיחָם שָׁמָּה וַהֲשִׁבֹתִים עַל אַדְמָתָם אֲשֶׁר נָתַתִּי לַאֲבוֹתָם. (ירמיהו טז, יד-טו)

ההכרה שהיציאה מהגלות העתידית גדולה מיציאת מצרים, צריכה לכלול גם העצמה של הערך שלמדנו מגלות ממצרים - ההכרה של נפש הגר והאמפתיה כלפיו. אלפיים שנות גלות כמיעוט נרדף צריכות להיות גורם מכונן ביחסנו אל המיעוטים שבתוכנו.

יש לדייק שבמצרים סבל עם ישראל מהתעמרות מצד השלטון. אין התורה מספרת לנו על ביזוי ולחץ מצד המצרים כפרטים. סמוך לצאת ישראל משם, התורה מספרת (שמות יא, ג) שה׳ נתן את חן העם בעיני שכניהם, אבל אין היא מעמידה זאת בניגוד לתיאור שלילי כלשהו קודם לכן. לעומת זאת, התורה מאריכה בתיאור הלחץ, העינוי והסבל שגרמה לישראל פירמידת שרי המיסים והנוגשים שבראשה עמד פרעה.

כאשר בניגוד ליחס שקיבלנו בהיותנו גרים במצרים מציבה התורה את חובתנו "לדעת את נפש הגר", לנהוג כלפיו בחמלה ובאמפתיה, מסתמן שמצווה זו נוגעת בראש ובראשונה למדיניות הציבורית והלאומית, לאופן שבו ראוי שמוסדות המדינה היהודית יתייחסו אל המיעוטים שבה.

מיהו ה"גר" של התורה?

מן התורה עולה שזכויותיו של הגר רבות: הוא זכאי לגור בארץ, וכן הוא זכאי לצדק, תמיכה כלכלית, מנוחה בשבת, הגנה בעיר מקלט, יחס של אהבה ואמפתיה ועוד.[6]

אך מי הוא הגר הזה? ישנן פרשנויות המצמצמות עד מאוד את רשימת המשתייכים לקטגוריה זו, וממילא את הזכאים לזכויות אלו. יש לברר אם המחויבות שלנו כלפי הגר נגזרת **ממעמד ייחודי שהוא צריך להשיג**, או שמא זכויות הגר נגזרות בעיקר **מעצם הווייתו כגר**, כ"אחר" שחי בארץ.

טענתנו היא שהיחס כלפי הגר נגזר בראש ובראשונה מתוך עמדה מוסרית כלפיו, על בסיס הנאמר לעיל: מהות האדם, ערכי היסוד של אברהם ונימוק הבחירה בו, ומימוש משמעותה העמוקה של גלות מצרים, המביאה להיכרות קרובה ולהזדהות עמוקה עם האחר שחי עימנו. אומנם, גם על פי גישה זו ישנם מצבים שבהם האדם יכול לאבד את הזכויות האלה, והבולט שבהם הוא מצב שבו הגר עובד עבודה זרה, ומתוך כך אינו נכלל בכלל הקהל החי בארץ. תחילה אשתדל לבסס תפיסה זו על המקראות, ובהמשך אראה שהיא עומדת גם ביסוד עמדתם של חז"ל בנוגע לגרים תושבים.

בבסיס הדברים, גר הוא מעמד טבעי, הנגזר מעצם היותו של האדם זר בארץ, כפי שמלמדת משמעות המילה "גר". הוראתה של מילה זו, שבה מתארת התורה את האדם הזכאי ליחס המכבד והאוהב מצידנו, אינה קשורה בהכרח למאפיין דתי כלשהו. כך עולה מהופעותיה השונות בתורה: אברהם הוא גר ביחס לבני חת (בראשית כג, ד), משה ביחס למדיין (שמות ב, כב; יח, ג), עם ישראל ביחס למצרים (בראשית טו, יג) - כל אלה "גרים" לא משום שהתקבלו בתנאים מסוימים אלא פשוט בשל היותם גרים בארץ. גם חיבורו של הגר בפסוקים רבים ללוי, ליתום ולאלמנה (ראו למשל דברים יד,

6. נעסוק בכך בהמשך הספר.

כט) או לעני (ויקרא יט, י: "וְכַרְמְךָ לֹא תְעוֹלֵל, וּפֶרֶט כַּרְמְךָ לֹא תְלַקֵּט לֶעָנִי וְלַגֵּר תַּעֲזֹב אֹתָם, אֲנִי ה' אֱלֹהֵיכֶם") מעיד שבעיקרו המושג אינו מתאר מעמד דתי אלא מצב אנושי חברתי של אדם עני, נטול נחלה. מתוך כך נגזרת התפיסה הערכית של הדאגה כלפיו, הדומה בהיבטים מסוימים לדאגה ללוי נטול הנחלה או לחלשים בחברה נטולי היציבות הרגשית והכלכלית.

לעיל עמדנו על כך שבמקומות רבים צמודה הבטחת הארץ לייעוד השפעת הברכה על "כל גויי הארץ". בהמשך לכך אנו רואים ששפע הארץ וברכתה נקשרים בתודעה המוסרית הזאת ותלויים בה. כך, למשל, נאמר:

> מִקְצֵה שָׁלֹשׁ שָׁנִים תּוֹצִיא אֶת כָּל מַעְשַׂר תְּבוּאָתְךָ בַּשָּׁנָה הַהִוא וְהִנַּחְתָּ בִּשְׁעָרֶיךָ. וּבָא הַלֵּוִי כִּי אֵין לוֹ חֵלֶק וְנַחֲלָה עִמָּךְ וְהַגֵּר וְהַיָּתוֹם וְהָאַלְמָנָה אֲשֶׁר בִּשְׁעָרֶיךָ וְאָכְלוּ וְשָׂבֵעוּ לְמַעַן יְבָרֶכְךָ ה' אֱלֹהֶיךָ בְּכָל מַעֲשֵׂה יָדְךָ אֲשֶׁר תַּעֲשֶׂה. (דברים יד, כח-כט)

> כִּי תִקְצֹר קְצִירְךָ בְשָׂדֶךָ וְשָׁכַחְתָּ עֹמֶר בַּשָּׂדֶה לֹא תָשׁוּב לְקַחְתּוֹ לַגֵּר לַיָּתוֹם וְלָאַלְמָנָה יִהְיֶה לְמַעַן יְבָרֶכְךָ ה' אֱלֹהֶיךָ בְּכֹל מַעֲשֵׂה יָדֶיךָ. (שם כד, יט)

כך הם גם הדברים העולים מפרשת וידוי מעשרות: רק הנתינה "לַלֵּוִי לַגֵּר לַיָּתוֹם וְלָאַלְמָנָה" (דברים כו, יג-יד) מצדיקה את הבקשה לשפע: "הַשְׁקִיפָה מִמְּעוֹן קָדְשְׁךָ מִן הַשָּׁמַיִם וּבָרֵךְ אֶת עַמְּךָ אֶת יִשְׂרָאֵל וְאֵת הָאֲדָמָה אֲשֶׁר נָתַתָּה לָנוּ כַּאֲשֶׁר נִשְׁבַּעְתָּ לַאֲבֹתֵינוּ אֶרֶץ זָבַת חָלָב וּדְבָשׁ" (שם, טו).

ראיה נוספת לכך שזכויות הגר מוענקות לו מתוקף מצבו ואינן תלויות בפעולות ובהתחייבויות דתיות מצידו, היא העובדה שהמקרא אינו נדרש כלל לשאלת הרמה הדתית של הגר.

אומנם, אין פירוש הדבר שארץ ישראל מכילה את כל הגרים בה. ישנם מעשים מסוימים שאם הַגֵּר הַגָּר בארץ עושה אותם הוא

מאבד את זכותו, ולמעשה עם ישראל מצווה שלא להשאיר גויים כאלו בארץ:

> כִּי אֶתֵּן בְּיֶדְכֶם אֵת יֹשְׁבֵי הָאָרֶץ וְגֵרַשְׁתָּמוֹ מִפָּנֶיךָ. לֹא תִכְרֹת לָהֶם וְלֵאלֹהֵיהֶם בְּרִית. לֹא יֵשְׁבוּ בְּאַרְצְךָ פֶּן יַחֲטִיאוּ אֹתְךָ לִי כִּי תַעֲבֹד אֶת אֱלֹהֵיהֶם כִּי יִהְיֶה לְךָ לְמוֹקֵשׁ. (שמות כג, לא-לג)

כפי שנראה בפרק אחר בספר זה, תפיסה דומה לזו מיוצגת בתקופת התנאים בדבריו של רבי מאיר (עבודה זרה סד ע"ב), ולפיהם האחֵר בארץ באשר הוא שם נחשב גר, אלא שהוא צריך להתנתק מעבודה זרה.

חיובו של הגר במערכת המצוות היהודית

כאמור, פרק זה אינו עוסק בהלכות גרי צדק וגרים תושבים, אלא מנסה להתחקות על מעמדו של הגר במקרא. כפי שראינו, במבט ראשון נדמה שהתורה אינה מבחינה בין סוגים שונים של גר, ומחייבת אותנו לדאוג לגר מעצם היותו תלוש בארץ שאינה שלו.

ואולם כאשר אנו בודקים את דברי התורה בעניין חיובו של הגר במצוות של עם ישראל ואת זיקתו אליהן, נראה שמתקבלת תמונה מורכבת יותר. ישנן מצוות שבהן התורה דנה בחיובו של הגר, כגון איסור חמץ (שמות יב, יט), קורבן פסח (שמות יב, מח-מט), ברית מילה, שבת (שמות כ, י; כד, יב; דברים ה, יד), יום כיפור (ויקרא טז, כט), איסור אכילת דם ומצוות כיסוי הדם (שם, יז, י-יד), קורבנות (שם, כב, יח; במדבר טו, יד), מצוות הקהל (דברים לא, יב), טומאה (ויקרא יז, טו; במדבר יט, י) ואיסורי עריות. רשימה נרחבת זו מציירת את הגר כמי שמקיים מצוות בהיקף רחב ביותר, ואולי אף את המצוות כולן, וילמד סתום מן המפורש. לעומת זאת, מפורש בתורה שלגר מותר לאכול נבלה:

לֹא תֹאכְלוּ כָל נְבֵלָה לַגֵּר אֲשֶׁר בִּשְׁעָרֶיךָ תִּתְּנֶנָּה וַאֲכָלָהּ אוֹ מָכֹר לְנָכְרִי כִּי עַם קָדוֹשׁ אַתָּה לַה' אֱלֹהֶיךָ. (דברים יד, כא)

האם את שתי המגמות הללו העולות מן המקראות עלינו ליישב כאחת, ואותו גר עצמו המחויב בברית מילה, בקורבן פסח ובאיסורי עריות, הוא זה שמותר לו לאכול נבלות? או שמא שני סוגי גרים לפנינו כבר בתורה שבכתב?

שתי קטגוריות

כפי שנראה מייד, עיון במקראות מלמד שכבר התורה מבחינה בין שתי קטגוריות: גר שנעשה חלק מן הציבור באופן מלא ומתחייב במצוות, "גר צדק" בלשון חז"ל, וגר אחר, שנשאר בגויותו ואינו מתחייב במצוות, "גר תושב" בלשון חז"ל.[7]

7. ניסיון להגדרה אחידה של מעמד הגר במקרא מצוי במאמרו של זר־כבוד, "הנכרי והגר". לדבריו, אומנם הגר מחויב במצוות רבות, אך מותר במאכלות אסורים. לדעה זו מקבילה בספרות חז"ל בעניין גר תושב: "איזהו גר תושב? זה גר אוכל נבילות שקבל עליו לקיים כל מצות האמורות בתורה חוץ מאיסור נבילות" (עבודה זרה סד ע"ב). אומנם, יש לשאול על ההיגיון במעמד כזה: אם הגר מקיים את כל המצוות האמורות בתורה, מדוע לא "ללכת עד הסוף" ולאסור עליו גם אכילת נבלה? מדוע ליצור שתי קבוצות: האחת שמקיימת את כל התורה כולה והשנייה שפטורה מאיסור נבלות?

ייתכן שנושא כשרות המזון והמאכלות האסורים קשור בשמירה על זהות ייחודית לעם ישראל, כדברי התורה: "**וְהִבְדַּלְתֶּם** בֵּין הַבְּהֵמָה הַטְּהֹרָה לַטְּמֵאָה וּבֵין הָעוֹף הַטָּמֵא לַטָּהֹר וְלֹא תְשַׁקְּצוּ אֶת נַפְשֹׁתֵיכֶם בַּבְּהֵמָה וּבָעוֹף וּבְכֹל אֲשֶׁר תִּרְמֹשׂ הָאֲדָמָה אֲשֶׁר הִבְדַּלְתִּי לָכֶם לְטַמֵּא: וִהְיִיתֶם לִי קְדֹשִׁים כִּי קָדוֹשׁ אֲנִי ה' **וָאַבְדִּל אֶתְכֶם מִן הָעַמִּים לִהְיוֹת לִי**" (ויקרא כ, כה–כו). ההבדלה בין המאכלים המותרים למאכלים האסורים מקבילה להבדלה בין ישראל לעמים. הגר אומנם מתחייב במצוות מכוח מגוריו עימנו, אך הוא עדיין אינו הופך לבשר מבשרנו, ומותר באכילת נבלה. היתר מאכלות אסורים לגר משמר את ההבחנה בין ישראל גמור לבין מי שנכנס לדת ישראל אבל לא באופן מלא לעם ישראל.

הגר בקורבן פסח

המפתח להבחנה זו מצוי בפרשה שנגענו בה לעיל, העוסקת במצווה הראשונה שמצטווה בה עם ישראל לקראת היציאה ממצרים - מצוות קורבן פסח:

וַיֹּאמֶר ה׳ אֶל מֹשֶׁה וְאַהֲרֹן זֹאת חֻקַּת הַפָּסַח כָּל בֶּן נֵכָר לֹא יֹאכַל בּוֹ...
תּוֹשָׁב וְשָׂכִיר לֹא יֹאכַל בּוֹ...
וְכִי יָגוּר אִתְּךָ גֵּר וְעָשָׂה פֶסַח לַה׳ הִמּוֹל לוֹ כָל זָכָר וְאָז יִקְרַב לַעֲשֹׂתוֹ וְהָיָה כְּאֶזְרַח הָאָרֶץ וְכָל עָרֵל לֹא יֹאכַל בּוֹ.
(שמות יב, מג; מד; מח)

ראשית, התורה מלמדת כי בן הנכר אינו חלק מחבורת קורבן הפסח, ואל לו לאכול מן הקורבן. קורבן זה קשור להתעצבות ולהתהוות של עם ישראל ואין בו מקום לנוכרי. גם התושב והשכיר אינם מבני ישראל ואינם אוכלים בו. אבל הגר יכול לאכול מן הפסח בתנאי שיהיה נימול.

נראה שיש מקום לדייק שהתורה אינה מחייבת את הגר להביא קורבן פסח, אלא מציבה תנאי: אם הוא בוחר בכך - ״וְכִי יָגוּר אִתְּךָ גֵּר וְעָשָׂה פֶסַח״ - אזי כדי לעשות זאת הוא מחויב להיות נימול. משמע, ייתכן שהגר יבחר שלא להימול וממילא שלא להביא קורבן פסח, ועם זאת עדיין נכון לקרוא לו גר. אלא שכדי להביא קורבן ישנו תנאי נוסף, המבטא יצירת זיקה עמוקה יותר לעם ישראל, והוא ברית המילה. כך עולה גם מהשיח בין בני יעקב לאנשי שכם:[8]

אַךְ בְּזֹאת יֵאֹתוּ לָנוּ הָאֲנָשִׁים לָשֶׁבֶת אִתָּנוּ **לִהְיוֹת לְעַם אֶחָד** בְּהִמּוֹל **לָנוּ** כָּל זָכָר כַּאֲשֶׁר הֵם נִמֹּלִים. (בראשית לד, כב)

אם כן, הגר מובחן מהנוכרי ומובחן גם מהתושב, ויש לו אפשרות,

8. תודה לרב שראל רוזנבלט על ההשוואה לסיפור מילת אנשי שכם.

לפחות פוטנציאלית, להיכנס לברית של עם ישראל - ברית המילה וברית הפסח - שתי המצוות שמכוננות את הזהות הבסיסית ואת ההשתייכות לעם ישראל.[9]

כאן מתגלה במלוא עוצמתו המעמד הייחודי של הגר שגר בתוכנו: יש לו האפשרות והזכות לבחור להפוך לשותף בסיפור היהודי, ולהצטרף לשורשי הברית היהודית - ברית המילה וברית הפסח. דווקא הפרשה שנמצא בה הציווי המכונן על התהוותו של עם ישראל וחיובו בברית עם ה׳ - פרשה שעל פי דברי רש״י המפורסמים הפותחים את פירושו לתורה היה אולי ראוי להתחיל בה את התורה - מלמדת על שייכותו של הגר ועל זכותו מכוח מגוריו עימנו להיכנס איתנו גם בברית הלאומית הייחודית שלנו.

הגר והתושב בספר ויקרא

פרשה מכוננת נוספת להבנת מעמדו של גר תושב מצויה בספר ויקרא. הפרשה פותחת בחובה לדאוג לאח, לגר ולתושב:

> וְכִי יָמוּךְ אָחִיךָ וּמָטָה יָדוֹ עִמָּךְ וְהֶחֱזַקְתָּ בּוֹ **גֵּר וְתוֹשָׁב וָחַי עִמָּךְ**.
> (ויקרא כה, לה)

בהמשך מלמדים הפסוקים **שישראל** הנמכר לעבד יוצא ביובל, שכן "עֲבָדַי הֵם אֲשֶׁר הוֹצֵאתִי אֹתָם מֵאֶרֶץ מִצְרָיִם לֹא יִמָּכְרוּ מִמְכֶּרֶת עָבֶד", ואילו **הגוי**, ובכלל זה "**הַתּוֹשָׁבִים הַגָּרִים עִמָּכֶם**" (שם, מה), יכול להיות עבד עולם העובר בירושה בתוך המשפחה:

> וְעַבְדְּךָ וַאֲמָתְךָ אֲשֶׁר יִהְיוּ לָךְ מֵאֵת הַגּוֹיִם אֲשֶׁר סְבִיבֹתֵיכֶם מֵהֶם תִּקְנוּ עֶבֶד וְאָמָה.
> וְגַם מִבְּנֵי הַתּוֹשָׁבִים הַגָּרִים עִמָּכֶם מֵהֶם תִּקְנוּ וּמִמִּשְׁפַּחְתָּם אֲשֶׁר עִמָּכֶם אֲשֶׁר הוֹלִידוּ בְּאַרְצְכֶם וְהָיוּ לָכֶם לַאֲחֻזָּה.

9. אלה שתי מצוות העשה היחידות שהעובר עליהן נענש בכרת.

וְהִתְנַחַלְתֶּם אֹתָם לִבְנֵיכֶם אַחֲרֵיכֶם לָרֶשֶׁת אֲחֻזָּה לְעֹלָם בָּהֶם תַּעֲבֹדוּ
וּבְאַחֵיכֶם בְּנֵי יִשְׂרָאֵל אִישׁ בְּאָחִיו לֹא תִרְדֶּה בוֹ בְּפָרֶךְ.
(שם, מד-מו)

במקרה ההפוך, שבו הישראלי נמכר לגר תושב, המצווה היא לגאול אותו:

וְכִי תַשִּׂיג יַד גֵּר וְתוֹשָׁב עִמָּךְ וּמָךְ אָחִיךָ עִמּוֹ וְנִמְכַּר לְגֵר תּוֹשָׁב
עִמָּךְ אוֹ לְעֵקֶר מִשְׁפַּחַת גֵּר.
אַחֲרֵי נִמְכַּר גְּאֻלָּה תִּהְיֶה לּוֹ אֶחָד מֵאֶחָיו יִגְאָלֶנּוּ.
אוֹ דֹדוֹ אוֹ בֶן דֹּדוֹ יִגְאָלֶנּוּ אוֹ מִשְּׁאֵר בְּשָׂרוֹ מִמִּשְׁפַּחְתּוֹ יִגְאָלֶנּוּ אוֹ
הִשִּׂיגָה יָדוֹ וְנִגְאָל. (שם, מז-מט)

הפרשה מצווה אפוא לדאוג לגרים ולתושבים, אך שומרת על מעמדם השונה: בניגוד לישראל, שהוא עבד ה' ואינו נמכר לצמיתות (שם, מב), הגרים והתושבים יכולים להימכר לצמיתות ואינם חלק מעם ישראל, עד כדי כך שהנמכר להם זקוק לגאולה.

מניתוח פרשיות אלו אפשר להסיק את המסקנות האלה:

1. "גר" הוא כינוי כללי לאדם הגר בארץ, ויש לנהוג כלפיו באמפתיה ובצדק. יחס זה נובע מעצם המחויבות שלנו, כעם שיצא ממצרים, לאנשים הגרים בתוכנו בארץ לא להם.
2. ישנם גרים שאינם מסתפחים לעם ישראל ואינם מקבלים את מצוותיו. כאשר נצרכת התורה להבחין ביניהם לבין הגר המקבל את הברית[10] מכונים גרים אלו "תושבים", ומעמדם שונה מזה של הגר:
   א. הם אינם מביאים קורבן פסח ואסורים באכילה ממנו.
   ב. אפשר לקנותם לעבד עולם והם אינם בכלל "כִּי לִי בְנֵי יִשְׂרָאֵל עֲבָדִים" (שם, נה).

10. כפי שראינו בפרשת קורבן הפסח (שמות יב, מה; מח).

נראה שבמקרים שבהם התורה עוסקת בגר השותף איתנו במערכת הגדולה של המצוות וקרוב יותר לעם ישראל, מודגש בדרך כלל שהוא "גר בתוכנו" ושווה לאזרח הארץ, כדברי הפסוק "כַּגֵּר כָּאֶזְרָח" (ויקרא כד, טז; כב; יהושע ח, לג). לעומת זאת, בחירה בלשון "תושב" משמשת במקרים שבהם הזכויות שהוא מקבל אינן מובנות מאליהן, כגון הזכאות לברוח לערי מקלט (במדבר לה, טו), שהיינו יכולים לחשוב שקולטות דווקא את קהל ישראל, או הציווי "וְהֶחֱזַקְתָּ בּוֹ גֵּר וְתוֹשָׁב וָחַי עִמָּךְ". במקומות אלו מוזכר במפורש התושב, שאף על פי שאינו חלק מעם ישראל הוא זכאי להגנות ולזכויות אלו.[11]

סיכום

יש חשיבות עליונה לנקודת המוצא של הדיון ביחס למיעוטים בימינו במדינת ישראל. סוגיה זו, שמטבע הדברים לא הייתה מעשית במשך

11. כיוון מעניין להבנת מעמד הגר במקרא מעלה חדד, **מיעוטים**. על פי ניתוחו, ישנן שתי "בחינות" בתיאור הגרים במקרא: האחת מאפיינת את ספרי ויקרא־במדבר, והשנייה את ספר דברים. בספרים ויקרא ובמדבר, **עצם המגורים בטריטוריה היהודית מחייבים שמירה על חוקים הנובעים מנוכחות השכינה בארץ**, וממילא המחויבות מובילה לשוויון זכויות. לעומת זאת, בספר דברים אין מופיע חיוב מצוות על הגר, שכן התפיסה איננה שהטריטוריה הקדושה מחייבת את כל היושבים בה, אלא שהיחס אל הגר נגזר מכך ש"מגוריו בקרב ישראל מטילים על בני ישראל חובה אנושית לדאוג לקיומו ולרווחתו, מתוך חמלה עליו לנוכח מצבו הכלכלי ולנוכח ניתוקו מסביבתו הטבעית התומכת" (שם, עמ' 19). אחת המשמעויות של ניתוח זה היא שבעוד בספר ויקרא היחס אל הגר נגזר מצדק ומשפט, הרי בספר דברים הוא נובע מצדקה וחסד.
יש לציין שההבחנה בין הספרים אינה חד־משמעית. גם בספר ויקרא ישנם פסוקים התובעים את הצדקה והחסד ביחס לגר (ויקרא יט, ט–י; כג, כב), וגם בספר דברים מופיעה תביעה של צדק ביחס לגר (דברים א, טז) וכן חיובו במצוות שניתנו לבני ישראל, כפי שמתואר בציווי על מעמד הקהל, שבו גם גרים צריכים לבוא לשמוע את התורה "וּלְמַעַן יִלְמְדוּ וְיָרְאוּ אֶת ה' אֱלֹהֵיכֶם וְשָׁמְרוּ לַעֲשׂוֹת אֶת כָּל דִּבְרֵי הַתּוֹרָה הַזֹּאת" (שם לא, יב).

אלפי שנים, מחייבת ליבון שאינו מתחיל בדברי הראשונים והפוסקים, אלא חושף את השורשים המוקדמים של היחס לגר במקרא.

מעיון רחב במקרא עולות שתי עובדות יסוד ביחס לגרים.

ראשית, בולטת מרכזיותו של נושא היחס לאחר, המתחיל כבר בחיי האבות. בבחירת האבות מתוך האנושות לא רק שאין הקטנה או התעלמות מהאחר אלא ההפך הוא הנכון - הבחירה נועדה להביא ברכה לעולם כולו, "וְשָׁמְרוּ דֶּרֶךְ ה' לַעֲשׂוֹת צְדָקָה וּמִשְׁפָּט", ולשמש מופת לאכפתיות עמוקה כלפי האנושות כולה. זוהי גם מהותה של ארץ ישראל, הניתנת לאבות בצמוד לציון היותם ברכה לעולם כולו.

זאת ועוד, הבנת חוויית הגרות היא דרישה מכוננת בתולדותיו של עם ישראל. היא מתחילה באבי האומה אברהם, נמשכת ביציאת העם ממצרים, ומגיעה עד למערכת העצומה של מצוות המבוססות על הידיעה שגרים היו אבותינו בארץ לא להם: "וְגֵר לֹא תִלְחָץ וְאַתֶּם יְדַעְתֶּם אֶת נֶפֶשׁ הַגֵּר כִּי גֵרִים הֱיִיתֶם בְּאֶרֶץ מִצְרָיִם" (שמות כג, ט). מצוות אלו אינן רק מסקנה שבדיעבד, פועל יוצא של שעבודנו במצרים. כפי שראינו, יש בהן צד של לכתחילה המעוגן בברית הארץ, אחת מן הסיבות שירדנו למצרים והתעצבנו כעם של גרים בארץ לא להם.

נוסף על כך, מניתוח הפסוקים עולה שהגר שהתורה עוסקת בו זכאי ליחס של אהבה, חמלה, דאגה וזכויות רבות - מעצם מעמדו הטבעי כזר בארץ וכאדם נטול הקשר וחסר נחלה. מצב הגרות אינו תוצאה של תהליך דתי או של קבלת מצוות אלא מצב אנושי, בדומה למצבם של היתום והאלמנה. עם זאת, הגר עלול לאבד את זכותו ומעמדו אם הוא פוגע בתנאי היסוד של הישיבה בארץ, כגון אם הוא עובד עבודה זרה. אך כל עוד הוא אינו עושה זאת הוא זכאי ליחס החיובי שהתורה מעניקה לו.

כנגד זה, ישנן מצוות רבות שבחיוב לקיימן נכלל גם ה"גר". יש לחלק בתוך פסוקי התורה בין גר המשתייך לעם ישראל ומקיים מצוות, לבין גר (המכונה לפעמים "תושב") שנשאר מחוץ למערכת המצוות הישראלית. הגר מן הסוג הראשון מקבל מקום בתוך ההתקשרות

הישראלית הראשונית ביותר, כגון בפרשת "הַחֹדֶשׁ הַזֶּה לָכֶם", המצווה על קורבן פסח, והוא נכנס תחת כנפי הברית של עם ישראל. הגר מן הסוג השני אינו נכלל בברית הזאת. כך או כך, הגר זכאי לאהבה, דאגה והחזקה בידו ולזכויות רבות נוספות מעצם היותו גר.

מיהו גר תושב בזמן הזה

יעקב נגן

הקדמה

המיעוטים בישראל - גרים תושבים?

המושג "גר תושב" מתאר בספרות חז"ל קטגוריה מובחנת של בני אדם שאינם יהודים אך זוכים מצד בני ישראל ליחס מיוחד. ההכללה של אנשים במעמד זה טומנת בחובה משמעויות רבות: לגר תושב יש זכות לחיות בארץ ישראל ומגיעות לו זכויות כלכליות. נוסף על כך, התורה מעצבת מערכת יחסים אוהדת ברמה הבין־אישית בין קהל ישראל לבין גרים תושבים.

לכן, לשאלה מי נכלל בהגדרת "גר תושב" ישנה חשיבות עצומה מבחינת הסוגיה האקטואלית של היחס למיעוטים במדינת ישראל. המצב שבו היהודים במדינת ישראל הם רוב ריבוני, שבאחריותו נמצאים מיעוטים ששיעורם אינו מבוטל, הוא מצב כמעט חסר תקדים מאז ימי בית שני, והוא מעורר במלוא עוזה את השאלה: **האם אפשר להגדיר את המיעוטים במדינת ישראל כגרים תושבים?**

שאלה זו מורכבת, שכן יש הבדלים בין קבוצות המיעוטים השונות במדינה, ואין בהכרח דין אחד לכולן. נוסף על כך, לימוד מעמיק של הסוגיה מעלה דעות שיש מקום לחלוקה פנימית בתוך פרטי ההלכות של גר תושב, ולפי זה כמה מהגדרות המעמד רלוונטיות גם היום אך היבטים אחרים שלו אינם רלוונטיים.

אתגרי העיסוק בהגדרת גר תושב

העיסוק בשאלה זו מאתגר, שכן יש סוגיות הלכתיות ומציאותיות רבות שיש לצלול אל תוכן כדי לתת לה מענה מדויק. אי אפשר לדון במעמד המיעוטים בלי לעסוק בכלל הסוגיות הכרוכות בו ובקשרים ביניהן. לדוגמה, היות שלהלכה נפסק שכדי להיות גר תושב נדרש קיום של שבע מצוות בני נח, יש לעמוד על טיבן של מצוות בני נח ואופיין. זאת ועוד, ישנן שאלות שדורשות בקיאות והיכרות בלתי אמצעית עם התרבות העכשווית, עם המיעוטים עצמם ועם הדתות שלהם, למשל הבנת הזיקה בין דתות שונות לבין שבע מצוות בני נח, וכן הבנה של המציאות האזרחית בימינו והשפעתה על הפסיקה ההלכתית.

כבר בראשית ימיה של מדינת ישראל יוחדו כמה תשובות ומאמרים בעולם הרבני לנושא זה, מתוך תשומת לב למציאות המתחדשת ורצון להעניק לה התייחסות הלכתית רלוונטית.[1] אחד החלוצים בתחום זה היה הרב הראשי לישראל בתקופת קום המדינה, הרב יצחק הרצוג, שבחן את הסוגיה. את מאמרו "זכויות המיעוטים לפי ההלכה" הוא פותח בקביעה "שהדבר הקשה ביותר בקשר עם האופי הדימוקרטי של המדינה... היא שאלת זכויות המיעוטים". בסופו של דבר הוא מעגן בהלכה את זכויות המיעוטים במדינה ממגוון שיקולים, הן על יסוד המציאות האקטואלית שיש בה צורך להתחשב ברצון

1. הרצוג, "זכויות"; גרשוני, "המיעוטים"; אבינר, "הישמעאלים". לאחרונה נכתבו שתי עבודות מקיפות מן הזווית המחקרית העוסקות בנושא: חדד, **מיעוטים**; ברמן, **גר תושב**. עבודות אלו מתאפיינות בהיקף רחב וביסודיות.

האומות[2] והן מתוך תפיסה עקרונית של מהותה של מדינה מודרנית כמעין שותפות, שממנה יש לגזור זכויות למיעוטים. לעומת זאת, הוא מסייג את האפשרות להעניק מעמד של גר תושב למיעוטים.

מעיון במקורות המוקדמים, בתשובות ובעבודות בנות זמננו, ברצוני להציע בפרק זה תמונה המנסה להתייחד בעומק וברוחב שלה בנוגע לסוגיה: **עומק** של הקשבה לשורשי הסוגיה, לדרך שבה קראו חז״ל את פסוקי התורה ולסיפור השתלשלות הסוגיה בדורות המאוחרים יותר, **ורוחב** במובן של התייחסות לפסיקות ההלכתיות מתוך **הרחבת התמונה למציאות ימינו**.

המטרה המרכזית של פרק זה היא לבסס את מעמדם של המיעוטים במדינת ישראל כגרים תושבים.

שאלת הליבה

ביסודה של הסוגיה עומדת שאלת ליבה, ״חקירה״ בשפתם של האחרונים: האם ״גר תושב״ הוא מעמד חדש וייחודי שעל הנוכרי להיכנס אליו, ״להתקבל״ אליו, ובכך לשנות את מהותו וזהותו (בדומה לגיור של גרי צדק הנכנסים תחת כנפי השכינה), או שמא מעמד גר תושב הוא ביסודו המעמד הטבעי של כל אדם, והתנאים המוצבים במקורות להשתייכות למעמד זה אינם באים אלא לשלול דרכי התנהגות שגורמות לו **לאבד מעמד זה**? לפי האפשרות השנייה, התנאים למעמד גר תושב, המופיעים במקורות, נובעים מן הצורך לברר ולתקף את מחויבותו של האדם לדרכי התנהגות בסיסיות אלו. בירור כזה מאפשר ומחייב מצידנו את ההתייחסות האנושית הבסיסית, שבאה לידי ביטוי במעמד זה של גר תושב. לשאלה זו השלכה מכרעת על מעמד המיעוטים היום ועל האפשרות לדון אותם כגרים תושבים. פרק זה מבקש לבסס את האפשרות השנייה: ביסודו גר תושב הוא מעמד המוקנה לאדם מעצם הווייתו, ועליו רק להיות מחויב להתנהגות ראויה כדי שלא לאבדו.

2. הרצוג, ״זכויות״, עמ׳ 175–177.

כפי שטענתי בפרק על גר תושב במקרא, גישה זו עולה בקנה אחת עם פשט המקראות, שמהם עולה שהגרים שהתורה עוסקת בהם מקבלים מעמד זה מעצם הווייתם, בתור ה"אחר" שאיננו מישראל אבל גר בארצנו, ויחס החמלה, האמפתיה והצדק כלפיו נגזר מזיכרון היותנו גרים בארץ מצרים - מתוך הדגשת הפן האנושי של היות אדם זר בארץ.

במבט ראשון נראה שחז"ל הולכים בכיוון אחר באשר למהות של גר תושב, ומציבים מעין תנאי סף לקניית מעמד של גר תושב. ברם, להלן נראה שהכיוונים המרכזיים הן בחז"ל והן בספרות הראשונים שומרים דווקא על היסוד המצוי בתורה שבכתב. את התנאים והתביעות הנדרשים כדי להיות גר תושב נכון לדעתי לפרש לא כתביעה חיובית של הגדרת מעמד מחדש, אלא כדרישה לאי־פגיעה במרחבי החיים השונים.

אבסס טענה זו בשלושה שלבים: החלק הראשון ידון בשלוש הדעות בתלמוד לגבי המצוות שגר תושב מחויב לקיים ובמשמעות חיוב זה, החלק השני יעסוק בדברי הראשונים והאחרונים על התנאים להגדרת גר תושב, והחלק האחרון יבסס את ההכרעה שלפיה אדם לא־יהודי שחי כיום במדינה ונושא זהות דתית שכלולה בה הכרה ביסודות מצוות בני נח, יכול להיחשב לגר תושב.

חיובי מצוות של גר תושב

במסכת עבודה זרה מופיעה ברייתא ובה שלוש דעות באשר למצוות שגר תושב מחויב לקיים:

> מיתיבי: איזהו גר תושב?
> כל שקיבל עליו בפני ג' חברים שלא לעבוד עבודה זרה, דברי רבי מאיר;
> וחכמים אומרים: כל שקיבל עליו שבע מצות שקבלו עליהם בני נח;

אחרים אומרים: אלו לא באו לכלל גר תושב, אלא איזהו גר תושב? זה גר אוכל נבילות שקבל עליו לקיים כל מצות האמורות בתורה חוץ מאיסור נבילות. (עבודה זרה סד ע"ב)

שיטת רבי מאיר - גוי שקיבל עליו שלא לעבוד עבודה זרה

לדעת רבי מאיר יש התנהגות אחת בלבד שמונעת מאדם להיות גר תושב - עבודה זרה. עמדתו של רבי מאיר עולה מפשטי המקראות ביחס ל"שבעת העממים", האומות של עובדי עבודה זרה שעם ישראל מצטווה להוריש בכניסתו לארץ:

לֹא יֵשְׁבוּ בְּאַרְצְךָ פֶּן יַחֲטִיאוּ אֹתְךָ לִי כִּי תַעֲבֹד אֶת אֱלֹהֵיהֶם כִּי יִהְיֶה לְךָ לְמוֹקֵשׁ. (שמות כג, לג)

לפי רבי מאיר, גר תושב הוא כל אדם שחי בארץ; אלא שכדי לחיות בה יש להימנע מעבודה זרה, המסכנת את מדרגת הרוחניות של עם ישראל. לאמיתו של דבר, מכיוון שדינה של עבודה זרה הוא עונש מוות, גם ליהודי שעובד עבודה זרה אין מקום בארץ. אם כן, לדעתו האדם הוא "גר" מעצם הווייתו אך עליו להימנע מעבודה זרה, שגורמת לו לאבד את מעמדו הטבעי.[3]

מעניין לקשור בין דברי רבי מאיר כאן לדבריו המפורסמים במסכת סנהדרין:

היה רבי מאיר אומר: מניין שאפילו נכרי ועוסק בתורה שהוא ככהן גדול? - שנאמר (ויקרא יח, ה): "[וּשְׁמַרְתֶּם אֶת חֻקֹּתַי וְאֶת מִשְׁפָּטַי] אֲשֶׁר יַעֲשֶׂה אֹתָם הָאָדָם וָחַי בָּהֶם", "כהנים לויים וישראלים" לא נאמר, אלא "האדם". הא למדת: שאפילו נכרי ועוסק בתורה הרי הוא ככהן גדול! (סנהדרין נט ע"א)

3. וכן הסביר את שיטת רבי מאיר חדד, **מיעוטים**, עמ' 22.

בדברים אלו, שהיו שגורים על לשונו של רבי מאיר, יש הכרה בכך שעל כל אדם נאמר "אשר יעשה אותם האדם וחי בהם", והם מעניקים מקום חשוב לגויים ופותחים לפניהם דרגות רוחניות עליונות. על פי רבי מאיר, גר תושב הוא פשוט נוכרי שאינו עובד עבודה זרה.

שיטת חכמים - גוי שקיבל עליו שבע מצוות בני נח

חכמים אינם מסתפקים בהימנעות מעבודה זרה, אלא דורשים קיום של כל שבע המצוות שבני נח מחויבים בהן. כמו אצל רבי מאיר, גם לשיטתם אין כאן דרישה הקשורה לארץ ישראל, לעם ישראל או לשייכות להוויה דתית מיוחדת, שכן שבע המצוות הן המחויבות הבסיסית של כל אדם באשר הוא. כפי שהרחבתי בספר **ושמו אחד**, משמעות מצוות אלו אינה זהות דתית, ולמעשה אין בהן דרישה **לעשייה חיובית** בנוגע לקב"ה או בנוגע לאדם אחר, אלא דרישה להימנע מפגיעה במרחב.[4] שתיים מהמצוות מונעות פגיעה במרחב האלוהי (עבודה זרה וגידוף), שתיים מונעות פגיעה באדם (גילוי עריות ושפיכות דמים), שתיים פגיעה ברכוש (גזל ודינים), והשביעית פגיעה במרחב החיות ומגע לא נכון עימן (אבר מן החי). גר תושב הוא גוי שרוצה לחיות בתוך מושבות ישראל, ולמעשה לחלוק עם היושבים בהן את המרחב, ולשם כך צריך לוודא שהוא לא יפגע בו.

נראה ששיטת חכמים היא הרחבה של היסוד של רבי מאיר: אין דרישה חיובית מגר תושב, אלא דרישה להימנעות מפגיעה במרחב. זהו מעמד שהאדם מקבלו באופן טבעי, ועליו רק להישמר שלא להיות בלתי ראוי לו ולאבדו.

שיטת חכמים גם מחדדת את החידוש בשיטת רבי מאיר: לדעתו, מעמד גר תושב **אפילו אינו מותנה בקיום של המצוות שכל אחד בעולם חייב בהן**. אדם מקבל מעמד זה גם כאשר הוא מקיים פחות מצוות משמצופה מאדם רגיל לקיים.

4. נגן, "שבע מצוות".

שיטת רבי יהודה – "גר אוכל נבלות"

> אחרים אומרים: אלו לא באו לכלל גר תושב. אלא איזהו גר תושב? זה גר אוכל נבילות שקבל עליו לקיים כל מצות האמורות בתורה חוץ מאיסור נבילות. (עבודה זרה סד ע"ב)

הדעה השלישית בברייתא מופיעה בדפוס בשם "אחרים", אולם בכמה כתבי יד של התלמוד ובציטוטים של הגמרא על ידי הראשונים (וכן במסכת גרים) דעה זו מופיעה כשיטת רבי יהודה,[5] וכך נראה אותה מעתה.[6]

בניגוד לשיטת רבי מאיר וחכמים, על פי רבי יהודה גר תושב הוא אכן מעמד שיש לזכות בו, להיכנס אליו (כמו האפשרות הראשונה בחקירה שהצענו). דברים אלו מדויקים בטענה שמטיח רבי יהודה בשיטות קודמיו: "אלו **לא באו לכלל גר תושב**". הדרישות שהם דורשים – הימנעות מעבודה זרה או קיום שבע מצוות בני נח – משותפות לכל הגויים, ואין בכך די להקנות לאדם מעמד חדש כך שיהיה אפשר לומר עליו "כקטן שנולד דמי".[7]

5. כתב־יד מינכן 95; כתב־יד בית מדרש לרבנים 15; כתב־יד פריז 1337. על עניין זה בראשונים ראו את דברי **הרשב"א** להלן, וכן במסכת גרים פ"ג מ"א. עם זאת, יש לציין שתוספות גרסו "אחרים" (ראו תוספות ד"ה "אחרים אומרים": "על כרחך אחרים דהכא לאו היינו ר"מ").
6. כפי שציין אלי חדד, על פי שיטה זו **גר תושב קרוב מאוד ליהודי**: "יש לראותו כמי שקיבל על עצמו לגמרי את עול תורת ישראל. אומנם הוא מותר באכילת נבלות, וייתכן שהיתר זה נועד להבהיר שאין הוא ישראל גמור, אך ודאי שקבלת המצוות היא שינוי עמוק בזהותו הדתית והתרבותית" (חדד, **מיעוטים**, עמ' 22-23. גם דברי **הרשב"א** שנזכיר בהמשך מובאים אצלו).
7. כך עולה מדברי הראשונים שם. כך כתב **הרשב"א** (**תורת הבית הארוך** בית ה שער ד): "...ואחרים אומרים אלו ואלו... לא באו לכלל גר, **דגר שנתגייר כקטן שנולד דמי**"; רש"י (עבודה זרה סד ע"ב): "אלו לא באו לכלל גר תושב... שהרי אף נכרים גמורים נצטוו על עבודה זרה ועל שאר המצות"; ובאופן אחר בדברי **הראב"ד** (עבודה זרה שם): "שהרי לא קראו הכתוב גר ותושב על אלו, שהרי כל הגוים מוזהרין עליהן".

מניתוח זה של הסוגיה עולה ששאלת הליבה בדבר מהותו של גר תושב שהצגנו בפתיחה היא למעשה המחלוקת בין רבי מאיר וחכמים מן הצד האחד לבין רבי יהודה מן הצד השני. ממילא, מכיוון שלאורך הדורות לא נפסק כרבי יהודה בסוגיה זו, הרי ההגדרה העקרונית של מעמד גר תושב מתבססת על תפיסתם של חכמים ושל רבי מאיר. בהמשך הפרק נדון בעיקר בשיטות של חכמים ושל רבי מאיר. דיון בשיטת רבי יהודה נשאיר לנספח בסוף הפרק.

הפסיקה במחלוקת רבי מאיר וחכמים

הראשונים נחלקו בפסיקת ההלכה במחלוקת בין רבי מאיר לחכמים. רבים מהפוסקים והמפרשים הקדומים יותר הלכו בעקבות רבי מאיר, ופסקו שכדי להיות גר תושב אפשר להסתפק בהימנעות מעבודה זרה, ואילו הפוסקים המאוחרים יותר פסקו כחכמים: גר תושב צריך לקבל דווקא את כל שבע מצוות בני נח.

עם הפוסקים שפסקו כרבי מאיר נוכל למנות בתקופת הגאונים את בעל **הלכות גדולות** (מילה סימן ח), ומאוחר יותר באשכנז ובצרפת את הפירוש **המיוחס לרבינו גרשום** (ערכין כט ע"א, כריתות י ע"ב) ואת רש"י.[8] לעומת זאת, ראשונים רבים פסקו את הפסיקה המתבקשת יותר כחכמים (שהרי יחיד ורבים הלכה כרבים), ובהם בעלי התוספות, הרמב"ם, הרמב"ן, הריטב"א, הר"ן, המאירי, הטור והשולחן ערוך.

8. כמעט בכל מקום שרש"י מסביר מהו גר תושב בפירושיו לתורה ולתלמוד, הוא מביא את התנאי: "אינו עובד עבודה זרה", ולפעמים מדגיש אפילו "שלא קבל עליו שאר מצוות". ראו למשל רש"י על התורה: ויקרא כה, לה; דברים יד, כא; ובפירושו לבבלי: סנהדרין צו ע"ב; עבודה זרה סד ע"ב; פסחים כא ע"ב; יבמות מח ע"ב; גיטין מד ע"א; גיטין נז ע"ב; ב"ק קיג ע"ב; בבא מציעא עא ע"א; בבא מציעא קיא ע"א; סנהדרין צו ע"א; ערכין כט ע"א; כריתות ט ע"א. יוצאים מן הכלל הם דברי רש"י בעבודה זרה כ ע"א ושם, כד ע"א, ונראה שיש לכך סיבות הקשורות לצורך מקומי בהסבר הסוגיה שם.

קבלה בפני שלושה חברים

כאמור, הדעה שהתקבלה להלכה היא דעת חכמים: **גר תושב צריך לקבל עליו שבע מצוות בני נח.** בדבריהם של חכמים לא הוזכר שהגר צריך לקבל עליו בפני שלושה את שמירת שבע המצוות. אולם תנאי זה אכן מופיע בדברי רבי מאיר:

> איזהו גר תושב?
> כל **שקיבל עליו בפני ג' חברים** שלא לעבוד עבודה זרה, דברי רבי מאיר;
> וחכמים אומרים: כל **שקיבל עליו** שבע מצות שקבלו עליהם בני נח... (עבודה זרה סד ע"ב)

חכמים אומנם נחלקו על רבי מאיר בנוגע לשאלה **מה** צריך גר תושב לקבל עליו, אך לכאורה הם אינם חולקים על כך שקבלה זו צריכה להיות בפני שלושה.

בהמשך הגמרא במסכת עבודה זרה מופיעה הקבלה בפני שלושה כדבר פשוט, וכתנאי לחיוב "להחיותו" הנאמר ביחס לגר תושב:

> רב יהודה שדר ליה קורבנא לאבידרנא ביום אידם, אמר: ידענא ביה דלא פלח לעבודה זרה.
> א"ל רב יוסף, והתניא: "איזהו גר תושב? כל שקיבל עליו בפני ג' חברים שלא לעבוד עבודה זרה"!
> כי תניא ההיא - להחיותו. (שם, סד ע"ב - סה ע"א)

מה מטרתה של הקבלה בפני שלושה: האם הנוכחות של שלושת החברים נועדה לוודא שאכן הצהרתו של הגר רצינית והוא מקבל עליו את המצוות, או שמדובר בטקס פורמלי של קבלת מעמד חדש, המצריך בית דין? מתוך הסוגיה משתמע יותר כאפשרות הראשונה: שלושת החברים מעניקים משמעות ורצינות להצהרתו של הגר, אך הם אינם משמשים בית דין הנדרש לשינוי מעמד פורמלי.

דבר זה עולה בראש ובראשונה מניתוח המושג "חברים", שאינו מכוון דווקא לבית דין. כפי שציין ידידי הרב ארי ברמן, המושג "חברים" וההרכב של "שלושה חברים" הם מושגים מוכרים מתחום קבלת מעמד "חבר" ביחס לנאמנות בהלכות טומאה וטהרה.[9] כך למשל:

> תנו רבנן: הבא לקבל דברי חבירות צריך לקבל בפני שלשה חבירים, ובניו ובני ביתו אינן צריכין לקבל בפני שלשה חבירים, רבן שמעון בן גמליאל אומר: אף בניו ובני ביתו צריכין לקבל בפני שלשה חבירים, לפי שאינו דומה חבר שקיבל לבן חבר שקיבל. (בכורות ל ע"ב)

על בסיס הסוגיה שם הרמב"ם פוסק שבניו ובני ביתו של החבר החדש אינם צריכים לקבל חברות בפני שלושה:

> המקבל דברי חבירות צריך לקבל בפני שלשה חברים. ובניו ובני ביתו אינן צריכין לקבל בפני שלשה, מפני שהוא מלמדן ומרגילן בדרך טהרה.
> (**משנה תורה** הלכות מטמאי משכב ומושב פ"י ה"ה)

ההשלכות של פרשנות זו קריטיות בזמננו, שהרי לו נדרש טקס פורמלי של קבלת מצוות בני נח בפני בית דין - ממילא היה מעמד גר תושב נעשה לא רלוונטי, שכן מעטים ביותר יהיו מעוניינים לעבור טקס כזה.

הוכחה נוספת שהדרישה לשלושה חברים נועדה בעיקר ליצור הצהרה של בירור או מחויבות ואין זה טקס פורמלי היא שאלת המקור.

9. ברמן, **גר תושב**, עמ' 67–75. כפי שמציין ברמן, כאן הנוסח "חברים" אינו מופיע בכל כתבי־היד, אולם פרט לכתב־יד אחד, הנוסח "חברים" מופיע בציטוט של הברייתא בהמשך הסוגיה (ראו עמ' 67 שם).

בעניין גרות של גר צדק הגמרא מביאה דרשות כדי לבסס את הצורך בבית דין בתהליך הגרות (יבמות מו ע"ב - מז ע"א), ואילו בנוגע לגר תושב רבי מאיר אינו מביא מקור לדבריו. לאור דברינו ההסבר לכך פשוט: אם יש יצירה של מעמד חדש, הצורך בבית דין הוא לעיכובא, זהו "מעשה בית דין" וצריך לכך מקור. אם זה רק בירור מציאות או אמצעי להצהרת מחויבות - אין צורך במקור.

למעשה, הדמיון בין קבלת חברות בדיני טומאה וטהרה לבין קבלת מעמד של גר תושב בפני שלושה חברים מעלה תובנה נוספת: יהודי המקבל עליו להיות חבר מתחייב בעיקר לדינים שהוא כבר מחויב בהם, אלא שמכיוון שעמי הארץ אינם מקפידים בדינים אלה נדרשת קבלה בפני שלושה חברים המוודאת שאדם זה אכן מקפיד. בדומה לכך, בגר תושב אין קבלה של משהו חדש או יצירה של מעמד מהותי אחר, אלא התחייבות לקיים את מה שמצופה ממנו, את שהוא ממילא חייב בו! נראה שחז"ל דרשו מגר תושב קבלה בפני שלושה של עזיבת העבודה הזרה וקיום שבע המצוות, משום שבזמנם עבדו הגויים רובם ככולם עבודה זרה, וקבלת שבע המצוות היא כ"פרישה מן הציבור", המצריכה הצהרה ברורה. הצהרה זו אינה כוללת ביטויים של גרות, ואין בה אפילו קבלה לאלוה, אלא התחייבות לקיים את שבע המצוות.

אפשר להרחיב עוד יותר את הקשר והדמיון בין קבלת חברות לבין כניסה למעמד גר תושב. צמד המילים "קבל... בפני" מופיע בתוספתא ובתלמוד הבבלי רק בנוגע לשני תחומים אלו: קבלת מעמד של גר תושב וקבלת מעמד של חבר בדיני טומאה וטהרה.[10]

סיכום יסודות דין גר תושב בחז"ל

הצבנו בתחילת דברינו את השאלה אם "גר תושב" הוא מעמד שעל הנוכרי להיכנס ולהתקבל אליו, ובכך לשנות את זהותו ומעמדו, או

10. ברמן (**גר תושב**, עמ' 70) מציין שברמב"ם המושג "קבלה" משמש פעמים רבות הן ביחס לגר תושב והן ביחס לקבלת חברות.

שמא הוא המעמד הבסיסי של כל אדם החי בקרבנו, והתנאים המוצבים במקורות להשתייכות למעמד זה אינם אלא דרכי התנהגות שיכולות לגרום לאדם לאבד אותו.

מניתוח דברי חז"ל עולה שבשאלה זו נחלקו התנאים. לדעת אחרים (רבי יהודה), אכן גר תושב הוא כמעט גר צדק, במובן של קבלת מצוות כמעט מלאה ושינוי מעמדי מובהק. לעומת זאת, לשיטת רבי מאיר וחכמים, גר תושב הוא גוי שזכאי למעמד זה מעצם הווייתו, וצריך רק לקבל עליו תנאים בסיסיים של פרישה מעבודה זרה או קבלת שבע מצוות בני נח. לדעת רבי מאיר, די בפרישה מעבודה זרה שהתורה הזהירה אותנו מפניה, וגויים עובדי עבודה זרה שחיים בקרבנו יכולים להדיחנו אליה, ואילו לדעת חכמים, גר תושב צריך להקפיד על החובות הבסיסיות של האנושות הכלולות במצוות בני נח, שמהותן אי־פגיעה במרחב.

לבסוף, מניתוח המקורות עולה שהצורך בקבלה בפני שלושה חברים נובע מהצורך בהצהרה מבוררת, בדומה לקבלת חברות לעניין טומאה וטהרה. למסקנה זו נפקא מינה משמעותית: אם הטקס הנדרש אינו פורמלי, "מעשה בית דין", ייתכן שלא תמיד יהיה נצרך טקס כזה כדי לקבל מעמד של גר תושב.

דרכי קבלת גר תושב – שיטות הראשונים

שיטת בעלי התוספות

מדברי בעל היראים (רבי אליעזר ממיץ, תלמידו של רבנו תם) אפשר לדייק **שמי שמקיים בפועל שבע מצוות** הוא מחסידי אומות העולם ומוגדר כגר תושב:

> "תניא איסי בן יהודה אומר: 'מִפְּנֵי שֵׂיבָה תָּקוּם' - כל שיבה במשמע" (קידושין לג ע"א) פירוש אפילו גוי, אך שיקיים שבע מצות שנצטוו בני נח דהיינו חסידי אומות העולם. ואמר רבי יוחנן (שם): "הלכה כאיסי בן יהודה... אביי

קאי מקמי סבי דארמאי" פירוש שקיים שבע מצות שקבלו עליהם בני נח. ולמאן דאמר בע"ז (סד ע"ב) דהוי גר תושב לא קשיא, דמכל מקום ארמאי קרי להו תלמודא. אבל אם אינם מקיימים, כגון גוים בזמן [הזה] עובדי ע"ז מגלי עריות ושופכי דמים, לא אמר איסי לקום מפניו ולהדרו דכתיב (משלי יח, ה): "שְׂאֵת פְּנֵי רָשָׁע לֹא טוֹב" - להסתכל בפניו אסור (מגילה כח ע"א) לקום מפניו ולהדרו לא כל שכן!

(**ספר יראים**, סימן רלג)[11]

מדבריו עולה שכל גוי המקיים שבע מצוות בני נח נחשב גר תושב, והוא הגוי שעליו דובר בגמרא שבזקנתו יש חובה להדרו. כלומר, אין הוא תולה את הגדרת גר תושב בקבלת שבע המצוות, אלא בקיומן בפועל. גר תושב הוא גוי, ואינו יוצא מגויותו. במילים אחרות, אין זה מעמד ביניים בין גוי לבין יהודי. הרב אלישע אבינר מדייק יסוד זה גם מדברי התוספות על הסוגיה בעבודה זרה.[12]

הרמב"ם

עמדנו על הדיוק החשוב של הרב ארי ברמן, שלא כתוב בגמרא שנדרש **בית דין** אלא קבלה בפני **שלושה חברים**. הרב ברמן מוסיף ומדייק

11. תיקוני הנוסח מבוססים על כתב־יד The National Library of France Paris France Ms. heb r. 1309, Ms. anciens fonds 251, עמ' 124 (מתוך פרויקט "כתיב", הספרייה הלאומית).

12. "איזהו גר תושב כו'... ואם תאמר: והלא מיד שעבר שבע מצות חייב מיתה, דאזהרת בני נח היא מיתתן בלא עדים והתראה? יש לומר דכל זמן שלא דנוהו בית דין אינו חייב מיתה" (תוספות, עבודה זרה סד ע"ב).
לדעת תוספות ישנן רק שתי אפשרויות: או גר תושב או אדם שעובר על מצוות בני נח. אילו היה תנאי נוסף - קבלה בפני שלושה - הייתה צריכה להיות אפשרות שלישית: אדם שמצד אחד אינו עובר על מצוות בני נח, אבל מאידך גיסא, לא עבר תהליך קבלה להיות גר תושב. ממילא, ניתן לדייק שלדעת בעלי התוספות **אם בפועל האדם מקיים את שבע מצוות בני נח הוא נחשב גר תושב**. ראו אבינר, "הישמעאלים", עמ' 342.

בדברי הרמב"ם, שאכן פסק להלכה שגר תושב אינו זקוק לבית הדין.[13] ראיה ראשונה לכך היא שהרמב"ם מביא את הצורך בבית דין בנוגע לגר צדק ולא בנוגע לגר תושב:

גר שמל ולא טבל או טבל ולא מל אינו גר עד שימול ויטבול, וצריך לטבול בפני שלשה. והואיל **והדבר צריך בית דין** אין מטבילין אותו בשבת ולא בי"ט ולא בלילה. ואם הטבילוהו הרי זה גר. (**משנה תורה** הלכות איסורי ביאה פי"ג ה"ו)

אי זה הוא גר תושב? - זה **גוי שקבל עליו שלא יעבוד עבודה זרה עם שאר המצות שנצטוו בני נח** ולא מל ולא טבל, הרי זה מקבלין אותו, והוא מחסידי אומות העולם. ולמה נקרא שמו "תושב"? לפי שמותר לנו להושיבו בינינו בארץ ישראל כמו שביארנו בהלכות עבודה זרה. (שם, פי"ד ה"ז)

גם במקומות נוספים שבהם הרמב"ם מדבר על הגדרת גר תושב לא מוזכר בית דין.[14]

את הדרישה לשלושה חברים בתהליך קבלת גר תושב מביא הרמב"ם רק בהלכות מלכים, וגם שם לא מופיע הביטוי "בית דין" (כפי שכותב הרמב"ם ביחס לגרות) אלא המושג "חברים", כמו בקבלת חברות לעניין טומאה וטהרה:[15]

...וכן צוה משה רבינו מפי הגבורה לכוף את כל באי העולם לקבל מצות שנצטוו בני נח, וכל מי שלא יקבל יהרג. והמקבל

13. ברמן, **גר תושב**, עמ' 67–72.
14. ראו למשל: רמב"ם, **משנה תורה** הלכות מאכלות אסורות פי"א ה"ז: "גר תושב, והוא שקיבל עליו שבע מצות כמו שביארנו".
15. השוו: רמב"ם, **משנה תורה** הלכות מטמאי משכב ומושב פ"י; ברמן, **גר תושב**, עמ' 69.

אותם הוא הנקרא גר תושב בכל מקום. **וצריך לקבל עליו בפני שלשה חברים.** (**משנה תורה** הלכות מלכים פ"ח ה"י)[16]

הרמב"ן

בניגוד לשיטות שראינו עד כה, הרמב"ן מנסח את תנאי הקבלה של גר תושב **כקבלה בפני בית דין של ישראל**. נוסף על כך, הרמב"ן מחדד את ההבדל שבין "בן נח" לבין "גר תושב":

והוי יודע ש"בן נח" המוזכר בכל מקום היינו "גר תושב". אלא ש"בן נח" הוא שנוהג במצות שלהם כהוגן עם חבריו, ו"גר

16. לצד עמדה זו של הרמב"ם, הצועדת בעקבות פשט הגמרא ומקילה בתנאי הקבלה של גר תושב (בפני שלושה חברים כפעולה הצהרתית־בירורית, ולא מעשה בית דין), יש לרמב"ם תפיסה לגבי קיום שבע מצוות בני נח, המקשה על קבלתם של גרים תושבים. הרמב"ם, בהלכה הבאה אחרי זו שצוטטה לעיל, מכריע שהמקבל עליו שבע מצוות בני נח נקרא "מחסידי אומות העולם" אך ורק אם הוא מקבל אותן מתוך אמונה בהתגלות למשה בסיני: "כל המקבל שבע מצות ונזהר לעשותן הרי זה מחסידי אומות העולם, ויש לו חלק לעולם הבא, והוא שיקבל אותן ויעשה אותן מפני שצוה בהן הקדוש ברוך הוא בתורה והודיענו על ידי משה רבינו שבני נח מקודם נצטוו בהן. אבל אם עשאן מפני הכרע הדעת - אין זה גר תושב, ואינו מחסידי אומות העולם אלא מחכמיהם" (שם, הלכות מלכים פ"ח הי"א). גוי המקבל על עצמו את המצוות מהכרע הדעת, ולא כקבלה של הציווי האלוהי, אינו גר תושב. בפרק המוקדש לכך בספר **ושמו אחד**, עסקתי באריכות בפסיקתו הייחודית של הרמב"ם בסוגיה זו (ראו נגן, "רמב"ם"). עמדתי על כך שהיא מושתתת על התפיסה כי מצוות בני נח הן הזהות הדתית היחידה הלגיטימית עבור בני אומות העולם, והרחבתי בקשיים העולים מניתוח המקורות ביחס לתפיסה זו (הערתי על היעדר מקור בספרות חז"ל המציב דרישה כזו ביחס לבני נח, ועל כך שנראה שברקע פסיקה זו עומדים יסודות הגותיים ייחודיים לרמב"ם, שמהווים חלק בלתי נפרד מהכרעתו זו, ואשר לא נתקבלו על דעתם של גדולי ישראל לאורך הדורות. ואכמ"ל). בנידון דידן, אפשר לדייק מראשונים רבים שעצם קיומן של שבע המצוות מעניק מעמד של גר תושב גם ללא ההתניה בהנחות יסוד אמוניות המובילות לקיום מצוות אלו. כך עולה, לדוגמה, מדעתם של בעלי התוספות שהובאה לעיל, וכך דייק בעל ה"**תועפות ראם**" מדברי ה"**יראים**" שהוזכרו בסעיף הקודם, וממילא הסיק שה"**יראים**" חולק על הרמב"ם בתנאים לקבלת גר תושב.

תושב" הוא שבא לפני ב"ד של ישראל וקבלן עליו בפני ב"ד. שכיון שקבלם עליו בפנינו הזהירה עליהם תורה יותר משאר בני נח שלא קבלם, מפני שהוא מדקדק עליהם ביותר, ועוד מפני שאמרו (בבא קמא לח ע"א): "ראה שבע מצות שנצטוו בני נח ולא קיימום עמד והתירם להם שלא יהו מקבלין עליהם שכר אלא כמי שאינו מצווה ועושה", וזה - שקבלם על עצמו בבית דין של ישראל - מצווה ועושה הוא. והכי מפרש לה בפרק השוכר את הפועל (עבודה זרה סד ע"ב). ו"גוי" המוזכר בכל מקום הוא בן נח שלא הוחזק אם מקיים מצות שלהם אם לאו, ומסתמא אין רובן מקיימין אותן ולפיכך דנו אותן כספק. (**חידושי הרמב"ן**, מכות ט ע"א)

מדברים אלה יש מי שהבינו שלדעת הרמב"ן קבלה בפני שלושה מעכבת ומקבילה לתהליך של גרות צדק. יש בקבלה בפני בית דין משום הענקת מעמד חדש של מעין "יהודי למחצה" או "גר צדק חלקי".[17]

ואולם אפשר להציע קריאה אחרת של דברי הרמב"ן, והיא שגם לדידו הקבלה בפני בית הדין היא בעיקרה אמצעי לבירור מציאות והצהרה של מחויבות, ולא "מעשה בית דין" של כניסה חלקית לקהל ישראל. יש לדייק מתוך דברי הרמב"ן שההשלכה של קבלה בפני בית דין היא יותר דקדוק במצוות: "שכיון שקבלם עליו בפנינו הזהירה עליהם תורה יותר משאר בני נח שלא קבלם, מפני שהוא מדקדק עליהם ביותר". הבחנה בין בן נח לבין גר תושב היא הבדל ברמת ההקפדה: גר תושב, שמקבל מצוות אלו בצורה רשמית לאחר שהתחייב, רואה את עצמו מחויב יותר לקיום מצוותיו וממילא "מדקדק עליהם ביותר". לעומת זאת גוי רגיל, שלא קיבל עליו את המצוות בפני בית דין, אכן עשוי להתנהג באופן הגון עם חבריו, אבל נראה שזו התנהגות טבעית, וספק אם הוא אכן מקפיד על שבע

17. הניסוחים של חדד, **מיעוטים**, עמ' 33. ראו גם גרשוני, "המיעוטים", עמ' 8.

המצוות: "וגוי המוזכר בכל מקום הוא בן נח שלא הוחזק אם מקיים מצות שלהם אם לאו, ומסתמא אין רובן מקיימין אותן ולפיכך דנו אותן כספק".[18] על פי זה, יש שהסיקו שגם מבחינת הרמב"ן הצורך בבית דין אינו צורך מהותי.[19]

ואולם הסבר נוסף בדברי הרמב"ן לחשיבות הקבלה בפני בית הדין נראה מהותי יותר: "ועוד מפני שאמרו: 'ראה שבע מצות שנצטוו בני נח ולא קיימום עמד והתירם להם שלא יהו מקבלין עליהם שכר אלא כמי שאינו מצווה ועושה', **וזה - שקבלם על עצמו בבית דין של ישראל - מצווה ועושה הוא**". ההבדל בין בן נח לגר תושב הוא שגר תושב מקיים את המצוות כ"מצווה ועושה". ההשלכה של הקבלה בבית הדין אפוא היא ההבחנה בין "מצווה ועושה" לבין "אינו מצווה ועושה". מה משמעותה של הבחנה זו?

בבבלי, בבא קמא (לח ע"א), מופיעה מימרה של רב מתנה, שלפיה הקב"ה ויתר כביכול על דרישתו מהאנושות לקיים שבע מצוות בני נח:

> א"ר מתנה: "עָמַד וַיְמֹדֶד אֶרֶץ רָאָה וַיַּתֵּר גּוֹיִם וכו'" (חבקוק ג, ו)... מה ראה? ראה שבע מצות **שקיבלו עליהם** בני נח ולא קיימום, עמד והתירן להם.

הגמרא מקשה על דרשה זו:

> איתגורי אתגר? אם כן מצינו חוטא נשכר?!

ומתרצת:

18. על הצורך בקבלה כדי לברר האם נזהרים ראו גם: הר"ן (על הרי"ף, עבודה זרה א ע"ב): "כל שקבל עליו בפני ג' חברים שלא לעבוד עבודה זרה. דאף על גב דבני נח מוזהרין שלא לעבוד עבודה זרה, **מפני שאינן נזהרין בכך צריכין קבלה. ומכלל דכל שלא קבל חשבינן ליה כעובד עבודה זרה**".
19. גרשוני "המיעוטים", עמ' 181; אבינר, "הישמעאלים", עמ' 341.

אמר מר בריה דרבנא: לומר, שאפילו מקיימין אותן... אין מקבלים עליהן שכר כמצווה ועושה אלא כמי שאינו מצווה ועושה, דא"ר חנינא: גדול המצווה ועושה יותר ממי שאינו מצווה ועושה.

תחילה מועלית הסברה שאי־קיום מצוות בני נח הביא לידי התרתן, כלומר שהציווי בטל. על כך תמהה הגמרא: אם כן, יוצא ש"החוטא נשכר", והעבירות גורמות לוויתור על הדרישה לקיים מצוות! מסקנת הגמרא שונה: הציווי לא התבטל. עדיין הגויים מחויבים בשבע המצוות, אלא שישנה הפחתה בשכר על עשיית מצוות אלו, והם מקבלים עליהן שכר רק כ"אינו מצווה ועושה".

בביאור הדברים נראה שלפי האמת הגוי עדיין מחויב בשבע המצוות, אבל היות שהוא אינו **רואה את עצמו מחויב** - העשייה שלו היא מרצונו והוא מקבל עליה שכר נמוך יותר.[20]

נשוב לדברי הרמב"ן: מה משמעותה של קבלה בפני בית דין והענקת מעמד של "מצווה ועושה"? נראה שגם קודם לכן עצם המחויבות לקיום מצוות קיימת, אלא שבקבלה לפני בית דין מכניס האדם את עצמו למצב של "מצווה ועושה", לתחושת מחויבות אישית. התחייבות להיות גר תושב היא למעשה שיבה למצב בן נח הרגיל, שהיה ראוי להיות. אילו לא הייתה האנושות חוטאת ומפסיקה לקיים את המצוות - לא היה צורך כלל בקבלת המצוות. אין קשר אפוא בין קבלה בפני בית דין לבין תהליך "דמוי גיור". ההצהרה בפני בית דין אינה **יוצרת** מעמד חדש המחייב במצוות, אלא היא הכרה במחויבות שכבר קיימת מקדמת דנא, ובית הדין משמש אמצעי לחידוש המחויבות הזו.

הוכחה נוספת לכך היא העובדה שהרמב"ן חתם את דבריו מעין

20. כמובן, דברי אגדה אינם מלמדים להלכה, ואינם מלמדים על ביטול חיובם של בני נח במצוות. זוהי אמירה אגדתית, על חוסר מחויבותם של בני נח למצוות אלו ועל התוצאה של חוסר המחויבות הזה.

הפתיחה, "וגוי המוזכר בכל מקום הוא בן נח שלא הוחזק אם מקיים מצות שלהם אם לאו, **ומסתמא אין רובן מקיימין אותן ולפיכך דנו אותן כספק**". מכאן אפשר ללמוד שגם דבריו על שהקבלה הופכת גר תושב למצווה ועושה משמעם שהיא מבררת את מחויבותו למצוות בני נח, על רקע שאר הגויים שאינם רואים את עצמם מחויבים אליהן ולכן ספק אם הם מקיימים אותן. סוף דבר, תפקיד הקבלה הוא לגרום לקיום המצוות מתוך מחויבות.[21]

נוסף על טיעונים אלו, יש לציין שבחידושיו למסכת עבודה זרה כותב הרמב"ן שמשמעותה של הקבלה היא רק בנוגע לפן מסוים של דיני גר תושב - החיוב "להחיותו":

> והא תניא "אי זהו גר תושב כל שקבל עליו"? ומפרקינן: "כי תניא ההיא להחיותו", משמע הא לשאר דברים, כל דקים לן בה דלא פלח עבודה זרה לאו גוי הוא.
>
> (**חידושי הרמב"ן**, עבודה זרה נט ע"ב)

ישנם תחומים שלגביהם אדם נידון כגר תושב גם ללא קבלה בפני בית דין. כדי לקיים את החיוב "להחיותו" צריך קבלה בפני בית דין, וייתכן שהסיבה לכך היא שכאשר גר תושב עושה את המצוות מתוך מחויבות, גם אנחנו נתייחס אליו מתוך מחויבות - ונתחייב להחיותו.[22]

21. חשוב לדייק גם מה **לא** נאמר **ברמב"ן**: ראינו (בהערה 16) **שהרמב"ם** מבחין בין בן נח שמקיים מצוות מפני הכרע הדעת, לבין המקיים אותן מתוך אמונה בהתגלות למשה בהר סיני. לדעתו, רק המקבל על עצמו את המצוות מתוך אמונה יכול להיחשב גר תושב. ממילא, לדעת הרמב"ם: "**בן נח... שנוהג במצות שלהם כהוגן עם חבריו**" אינו גר תושב, שכן הוא עושה זאת מדעתו ולא מתוך אמונה בתורת משה. **לרמב"ן לעומת זאת, ההבחנה היא בין עשייה מתוך התנדבות לבין עשייה מתוך מחויבות ומוחזקות.**
22. גם מדברי **הריטב"א** עולה זיקה בין התחייבות גר תושב בפני בית דין לקיים את שבע המצוות לבין המחויבות שלנו להחיותו (**חידושי הריטב"א** מכות ט ע"א):
"גר תושב הוא שקבל בב"ד של ישראל לקיים שבע מצות שנצטוו בני נח... וכיון שקיבלן בב"ד הוא נקרא בשבע מצות אלו 'מצווה ועושה', וכי הא אנו

בית מדרשו של הרמב"ן

עיון בדבריהם של תלמידי הרמב"ן מאיר עוד על האופן שיש להבין בו את דברי הרמב"ן עצמו.

הרשב"א, בקטע מקביל לדברי הרמב"ן שעסקנו בהם, אינו נוקט "בית דין" (ואף לא "חברים"), אלא ביטוי מפתיע - "**עדים**":

> והא תניא "איזהו גר תושב כל **שקבל עליו בפני ג' עדים** שלא לעבוד ע"ז", ופרקינן "כי תניא ההיא להחיותו", אלמא משמע דדוקא להחיותו צריך קבלה אבל לשאר דבריו כולם אין צריך קבלה. (**חידושי הרשב"א**, עבודה זרה סד ע"ב)

נראה שתפקיד העדים הוא לעשות פרסום למחויבותו של גר תושב לנטוש את העבודה הזרה ולקיים את שבע המצוות.[23] על פי זה, גר תושב הוא למעשה בן נח שמקיים את שבע המצוות, אלא שיש פרסום לדבר, כפי שהרשב"א עצמו כותב בכמה מקומות: "גר תושב והוא הנכרי שנודע שאינו עובד עבודה זרה" (**תורת הבית הקצר** בית ה, שער ד, נב ע"א); ובאופן מובהק עוד יותר: "דגר תושב היינו בן נח" (**חידושי הרשב"א**, יבמות מח ע"ב).[24]

מצווין להחיותו... ובן נח הוא שלא קבלם בבית דין, אלא דקים לן שמקיים אותם מעצמו והוא נדון בהם כמי שאינו מצווה..., וכי הא אין אנו מצווין להחיות".

23. מתורת הבית רואים **שהרשב"א** גרס "חברים" (**תורת הבית הארוך** בית ה שער א מ ע"ב): "גר תושב כל שקבל עליו בפני שלשה חברים". לכן נראה שלשונו בחידושים "עדים" אינה גרסה, אלא הסבר תפקיד החברים: להיות כעדים. מהמשך הקטע שם ניתן להוכיח שהלשון "עדים" או "חברים" היא בדווקא, ואין זה בית דין. שכן, בשונה מדבריו על גר תושב, כאשר הוא מדבר על גר צדק הוא משתמש בלשון "בית דין": "...ולא טבל לא גרע מגר תושב דקים לן דלא פלח עבודה זרה. עוד מסתברא לי דבמלו ואף על פי ש[לא] טבלו לכולי עלמא יינו כשמנו ואינו אסור בהנאה שהרי מלו **בפני בית דין של שלשה**".

24. **הרא"ה** אף הוא אינו נוקט לשון "בית דין" אלא "חברים": "והתניא: איזהו גר תושב כל שקבל עליו **בפני שלשה חברים** שלא לעבוד עבודה זרה. פירוש - אף על פי שבני נח מוזהרין שלא לעבוד עבודה זרה, מפני שהם לא קיימום הם צריכין קבלה, דסתמייהו לא מעלו, וכשקבל עליו בפני שלשה חברים לקיימם

אם כן, גם הרמב"ן ובית מדרשו אינם רואים בקבלה בפני בית דין גיור חלקי, ואין זה שינוי מעמד מהותי מבחינתם. בן נח הופך להיות גר תושב מתוך שאנו מוודאים שאכן הוא מקיים את שבע המצוות, מחוללים אצלו מחויבות מחודשת למצוות אלו, או מפרסמים זאת קבל עם ועדה.

תמצית היסודות העולים מדברי הראשונים עד כה היא זו: הראשונים רובם ככולם אינם רואים בקבלה בפני בית הדין אירוע של "מעין גיור" ומעשה בית דין, אלא וידוא שהגר התושב אכן מגלה מחויבות לשבע המצוות ומקיים אותן, לנוכח הוויית האלילות הרווחת. חידושה של המחויבות ופרסומה (בפני חברים או עדים) די בהם להכנסת הגוי למעמד של גר תושב.[25]

לדברים אלו משמעות עצומה מבחינת היחס לבני הדתות המונותיאיסטיות, שבדרישה ממאמיניהן נכללים עיקרי מצוות בני נח. לכאורה, בנוגע לאדם המשתייך לדת כזו מתקיימים התנאים כדי שייחשב גר תושב, ובכללם הצורך בקבלה ומחויבות, שהרי הן בעצם חלק מן המחויבות של האדם הזה לדת שהוא משתייך לה, מחויבות שהיא בעלת תוקף לפחות כמו הצהרה בפני שלושה חברים, עדים או אפילו בית דין.

בימי חז"ל, כאשר העולם היה אלילי בעיקרו, לשייכות דתית לא היה מקום בשיקולי הפסיקה. לא היה אפשר לוותר על דרישה של קבלה מוצהרת בפני שלושה, שבה יכריז הגוי על עצמו כמי שמקיים

השתא מיקרי גר תושב, מכלל דהא לאו הכי חשבינן ליה כעובד עבודה זרה" (**חידושי הרא"ה** [בשיטת הקדמונים] עבודה זרה ו ע"ב).

בניגוד **לרמב"ן, הרא"ה** אינו מזכיר את ההבחנה בין "מצווה ועושה" לבין "אינו מצוה ועושה", אלא מדגיש את הפן הראשון של דברי הרמב"ן: קבלה בפני בית דין נועדה להוציא את הגוי מידי ספק של עובד עבודה זרה, ולוודא שהוא אכן מקיים מצוות בסיסיות אלו. אולם, המילים "מפני שהם לא קיימום" ביחס לגויים, מרמזות מפורשות לאגדה בבבא קמא שהזכיר הרמב"ן, ומשמע שאף הרא"ה למד ממקור זה שהסיבה שצריך קבלה היא לייצר מחדש מחויבות.

25. ראו גם **רבינו יונתן מלוניל** (עבודה זרה סה ע"א), שמשמעותה של קבלה בפני שלושה היא קבלה בפרהסיה.

מצוות בני נח וממילא כגר תושב. אך במהלך הדורות השייכות הדתית נעשתה רלוונטית.

המאירי

מבין הראשונים אפשר לראות אצל המאירי דוגמה מובהקת ליישומה של דרך חשיבה זו. המאירי מסיק שישנן דתות שמאמיניהן נחשבים באופן אוטומטי לגרים תושבים. על פי דברינו, דברי המאירי אינם חידוש יש מאין, אלא מבוססים על ניתוח עמדה רווחת בדברי חז"ל והראשונים בנוגע למעבר מגוי לגר תושב.

למאירי גישה מקיפה באשר למעמדן של דתות אומות העולם, ונדון כאן רק בחלק ממנה שמשפיע על סוגייתנו באופן ישיר.[26] מדבריו בחידושים למסכת בבא קמא נראה שהמציאות שלפיה הקב"ה לכאורה ויתר לגויים על קיום שבע המצוות, ומעתה מעמדם הוא של "אינו מצווה ועושה", עשויה להשתנות באמצעות השתייכות לדתות "הגדורות בדרכי דתות ונימוסים". בפשטות, לבני דתות אלו מעמד של "מצווים ועושים" בנוגע למצוות בני נח:

> מי שהפקיע עצמו ופירק מעליו עול תורה ומצות, אף על פי שמקיים מקצתם מצד נדבה, אינו מקבל שכר עוד כמצוה ועושה אלא כמי שאין מצווה ועושה.

(**בית הבחירה למאירי**, בבא קמא לח ע"א)

מדברי המאירי נראה שאין הוא מתאר את אומות העולם כמי שפרקו מעליהן באופן גורף את עול שבע המצוות, אלא הוא מכוון אל הפרט, אל אדם שהפקיע עצמו מעול תורה ומצוות - בין יהודי בין גוי.[27]

26. ראו ברמן, **גר תושב**, עמ' 251–302. ראו שם הפרק המקיף על המאירי, ובייחוד איך מאמיני דתות נכנסים אפילו לקטגוריה של "להחיותו" הנוהגת בגר תושב (שם, עמ' 267–275). ראו גם דבריו של הרב שראל רוזנבלט בספר **ושמו אחד** (רוזנבלט, "המאירי"), בהקשר הרחב של תפיסת המאירי על דתות.
27. כמובן, יהודי שפורק עול אינו נפטר מחיובו ההלכתי במצוות כולן. הדיון של

האגדתא שהמאירי מתכוון אליה, שמדברת על הוויתור לכאורה מצד הקב"ה לבני נח על חיוב המצוות, מופיעה בגמרא כהסבר של ההבדל בדיני נזיקין בין המקרה שבו שור של ישראל נגח שור של ישראל ובין המקרה שבו שור של ישראל נגח שור של נוכרי. על כך כותב המאירי:

> שור של ישראל שנגח שור של נכרי פטור מדין "רעהו", ושל נכרי שנגח של ישראל בין תם בין מועד משלם נזק שלם. מתוך שאין חסים על ממון זולתם קונסין אותם... הא כל ששבע מצות בידם דינם אצלנו כדיננו אצלם ואין נושאין פנים בדין לעצמנו **ומעתה אין צריך לומר שכן באומות הגדורות בדרכי דתות ונימוסים.** (שם, לז ע"ב)

את מי ששבע מצוות בידו דנים באופן שונה - "דינם אצלנו כדיננו אצלם". אך כאן מגיעה נקודת חידוש גדולה עוד יותר בדברי המאירי: "מעתה אין צריך לומר שכן באומות הגדורות בדרכי דתות ונימוסים". **דת ממוסדת עדיפה ונחשבת אפילו יותר מקיום שבע מצוות בני נח, ולכן קל וחומר שהיחס המשפטי כלפי מאמיניה מועדף!** השתייכות לאומות העולם הגדורות בדרכי דתות ונימוסים היא אפוא הפקעה ממעמד הגוי של "אינו מצווה ועושה".[28]

המאירי הוא על מידת המחויבות והשכר הנובע ממנה.

28. במקום אחר מיישם **המאירי** תובנה זו באופן מפורש ביחס לגר תושב: "...כל שבא להם ההיזק מאליו אין אנו מצווים להשתדל בהצלתם. ואף בזו של גוים צריך אתה לבחון מה שהקדמנו באיזה גוי הוא אומר כן. רוצה לומר שבעובדי האלילים נאמר, שלא היו גדורים בדרכי הדתות ואדרבה כל עבירה וכל כיעור יפה בעיניהם. וכבר אמר ראש הפילוסופים 'הרגו מי שאין לו דת'. הא כל שהוא מעובדי האלהות, אף על פי שאינו מכלל הדת, אינו בדין זה חלילה וחס! וכבר ידעת בגר תושב, והוא שקבל עליו שבע מצות, שאתה מצווה להחיותו" (**בית הבחירה**, עבודה זרה כו ע"א).
נראה מדבריו, שהציווי להחיות גר תושב מתייחס לכל מי שהוא "מעובדי האלהות", אפילו אם אינו שייך לדת ממוסדת, וכל שכן אם הוא שייך לדת כזו. הראיה לדבר הוא גר תושב, שאנו מצווים להחיותו, ומשמע שאליבא דמאירי כל עובד אלוהים - ובפרט מי ששייך לדת מסוימת - כבר בא לכלל גר תושב.

בדומה לכך מופיע בפירוש המאירי למסכת פסחים:

> כבר ביארנו במסכת עבודה זרה שהגוים רוצה לומר שהם מעובדי האלילים שאינם גדורים בגדר שום דת בעולם אין אנו מצווים להחיותם. ומאחר שכן אף מה שאסור לנו אין נותנין להם בחנם, שהרי אנו גוזלין בכך גר תושב שאנו מצווים להחיותו אחר שהוא מקיים שבע מצות של בני נח. והוא שפירשנו בנבלה: "לגר בנתינה ולגוי במכירה". (שם, פסחים כא ע"ב)

מהניגוד שיוצר המאירי בין גוי שעובד אלילים ואינו גדור בדרכי הדתות, שאותו אין אנו מצווים להחיות, לבין גר תושב, שאנו מצווים להחיותו, עולה בבירור שעצם קיום שבע המצוות הנובע מגדרי הדת מספיק לגדר גר תושב.[29] בדברי המאירי ישנו ביטוי מובהק לתפיסה שהצגנו בראשית הפרק: גר תושב הוא מעמד טבעי שהגוי באשר הוא זכאי לו, ורק כאשר הוא מפקיע את עצמו מלהיות "גדור בגדר שום דת בעולם" הוא מאבד מעמד זה.

חשיבותם של דברי המאירי כפולה: ראשית, זו דעה חשובה בעולם הראשונים, ולפיה שייכות לעבודת אלוהים, וקל וחומר השתייכות לדת ש"גדורה בדרכי הדתות והנימוסים", היא כניסה למעמד של גר תושב שאנו מצווים להחיותו. שנית, על פי דרכנו בביאור דברי חז"ל והראשונים, המאירי מיישם את עקרונות היסוד העולים באופן מרווח מניתוח הסוגיה: מעמד גר תושב אינו מידה חלקית של כניסה לקהל ישראל הדורשת מעין גיור ומעשה בית דין,

29. ראו גם **בית הבחירה** למאירי (חולין קיד ע"ב): "כל הנבלות, אף על פי שנאסרו באכילה בהנאה מיהא הותרו, חוץ משור הנסקל כמו שיתבאר במקומו, שהרי נאמר בנבלה: 'לגר אשר בשעריך תתנה ואכלה או מכור לנכרי'. ולא סוף דבר לגר בנתינה ולגוי במכירה אלא אף בחלוף, אלא שמצוה להקדים נתינה לגר על מכירה לגוי **שהגר הואיל ונכנס תחת כנפי השכינה הרי הוא בכלל אחוה ואתה מצווה להחיותו מה שאין כן בגוי שכל שהוא מעובדי האלילים** אי אתה מצווה להחיותו".

אלא מה שהיינו מנסחים בימינו כ"זכות טבעית", המוקנית לאדם מעצם היותו אדם, ומוטל עליו רק שלא לאבדה בכך שיהיה עובד אלילים וחלק מתרבות לקויה.

גר תושב בזמן שאין היובל נוהג

גם אם נקבל שאדם השייך לדת הגדורה בנימוסים ומחייבת את שבע המצוות אינו זקוק לקבלה בפני שלושה, ואפשר להחיל עליו מעמד של גר תושב, עדיין ישנו אתגר נוסף בהחלת יחס כזה על המיעוטים במדינת ישראל היום, והוא קביעת הגמרא שאין גר תושב נוהג אלא בזמן שהיובל נוהג:

> אין עבד עברי נוהג אלא בזמן שהיובל נוהג, שנאמר (ויקרא כה, מ): "עַד שְׁנַת הַיֹּבֵל יַעֲבֹד עִמָּךְ";
> ואין שדה החרם נוהגת אלא בזמן שהיובל נוהג, שנאמר (שם, כח): "וְיָצָא בַּיֹּבֵל וְשָׁב לַאֲחֻזָּתוֹ";
> אין בתי ערי חומה נוהגין אלא בזמן שהיובל נוהג, שנאמר (שם, ל): "לֹא יֵצֵא בַּיֹּבֵל";
> ר"ש בן יוחי אומר: אין שדה חרמין נוהגין אלא בזמן שהיובל נוהג, שנאמר (שם, כז, כא): "וְהָיָה הַשָּׂדֶה בְּצֵאתוֹ בַיֹּבֵל קֹדֶשׁ לַה' כִּשְׂדֵה הַחֵרֶם";
> ר"ש בן אלעזר אומר: אין גר תושב נוהג אלא בזמן שהיובל נוהג...
> אמר רב ביבי: מאי טעמא? אתיא "טוב" "טוב" - כתיב הכא (דברים טו, טז): "כִּי טוֹב לוֹ עִמָּךְ", וכתיב התם (דברים כג, יז): "בַּטּוֹב לוֹ לֹא תּוֹנֶנּוּ"! (ערכין כט ע"א)

על פי ר"ש בן אלעזר, אחד הדברים שאינם נוהגים אלא בזמן שהיובל נוהג הוא דין גר תושב. רב ביבי מביא לכך מקור - גזרה שווה מפרשת עבד הבורח מאדוניו:

לֹא תַסְגִּיר עֶבֶד אֶל אֲדֹנָיו אֲשֶׁר יִנָּצֵל אֵלֶיךָ מֵעִם אֲדֹנָיו. עִמְּךָ יֵשֵׁב בְּקִרְבְּךָ בַּמָּקוֹם אֲשֶׁר יִבְחַר בְּאַחַד שְׁעָרֶיךָ בַּטּוֹב לוֹ לֹא תּוֹנֶנּוּ. (דברים כג, טז–יז)

ניתוח דברי הגמרא והמקור שמציין רב ביבי מלמדים שלכאורה יש הבדל מהותי בין ארבעת הדינים הראשונים התלויים ביובל לבין דינו של גר תושב: הדינים הראשונים (עבד עברי, שדה החרם, בתי ערי חומה ושדה חרמין) קשורים קשר הדוק למערכת הכלכלית המבוססת על היובל, שלפיה נחלות חוזרות אחת לחמישים שנה לבעליהן ועבדים משתחררים לבתיהם. מבחינה כלכלית, לכאורה אין סיבה לקשור את דין גר תושב במערכת זו. יש לדייק בדברי רב ביבי, שהלימוד שלו עוסק בפן מסוים של דין גר תושב. על עבד הנמלט מעם אדוניו נאמר: "עִמְּךָ יֵשֵׁב", "בַּטּוֹב לוֹ", "לֹא תּוֹנֶנּוּ", ביטויים שעל פי חז"ל נוגעים לגר תושב ומצווים לתת לו מגורים ראויים. היבט זה של דין גר תושב אכן קשור קשר ישיר ליובל ולמערכת הנחלות התלויה בו. הקשר בין היובל לבין גרים תושבים במובן של חלוקת הנחלות מובן ביותר: בתקופה שבה הארץ כולה מחולקת לשבטים ולנחלות, לא נשאר מקום לגרים ויש לדאוג להם למקום על פני האדמה.[30]

אם כנים הדברים, הרי אין להשליך מדברי הגמרא כאן על **כלל ענייני גר תושב** וללמוד משם שהם אינם נוהגים בזמן שאין היובל נוהג. ראיה נוספת לקריאה זו היא שבשום מקום אחר בחז"ל ובשום היבט אחר של דין גר תושב לא מופיע הסיוג שהוא נוהג דווקא בזמן

30. אכן, בספר יחזקאל מופיעה נבואה שלעתיד לבוא יהיה צורך בחלוקה מחודשת של הארץ שתעניק מקום גם לגרים: "וְחִלַּקְתֶּם אֶת הָאָרֶץ הַזֹּאת לָכֶם לְשִׁבְטֵי יִשְׂרָאֵל. וְהָיָה תַּפִּלוּ אוֹתָהּ בְּנַחֲלָה לָכֶם וּלְהַגֵּרִים הַגָּרִים בְּתוֹכְכֶם אֲשֶׁר הוֹלִדוּ בָנִים בְּתוֹכְכֶם וְהָיוּ לָכֶם כְּאֶזְרָח בִּבְנֵי יִשְׂרָאֵל אִתְּכֶם יִפְּלוּ בְנַחֲלָה בְּתוֹךְ שִׁבְטֵי יִשְׂרָאֵל. וְהָיָה בַשֵּׁבֶט אֲשֶׁר גָּר הַגֵּר אִתּוֹ שָׁם תִּתְּנוּ נַחֲלָתוֹ נְאֻם אֲדֹנָי ה'" (יחזקאל מז, כא–כג).

היובל.[31] אדרבה, ישנם מקומות בתלמוד שמשתמע מהם שדין גר תושב נוהג בזמן הזה. כך למשל:

> רב יהודה שדר ליה קורבנא לאבידרנא ביום אידם, אמר: ידענא ביה דלא פלח לעבודה זרה.
> א"ל רב יוסף, והתניא: "איזהו גר תושב? כל שקיבל עליו בפני ג' חברים שלא לעבוד עבודה זרה"! כי תניא ההיא - להחיותו.
> (עבודה זרה סד ע"ב)

ברור מהדיון שמה שהיה חסר כדי להגדיר את הגוי הזה כגר תושב לעניין החיוב להחיותו הוא רק קבלת בפני שלושה, וממילא משמע שגר תושב נוהג בזמן הזה.

דברים אלו גם מסתברים מצד הסברה הפשוטה: וכי בשל העובדה שאין יובל נבטל את היחס הערכי הבסיסי כלפי אדם ראוי, המקבל עליו את שבע מצוות בני נח וחי בקרבנו?

הרמב"ם

הרמב"ם אכן מצמצם את האפשרות לקבל גר תושב בזמן הזה:

> אי זה הוא גר תושב זה **גוי שקבל עליו שלא יעבוד עבודה זרה עם שאר המצות שנצטוו בני נח** ולא מל ולא טבל - הרי זה מקבלין אותו, והוא מחסידי אומות העולם. ולמה נקרא שמו "תושב"? לפי שמותר לנו להושיבו בינינו בארץ ישראל כמו שביארנו בהלכות עבודה זרה.
> ואין מקבלין גר תושב אלא בזמן שהיובל נוהג. אבל בזמן הזה

31. ראו גם הלוי, **ישראל והעמים** א, עמ' 254-264, המביא סוגיות בתלמוד ובראשונים שמשתמע מהן שהיה גר תושב בזמן התלמוד. ואכן רואים שראשונים רבים סברו שהיה גר תושב נוהג בזמן התלמוד. בין היתר, ראו לעיל את דברי **היראים** על גר תושב בזמן של אביי.

אפילו קיבל עליו כל התורה כולה חוץ מדקדוק אחד אין מקבלין אותו. (**משנה תורה** הלכות איסורי ביאה פי"ד הל' ז-ח)[32]

סיוג דברי הרמב"ם

ואולם העיר רבי יוסף קארו, **הכסף משנה**, שיש לדייק בדברי הרמב"ם, ששינה מלשון התלמוד ולא כתב שגר תושב "**אינו נוהג**" בזמן שאין יובל, אלא ש"**אין מקבלין** גר תושב אלא בזמן שהיובל נוהג":

ולדעת רבינו נראה לומר דאין הכי נמי, שאם מעצמו קיבל עליו שבע מצות, שאין מונעין אותו מישיבת הארץ, ולא בא לומר אלא שאין בית דין מקבלין אותו.
(**כסף משנה**, הלכות עבודה זרה פ"י, ה"ו)

הכסף משנה מדייק שאם אכן הגוי קיבל מעצמו שבע מצוות בני נח, אין חובה למנוע אותו מישיבת הארץ. הרב ברמן מציין בספרו[33] שבכל ששת המקומות שבהם הרמב"ם מביא שאין מקבלים גר תושב אלא בזמן היובל, הנושאים שנידונים הם הלכות עבדים או מגורי גר תושב בארץ ישראל, ואילו דווקא ביחס למצוות "להחיותו" הרמב"ם אינו מציין את התלות ביובל:

וכן יראה לי שנוהגין עם גרי תושב בדרך ארץ וגמילות חסדים

32. דברים דומים אומר הרמב"ם בהלכות עבודה זרה: "...בזמן שיד ישראל תקיפה על אומות העולם אסור לנו להניח גוי עובד עבודה זרה בינינו. ואפילו יושב ישיבת עראי או עובר ממקום למקום בסחורה לא יעבור בארצנו אלא עד שיקבל עליו שבע מצות שנצטוו בני נח שנאמר (שמות כג, לג): 'לֹא יֵשְׁבוּ בְּאַרְצְךָ' - אפילו לפי שעה. ואם קבל עליו שבע מצות הרי זה גר תושב. ואין מקבלין גר תושב אלא בזמן שהיובל נוהג. אבל שלא בזמן היובל אין מקבלין אלא גר צדק בלבד" (**משנה תורה** הלכות עבודה זרה פ"י ה"ו).
33. ברמן, **גר תושב**, עמ' 188. ראו שם סברתו לחלק.

כישראל, שהרי אנו מצווין להחיותן שנאמר (דברים יד, כא): "לַגֵּר אֲשֶׁר בִּשְׁעָרֶיךָ תִּתְּנֶנָּה וַאֲכָלָהּ".
(**משנה תורה** הלכות מלכים פ"י הי"ב)

הרב נחום רבינוביץ' מחזק את טענת **הכסף משנה** שגם לדעת הרמב"ם ישנם מקרים שבהם גר תושב נוהג בזמן הזה. הוא מבסס זאת על ניתוח דברי הרמב"ם בעניין גר קטן שמוחה, גר בתהליך גרות שמתחרט או עבד שאינו רוצה למול - **שלכולם גם בזמן הזה יש מעמד של גר תושב**. לכן, מסיק הרב רבינוביץ',

בסתם, אין מקבלים גר תושב בזמן שאין היובל נוהג. הטעם נראה פשוט, מפני שחייבים לתת לו מקום לשבת וכל שאין ישראל קבועים בארצם, כל אחד בנחלתו - איך ניתן לחייבם להושיב ביניהם אחרים?...
במה דברים אמורים שאין מקבלים גר תושב בזמן הזה? במי שזקוק שנקבלנו, זאת אומרת, מי שאינו קבוע בארץ עדיין. אבל מי שכבר יושב בארץ, ואפילו בירושלים, אם רק מקיים שבע מצוות, ולוּ מפני הכרע הדעת בלבד - דין גר תושב לו.
(**שו"ת שיח נחום**, צג)

במקום אחר[34] פסק הרב רבינוביץ' שגם לדעת הרמב"ם בני דתות מונותיאיסטיות נחשבים לגר תושב, אפילו בקשר לחיוב "להחיותו".

הראב"ד

יש מן הראשונים שאכן הבינו את הסוגיה באופן דומה לקריאתנו לעיל, וראו בקביעה שאין גר תושב נוהג אלא בזמן היובל אמירה נקודתית הקשורה לדיני הנחלות. כך למשל כותב הראב"ד:

34. שו"ת **מלומדי מלחמה** מג.

> מהו "אין מקבלין גר תושב אלא בזמן שיובל נוהג" ומה הן "מצות גר תושב"? - והוא שאין מושיבין אותו בתוך העיר, דדרשינן בספרי "עמך ישב ולא בעיר עצמה".
> (ראב"ד, **השגות על הרמב"ם**, הלכות איסורי ביאה פי"ד ה"ח)

מדברי הראב"ד עולה שאין גר תושב נוהג לעניין הושבתו בתוך העיר, ובהמשך הוא מסביר שגם דין "להחיותו" אינו נוהג כאשר אין היובל נוהג:

> אין אנו מצווים להחיותו, זהו להחמיר עליו. וקרוב הדבר להיות מן הטעם כי בזמן היובל היו שומטין, והיה יכול להתפרנס שלא בטורח צבור, ועכשיו אינו יכול. מעתה מקיימין מי שהתנה שלא למול ושלא לטבול כמה שירצה בכל זמן. (שם)

החיוב להחיותו אינו מתבטל מסיבה מהותית, אלא מחוסר היכולת של החברה לעמוד במשימה בזמן שאין היובל נוהג ואין שומטים את הקרקעות.[35] ממילא אפשר לומר שהדבר תלוי בשאלה אם בפועל יש אפשרות לפרנסו ולכן זה בגדר האפשרי להחיותו, או שעדיין נמצאים במחסור, המקביל למצב של "אין היובל נוהג", ובו מתבטל החיוב להחיותו.

הרשב"א הולך בעקבות הראב"ד ומצטט אותו.[36]

ייתכן שבמציאות של מדינה מסודרת יש לקבל אחריות על מרחבים נוספים, והציווי להחיותו שב ונעשה רלוונטי גם ללא חידושו של היובל. מדברי אחד הראשונים, רבי אשתורי הפרחי (בן המאה הארבע־עשרה), עולה שזו עצמה משמעות ההבחנה בין מצב שהיובל נוהג למצב שאינו נוהג:

35. גם רש"י ורבנו גרשום בערכין שם כותבים שמה שגר תושב אינו נוהג היינו ביחס לחיוב "להחיותו".

36. **שו"ת הרשב"א** סימן א, קפב. וכך פסקו, בין היתר, **המשנה ברורה** (אורח חיים סימן שד) **והרב אלישיב** (לוין, **פסקי דין** ט, עמ' תיד).

> ומה שאמרו אין גר תושב נוהג כלומר שאינו מצווה להחיותו אלא בזמן שהיובל נוהג. **כלומר, שהמלכות תהיה לנו.** אבל לקבלו ולהכניסו תחת כנפי שכינה, אפילו בזמן הזה מקבלין אותו. (אשתורי הפרחי, **כפתור ופרח**, פרק י')

היום, כאשר בחסדי ה' עם ישראל זכה למדינה עצמאית, מדינת ישראל, לכאורה אפשר לחדש את המחויבות כלפי גרים תושבים.

דתות ימינו וגרים תושבים – שיטות האחרונים

רבי יוסף קארו

מהספרות הרחבה של האחרונים שעוסקת בגר תושב, נתמקד בשאלה יסודית אחת: האם לבני דתות מוכרות, הידועות בכך שאינן עובדות עבודה זרה, יש מעמד של גר תושב - כפי שסבר המאירי ועלה מתוך ניתוח רוחב של הסוגיה? מתוך שאלה זו נציע כיוון - שאומנם אינו מוסכם על כל האחרונים - שלפיו אפשר להחיל מעמד גר תושב על בני המיעוטים החיים בקרבנו ומשתייכים לדת המחויבת למצוות בני נח.

כבר מדברי ר"י קארו עולה חלוקה בין אנשים המשתייכים לדת שאינה עובדת עבודה זרה, לבין גויים המשתייכים לדת שעובדת עבודה זרה. רק אלה האחרונים יצטרכו לקבל עליהם שבע מצוות בני נח כדי לצאת מכלל אומתם, אומה העובדת עבודה זרה. מתוך דיוק בדין שפסק הרמב"ם, שיינו של גר תושב אסור רק בשתייה ולא בהנאה, בשונה מיינו של נוכרי, הוא כותב:

> דעל כרחך לא קאמר רבינו שאינו אוסר בהנאה אלא בנכרי שהוא **מבני דת דלא פלחי ע"ז**. אבל אם הוא **מבני דת דפלחי ע"ז**, אף על פי שזה קבל עליו שלא לעבוד ע"ז **לא יצא מכלל אומתו** עד שיקבל עליו שבע מצות, דאז נעשה גר תושב. (**כסף משנה**, מאכלות אסורות פי"א ה"ז)

לדבריו, אדם שהוא חלק מדת שאינה עבודה זרה נידון באופן שונה. כלומר, לעניין הנאה מ"סתם יינם" של גויים מרן ר"י קארו פוטר מקבלה את מי שהוא בן דת שאינה עבודה זרה. מתבקש להרחיב את הסברה הזו, בוודאי לעניין פטור מקבלה שלא לעבוד עבודה זרה כדי להיחשב גר תושב.[37]

הרב צבי הירש חיות (מהר"ץ חיות)

מהר"ץ חיות (1855-1805, גליציה) מרחיב ומיישם את העיקרון הסברתי שעולה מדברי ר"י קארו. מדבריו עולים שני עקרונות חשובים. הראשון הוא שדת ממוסדת שחלק ממנה הוא קיום שבע מצוות בני נח נחשבת כקבלה בפני שלושה חברים. השני, שהוא אפילו מחודש יותר, מורה שגם על פי הדרישה המחמירה והייחודית של הרמב"ם, שבן נח יקבל עליו את שבע המצוות מתוך מחויבות להתגלות למשה בסיני,[38] השתייכות לדתות האברהמיות יכולה להחשיב אדם לגר תושב, שהרי הן מכירות מבחינה עקרונית בתורת משה:

> **הנוצרים אשר מאמינים בדת ותורה מן השמים, ובמציאות ה' ובגמול עולם הבא ובשאר עקרים ויסודות אמונה, בלי ספק שדיניהם אצלנו כגר תושב.** ואלו אשר שומרים שבע מצות מפני

37. אומנם, הגמרא בעבודה זרה (סה ע"א), משתמשת בסברה: "ידענא ביה דלא פלח לעבודה זרה" רק כדי להתיר שליחת מתנה לגוי ביום אידו, ואומרת מפורשות שאין די בידיעה זו כדי להחיל עליו דין "להחיותו". לפי דרכנו נצטרך להסביר שמדובר בגוי השייך לאומה שבכללה עובדת עבודה זרה, כפי שאכן הייתה המציאות בזמן הגמרא ובמקומה, ועל כן צריך קבלה מפורשת. ואכן כך משתמע מפשט הגמרא שם.
מרן עצמו **בבית יוסף** לא הרחיב את סברתו לעניין גר תושב. עיינו בדבריו על הטור (חשן משפט רמט): "...ומה שכתב רבינו אסור ליתן מתנת חנם לעובד עבודה זרה, לאו לאפוקי ישמעאלים אלא לאפוקי גר תושב, **דהיינו שקיבל עליו שבע מצות בני נח**, וזהו שאנו מצווים להחיותו. **אבל שאר גוים כלם דין אחד להם**".

38. ראו הערה 16 לעיל.

שנצטוו בהם מאת ה׳ על פי משה, המה כחסידי אומות העולם ויש להם חלק לעולם הבא... וגם הנוצרים משמרים שבע מצות ומאמינים בתורת משה שבאה מפי ה׳ למשה... ושבע מצוות היינו כללית מצות טבעית, אשר גם הנוצרים והישמעאלים דנים עליהם במקומות משפטם...
וכן הישמעאלים אינם עובדי ע״ז (יו״ד סימן קכ״ד) וגם מדקדקים על שבע מצוות... וכל ששומר שבע מצוות מפני שנצטווה בתורה על פי ה׳ ביד משה הרי זה גר תושב אצלנו.
(״תפארת לישראל״, **כל כתבי מהר״ץ חיות** א, עמ׳ תפט-צ)

כדי לבסס את העובדה שהנוצרים והמוסלמים מחויבים בשבע מצוות בני נח, ואף מכירים בכך שמקורה של מחויבות זו הוא ההתגלות למשה בסיני, מביא מהר״ץ חיות ציטוטים מן הברית החדשה ומן הקוראן.
ב״קונטרס אחרון״ הוא חוזר על הדברים:

לבן נח אשר מחזיק במצות שלו מצד הקבלה ומאמין באחדות הבורא, זה לא נקרא כופר ע״י שמאמין באמונת הישמעאלים, ושפיר מקרי גר תושב אם מחזיק בז׳ מצות ע״י קבלה הנמשכת אף אם לא קבל מחדש תורת בני נח.[39]
(**כל כתבי מהר״ץ חיות** א, עמ׳ תתרלו)

39. אולם, בהמשך הדברים שם מעלה **המהר״ץ חיות** הסתייגות מסוימת: ״אכן מצד אחר יש לדון על אלו המייחדים, אף על פי שמקיימים ז׳ מצות שלהם מתורת קבלת אבות, מכל מקום כבר הבאתי לעיל בשם הרמב״ם פ״י מהלכות מלכים ה״ו שאין מניחים לבני נח לחדש דת לעצמם. וכאן אף על פי דבדת החדש נכלל גם כן שבע מצות שלהם, מכל מקום יש להם מצות חדשות״.
המהר״ץ מצריך דיון מחודש בסברתו בעקבות דברי הרמב״ם, האוסר על בני נח ״לחדש דת לעצמם״. עם זאת יש לשים לב שאין הוא חוזר בו מן המהלך, אלא רק מעלה צד להסתייגות מן המהלך שלו בעקבות שיטתו הייחודית של הרמב״ם בגדר קבלת מצוות בני נח. כפי שכבר הערתי לעיל, בספר **ושמו אחד** (נגן, ״רמב״ם״) הוכחתי שזוהי שיטה ייחודית של הרמב״ם, ראשונים ואחרונים

הרב יחיאל הלר ואחרונים נוספים

בדרכו של מהר"ץ חיות הלך אף הרב יחיאל הלר (1814–1861), מגדולי דורו בליטא ובעל **עמוד האור**, שייחד לנושא הזה מאמר ששמו "כבוד העמים שבזמנינו".[40]

> אך ברורן של דברים מתבאר: דעיקר קבלה, שהוא מתנאי גר תושב, אינה אלא באיש פרטי מבין אומות עכו"ם שבא לפרוש מהם, זה צריך לקבל עליו ז' מצות בפני שלשה חברים מישראל. ...וכל זה איננו שייך [ב]אומה שלימה המתחסדת לפני קונה יתברך ומקבלת מצוות שקבע המקום לבאי עולם, פשיטא שיש לאומה ההיא מעלת גר תושב, בכל הפרטים שהחשיבה תורה את מעלת חסידי אומות העולם...
>
> וכן הוא בכסף משנה, שענין הקבלה הוא רק באדם פרטי הנבדל מקרב עם העכו"ם, הוא צריך לתנאי של קבלה, אבל אומה שלימה הנוהגת בשבע מצוות כפי שציווי ה' יתברך, אינה צריכה קבלה בפני שלשה חברים כלל...
>
> הכלל שהעולה שכל אומה מעמי העולם המקבלת עליה עול מלכותו יתברך, ונוהגת בז' מצוותיו שחייב הוא יתברך בהם כל בני האדם, בכל מקום שהוא האמונה, ובכל זמן שתהיה, הנה דינה לפי תורתינו הקדושה על פי ביאור הלכות התלמוד, כגר תושב לכל דבר...
>
> נעיין מה ענין האומות הנוצרים אשר אנו חוסים בצלם. אומר: לא לבד שנמצא בהם כל תנאי הגר תושב המחוייבים על פי התורה, אבל עוד תוספות דברים רבים וכשרון זכות לפני אבינו שבשמים, ונפרוט ענינים בקצרה – איך התקיימו בהם כל פרטי

רבים חולקים עליה, והיא קשה ביותר לנוכח הסוגיות התלמודיות הרלוונטיות. יתירה מכך: גם אם נקבל שיש איסור לייסד דת, אין זה מחייב שאיסור זה מוציא את האדם מהגדרת גר תושב.

40. מצוטט, בין היתר, בקובץ **סיני** קב עמ' סג, ואצל הלוי, **ישראל והעמים** א, עמ' 386–388.

השבע מצוות, בחיזוק גדולה ומאושר... [כאן בא פירוט איך הדת שלהם כוללת את מצוות בני נח]... אם באנו לפרוט זכויותיהם וכשרונם במדות ישרות, תקצר היריעה [כאן הוא מאריך במידת החמלה והמידות הטובות ומסכם]...
הנה התבארו לנו ביאור גמור בעזה"ש, כי אלו האומות הם במעלת חסידי אומות העולם לפי משפטי התורה, ובלשון התלמוד מכונים בשם גר תושב.

הרב הלר מגיע למסקנה ש"כל אומה מעמי העולם... ונוהגת בז' מצוותיו שחייב הוא יתברך בהם כל בני האדם, בכל מקום שהוא... הנה דינה לפי תורתינו הקדושה על פי ביאור הלכות התלמוד, כגר תושב לכל דבר". מסקנה זו הוא מיישם באופן נחרץ בנוגע לנצרות, הדת השלטת במדינתו, ועוד מוסיף כהנה וכהנה שבחים למידות הטובות של הנוצרים המקיימים שבע מצוות ואף יותר מכך. אחרונים רבים נקטו באופנים שונים את העמדה הזאת בנוגע לאסלאם ולנצרות. בספר **ישראל והעמים**, פרק יב, "גדר אומות העולם בזמננו", מזכיר המחבר עשרות אחרונים נוספים הסבורים שיש מעמד של גר תושב לבני דתות המאמינות בה' ומקיימות מצוות בני נח. כך למשל, רבי מנחם מנדל שניאורסון, הצמח צדק (1789–1866), כותב:

והנה גר תושב הוא שקבל עליו שלא לעבוד עבודת כוכבים ושבע מצות כמ"ש במס' ע"ז (ס"ד ע"ב). ועל כן **האינו יהודי, עתה** שמאמינים ביחוד הבורא, רק שאוכלים מאכלים האסורים לנו, ואינן נמולים, אנו מצוים בהם "וחי עמך" כמו בישראל. וכ"ש שאסור להונות אותם... לכן לענין וחי עמך הם גם כן בכלל כיון שאינם עובדי כוכבים ומאמינים בבורא עולם והשגחתו וגומלים טוב וחסד. ע"כ חייבים אנו לדרוש שלומם וטובתם.
(**שו"ת צמח צדק [לובאוויטש]**, יורה דעה, סימן פג)[41]

41. גם הרב **יוסף זכריה שטרן**, "הגאון מווילנה השאוולאי" (1831-1903), כותב

הראי"ה קוק

בנושא היחס לגר תושב אפשר לזהות אצל מרן הראי"ה קוק תהליך מרתק של שינויים שחלו בתפיסתו לאורך השנים. הרב נדרש לדבריו של מרן ר"י קארו על אומות העולם בדונו בסוגיית היתר המכירה בשביעית ובאפשרות למכור קרקע לנוכרי. בתשובה הראשונה בנושא זה, שכתב עוד באירופה, הוא מזכיר את דברי ר"י קארו במובנם המקורי, בלי להרחיבם להגדרה הכללית של גר תושב. ואולם בתשובה מאוחרת יותר באותו נושא, שנכתבה כשכבר היה בארץ ישראל, הוא מרחיב את דבריו ורואה בבני הדתות המקיימות שבע מצוות בני נח גרים תושבים.[42] בין שתי התשובות הללו כותב הרב איגרת, ובה קטע

שמטרת הגלות היא לעורר התפתחות של דתות, ואנשי הדתות האלה הם בגדר גר תושב: "הגלותינו בארצות בחורבן בית שני, היא הייתה הסיבה מאת ה' לנטע במקום גלותינו את פרי הדתות השולטות בתבל... ומה העמיקו חז"ל במליצתם בפסחים פז ע"ב: 'לא גלו ישראל אלא כדי שיתווספו להם גרים', כאשר הענין בפשוטו על דרך שכתבו הגאונים, **אשר העמים האלה יש להם דין גר תושב, באשר המה מקיימים שבע מצוות שנטוו עליהם בני נח**" (נדפס במקור בעיתון הלבנון גיליון מט). מקור זה צוטט אצל הלוי, **ישראל והעמים** (א עמ' 394–395), המציין שם שרבי חיים מבריסק היה מכנה את המחבר: "הגאון הגדול הצדיק פאר הדור".

42. התשובה הראשונה מופיעה בשו"ת **משפט כהן**, ושם דן הרב בשאלת מכירת קרקעות בארץ ישראל לנוכרי: "...ובאמת יש לומר דיש נפקא מינה בין לענין הדברים שנאמר בהם בתורה "גר", דבעינן דוקא גר תושב גמור, והיינו להחיותו, דכתיב: "גר ותושב וחי עמך", אם כן יש חיוב להחיותו כישראל ממש. אבל מה דאין מפורש דבעי לזה גר, אלא הן הרחקות שמפורש בהו ענין עובדי עבודה זרה, אם כן יש לומר פשוט דמהני כל שברור לנו שאינו בכלל זה, ובפרט אומה שלמה המוחזקת בכך ע"פ דתה" (שו"ת **משפט כהן** (ענייני ארץ ישראל) סימן נח).
תשובה זו נכתבה בשנת תר"ס, עוד באירופה. בתשובה זו מעניק הרב מעמד ייחודי לאסלאם בתור "אומה שלמה המוחזקת בכך על פי דתה", כלומר אומה שברור שמאמיניה אינם עובדי עבודה זרה, ולכן לא חל ביחס אליהם איסור "לא תחונם". עם זאת, הרב אינו מרחיב הגדרה זו עד לכדי ראייתם כ"גרים תושבים" ממש, שעליהם נצטווינו "להחיותו".
בשנת תרס"ט חזר הרב קוק וכתב על נושא זה, אך הפעם בנימה אחרת. במהלך התשובה, מצטט הרב את דברי הנצי"ב, שסבר שאין דין גר תושב לישמעאלים,

שעשוי להיות המפתח להבנת השינוי שחל בתפיסתו. מדובר באיגרת שמתפרסמת בשנת תרס"ד, בין שתי התשובות הנזכרות, שבה נדרש הרב לתפיסת המאירי בקשר לדתות אומות העולם, ומכריע ש"העיקר הוא כדעת המאירי":

> העיקר הוא כדעת המאירי, שכל העמים שהם גדורים בנימוסים הגונים בין אדם לחברו הם כבר נחשבים לגרים תושבים בכל חיובי אדם. **(אגרות הראי"ה, איגרת פט)**

ייתכן אפוא שדברי המאירי השפיעו על ניסוח הדברים בתשובות ההלכתיות בנוגע להכללתם של בני האומות בדין גרים תושבים. אפשר לדייק זאת גם מן הלשון: בתשובה הראשונה הודגש שמדובר באומה שאינה עובדת עבודה זרה, ואילו בתשובה האחרונה הדגש הוא

אך כותב עליהם: "אין זה ברור". הסיבה לכך שדברי הנצי"ב אינם ודאיים לדעת הרב קוק, היא שייתכן שבאומה שלמה המקבלת על עצמה את כל המצוות, אין צורך בקבלה בפני בית דין, שנועדה בעיקרה לפרסום:

"ב"ה, עה"ק יפו ת"ו, ח' ניסן תרס"ט. (להנ"ל)

...ומה שכתב הגנצי"ב ז"ל, שאין דין גר תושב לישמעאלים, אין זה ברור כלל לדעת הראב"ד, ובפרט לאריכות דבריו בהשגה פרק י"ד דהלכות איסורי ביאה, שבודאי אין זה פשוט כלל שאין גר תושב נוהג בזמן הזה, וכן בהלכות עבודה זרה פ"י, שלישיבת הארץ אין צריך יובל, ויש לומר שהוא הדין לענין חניה בקרקע, ולפחות לענין שכירות דעל זה אין ספק שמותר בגר תושב. וכיון שאין צריך יובל, **אף על גב דצריך בית דין של שלשה, מכל מקום הוא כדי שיהיה פרסום לדבר שקבל עליו, ויש לומר שאומה שלמה שהיא מתנהגת בנימוסין כאלה יהיו חשובין לענין זה כגר תושב.** ובפרט שיש לומר כמו שכתב ט"ז סי' רצ"ג לענין חדש שיכולין לסמוך בשעת הדחק על יחיד במקום רבים גם בתנאים, אם כן יש לומר דנסמוך על רבי מאיר, דסבירא ליה דכל שקבל עליו שלא לעבוד עבודה זרה הרי זה גר תושב, וזה פשוט דהישמעאלים אינם עובדים עבודה זרה כלל (שם, סימן סא)".

דבריו של הרב ברורים: "אומה שלמה, שהיא מתנהגת בנימוסין כאלה - יהיו חשובין לענין זה כגר תושב".

על ההתנהגות של בני האומה הזו: "**שאומה שלמה שהיא מתנהגת בנימוסין**", שזו לשונו המובהקת של המאירי בכמה מקומות.[43]

סיכום ויישום הלכה למעשה: גר תושב במדינת ישראל בזמן הזה

המסקנה העקרונית: יש לראות במיעוטים בארץ גרים תושבים

המצב ההיסטורי הייחודי, כלומר מצב שבו אנו זוכים, לראשונה זה אלפי שנים, למדינה ריבונית בעלת רוב יהודי בארץ ישראל, מציף במלוא עוצמתה את שאלת היחס למיעוטים במדינה על פי ההלכה. הטענה המרכזית בפרק זה היא שהמודל של "גר תושב" הוא המודל המתאים בנוגע למיעוטים אלו, שכן הוא המעמד שמבטא את אחד מערכי הליבה של תורת ישראל - הדאגה לאחר הגר בתוכנו, שמתבטאת בציוויים רבים על קרבה, אחריות וחמלה.

פתחנו את הפרק בשאלה מהותית בעניין מעמד גר תושב: האם מעמד זה הוא מעין "גיור פורתא", שינוי מעמד המצריך מהלך פורמלי בפני בית דין, או מעמד המוקנה לאדם מעצם היותו אדם? על פי דרכנו, הנשענת על פסוקי התורה ועל דעות מרכזיות בספרות חז"ל, הראשונים והאחרונים, מעמד זה **נגזר בראש ובראשונה מהעמדה האנושית**. כדי להגדיר "גר תושב" אין צורך במעשה בית דין, אלא צריך לוודא שיש לו מחויבות למה שמצופה מכל אדם בעולם - קיום שבע מצוות בני נח.

43. וראו יישום של דברי הכסף **משנה** ביחס לדתות גם אצל הרב ראובן מרגליות: "**אין מקבלין** גר תושב, כלומר אין נזקקין להחזיקו בחזקה בלתי עובד ע"ז. אבל כל זה נאמר אך על **יחיד הפורש מאומתו שהם עובדי ע"ז** לכן הוא מוכרח לחוות דעתו כי אינו מהם ומהמונם, אבל **אם כל אותה האומה נחזקה אצלינו** שאינה עובדת ע"ז ומקיימת אלו החוקים יסודי האנושיות **אין כל יחיד צריך קבלה פרטית** ראו כסף משנה הל' מאכלות אסורות פי"א ה"ז ובבית יוסף לטור יו"ד סי' קכד..." (מרגליות, **טל תחיה**, עמ' עא).

אומנם יש שהגיעו מתוך המקורות למסקנות שונות מאלה שהגענו אליהן, הן בנוגע לצורך של קבלה בפני שלושה, הן בנוגע לזמן שלא נוהג בו יובל. אך ראינו שאפשר להראות דרך רחבה במקורות שמעמד גר תושב חל על כל מי שמקיים את שבע המצוות, ובפרט אם הוא מקיים אותן כחלק מדת ממוסדת, שההתחייבות לשבע המצוות כלולה בבסיס אמונתה. כאמור, המאירי מיישם עיקרון זה למעשה, ומחיל את ההגדרה של "גר תושב" על כל מי ששייך לגדרי הדתות והנימוסים, כלומר מחויב לעקרונות החיים המוסריים הבסיסיים שדת ממוסדת מארגנת היטב. על פי דרכנו, דבריו של המאירי מאירים על הדרך המרווחת העולה ממבט כולל על הסוגיה. ראינו שיש מן האחרונים שנקטו במפורש את הכיוונים שהעלינו בניתוח דברי הראשונים, כלומר שלבני דתות המחייבות את קיום שבע מצוות בני נח יש מעמד גר תושב ללא צורך בהליך קבלה בפועל.[44]

מסקנה זו היא בעלת השלכות חשובות מבחינת האפשרות להתייחס למיעוטים היום במדינת ישראל כאל גרים תושבים, על סמך השתייכותם לדתות הנחשבות למקיימות את שבע מצוות בני נח. רובם המכריע של התושבים שאינם יהודים החיים במדינת ישראל הם מוסלמים, נוצרים או דרוזים. כל הדתות הללו כוללות בין השאר מחויבות לשבע מצוות בני נח.[45]

44. הלוי, **ישראל והעמים** (א עמ' 356), מדייק גם שרבי בצלאל אשכנזי ב**שיטה מקובצת** פוסק כמו המאירי: "ולענין פסק כתב הרב המאירי ז"ל... הא כל שהוא מעממין הגדורים בדרכי הדתות ועובדי האלוהות על איזה צד, אף על פי שאמונתם רחוקה מאמונתנו, אינם בכלל זה אלא הרי הן כישראל גמור לדברים אלו אף באבדה ואף בטעות ולכל שאר הדברים בלא שום חילוק. ע"כ" (בבא קמא קיג ע"א).

45. אכן היהדות חלוקה על אמונת השילוש של הנצרות. אולם דרך המלך היא שאין זו עבודה זרה אלא "עבודה בשיתוף". עבור יהודי זו נחשבת עבודה זרה, שכן יהודי נתבע לאמונה באל אחד בלי כל שיתוף. ואילו עבור נוכרי שיתוף אינו נחשב עבודה זרה. ראו **רמ"א** אורח חיים קנו סעיף א, וראו באריכות בספר **ושמו אחד** (מלאך, "עמדן"; הנ"ל, "אחרונים").

יתר על כן, הדתות הללו מחייבות את מאמיניהן בהרבה מעבר לחיוב המינימלי של שבע מצוות בני נח, אם בתחום של בין אדם לחברו, דוגמת מתן צדקה, ואם בתחום של בין אדם למקום, כמו תפילה. עמד על כך רבי יעקב עמדין בספרו **רסן מתעה**:

> אומת הנוצרים שהוסיפה לה גדרים להרחיק עצמן אף מן המותר לישראל, אפילו מה שאין ערוה לנו וגם מה שהתירה תורה... ולהם כמה מדות חמודות ומוסרים ישרים, ומנקמה ומשטמה ואפילו לעשות רע לשונא חסידיהם נשמרים, אשרם ואשרינו אם הם נוהגים עמנו כפי דתם... ובדומה לזה חסידות הרבה שאם היו מקיימים אותם הציווים ראויים הם לשבח גדול.
>
> (ר"י עמדן **רסן מתעה** עמ' 302, שו' 2–3; 5–7; 10)

מתוך כך יש להסיק שיש להחיל על המיעוטים במדינת ישראל את המעמד של "גר תושב".

היחס למציאות הביטחונית ולסכסוך

בעקבות הסכסוך הישראלי־פלסטיני והמציאות הביטחונית בישראל, בחוגים מסוימים נקשרת לדיון סביב מעמד המיעוטים גם השאלה של תליית מעמד גר תושב בַּיחס למדינה.[46] אין ספק שבמדינה מתוקנת מן ההכרח הוא שתהיה לה משילות, ובכללה היכולת לטפל במפירי

46. ראו פיקאר, "מעמד נכרי". טענתו המרכזית היא (שם, עמ' 188): "בני דור הקמת המדינה ניסחו מהלכים הלכתיים המאפשרים מתן שוויון זכויות מלא לנכרים אזרחי המדינה. מבחינתם, השאלה העיקרית על אודות מעמדם של נכרים במדינת ישראל היא דתית, וקשורה בשאלת הגדרתם הדתית של הנכרים כעובדי עבודה זרה או כאלה שאינם עובדי עבודה זרה. בני הדור הצעיר, שמחשבתם עוצבה בהשראת הרב צבי יהודה קוק והאידאולוגיה של גוש אמונים, עוסקים בשאלת מעמדם הלאומי של הערבים בישראל ובמאבק הלאומי על הארץ, והם נוקטים בקו הלכתי המונע מנוכרים שוויון זכויות".

חוק, ושתהיה לה היכולת להגן על עצמה מאיומים ביטחוניים מבפנים ומבחוץ. אכיפה כנגד מי שפוגע במדינה נדרשת על פי הצורך, בין שהוא חלק מן הרוב היהודי ובין שהוא בא מקרב בני המיעוטים. ברם, כפי שמציין הרב אמנון שוגרמן, "לא מצאנו בשום מקום בפוסקים שישנו תנאי שחובה עליהם לאהוב אותנו ולרצות את שלטוננו. דיינו שהם משלימים אף בעל כרחם עם שלטוננו".[47] ואכן, בה במידה שמשילות היא רכיב נדרש ויסודי לקיומה של מדינה מתוקנת, הרי אחד מיסודותיו של משטר דמוקרטי הוא לאפשר במסגרת החוק חופש חשיבה, חופש שיח ושמירה על זהות נפרדת.

יתר על כן, ניתן לאפשר למיעוטים שבתוכנו לשמור על זהות עצמית ונפרדת ולא לחייבם להיטמע בתרבות ובזהות של המדינה, לא רק מתוך קבלה של כללי המשטר הדמוקרטי, אלא גם כחלק מהמהות של פרשיות גר תושב שבתורה. כפי שתיארנו באריכות בפרק הקודם, התורה שבה וקושרת בין עברו של עם ישראל כגרים בארץ מצרים לבין חובותיו כלפי הגרים שבתוכו. האירוע המכונן של עם ישראל כרוך ב"גרים הייתם", בחוויית הסבל מידי פרעה והמצרים והרשע שהוא ביטא. מתוך כך מצפה מאיתנו התורה ללמוד לנהוג אחרת. לכן, כדי להבין מהם המכשולים שעלינו להישמר מהם ביחסנו למיעוטים שבתוכנו, עלינו לעיין בפרשיות העוסקות בגרותנו במצרים.

תחילה יוצר פרעה הצדקה לעיני בני ישראל ולשעבודם:

> וַיֹּאמֶר אֶל עַמּוֹ הִנֵּה עַם בְּנֵי יִשְׂרָאֵל רַב וְעָצוּם מִמֶּנּוּ.
> (שמות א, ט)

פרעה מעמיד את עמו על כך שאין מדובר עוד בקומץ רועים המתגורר בארץ גושן, שאולי אפשר לשאת, אלא בעם שלם. חכמים לימדונו

47. שוגרמן, "היחס למיעוטים", עמ' 265.

שעם ישראל שמר במצרים על זהותו וגם על מאפייניו התרבותיים. כך למשל:

> אמר רב הונא בשם בר קפרא: בשביל ד׳ דברים נגאלו ישראל ממצרים, שלא שינו את שמם ושלא שינו את לשונם ושלא גלו סודם ושלא הפקירו נשותיהן.

(**שמות רבה** [שנאן], שמות, פרשה א)

יש בדברים אלה כדי ללמדנו שהתפיסה העצמית של מיעוט כבעל זהות נפרדת ושמירתו על מסורותיו ועל מאפייניו התרבותיים אסור שישמשו עילה לפגיעה בו. אין מקום להתנות הענקת מעמד וזכויות בוויתור על ערכים ובקבלת ערכי הרוב.

להצדקה שהוא בונה מוסיף פרעה מייד נימוק ביטחוני של הסכנה שמציב המיעוט,[48] מתוך שהוא משתמש ברטוריקה של הכללה ושל הגזמה:

> הָבָה נִתְחַכְּמָה לוֹ פֶּן יִרְבֶּה וְהָיָה כִּי תִקְרֶאנָה מִלְחָמָה וְנוֹסַף גַּם הוּא עַל שֹׂנְאֵינוּ וְנִלְחַם בָּנוּ וְעָלָה מִן הָאָרֶץ. (שמות א, י)

גם תחושת הפחד מפני המיעוט אינה הצדקה ראויה מבחינה מוסרית לשלילת זכויות כוללת מן המיעוט כולו. יש לעמוד במדויק על הסכנות ולהתמודד עימן ולא לבחור במבט הקל של הכללה. אכן, יש אנשים שפועלים באופן בלתי חוקי כנגד המשילות של המדינה. זה מגיע לעיתים גם ממניעים לאומניים, ובכל זאת אין להכליל מכך על כל ערביי ישראל. המציאות מורכבת הרבה יותר והחברה הערבית מגוונת מאוד, והתייחסות למגזר מסוים כאילו הוא מקשה אחת על

48. יכול היה פרעה (ואולי אף כך עשה) לתמוך את מעשיו בטיעון שבשורשיו של עם ישראל יש רקע של אלימות, שהרי שניים מאבותיו הרגו עיר שלמה על רקע כבוד המשפחה, ורובם יחד מכרו את אחיהם לעבדות.

יסוד הפן השלילי שלו היא בבחינת חוסר צדק. גם במובן הפרקטי־ביטחוני, במציאות שברירית ודינמית שילוב נכון בין כבוד והענקת זכויות לבין מאבק נחוש כנגד מי שמנסה לפגוע במדינה עשוי להניב תוצאות טובות הרבה יותר מאלה שיביא מאבק כולל שאינו מבחין בין אויב לבין מי שמקבל - גם אם בדיעבד - את המדינה וחוקיה. אדרבה, התכחשות למיעוט ומאבק בו עלולים להשיג את ההפך מן הרצוי - תסיסה ומרידה שמעצימות את הגורמים הבעייתיים ומחלישות את הזרמים המתונים.

לסיכום, אין ספק כי מיעוט מחויב לשמור חוק. אבל כאשר אין הוא פועל באופן אקטיבי נגד חוקי המדינה, אין לחייבו לבטל את הזהות העצמית שלו - ולא רק על פי הכללים הדמוקרטיים. כאמור, כך עולה גם מן הזיקה שיוצרת התורה בין היחס הנתבע מאיתנו כלפי הגר לבין היחס שלא זכינו לו בהיותנו גרים במצרים.

מס ועבדות

הרב שוגרמן[49] מתמודד גם עם טענה שעלתה מדברי התורה בנוגע לעיר של נוכרים שנכנעה לישראל במלחמה:

> כִּי תִקְרַב אֶל עִיר לְהִלָּחֵם עָלֶיהָ וְקָרָאתָ אֵלֶיהָ לְשָׁלוֹם. וְהָיָה אִם שָׁלוֹם תַּעַנְךָ וּפָתְחָה לָךְ וְהָיָה כָּל הָעָם הַנִּמְצָא בָהּ יִהְיוּ לְךָ לָמַס וַעֲבָדוּךָ. (דברים כ, י–יא)

לכאורה עולה מכאן שתנאי לנוכחות המיעוט בקרבנו הוא שיקבל עליו מס ועבדות. הרב שוגרמן רואה בתשלומי מיסים ובכפיפות לחוקי המדינה קיום של תנאים אלו. יש להוסיף על דבריו שאכן, מס ועבדות נדרשים ממי שמקבל עליו את עול השלטון. אבל זה חל גם על האזרח מישראל. כך, למשל, אומר שמואל בדבריו על משמעות של מלך עבור עמו:

49. במאמרו הנזכר לעיל.

צֹאנְכֶם יַעְשֹׂר וְאַתֶּם תִּהְיוּ לוֹ לַעֲבָדִים. (שמואל א׳ ח, יז)

נוסף על כך יש לציין שהפסוק שהזכיר מס ועבדות נאמר בהקשר של מלחמה נגד אויב. זאת ועוד, מה שנכתב בפרשה אינו בהכרח חובה אלא בבחינת אפשרות לעשות זאת, על פי הנסיבות. ראו למשל בהמשך את דברי התורה על עיר שבוחרת להילחם בישראל – "וּנְתָנָהּ ה׳ אֱלֹהֶיךָ בְּיָדֶךָ וְהִכִּיתָ אֶת כָּל זְכוּרָהּ לְפִי חָרֶב" (דברים כ, יג) – שבוודאי אין חובה לקיים במלחמת רשות.

המיעוטים בארץ – הזדמנות

בפרק שעסק בפרשיות גר תושב במקרא כבר עמדנו על כך שאין לראות בנוכחות מיעוטים בישראל תקלה היסטורית. הדברים עולים ביתר עוצמה מלימודנו בפרק זה. עצם ריבוי האזהרות בתורה על היחס לגר מלמד שנוכחותו בארץ צפויה, ועלינו ללמוד להתמודד עם מציאות זו.

יתרה מזו, כמו שהתורה אומרת במפורש שהירידה למצרים התרחשה לשם מילוי הבטחת ה׳ בברית בין הבתרים, כך גם הלקחים שהתורה מלמדת מעבדותנו במצרים הם חלק מן הרצון האלוהי. כאמור, התורה גוזרת את יחסנו למיעוט שבקרבנו מגרותנו במצרים. נראה שקיומו של הגר בארץ הכרחי, כהזדמנות עבור עם ישראל להעמיד תמונת מראה לשעבודם במצרים ולהאיר לעולם את אור החירות המוענקת לאחר.

לכן היחס למיעוטים אינו רק נושא שלומדי התורה נאלצים כביכול לדון בו מכורח המציאות, אלא הוא שאלת יסוד במסגרת הרוח הערכית הנושבת בתורה שבכתב ובתורה שבעל פה. היחס לגר, לאחר החי בתוכנו ובאופן טבעי מוצא עצמו לעיתים בעמדה מוחלשת, הוא מערכי הליבה של תורת ישראל, המזהירה פעמים רבות על אהבת הגר ואונאתו. יישומו הנכון של היחס הזה יכול להיות חלק ממילוי ייעודנו

להיות "לאור גויים"[50] ולשמש מודל לאפשרות לחיות חיים של שלום ואחווה עם הגֵר הגָר איתנו, גם במציאות מורכבת - דתית, ביטחונית ופוליטית. אסור אפוא שהמורכבות הביטחונית־מדינית תמנע אותנו באופן כולל מלהעניק מעמד של גר תושב למיעוטים במדינת ישראל.

בפרקים אחרים בספר זה נעמוד על כך שהתביעה ליחס הומני שכולל נתינת זכויות למיעוטים ודאגה וחמלה כלפיהם יונקת גם מערכי יסוד נוספים שמתווה התורה, כגון דרכי שלום או האחריות המוטלת על היהודים לקידוש השם.

חתימה

השפת אמת (פסח שנת תרמ"ו) מעלה שאלה: *"מה לנו לשמוח ביציאת מצרים? מוטב היה לנו שלא היינו יורדין למצרים!"*. תשובתו היא שירידת ישראל למצרים והיציאה ממנה באו לחולל תנועה, שהיעד שלה הוא האנושות כולה ולאו דווקא עם ישראל לבדו. לדבריו, יציאת מצרים היא *"הכנה וישועה לכל העולם... כי עיקר יציאת מצרים היה בעבור שיהיה גאולה לכלל העולם כולו"*. בעקבות דבריו נוכל לומר שתפקידה של התורה הוא "ללמד על הכלל כולו" - להנחיל לעולם תהליך של התעלות, של התגברות על הרוע. עם ישראל היה צריך לחוות על בשרו את היחס הרע לגר, לאחר, ומתוך כך להשתחרר משם מתוך זכירת "כי גרים הייתם בארץ מצרים", שמחייבת קיום מצוות רבות המתוות יחס ראוי לאחר.

תנועה זו של התעלות, בירור ותיקון צריכה להפוך, בתהליך גאולה, לתנועה שבה ינוע העולם כולו מכוחה של מדינת ישראל,

50. חבר, שייח' מוסלמי, אמר לי שלא רק בתורה אלא גם ב**קוראן** מתואר עם ישראל כעם נבחר (סורת אל בקרה 2, 47 [עמ' 7] ועוד). הוא הסביר שלפי הבנתו משמעות הדבר היא שסיפורו של העם היהודי אמור להיות "בית ספר" לאנושות. התרגשתי מכך שזה תואם בעיניי לחזון (שהיה אחת הסיבות לבחירת המנורה כסמל מדינת ישראל) שנקיים את הנבואה (ישעיהו מב, ו) להיות "לְאוֹר גּוֹיִם".

שתהיה אור לעולם, כמופת של מימוש ערכי התורה הללו במציאות הממשית. יהי רצון שנזכה לממש ייעוד זה שלנו.

נספח

שיטת רבי יהודה – אכילת נבֵלה כעיצוב זהות נפרדת

מכיוון שבגוף הפרק עסקנו בעיקר בשיטות חכמים ורבי מאיר שנפסקו יותר להלכה, נקדיש עיון קצר לעמדתו של רבי יהודה. לכאורה, אפשר לתהות על שיטת רבי יהודה: אם גר תושב כבר מקיים את כל המצוות האמורות בתורה, מדוע לא "ללכת עד הסוף" ולאסור עליו גם אכילת נבלה ואז יהיה יהודי לכל דבר? לשם מה ליצור שתי קבוצות - האחת שמקיימת את כל התורה כולה והשנייה שפטורה מאיסור נבלות?

נראה שההפרדה הזאת מכוונת. התורה רוצה ליצור מציאות שבה מצד אחד האדם הנוכרי מקיים את מצוות התורה, אבל עדיין ישנה שמירה על השערים של כניסה לתוך עם ישראל והיטמעות בו.[51] בפרפרזה על דברי רות המואבייה, מעמד זה מאפשר לנוכרי לקיים את "אלֹהַיִךְ אֱלֹהָי" (רות א, טז) ומתוך כך כמעט את כל המצוות, אך לא את "עַמֵּךְ עַמִּי" (שם), ועל כן הוא מותר באכילת נבלה.[52] ההפרדה הזאת יכולה להיות הפרדה קבועה, מצד רצונו של הנוכרי או מצד הרצון של ישראל שלא ליצור היטמעות, או לחלופין הפרדה זמנית

51. וכפי שציין אלי חדד בציטוט שהבאנו לעיל.
52. הראב"ד (שם) פתר את הקושי בהבנת היתר אכילת הנבלה בשיטת רבי יהודה באופן שונה. לדידו, אכילת נבלה היא לאו דווקא, ולמעשה מותר לגר התושב **כל איסור לאו**, ונאסרו עליו רק איסורי כריתות. הסבר מרתק לדברי הראב"ד ישנו במאירי: "וגדולי המפרשים פירשו שאינו נזהר על חייבי לאוין שלא יעבור עליהם בשעת יצרו, אבל נזהר הוא על חייבי כרתות" (**בית הבחירה** עבודה זרה סז ע"ב). לפי המאירי, הגר התושב הוא מעין "יהודי על רצף", שעשוי לעבור על עבירות קלות בשעת יצרו, אך שומר על גבולותיו ואינו עובר עבירות חמורות. פירוש זה יכול להתאים לכיוונים הסוברים שגר תושב הוא "תחנה" בדרך לגרות מליאה, וראו להלן.

שהיא מעין תקופת מבחן לשני הצדדים, בדרך למהלך הבלתי הפיך של גרות מלאה.[53]

לפי כיוון זה, אכילת נבלה אינה סתם היתר לנוכרי, הקלה שקשה לוותר עליה, אלא תנאי קריטי להגדרת זהותו החדשה, אשר מטרתו היא יצירה של קו דק של הפרדה בינו לבין ישראל. ההבנה שאכילת נבלה היא הרכיב של הגדרת זהות של גר תושב משתמעת מן התלמוד הירושלמי:

> רבי שמואל בר חייה בר יהודה רבי חנינה בשם רבי: גר תושב **צריך לקבל עליו על מנת שיהא אוכל נבילות.**

(ירושלמי, יבמות פ"ח ה"א ח ע"ד)

מן הניסוח כאן נראה שאין הכוונה שהוא אינו מחויב לשמור על איסור נבלה, אלא להפך: **הוא חייב לשמור על כך שהוא אוכל נבלות**. נראה שההסבר לכך הוא שכדי לקבל את המעמד החדש, שמתקרב כל כך ליהדות, הנוכרי מתחייב לשמור על הסמן שמבדיל בינו לבין יהודי![54]

ביטוי לחשיבות־היתר של אכילת נבלה כסמן של גר תושב לדעת רבי יהודה נמצא בפרשנות שלו לפסוק המתיר לגר אכילת נבלה:

53. על גר תושב כשלב ליהדות ראו להלן.
54. הבנה זו של הירושלמי יכולה לפתור בעיית נוסח במקור ממסכת גרים. לפנינו בדפוס: "איזהו גר תושב? כל שקיבל עליו שלא לעבוד עבודה זרה, דברי רבי מאיר. רבי יהודה אומר: כל שקיבל עליו **שלא** להיות אוכל נבילות" (גרים פ"ג מ"א). ברור שנפלה טעות בנוסח הנדפס בשיטת רבי יהודה, שהרי מפורש בתורה שגר תושב מותר באכילת נבילה (דברים יד, כא). מהיכן הגיעה הטעות? נראה שבמקור היה כתוב "כל שקיבל עליו **להיות** אוכל נבילות", כפי שהסברנו את שיטת רבי יהודה, שאכילת נבלות איננה רק היתר אלא חלק מהותי מהגדרת הזהות הנבדלת של הגר תושב. אולם, למעתיק לא הייתה מובנת מהותה של הקבלה "להיות אוכל נבלות", שהרי כל גוי מותר באכילת נבילה, ועל כן הוסיף את המילה "שלא" - "שלא להיות אוכל נבילות". הנוסח הנכון והמקורי הוא כמו בירושלמי: כאמור, הגר התושב מקבל את מצוות התורה, אולם יחד עם זה צריך לקבל את סמן הזהות המבדיל בינו לבין יהודי.

דתניא: "לֹא תֹאכְלוּ כָל נְבֵלָה לַגֵּר אֲשֶׁר בִּשְׁעָרֶיךָ תִּתְּנֶנָּה וַאֲכָלָהּ אוֹ מָכֹר לְנָכְרִי" (דברים יד, כא)... אחד גר ואחד נכרי בין בנתינה בין במכירה, דברי רבי מאיר; רבי יהודה אומר: דברים ככתבן, לגר בנתינה ונכרי במכירה. (עבודה זרה כ ע"א)

לדברינו, רבי יהודה לשיטתו: היות שאכילת נבלה היא הסמן המובהק של גר תושב, הדין המיוחד של נתינת נבלה במתנה לגר תושב מבליט את הסמן הזה, המבדיל מצד אחד בינו לבין ישראל, שנאסר עליו לאכול נבלה, ומצד שני בינו לבין הנוכרי, שאסור לתת לו את הנבלה במתנה.

הירושלמי - בין גוי לבין שלב בתהליך הגיור

לשתי התפיסות העקרוניות שעלו במחלוקת התנאים - אם גר תושב הוא כמעט יהודי (רבי יהודה), או שהוא גוי שמקיים חיים ראויים במרחב שבו הוא חי (רבי מאיר וחכמים) - יש ביטוי גם במחלוקת האמוראים המופיעה בירושלמי:

גר ותושב הרי הוא כגוי לכל דבר.
רבי שמואל בר חייה בר יהודה בשם רבי חנינה: גר ותושב מגלגלין עמהן שנים עשר חדש. אם חזר בו - הרי יפה, ואם לאו - הרי הוא כגוי לכל דבר.
רבי שמואל בר חייה בר יהודה רבי חנינה בשם רבי: גר תושב צריך לקבל עליו על מנת שיהא אוכל נבילות.
(ירושלמי, יבמות פ"ח ה"א ח ע"ד)

לדעה הראשונה המופיעה בירושלמי, גר תושב הוא גוי לכל דבר. לדעת רבי שמואל בשם רבי חנינה, גר תושב נמצא בתהליך לקראת קבלת יהדות מלאה. על פי הסברו של **הפני משה**, מחלוקת זו מקבילה למעשה למחלוקת התנאים, המופיעה בהמשך הירושלמי, בנוגע לשאלה אילו מצוות חייב גר תושב לקיים:

> אית תניי תני גר תושב אין מקבלין אותו עד שיקבל את כל המצות שכתוב בתורה.
> אית תניי תני גר תושב אין מקבלין אותו עד שיכפור בע"ז שלו.[55]
> (שם)

השיטה הראשונה בירושלמי, "הרי הוא כגוי לכל דבר", מקבילה לשיטה שהוא רק צריך לכפור בעבודה הזרה שלו. שיטת רבי שמואל מקבילה לשיטה שאין מקבלים אותו עד שיקבל את כל מצוות התורה, שהרי הוא בדרך לקבלת יהדות מלאה. מתוך כך, גם המימרה השנייה של רבי שמואל בשם רבי חנינה בשם רבי: "גר תושב צריך לקבל עליו על מנת שיהא אוכל נבילות" היא המשך של אותה שיטה: מכיוון שאת כל שאר מצוות התורה הוא שומר, זהו הסמן האחרון שמבדיל אותו מישראל גמור, ומאפשר "לגלגל עמו" שנים-עשר חודש עד שיחליט באופן סופי אם הוא רוצה להשתייך לעם ישראל.

הוכחה נוספת לכך נמצאת בהמשך הירושלמי. מייד לאחר דברי רבי שמואל בשם רבי חנינה, הסבור שהגר הוא בדרך לקבלת יהדות מלאה, מופיעים הדברים האלה, שבתלמוד הבבלי הופיעו בשם רבי יהודה (עבודה זרה כ ע"א):

> אמר רבי הילא: יאמרו הדברים ככתבן. מה יאמרו הדברים ככתבן? אמר רבי יוסי בר חנינה: "לֹא תֹאכְלוּ כָל נְבֵלָה לַגֵּר אֲשֶׁר בִּשְׁעָרֶיךָ תִּתְּנֶנָּה וַאֲכָלָהּ" (דברים יד, כא).[56]

55. **קרבן העדה**, יבמות פ"ח ה"א: "עד שיקבל עליו כל המצות שבתורה, חוץ מאכילת נבלות, דאם לאו כן ישראל מעליא הוא. ובבבלי ע"ז פ' השוכר תני לה בשם אחרים".
56. ראו גם פירושו של הרב חיים קנייבסקי זצ"ל: "יאמרו הדברים ככתבן" - "מכך שהוצרכה התורה להתיר לו איסור זה למדנו שרק איסור זה הותר לו, אבל בכל שאר המצוות הרי הוא חייב" (קנייבסקי, **יבמות** פ"ח ה"א).

מסובלנות לשותפות: מנח לאברהם

יעקב נגן

הקדמה

מניתוח הסוגיה ההלכתית בפרקים הקודמים ראינו שככלל יש למיעוטים בישראל מעמד של גר תושב. בד בבד, מתוך התבוננות בחזון הנביאים על אודות היחסים בין ישראל לאומות העולם בתקופת שיבת ציון עולה תפיסה של הגדרת מעמדם אשר משרטטת אופק רחב יותר למערכת היחסים שעלינו לשאוף לעצב איתם. תפיסה זו עשויה לקבל ביסוס גם מהתבוננות בטיב הזהות הדתית של המיעוטים בישראל.

הקטגוריה "גר תושב" מבטאת ערך של סובלנות וחמלה לאחר ולקשיים שלו. החזון הנבואי, לעומת זאת, קורא לשותפות ולאחווה דתית ואנושית. כדי להעצים את תהליכי התנועה לקראת החזון הזה עלינו להיות מודעים לו ולגלות את היעד שיש לחתור אליו. חשוב לציין שכוונתי היא לאופק שצריך לשאוף אליו ולא לשיקוף של המציאות כפי שהיא. גלוי וידוע שהמציאות רוויה בקונפליקטים ובמתחים שגולשים לעיתים לאלימות. התקווה היא שלאור האופק

הזה יהיה אפשר להניע תהליך לקראת עתיד טוב יותר לעם ישראל ולמיעוטים כאחד.

חז"ל הגדירו את גאולתן של ישראל כתהליך הדרגתי של "קמעא קמעא" (קצת קצת, לאט לאט; ירושלמי ברכות א ע"א), כפי שהיה בשיבת ציון, וכזו הדרך גם בנוגע להיבטים האחרים של תהליך הגאולה ומימוש חזון הנביאים. הכרת החזון הזה, והעלאתו כיעד לשאוף אליו, חיוניות כדי להתמודד עם כמה מן המתחים והבעיות שיש היום בארץ ולהתגבר עליהם. כניסוחו של הרב מנחם פרומן ז"ל, הדת היא חלק מן הגורמים לסכסוכים שאנחנו נטועים בהם. לכן היא חייבת להיות גם חלק מן הפתרון.

משמעות הדבר היא שהזהויות הדתיות צריכות להיות דרך לחבר בין אנשים ולא להפריד ביניהם. אחווה על בסיס דת מסוגלת ליצור לכידות ושותפות במדינת ישראל, ולסייע באתגרי פנים וחוץ שהמדינה מתמודדת איתם. לשם כך נחוץ עיצוב של תודעה הדדית שלפיה הזהות הדתית של האחר איננה רק זהות נסבלת אלא גוון בעל ערך שיש לו מקום בסיפור גדול שכולם שותפים בו. חברה מלוכדת יותר היא בעלת חוסן ומסוגלת ליצור קשרי חוץ עמוקים ויציבים יותר.

חשוב להבהיר עוד ששותפות ואחווה על רקע זהות דתית אינן צריכות למעט בזהותה של מדינת ישראל כמדינה יהודית. אדרבה: מבחינת רוחנית, מכיוון שהחתירה לקראת שותפות שכזו היא מימוש והעצמה של ערכי יסוד של התורה וחזון הנביאים במרחב המדינה, יש בכך נתינת משמעות ותוכן להיותה של ישראל מדינה יהודית. נוסף על כך, ברמה המעשית בניין של קשרים בחברה מתוך המקום היהודי עשוי גם לאזן ולנטרל מגמות שמתנגחות בזהות של היהדות במדינת ישראל מתוך טענה שקיים עימות בין ההגדרה שלה כמדינה יהודית לבין האפשרות לתת בה מקום וכבוד לאחר. ספר זה בא להציע מענה על טענות אלה בהראותו שזכויות האזרח יכולות להתבסס ולהתרחב דווקא משום שישראל היא מדינה יהודית, ולא למרות זאת.

עלינו לחדד לעצמנו את ההבנה ששותפות ובניין קשרים אינם מחייבים ויתור על חילוקי דעות. אמירה זו היא עצמה יסוד מכונן

חיוני בריפוי מערכות היחסים בין קבוצות שונות בחברה הישראלית, הן בין יהודים ליהודים והן בין יהודים לקבוצות המיעוטים השונות. האתגר הגדול הניצב לפתחנו הוא איך, למרות זוויות הראייה השונות מאוד וחילוקי הדעות בין הפלגים השונים של החברה, לאפשר למכנה המשותף להיות הבסיס לקיומה של המדינה, למען כולנו.

מעבר ממצוות בני נח לדתות מונותיאיסטיות

כאמור, בפרקים הקודמים ביססנו את ראיית המיעוטים כגר תושב.

ביסוד שינוי התפיסה המוצע כאן עומדת ההבחנה הבאה: הקטגוריה של גר תושב בנויה על התחייבות למצוות בני נח. המציאות היום היא שלמיעוטים יש זהות דתית מגובשת משלהם. יש לבחון את היחס שבין שתי ההגדרות האלו כדי להבין את משמעותו של השוני ביניהן.

למעשה, אנו שבים כאן אל נושא הליבה של ספרנו הקודם, **ושמו אחד: ריפוי הקשר בין ישראל ודתות העולם**, שמעניק תשתית לספר הזה. אפשר לומר שהספר הראשון (כשמו, **ושמו אחד**) עסק בציר הָאֲנָכִי שבין הארץ לשמיים, ואילו הספר הזה (כשמו, **וחי עמך**) עוסק בציר האופקי שבינינו ובין הזולת. יש בכך הקבלה לשתי מצוות האהבה: "וְאָהַבְתָּ אֵת ה' אֱלֹהֶיךָ"; "וְאָהַבְתָּ לְרֵעֲךָ כָּמוֹךָ". השילוב ביניהן מבטא מה שלדעת מרן הרב קוק הוא הבשורה הגדולה של התורה: החיבור שבין האנושי לאלוהי, כפי שהוא כותב בפתיחת ספרו **לנבוכי הדור**: "שהאדם נברא בצלם אלוהים - זה הוא יסוד התורה", וכדברי רבי עקיבא בפרקי אבות ש"חביב אדם שנברא בצלם" (אבות פ"ג מי"ד).

כזכור, בספר הראשון ביססנו את הקביעה שהנתיב אל החזון "ביום ההוא יהיה ה' אחד ושמו אחד" עובר דרך שותפות עם הדתות האחרות שכבר מכירות באחדות ה'. על פי היישום המוצע כאן, השותפות הזו עשויה להיות מכנה משותף רחב שישרטט אופק ליחסינו עם המיעוטים בארץ.

מצוות בני נח הן "סוּר מֵרָע"

בפרק הקודם ראינו שהדרישה לקבלת מעמד של גר תושב היא התחייבות למצוות בני נח. לכן כדי להבין את מהותו של מעמד "גר תושב" צריך להבין את מהותן של מצוות בני נח.[1] בימי נח נחרב העולם כעונש על הרשע שעשו בני האדם. מטרתן של מצוות בני נח היא בראש ובראשונה הימנעות מהרשע שמשחית את העולם. יסוד זה עולה מתוך התבוננות ברשימת שבע המצוות (סנהדרין נו ע"א): "תנו רבנן: שבע מצות נצטוו בני נח: דינין, וברכת השם, עבודה זרה, גילוי עריות, ושפיכות דמים, וגזל, ואבר מן החי". לפי זה מובן מדוע שבע המצוות הן התנאי לקבלת מעמד "גר תושב": אדם שרוצה לחיות בקרב ישראל, ולמעשה לחלוק איתם את המרחב, חייב לעמוד בתנאי הקיום הבסיסיים של חברה אנושית.

ניתוח זה מציף גם את מה שחסר ברשימת שבע המצוות: אין בהן עיסוק בפיתוח ובבניין של מערכות היחסים בין אדם לאדם ובין אדם לאלוהים. אסור לגזול ולרצוח, אך אין דרישה לחסד, לצדקה, ל"ואהבת לרעך"; אסורה עבודה זרה, אך אין דרישה להאמין באלוהים ולעובדו, אין חיוב "ואהבת את ה' אלוהיך".

משמעות הדבר היא שמצוות בני נח לא נועדו להיות "דת", אלא הן רק מציבות תנאי סף אנושי בסיסי וחשוב עד מאוד: נדרשת מחויבות שלא להשחית את הארץ, שלא לפגוע במרחב וברובדי הקיום השונים. אך מצוות בני נח אינן עונות - ולא נועדו לענות - על הצרכים העמוקים של בקשת אלוהים בכל מרחבי החיים ושל בניין חברה הבנויה על חסד ואחווה.

לכן הקטגוריה "גר תושב" אינה מחייבת זהות דתית שמכילה פולחן כלשהו כגון תפילה, ואינה דורשת עשייה ביחס לזולת כגון חסד וצדקה. בסופו של דבר המעמד של גר תושב הוא הסתפקות ב"סור מרע", בדרישה להקפיד על שבע המצוות. אין בו דרישה דתית, אלא רק תביעה להימנע מלפגוע באחר ולסכן את הסביבה. הוויתור על

1. וראו באריכות בספר **ושמו אחד** (נגן, "שבע מצוות").

מה שמעבר לכך מבטא חמלה וסובלנות של התורה כלפי כל אדם באשר הוא. יש הכרה באנושיות המשותפת שלנו שאינה מותנית בזהות מסוימת או באמונה דתית.

החזון הוא שותפות דתית בציר האלוהי והאנושי

אולם החזון הגדול שנועד לאנושות חורג הרבה אל מעבר להימנעות מחורבן העולם. החזון הוא "תיקון עולם במלכות שדי" כפי שחוזרים על כך שלוש פעמים ביום בסיום התפילות. מקום מרכזי ונרחב בנבואות העתיד מוקדש לשותפות דתית ואנושית בין ישראל לאומות.

על הפסוק "שְׁמַע יִשְׂרָאֵל ה' אֱלוֹהֵינוּ ה' אֶחָד" (דברים ו, ד) כותב רש"י, בעקבות נבואות הנביאים, שרק בשותפות עם האומות יהיה אפשר לממש פסוק זה במלואו:

> ה' שהוא אלהינו עתה ולא אלהי האומות, הוא עתיד להיות ה' אחד, שנאמר (צפניה ג, ט): "כי אז אהפוך אל עמים שפה ברורה לקרוא כולם בשם ה' ולעובדו שכם אחד"; ונאמר (זכריה יד, ט): "ביום ההוא יהיה ה' אחד ושמו אחד". (רש"י, דברים ו, ד)

זהו החזון שמופיע בתפילת ראש השנה ובסיום של כל תפילה: "יכירו וְיֵדעו כל יושבי תֵבֵל כי לך תכרע כל ברך תשבע כל לשון... ביום הוא יהיה ה' אחד ושמו אחד".

ברוח זו מסביר הרב קוק (בתחילת **עין איה** למסכת ברכות) שהסיבה שאומרים "שמע ישראל" פעמיים ביום היא כדי לייצג "שני מיני הקריאה בשם ה' המוטלת על ישראל": בלילה, זמן החושך, כנגד הגלות, הקריאה מבטאת קבלת עול מלכות שמיים על עצמנו לבדנו. ואילו בשחרית, זמן האור, אנו מבטאים קריאה בשם ה' יחד עם האומות. רוחב הדעת של הרב קוק הביא אותו, עוד לפני קום המדינה, להזהיר שאין לאבד את האופק האוניברסלי בתהליך הגאולה: "התכלית האחרונה אינה התגדרות התייחדות הלאומיות בלבדה, כי אם השאיפה לאחד כל באי עולם למשפחה אחת, לקרוא כולם בשם

ה'" (**אורות**, עמ' קס). בעקבות דברי הרב קוק, בעיניי צו השעה הוא להכריז, כמו בהגדה של פסח, ש"הגיע זמן קריאת שמע של שחרית!"

השאלה הגדולה היא, כאמור, עם אילו זהויות דתיות אנו יכולים לבנות שותפויות למימוש החזון הנבואי.

מציאות של דתות המאמינות באל אחד לא הייתה קיימת בתקופת תנ"ך, ולכן התורה אינה נדרשת כלל למציאות כזאת. לכן, כאמור, בשאלת היחס למיעוטים התורה מסתפקת בדרישה מהם לאי־פגיעה במרחב, שבאה לידי ביטוי בקיום שבע מצוות בני נח. היום, לרוב המכריע של המיעוטים בישראל יש זהות דתית. העובדה הזאת יכולה לשמש פתח לבניית אחווה ושותפות בינם לבין הרוב היהודי במדינת ישראל.

אולם כדי לממש פוטנציאל זה, נדרש תהליך של ריפוי הקשרים בין הדתות, מתוך כבוד הדדי והכרה בערך ובמשמעות של הזהות הדתית של הזולת.[2]

אברהם – האב הרוחני של האנושות

אם כן, הקומה הבסיסית ביחס למיעוטים היא סובלנות כלפי כל אדם באשר הוא. כאמור, זה יסוד התפיסה של גר תושב, שמייצגת המורשת של נח. על קומה חשובה זו של האנושיות המשותפת אפשר לבנות קומה נוספת של דתיות משותפת. גם למורשת המייצגת אותה נוכל לקרוא בשם: המורשת של אברהם.

הזוהר הקדוש (ח"א, קו ע"א) עומד על הבדל באישיות ובדרך הפעולה בין נח לאברהם. דרכו של אברהם הייתה "עשה טוב" - הוא פעל באופן אקטיבי לתקן את העולם, ומאמציו הגיעו לשיא כאשר ניסה להציל את אנשי סדום מן הגזרה שנגזרה עליהם. לעומתו, נח

2. קידום תהליך זה הוא מטרה מרכזית של המוסדות שלנו, "בית המדרש לישראל והאנושות" ו"המכון לשיח בין־דתי" מבית רשת "אור תורה סטון": לעורר ולפתח חשיבה ושיח פנימי יהודי ואת השיח המקביל אצל האחרים, וכן להרחיב את המפגש בינינו ולהעמיקו.

הסתפק ב"סור מרע" - הוא לא פגע בעולם, לא היה שותף לרשע של בני דורו שהביא לחורבנו, אבל גם לא השתדל להציל את בני דורו ואת העולם. כאמור, בהתאמה לכך מצוות בני נח אינן אלא הימנעות מפגיעה בעולם.

בקומה הנוספת, מורשת אברהם, יש דבר מופלא ומרגש: יהודי מאמין רואה בשיבת ציון מימוש של חזון נבואי מרהיב ובכך גילוי של רצון אלוהי, חתימת ידו המכוונת של ריבונו של עולם. אבל גם בהתבוננות בזהויות הדתיות של לא־יהודים בישראל ובעולם מתגלה פלא כפול ובלתי נתפס לנוכח התחלת מימוש החזון הנבואי שהוא חלק בלתי נפרד מהחזון של שיבת ציון.

ראשית, מפליאה עצם המציאות שבניגוד לעבודת האלילים בתקופה המקראית, התפשטו ברחבי העולם דתות שיסודותיהן מונותיאיסטיים והן כוללות תשתיות ערכיות רבות ממקורה של התורה. יתרה מזו, פלא הוא שהדתות הגדולות בעולם, ובייחוד הדתות בישראל, הן שנקראות "דתות אברהמיות" על שם אברהם אבינו. אברהם הוא דמות מכוננת בעבורן, והמודעות העצמית של מאמיניהן היא שהם ממשיכים את הסיפור של אברהם אבינו ושל התורה. מתוך כך הן מאמינות באירועים המכוננים של היהדות, כגון בריאת העולם, יציאת מצרים ומעמד הר סיני.

ההכרה שהופעת הדתות האברהמיות מכוונת בידי ההשגחה האלוהית כחלק מתהליך התקדמות העולם מצויה כבר אצל הרמב"ם. מפורסמים דבריו בסוף הלכות מלכים **במשנה תורה**, ששם הוא מצביע על התפתחות הנצרות והאסלאם כחלק של תהליך המכוון בידי האלוהים, כפי שהוא קורא לזה: "מחשבות בורא עולם". הכוונה היא להביא את העולם כולו לעתיד שבו בני אנוש יעבדו את ה' יחד (**משנה תורה** הלכות מלכים פי"א ה"ד): "כיצד? כבר נתמלא העולם כולו מדברי המשיח ומדברי התורה ומדברי המצוות, ופשטו דברים אלו באיים רחוקים ובעמים רבים ערלי לב". צעד נוסף פסע רבי יעקב עמדין (1698–1776). בעקבות הרמב"ם הוא רואה את יד ה' בהתפשטות של הנצרות והאסלאם. הוא כותב: "ושתי המשפחות

אשר בחר ה׳ להכניע עמים רבים, להביאם בעול האמונות והדעות ההכרחיות לישוב העולם ותקון הקבוץ המדיני״ (**לחם שמים** על אבות פ״ד מי״א). רבי יעקב עמדין קורא (שם) על הנצרות ועל האסלאם את דברי המשנה ״כל כנסיה שהיא לשם שמים סופה להתקיים״ ואומר שהם ״**אחים עמנו בהאמנה בתורה ובנבואה ובשאר דברים ומדות טובות שנמצא בהם**״ (**דרשת חלי כתם**, ל ע״א). בעיניו הנצרות והאסלאם הן דתות שיש בהן ערך לאומות העולם.[3]

הבסיס להכרה בהתפשטות הדתות האברהמיות ברחבי העולם כתהליך שמכוון בידי ה׳ רק הולך ומתעצם בעת הזאת. העובדה שאנו רואים לנגד עינינו בדורות האחרונים את מימוש חזון הנביאים לשיבת ציון ולגאולה לישראל מצטרפת לתחילת התגשמות נבואותיהם על שותפות דתית בעבודת ה׳. חלקי החזון המתקיימים זה בצד זה מצטיירים כתמונה רחבה הגדולה מסך חלקיה.

מתוך כך, קיומה של מדינה יהודית בארץ ישראל, שכוללת את הזהות הדתית של המיעוטים בה כבני דתות אברהמיות, מעניק ממד עומק לשותפות. אין כאן רק דמיון בתפיסות תיאולוגיות, אלא חפיפה בחלקים רבים של הסיפור מכונן הזהות. ממבט אחר: ערך מיוחד יש להתרחשות המפגש הזה בין הדתות האברהמיות בארצו של אברהם אבינו, וכך תושבי הארץ ממשיכים את דרך אברהם, דרך ה׳.

3. ברם, בניגוד לרבי יעקב עמדין, הרמב״ם לא העניק לגיטימיות עצמאית לדתות אלה, אלא ראה בהן אמצעי בידי ה׳ להביא את העולם לגאולה (ראו **ושמו אחד**: מלאך, ״עמדין״, עמ׳ 135). הסיבה שלדעתו הן רק אמצעי היא גישתו הייחודית של הרמב״ם, כפי שהראיתי **בושמו אחד** (נגן, ״רמב״ם״), שהדת הלגיטימית הבלעדית לאומות העולם היא דת בני־נח המוגדרת בשבע מצוותיה. שם העליתי באריכות את הבעיות בגישה זו. בין היתר הראיתי שאין מקור לגישה זו בדברי חז״ל, ומאידך גיסא ישנם קשיים רבים לנוכח המקורות בחז״ל שמשתמעים אחרת מדעת הרמב״ם. עוד הראיתי שם ששיטתו בנויה על ארבע הנחות פילוסופיות שאינן מקובלות. עמדתי שם על כך שישנם רבים אחרים במהלך הדורות שסברו אחרת מגישתו. מעבר לכך, הראיתי שבסופו של דבר אף לרמב״ם, גם אם אין לייסד דתות חדשות, יש ערך לחוויה דתית של אומות העולם.

פתח לשותפות נוצר גם מכך שבזמננו יש תהליכי שינוי דרמטיים ביחסים שבין הדתות, המגלים אופקים שבעבר היו בלתי אפשריים. למשל, במהלך הדורות סבלו יהודים מרדיפה בידי הנוצרים, ששללו את עם ישראל ברמה הדתית וברמה האנושית גם יחד. ואולם מאמצע המאה הקודמת החלה תנועה של שינוי ביחס של חלקים גדולים בנצרות כלפי היהדות, מעוינות מחרידה להכרה בעם ישראל כאח הבכור וכמי שמקיים את הברית הנצחית בין הקב"ה לעם ישראל.[4]

ביטוי נוסף לנוכחותה במציאות של המשמעות הסימבולית והערכית של דמותו של אברהם הוא שהסכמי שלום שנחתמו בשנים האחרונות בין ישראל למדינות במזרח התיכון נקראים על שם האב המשותף שלנו: "הסכמי אברהם".[5] נציג אפוא את היסודות לראיית דמותו של אברהם כ"אב המון גויים" וניגע בהשתקפות שלה בדתות האברהמיות ובדברי מנהיגים מקרב הדתות האלה.

בין ייעודו של אברהם לבין נבואות אחרית הימים

כבר במקרא נטועה ההכרה שאברהם הוא הדמות המייצגת את האופק הרוחני והאנושי עבור העולם כולו. מוטיב זה ממשיך וחורז את דברי חז"ל, דרך הראשונים ועד לאחרונים. עיון בנבואות אחרית הימים

4. הדוגמה המובהקת ביותר לכך קשורה לתהליכים שעבר העולם הנוצרי בעשורים האחרונים, ולשינוי מרחיק הלכת שהתחולל ביחסה של הנצרות כלפי היהדות והיהודים. תהליך זה החל בשנות השישים על ידי האפיפיור יוחנן ה־23, שבעצמו הציל יהודים בתקופת השואה. עם מינויו לאפיפיור, הוביל מדיניות של תיקון בעמדת הכנסייה כלפי היהדות והיהודים במסגרת מועצת הוותיקן השנייה. לבסוף, ה"נוסטרה אטטה" (="בעת הזאת"), "הצהרה בדבר יחס הכנסייה לדתות הלא־נוצריות", שהתפרסמה בשנת 1965, ביטלה את האשמת כלל היהודים ברצח ישו, והביעה הסתייגות של הכנסייה מזיהוי היהודים כדחויים ומקוללים. תהליך השינוי המשיך והתחזק באופן הדרגתי לאורך השנים, עד שבשנת 2015 מסמך של הוותיקן, הנושא את השם "כי לא יינחם האלוהים על מתנותיו ולא על קריאתו", הצהיר באופן רשמי על הימנעות ממיסיון כלפי יהודים, מתוך הכרה בכך שהברית האלוהית עם ישראל עודנה שרירה וקיימת.
5. ראו מאמרי על המשמעות הרוחנית של הסכמי אברהם: נגן, "מה היה חסר".

והשוואתן לסיפורי אברהם חושף שהיסוד הזה הוא בסיס לשותפות כלל־אנושית וכלל־דתית בתהליך הגאולה.

נפתח בציטוט חד מדברי חז"ל וממנו נשוב לחשיפת התשתית המקראית. בתלמוד מסופר על הכרה כלל־עולמית באברהם כמנהיג העולם:

> אמר רב: אותו היום שנפטר אברהם אבינו מן העולם, עמדו כל גדולי אומות העולם בשורה ואמרו: אוי לו לעולם שאבד מנהיגו, ואוי לה לספינה שאבד קברינטא. (בבא בתרא צא ע"א-ע"ב)

התיאור הזה אינו תואם את המציאות מבחינה היסטורית, הן בנוגע לימי אברהם אבינו והן בנוגע לזמנו של בעל המימרה, האמורא הקדום רב. לכן יש לראות בו אמירה אגדית מפריזה,[6] הבאה לבטא עניין מהותי. מה שמפליא הוא שבמהלך ההיסטוריה התברר שיש במימרה זו פן נבואי, שהרי עם השנים אכן גדלו כבודו של אברהם אבינו וההכרה במעמדו ממזרח שמש עד מבואו.

מימרה זו של רב תואמת גם את טענתנו לעיל, בפרק שעוסק בגר תושב במקרא, שהבחירה באברהם לא נעשתה מתוך מטרה להזניח את שאר האנושות, אלא כדי להביא ברכה לעולם כולו. את השפעתו של אברהם ואת ברכותיו לעולם יש לראות בשני מעגלים: המעגל שכולל את צאצאיו הרבים והמעגל הרחב הכלל־עולמי. נשוב אפוא לבחון את פועלו של אברהם במקרא.

מעגלי הברכה

כבר בציווי הראשון של ה' לאברהם, אפשר לעמוד על שני מעגלי ברכה:

6. וכפי שרב עצמו מציין שרק בחלק קטן ומסוים של העולם מכירים את אלוהי ישראל: "אמר רב: מצור ועד קרטיגני מכירין את ישראל ואת אביהם שבשמים, ומצור כלפי מערב ומקרטיגני כלפי מזרח אין מכירין את ישראל ולא את אביהן שבשמים" (מנחות קי ע"א).

וְאֶעֶשְׂךָ לְגוֹי גָּדוֹל וַאֲבָרֶכְךָ וַאֲגַדְּלָה שְׁמֶךָ וֶהְיֵה בְּרָכָה. וַאֲבָרְכָה מְבָרְכֶיךָ וּמְקַלֶּלְךָ אָאֹר וְנִבְרְכוּ בְךָ כֹּל מִשְׁפְּחֹת הָאֲדָמָה.
(בראשית יב, ב-ג)

המעגל הפנימי הוא "ואעשך לגוי גדול" - עם אחד שאמור לשמור את דרך ה' שיורה אברהם לבניו (ראו שם יח, יט, וראו להלן). מעגל ברכה רחב יותר הוא של "כל משפחות האדמה", שכולן יתבשמו מברכתו. על קיומו של מעגל ביניים, כלל צאצאיו של אברהם, אנו לומדים להלן, כאשר אברהם נכנס בברית:

אֲנִי הִנֵּה בְרִיתִי אִתָּךְ **וְהָיִיתָ לְאַב הֲמוֹן גּוֹיִם**. וְלֹא יִקָּרֵא **עוֹד** אֶת שִׁמְךָ אַבְרָם וְהָיָה שִׁמְךָ אַבְרָהָם כִּי אַב הֲמוֹן גּוֹיִם נְתַתִּיךָ. וְהִפְרֵתִי אֹתְךָ בִּמְאֹד מְאֹד **וּנְתַתִּיךָ לְגוֹיִם** וּמְלָכִים מִמְּךָ יֵצֵאוּ. (שם, יז, ד-ו)

כאן כבר מתבשר אברהם על עמים רבים שיצאו ממנו, משמע בני ישמעאל, בני עשו ובני קטורה. משלל ההבנות בדבר טיבו של שפע הברכה שמביא אברהם לעולם, נסתפק בציטוט דברי רבי יצחק אברבנאל:

תכלית ההליכה שצווה עליה, והוא שבעבורו יהיו מבורכים ומושפעים ולמודי ה' עמים רבים. כי בהיותו קורא בשם ה' יכירו האמת... באופן שישלם העולם באמצעותו.
(**אברבנאל**, בראשית יב)

בדרך דומה הלך הנצי"ב, שאף רואה באברהם, בדומה לאמור על ירמיהו, "נביא לגוים":

וע"ז הוסיף עוד "ונתתיך לגוים", שתהיה מלמד דעת לגוים כענין דכתיב בירמיה (א, ה): "נָבִיא לַגּוֹיִם נְתַתִּיךָ", היינו שינבא גם להם. (**העמק דבר**, בראשית יז, ו)

הנצי"ב אף מבין את הברכה "אב המון גוים" לא במשמעות הביולוגית אלא במשמעות המטפורית, כהשפעה על כלל האנושות:

> הרצון והתכלית שיהיו כל אומות העולם יודעים את ה׳, והאלילים כליל יחלוף. ולדבר זה הזהיר הקדוש ברוך הוא את אברהם שיהי רצונו להשקיע דעתו להיות לאב המון גוים להכירם את ה׳, ובזה יהיה נקרא "אב המון גוים", כאב המעמיד את בנו על דעת ישרה. (שם, ד)

במקום אחר התורה מלמדת את מטרת בחירתו של אברהם, ומתברר שהיא היכולת להניע השפעה לטווח ארוך, ובמעגל רחב:

> וְאַבְרָהָם הָיוֹ יִהְיֶה לְגוֹי גָּדוֹל וְעָצוּם וְנִבְרְכוּ בוֹ כֹּל גּוֹיֵי הָאָרֶץ. כִּי יְדַעְתִּיו לְמַעַן אֲשֶׁר יְצַוֶּה אֶת בָּנָיו וְאֶת בֵּיתוֹ אַחֲרָיו וְשָׁמְרוּ דֶּרֶךְ ה׳ לַעֲשׂוֹת צְדָקָה וּמִשְׁפָּט לְמַעַן הָבִיא ה׳ עַל אַבְרָהָם אֵת אֲשֶׁר דִּבֶּר עָלָיו. (בראשית יח, יח-יט)

בשני הפסוקים הללו[7] מופיעים שלושת מעגלי ההשפעה של אברהם: על צאצאיו ועל כלל העולם. בפסוק הראשון: (א) "גוי גדול ועצום"; (ב) "ונברכו... כל גויי הארץ", ובפסוק השני: (א) "בניו" - לא רק העם שימשיך אותו ישירות אלא כלל צאצאיו, דהיינו ישמעאל (ובני קטורה ובני עשו, שנולדו אחר כך); (ב) "ביתו" - היכולת להשפיע גם מחוץ למרחב המשפחתי, שהרי בשלב ההוא "ביתו" של אברהם כלל מאות עבדים וכפשט הפסוק: "וַיָּרֶק אֶת חֲנִיכָיו יְלִידֵי בֵיתוֹ שְׁמֹנָה עָשָׂר וּשְׁלֹשׁ מֵאוֹת" (בראשית יד, יד).

והנה, עיון בנבואה על אחרית הימים מלמד שיסודה בייעוד שקיבל אברהם:

7. תודה לידידי פיליפ אולמן שהעיר על נקודה זו.

וְהָיָה בְּאַחֲרִית הַיָּמִים נָכוֹן יִהְיֶה הַר בֵּית ה׳ בְּרֹאשׁ הֶהָרִים וְנִשָּׂא מִגְּבָעוֹת וְנָהֲרוּ אֵלָיו כָּל הַגּוֹיִם. וְהָלְכוּ עַמִּים רַבִּים וְאָמְרוּ לְכוּ וְנַעֲלֶה אֶל הַר ה׳ אֶל בֵּית אֱלֹהֵי יַעֲקֹב וְיֹרֵנוּ מִדְּרָכָיו וְנֵלְכָה בְּאֹרְחֹתָיו כִּי מִצִּיּוֹן תֵּצֵא תוֹרָה וּדְבַר ה׳ מִירוּשָׁלָם. וְשָׁפַט בֵּין הַגּוֹיִם וְהוֹכִיחַ לְעַמִּים רַבִּים וְכִתְּתוּ חַרְבוֹתָם לְאִתִּים וַחֲנִיתוֹתֵיהֶם לְמַזְמֵרוֹת לֹא יִשָּׂא גוֹי אֶל גּוֹי חֶרֶב וְלֹא יִלְמְדוּ עוֹד מִלְחָמָה. בֵּית יַעֲקֹב לְכוּ וְנֵלְכָה בְּאוֹר ה׳. (ישעיהו ב, ב-ה)

מבחינה לשונית, הפסוקים רומזים לדמותו של אברהם: קודם כול, בולט השימוש בשורש הל״ך (״לכו ונעלה״; ״לכו ונלכה״) המהדהד את ציווי ה׳ לאברהם ״לך לך״ ואת הליכותיו הרבות בארץ. החזרה על ״בית״ (״בית ה׳״; ״בית אלוהי יעקב״; ״בית יעקב״) מקרבת אותנו לפסוקי הבחירה באברהם, שיצווה ״את בניו ואת ביתו אחריו״.

אך הקישור אינו לשוני גרידא. ״אחרית הימים״ בחזונו של ישעיהו היא ההוצאה לפועל של ייעודו של אברהם.

ההבטחה ״ונברכו בו **כל גויי הארץ**״ תתקיים ב״ונהרו אליו **כל הגוים**״. נאמר שהעמים הולכים ״אל הר ה׳״. זו נראית רמיזה להופעה הראשונה בתורה של צירוף זה, בפרשת העקדה: ״וַיִּקְרָא אַבְרָהָם שֵׁם הַמָּקוֹם הַהוּא ה׳ יִרְאֶה אֲשֶׁר יֵאָמֵר הַיּוֹם **בְּהַר ה׳** יֵרָאֶה״ (בראשית כב, יד).

אל מול התכלית ״יצווה... ושמרו **דרך ה׳**״ בא תיאור ההוצאה לפועל: ״אל הר **ה׳**... ויורינו **מדרכיו**״. ומהי דרך ה׳? בייעוד נאמר ״לעשות **צדקה ומשפט**״, וכנגד זה, ההוצאה לפועל תהיה ״**ושפט** בין הגוים... ולא ילמדו עוד **מלחמה**״. המשפט יחולל צדק, ומתוך כך שלום הדדי.

ואכן, ״החוט המשולש לא במהרה יינתק״ - בהמשך הספר הנביא עצמו מבהיר את הקישור:

שִׁמְעוּ אֵלַי רֹדְפֵי צֶדֶק מְבַקְשֵׁי ה׳ הַבִּיטוּ אֶל צוּר חֻצַּבְתֶּם וְאֶל מַקֶּבֶת בּוֹר נֻקַּרְתֶּם. הַבִּיטוּ אֶל אַבְרָהָם אֲבִיכֶם וְאֶל שָׂרָה תְּחוֹלֶלְכֶם

> כִּי אֶחָד קְרָאתִיו וַאֲבָרְכֵהוּ וְאַרְבֵּהוּ. כִּי נִחַם ה׳ צִיּוֹן נִחַם כָּל חָרְבֹתֶיהָ וַיָּשֶׂם מִדְבָּרָהּ כְּעֵדֶן וְעַרְבָתָהּ כְּגַן ה׳ שָׂשׂוֹן וְשִׂמְחָה יִמָּצֵא בָהּ תּוֹדָה וְקוֹל זִמְרָה. הַקְשִׁיבוּ אֵלַי עַמִּי וּלְאוּמִּי אֵלַי הַאֲזִינוּ כִּי תוֹרָה מֵאִתִּי תֵצֵא וּמִשְׁפָּטִי לְאוֹר עַמִּים אַרְגִּיעַ. קָרוֹב צִדְקִי יָצָא יִשְׁעִי וּזְרֹעַי עַמִּים יִשְׁפֹּטוּ אֵלַי אִיִּים יְקַוּוּ וְאֶל זְרֹעִי יְיַחֵלוּן.
> (ישעיהו נא, א–ה)

כאן נזכרים במפורש אברהם אבינו וברכתו, ולצד זה הזיקה שבין ישראל לעמים, שמתקיימת בהפצת הצדק והמשפט. חוזרת כאן גם בקשת העמים את פני ה׳ ("אֵלַי אִיִּים יְקַוּוּ וְאֶל זְרֹעִי יְיַחֵלוּן"), שהופיעה בישעיהו פרק ב.

פרשה זו מרחיבה את הזיקה, הנרמזת בפרק ב, בין גאולת ישראל הלאומית, הכוללת את נחמת ציון, השיבה אליה ושגשוגה כגן עדן, לבין חזון עולמי: בקשת אלוהים מצד כל העמים. בדומה לפרק ב, יש כאן קריאה להפצת תורה, משפט, צדק ואור בעולם. ואולי הפתיחה ב"רֹדְפֵי צֶדֶק" מבטאת תנועה שמתעצמת מן האמור בפרק ב: מהליכה לרדיפה.

קריאה בשם ה׳

עוד הדהוד של אברהם אבינו כמייצג אופק למורשת העולמית הוא קריאתו בשם ה׳ בספר בראשית, שבחזון בנוגע לעתיד הופכת למשאלת לב כלל־אנושית. בסיפור שהתורה מספרת על אברהם חוזרת הקריאה בשם ה׳ שלוש פעמים (בכניסתו הראשונה לארץ, בשובו אליה ממצרים, ולאחר הברית בבאר שבע):

> וַיַּעְתֵּק מִשָּׁם הָהָרָה מִקֶּדֶם לְבֵית אֵל וַיֵּט אָהֳלֹה בֵּית אֵל מִיָּם וְהָעַי מִקֶּדֶם וַיִּבֶן שָׁם מִזְבֵּחַ לַה׳ **וַיִּקְרָא בְּשֵׁם ה׳**. (בראשית יב, ח)
> וַיַּעַל אַבְרָם מִמִּצְרַיִם... אֶל מְקוֹם הַמִּזְבֵּחַ אֲשֶׁר עָשָׂה שָׁם בָּרִאשֹׁנָה **וַיִּקְרָא שָׁם אַבְרָם בְּשֵׁם ה׳**. (שם, יג, א; ד)

וַיִּטַּע אֶשֶׁל בִּבְאֵר שָׁבַע וַיִּקְרָא שָׁם בְּשֵׁם ה׳ אֵל עוֹלָם.
(שם, כא, לג)

כך גם בנבואה נוספת על אחרית הימים שבה ומופיעה הקריאה בשם ה׳ כמבטאת את ההליכה הכלל-עולמית בדרך ה׳:

כִּי אָז אֶהְפֹּךְ אֶל עַמִּים שָׂפָה בְרוּרָה לִקְרֹא כֻלָּם בְּשֵׁם ה׳ לְעָבְדוֹ שְׁכֶם אֶחָד. (צפניה ג, ט)

מנבואת זכריה אנו למדים ששם ה׳ יהיה אחד בפי כל העמים:

וְהָיָה ה׳ לְמֶלֶךְ עַל כָּל הָאָרֶץ בַּיּוֹם הַהוּא **יִהְיֶה ה׳ אֶחָד וּשְׁמוֹ אֶחָד**... וְהָיָה כָּל הַנּוֹתָר מִכָּל הַגּוֹיִם הַבָּאִים עַל יְרוּשָׁלָם וְעָלוּ מִדֵּי שָׁנָה בְשָׁנָה לְהִשְׁתַּחֲוֹת לְמֶלֶךְ ה׳ צְבָאוֹת וְלָחֹג אֶת חַג הַסֻּכּוֹת.
(זכריה יד, ט; טז)

אברהם כדמות המשפיעה על העולם בהגות היהודית

ההכרה בתפקיד הגלובלי של אברהם מוסיפה לקבל ביטוי בהגות התורנית במהלך הדורות. **במורה נבוכים** עוסק הרמב"ם שוב ושוב בדמותו של אברהם אבינו ובהשפעתה על האנושות. בכמה מן המקומות הוא שב ומבסס זאת על הפסוק שעסקנו בו לעיל - "כי ידעתיו למען אשר יצוה..." (בראשית יח, יט):

מי שגבר עליו אותו שפע, כגון אברהם, אסף את האנשים וקרא להם בדרך הלימוד וההדרכה אל האמת שהשׂיג. כן היה אברהם מלמד את האנשים ומבאר להם בראיות עיוניות שיש לעולם אלוה אחד ושהוא ברא את כל זולתו, ושאין ראוי לעבוד אותן תמונות ולא דבר מן הנבראים, והיה כורת עם האנשים ברית על זאת ומושך אותם בנאומים יפים ובמעשׂים טובים כלפיהם...

> כי ידעתיו [למען אשר יְצַוֶּה את בניו ואת ביתו אחריו, ושמרו את דרך ה׳ לעשׂות צדקה ומשפט...].
>
> (**מורה נבוכים** ב, לט. תרגום שורץ: עמ׳ 394)

> ...שהרי אברהם אבינו הוא שהתחיל להודיע את הייחוד, לאמת את הנבואה, להנציח דעה זאת ולמשוך את האנשים אליה. נאמר: כי ידעתיו למען אשר יְצַוֶּה את בניו ואת ביתו אחריו ושמרו דרך ה׳ לעשׂות צדקה ומשפט... (שם, ג, כד. תרגום שורץ: עמ׳ 507)
>
> שכּן תכלית מאמציהם במשך קיומם הייתה להביא לידי מציאות אומה היודעת את האל ועובדת אותו: כי ידעתיו למען אשר יצוה [את בניו ואת ביתו אחריו ושמרו דרך ה׳ לעשׂות צדקה ומשפט...]. התברר לך אפוא שתכלית כל מעשׂיהם הייתה מופנית להפיץ את ייחוד השֵם בעולם ולהדריך את בני־אדם לאהוב אותו יתעלה. (שם, ג, נא. תרגום שורץ: עמ׳ 622)

במקום אחר הוא קובע שאכן ברכתו של אברהם החלה להתקיים, ורוב העולם מושפע ממנו:

> ...נאמר לו: ואברכה מברכיך ומקללך אָאֹר, ונִברכו בך כל משפחֹת האדמה (בראשית יב, 3). סופו היה מה שאנו רואים היום, שרוב תושבי (כדור) הארץ מסכימים להעריצו ולהתברך בזכרו, עד כדי שמתייחשׂים אליו מי שאינם מצאצאיו. אין חולק עליו ואין מי שאינו מכיר בגדולתו, למעט שׂרידי אותה עדה נכחדת שנותרו בקצווי הארץ...
>
> (שם, ג, כט. תרגום שורץ: עמ׳ 522)

על הפסוק "אֵלֶּה תוֹלְדוֹת הַשָּׁמַיִם וְהָאָרֶץ בְּהִבָּרְאָם" (בראשית ב, ד) דרשו חז"ל:

אמר רבי יהושע בן קרחה: "בהבראם" - באברהם, בזכות אברהם. (**בראשית רבה** פרשה יב, ט)

ובנוסח נוסף:

...בשבילך בראתי את העולם, אמר רבי תחליפא אמר הקדוש ברוך הוא בך הבטתי ובראתי את העולם, שנאמר: "אֵלֶּה תוֹלְדוֹת הַשָּׁמַיִם וְהָאָרֶץ בְּהִבָּרְאָם", מהו "בהבראם"? באברהם בראם. (תנחומא [בובר], לך לך ד)

דרשה זו היא בסיס לדרשות ופרשנויות רבות, בעיקר בקבלה ובחסידות, על מקומו של אברהם בעולם. כך, למשל, רבי מנחם נחום מטשרנוביל קובע שהחסד של אברהם הוא תכלית הבריאה:

"ואברהם זקן בא בימים...". דנודע כי בריאות עולם היה בגין דישתמודעון ליה, שהוא התגלות מדותיו יתברך. כי על מה יתקרי רחום וחנון ארך אפים ורב חסד... עד אברהם היה עולם התהו... שזהו מה שכתוב **"אלה תולדות השמים והארץ" - ראשי תיבות: תה"ו. ואחר כך "בהבראם" אותיות "באברהם". כשבא אברהם אבינו עליו השלום והלך בדרכיו יתברך וגמל חסד עם כל באי עולם כנודע... ואברהם לימד זה לבאי עולם.** (**מאור עיניים**, פרשת חיי שרה)

רבי צדוק הכהן מלובלין קושר דרשה זו לכך שאברהם גילה את האמונה בעולם:

..."עוֹלָם חֶסֶד יִבָּנֶה" (תהילים פט, ג). ואיתא: "בהבראם - באברהם", בזכותו של אברהם שהוא האיר לכל באי העולם

שאין בירה בלא מנהיג, ועל זה היה תכלית מכוון הבריאה.[8]
(**פרי צדיק**, בראשית, פרשת מקץ)

ואילו רבי קלונימוס קלמן הלוי עפשטיין מעמיד את העולם על ענוותנותו של אברהם:

כאברהם שאמר (בראשית יח, כז): "וְאָנֹכִי עָפָר וָאֵפֶר". ועל ידי איש כזה - מתקיים העולם בזכותו. וזהו 'בהבראם - באברהם' שמחזיק עצמו במדת אברהם, להיות עניו ונכנע מפניו יתברך שמו... (**מאור ושמש**, בראשית ב, ד)

עולה מכאן שמתוך שותפות בדמות של אברהם, תכלית הבריאה, מצטייר אופק לבניין עתיד העולם יחד עם עמים אחרים, ובראשם העמים שדמותו של אברהם משמשת עבורן יסוד ותכלית.

אחד הראשונים ששרטטו חזון זה הוא הרב יהודה אלקלעי (1878-1798), שהיה ממבשרי הציונות. בישעיהו יש נבואה המתארת מצב שכל העמים עובדים את ה', ויש להם מרכזי פולחן עצמיים שלהם:

בַּיּוֹם הַהוּא יִהְיוּ חָמֵשׁ עָרִים בְּאֶרֶץ מִצְרַיִם מְדַבְּרוֹת שְׂפַת כְּנַעַן וְנִשְׁבָּעוֹת לַה' צְבָאוֹת, עִיר הַהֶרֶס יֵאָמֵר לְאֶחָת. בַּיּוֹם הַהוּא יִהְיֶה מִזְבֵּחַ לַה' בְּתוֹךְ אֶרֶץ מִצְרָיִם, וּמַצֵּבָה אֵצֶל גְּבוּלָהּ לַה'. וְהָיָה לְאוֹת וּלְעֵד לַה' צְבָאוֹת בְּאֶרֶץ מִצְרָיִם, כִּי יִצְעֲקוּ אֶל ה' מִפְּנֵי לֹחֲצִים וְיִשְׁלַח לָהֶם מוֹשִׁיעַ וָרָב וְהִצִּילָם. וְנוֹדַע ה' לְמִצְרַיִם, וְיָדְעוּ מִצְרַיִם אֶת ה' בַּיּוֹם הַהוּא, וְעָבְדוּ זֶבַח וּמִנְחָה וְנָדְרוּ נֵדֶר

8. ראו גם דברי רבי צדוק הכהן מלובלין: "...אברהם אבינו ע"ה, שהוא הראשון שהכיר את בוראו הכרה גמורה שיש בורא בעולם שכל הנבראים ממנו, וכמו שאמרו ז"ל (**בראשית רבה** פרשה יב, ט) על פסוק (בראשית ב, ד) 'בהבראם' -'באברהם'. כי שורש ענין אברהם הוא הבראם של כל הברואים מהבורא יתברך" (**ליקוטי מאמרים** עמ' קסו).

> לַה׳ וְשִׁלֵּמוּ. וְנָגַף ה׳ אֶת מִצְרַיִם נָגֹף וְרָפוֹא, וְשָׁבוּ עַד ה׳ וְנֶעְתַּר לָהֶם וּרְפָאָם. בַּיּוֹם הַהוּא תִּהְיֶה מְסִלָּה מִמִּצְרַיִם אַשּׁוּרָה, וּבָא אַשּׁוּר בְּמִצְרַיִם וּמִצְרַיִם בְּאַשּׁוּר, וְעָבְדוּ מִצְרַיִם אֶת אַשּׁוּר. בַּיּוֹם הַהוּא יִהְיֶה יִשְׂרָאֵל שְׁלִישִׁיָּה לְמִצְרַיִם וּלְאַשּׁוּר, בְּרָכָה בְּקֶרֶב הָאָרֶץ. אֲשֶׁר בֵּרֲכוֹ ה׳ צְבָאוֹת לֵאמֹר, בָּרוּךְ עַמִּי מִצְרַיִם וּמַעֲשֵׂה יָדַי אַשּׁוּר וְנַחֲלָתִי יִשְׂרָאֵל. (ישעיהו יט, יח-כה)[9]

על הדברים האלה כותב הרב אלקלעי:

> ואברהם אבינו הנחיל את כל כבוד הזה לבניו ישמעאל ואדום. והמה ברוּמֵי המעלות ואחיהם ישראל המוקדש לעבד לבורא עולם... וזהו אמרו (ישעיהו יט, כד-כה): "בַּיּוֹם הַהוּא יִהְיֶה יִשְׂרָאֵל שְׁלִישִׁיָּה לְמִצְרַיִם וּלְאַשּׁוּר בְּרָכָה בְּקֶרֶב הָאָרֶץ [אֲשֶׁר בֵּרֲכוֹ ה׳ צְבָאוֹת לֵאמֹר בָּרוּךְ עַמִּי מִצְרַיִם וּמַעֲשֵׂה יָדַי אַשּׁוּר וְנַחֲלָתִי יִשְׂרָאֵל]". רוצה לומר: מצרים ואשור היינו מלכי אדום וישמעאל, מצד הצדק והיושר לעשות רצון אבינו שבשמים, ישיבו לנו את בית אבותינו ויבנו את מקדשנו ותפארתנו. ונהיה שלושתינו, ישראל וישמעאל ואדום, "ברכה בקרב הארץ, אשר ברכו ה׳ צבאות לאמור ברוך עמי מצרים" רוצה לומר ישמעאל, "ומעשה ידי אשור" רוצה לומר אדום, "ונחלתי ישראל" - כולנו כאחד נישא ברכה מאת ה׳ וצדקה מאלהי ישענו.
>
> **(פתח כחודה של מחט, אות יב)**

שיתוף בין הדתות האברהמיות בדברי מנהיגי האומות

ניצנים להכרה זו אפשר לראות בהקשרים רבים ושונים אף בקרב אומות העולם. כך, למשל, ניסח זאת האפיפיור יוחנן פאולוס השני בפתק שטמן בין אבני הכותל המערבי בירושלים, ובו הוא מזכיר

9. וראו ניתוח של נבואה זו והעמקה בה בספר **ושמו אחד**: רוזנבלט, "לעתיד לבוא", עמ׳ 21-23.

מפורשות את אברהם אבינו ומבקש מחילה על הרשע שנעשה לעם ישראל במהלך הדורות:

> אלוהי אבותינו, אתה בחרת באברהם ובצאצאיו להביא את שמך אל העמים. אנו נעצבים עמוקות על התנהגותם של אלה שלאורך ההיסטוריה גרמו סבל לילדיך אלה ומבקשים את מחילתך. ברצוננו להתחייב לאחווה אמיתית עם אנשי הברית. (ירושלים, 26 במרס 2000)[10]

בנאום שנשא מלך מרוקו, מוחמד השישי, הוא קובע:

> שלוש הדתות האברהמיות לא נוצרו כדי להיות סובלניות זו לזו מתוך איזה גורל בלתי נמנע, או מתוך נימוס אחד כלפי השני. הסיבה שהן קיימות היא להיפתח זו לזו ולהכיר זו את זו, כדי להיטיב זו לזו. (נאום מיום 29 במרס 2019)[11]

ניגע מעט בפנים השונים של דמותו של אברהם בדתות האברהמיות.[12]

10. ארכיון יד ושם, https://www.yadvashem.org/artifacts/featured/note-pope-john-paul-ii.html.
11. https://www.moroccoworldnews.com/2019/03/269240/king-mohammed-vi-pope-francis-morocco-2. רוח זו נושבת אף מחוקת מרוקו, שבמבוא שלה נאמר כך, ובין היתר כתוב שהיא מועשרת וניזונה מהרכיבים העבריים שבה: "[מרוקו] היא מדינה מוסלמית ריבונית, הדבקה באחדותה הלאומית ובריבונותה, ובכוונתה לשמר את השפע ואת השונות בה לצד זהותה הלאומית הבלתי ניתנת לפילוג. אחדותה מבוססת על אימוץ השונות והמגוון של אזרחיה... הניזונים ומועשרים במרכיבים אפריקניים, אנדלוסיים, **עבריים**... היחס לדת המוסלמית בזהותה הלאומית של מרוקו מלווה במחויבות העם המרוקאי לאידאלים של פתיחות, מתינות, סובלנות ודיאלוג, ובמחויבות לעודד הבנה משותפת בין כל התרבויות והציביליזציות בעולם" (https://www.constituteproject.org/constitution/Morocco_2011).
12. התפיסה הרואה באברהם דמות המייצגת מורשת רחבה, שיש בה ביסוס לשותפות בין־דתית, זכתה גם לביקורות. בספר עשיר במקורות ומעורר מחשבה (לבנסון,

דמותו של אברהם אבינו במקורות היהדות

תקצר היריעה מלעסוק בדמותו של אברהם על כל פניה, הן בפשטי המקראות והן בדברי חז"ל. החל במקרא ובמהלך כל הדורות מודגשת אמונתו של אברהם, שעמד בניסיונות רבים. כמו כן מודגשות ההכנעה והענווה של אברהם לפני ה' בהכריזו "אָנֹכִי עָפָר וָאֵפֶר" (בראשית יח, כז),[13] וכנגד זה, באותה פרשה עצמה, עמידתו הבלתי מתפשרת על הצדק. מוטיב נוסף, שאינו נמצא במקרא אלא מופיע בהרחבה במדרשי חז"ל, הוא דמותו של אברהם כלוחם נגד האלילות, ששיבר פסלים ובשל כך הושלך לכבשן האש.

הדבר שבעיניי מייצג יותר מכול את מורשת אברהם בתורה הוא ההיבט האנושי, היחס לאחר, שהעניק לו לימים את הכינוי "אברהם איש החסד". כך ראינו בין היתר בפסוק שנימק את בחירתו (בראשית יח, יט): "כִּי יְדַעְתִּיו לְמַעַן אֲשֶׁר יְצַוֶּה אֶת בָּנָיו וְאֶת בֵּיתוֹ אַחֲרָיו **וְשָׁמְרוּ דֶּרֶךְ ה' לַעֲשׂוֹת צְדָקָה וּמִשְׁפָּט**". יסוד זה במורשתו של אברהם זוכה להדגשה יתרה במהלך הדורות. כאלה הם למשל דברי חז"ל שלומדים

מורשת אברהם) מאתגר פרופ' ג'ון לבנסון תפיסה זו, על יסוד הטענה שדמותו של אברהם מאופיינת בצורה שונה בכל אחת משלוש הדתות האברהמיות. כך, למשל, במקורות יהודיים נאמר שאברהם קיים את כל התורה, ובכלל זה אפילו איסורי דרבנן (יומא כח ע"ב). באסלאם, אברהם הוא הלוחם הגדול נגד עבודת אלילים שחי בהכנעה לפני ה'. בנצרות, הדגש הוא על אמונתו של אברהם באלוהים, בייחוד בסיפור העקדה, כבסיס לצורך להאמין בישו.
אכן, יש הבדלים בין הדתות, אולם אף אחת מהן אינה חד־ממדית. בתוך כל אחת מהדתות עצמה ישנו מגוון כיוונים ואמירות בדבר מורשתו העשירה של אברהם. לא תמיד ולא בהכרח, הפנים הרבות סותרות זו את זו. ריבוי הפנים מבטא את גדולתו של אביה הרוחני של האנושות.
נוסף על כך, עם ריבוי הפנים של אברהם שיש בכל אחת מן הדתות, יש הרבה מן המשותף בין כל דת לחברתה.
חשוב להכיר בכך שבדת חיה יש ממד דינמי. אין כוונתי לומר שיחולו שינויים במובן של ביטול דבר האלוהים, אלא שבתוך ריבוי המשמעויות והקולות שיש בכל תחום, נדרשת הקשבה לרצון ה'. ההקשבה האנושית בכל עת ועת צריכה להיות מכוונת לשאלה מה מוטל עלינו להדגיש, ומתוך מפגש עם המציאות עלינו לראות בעיניים חדשות את המקורות העתיקים.

13. וראו דברי **מאור ושמש** שהבאנו לעיל.

מאברהם ש"גדולה הכנסת אורחים מקבלת פני השכינה" (שבת קכז ע"ב), ותיאורו של אברהם בקבלה, שבה דמותו מייצגת את מידת החסד האלוהי.[14]

אכן, ישנו מבט על מורשת אברהם בהקשר יהודי דווקא, כאמור במשנה, בחתימת מסכת קידושין (פ"ד מי"ד):

> מצינו שעשה אברהם אבינו את כל התורה כולה עד שלא נתנה שנאמר (בראשית כו, ה): "עֵקֶב אֲשֶׁר שָׁמַע אַבְרָהָם בְּקֹלִי וַיִּשְׁמֹר מִשְׁמַרְתִּי מִצְוֹתַי חֻקּוֹתַי וְתוֹרֹתָי".

אולם עצם הרעיון שאברהם קיים את התורה כולה אינו מפורש בתורה,[15] ואינו אלא אמירה יחידה בחז"ל, שהתהודה שלה אינה גדולה.[16]

במבט מעמיק יותר וכולל יותר של שאר פניה של דמותו של אברהם, הבשורה של אברהם ושל היהדות הוא החיבור בין האנושי

14. בין היתר ראו **ספר הבהיר** פסקה קל"ה, על בסיס מיכה ז, כ. מעניין שדווקא החסד, ולא האמונה, הוא המאפיין שבו נצבע אברהם לאורך הדורות. הדברים משתלבים, למשל, עם גישת **המאירי** (וראו באריכות הפרק המוקדש לשיטתו בספר "**ושמו אחד**: רוזנבלט, "המאירי") שבסוגיית היחס לאומות מעמיד התנהגות אתית ומוסרית מעל לתפיסות תיאולוגיות.
15. ביחס לפשט הפסוק, ראו את דברי **הרמב"ן** (בראשית כו, ה): "ועל דרך הפשט נאמר שיהא 'משמרתי' – אמונת האלהות שהאמין בשם המיוחד ושמר משמרת זו בלבו, וחלק בה על עובדי העבודה זרה, וקרא בשם ה' להשיב רבים לעבודתו. מצותי – ככל אשר צוהו בלך לך מארצך, ועולת בנו, וגרישת האמה ואת בנה. 'חקותי' – ללכת בדרכי השם להיות חנון ורחום ועושה צדקה ומשפט ולצות את בניו ואת ביתו בהם. 'ותורותי' – המילה בעצמו ובניו ועבדיו ומצות בני נח כלן, שהן תורה להם". ראו גם **רשב"ם ואבן עזרא** על הפסוק. על אברהם ומצוות בני נח, ראו רש"י עבודה זרה ג ע"א (ד"ה נמרוד) ושם נא ע"א, ד"ה בני נח.
16. כאמור, בעל מימרא זו הוא רב, שהוא גם בעל הדרשה שהבאנו לעיל, שכל גדולי העולם התאבלו במות אברהם. משמע, דמותו של אברהם שראה רב לנגד עיניו לא הייתה חד־ממדית. ואכמ"ל.

לאלוהי. זו המשמעות של יניקה מהאלוהי בהליכה ב"דרך ה'", שנעשית למען ההתרחשות במרחב האנושי, "לעשות צדקה ומשפט".

תובנה זו רמוזה בספר הקבלי הקדום **ספר הבהיר**, שמדייק ש"בצלם אלוהים" שווה בגימטרייה רמ"ח, כנגד רמ"ח איברים, ושזוהי הגימטרייה של "אברהם".[17] אברהם מבשר לעולם את העיקרון היסודי של התורה שהאדם נברא בצלם אלוהים. אברהם מלמד את העולם על החיבור בין האנושות לקב"ה, ושהחיבור הזה בין השמיים לארץ הוא שיביא ברכה וגאולה לעולם.

זהו יסוד הכרחי, שכן אמונה באלוהים יכולה להביא לפירוד באנושות אך גם לחיבור בין פרטיה. תפיסות הרואות באלוהים ישות פרטיקולרית השייכת רק לקבוצה מסוימת ולא לאחֵרות זורעות פירוד. לעומת זאת, אמונה באלוהים הנוכח בכל אחד ואחד, אמונה שהדרך אל הקודש אינה רק בציר האנכי שבין ארץ לשמיים אלא גם בציר האופקי שבין האדם לבין האחר, היא היסוד לבניית אמונת אמת וטוב באלוהים היוצרת חיבור בתוך האנושות.

אברהם בנצרות ובאסלם

פנים אלו של אברהם נוכחים גם בנצרות, שמגדירה את עצמה כדת החסד וכוללת בתוך כתבי הקודש את ספר בראשית, שתפיסה זו על אברהם מושרשת בו כל כך.

האסלאם שותף לתפיסה היהודית בעניין אברהם כמי שחי מתוך הכנעה ואמונה, וכן לתפיסה של חז"ל שרואה בו לוחם נגד האלילות. באסלאם מתגלם בדמותו של אברהם גם החיבור בין אמונה באלוהים לבין יחס של חסד ונדיבות לאחר. ראו למשל:

> וּמִלַּטְנוּ אוֹתוֹ [=את אַבְרָהָם] וְאֶת לוֹט אֶל הָאָרֶץ אֲשֶׁר נָתַנּוּ אֶת בִּרְכָתֵנוּ בָּהּ לְמַעַן שׁוֹכְנֵי הָעוֹלָמִים. הֶעֱנַקְנוּ לוֹ אֶת יִצְחָק,

17. **ספר הבהיר**, פסקה ו.

וְהוֹסַפְנוּ אֶת יַעֲקֹב, וְאֶת שְׁנֵיהֶם עָשִׂינוּ יְשָׁרִים.[18] עֲשִׂינוּם אַנְשֵׁי מוֹפֵת הַנּוֹהֲגִים עַל־פִּי דְּבָרֵנוּ, **וְהוֹרֵינוּ לָהֶם** לַעֲשׂוֹת מַעֲשִׂים טוֹבִים וּלְקַיֵּם אֶת הַתְּפִלָּה וְלָתֵת **זַכָּאת** [=צְדָקָה], וְהֵם עָבְדוּ לָנוּ.
(**קוראן**, סורה 21, 71–73 [עמ' 265])

הפסוקים כאן מספרים על ישרות, מעשים טובים וצדקה של האבות שנעשו על פי דבר ה'.[19]

יסוד נוסף ביחס של האסלאם לאברהם הוא שבעיניהם "הדת של אברהם" היא שורש הדת, ואילו היהדות, הנצרות והאסלאם הם ענפים וביטויים של יסוד דת אברהם.[20] ראו למשל:

18. בהקשר של הביטוי "ישרים", הכולל כאן גם את יצחק ויעקב, ראוי לצטט את דברי הנצי"ב **בהעמק דבר** בפתיחה לספר בראשית. שם עוסק הנצי"ב בישרות של אברהם ביחס לאומות ובסכנה שבצדיקים שלשם שמים מתנהגים באופן שאינו ישר ומחריבים את העולם. הוא מציין שבפי הנביאים נקרא ספר בראשית ספר הישר, ובעקבות זאת מצטט את דברי רבי יוחנן (עבודה זרה כה ע"א): "זה ספר אברהם יצחק ויעקב שנקראו 'ישרים'":
"ויש להבין הטעם למה קרא בלעם את אבותינו בשם 'ישרים' בייחוד, ולא 'צדיקים' או 'חסידים' וכדומה. ...להצדיק דין הקדוש ברוך הוא בחורבן בית שני, שהיה 'דור עקש ופתלתל', ופירשנו שהיו צדיקים וחסידים ועמלי תורה, אך לא היו ישרים בהליכות עולמים. ...ועל זה היה צידוק הדין, שהקדוש ברוך הוא ישר הוא ואינו סובל צדיקים כאֵלו, אלא באופן שהולכים בדרך הישר גם בהליכות עולם, ולא בעקמימות אף־על־גב שהוא לשם שמים, דזה גורם חורבן הבריאה והריסות ישוב הארץ. וזה היה שבח האבות, שמלבד שהיו צדיקים וחסידים ואוהבי ה' באופן היותר אפשר, עוד היו 'ישרים', **היינו: שהתנהגו עם אומות העולם, אפילו עובדי אלילים מכוערים; מכל מקום היו עִמם באהבה, וחשו לטובתם, באשר היא קיום הבריאה.** כמו שאנו רואים כמה השתטח אברהם אבינו להתפלל על סדום...".

19. ראו גם סורה 107, המלמדת שמי שמכחיש את הדת הוא זה שאינו נותן עזרה לחלש; וכן סורה 2, 177, הקובעת שלא מספיקה תפילה לאל, אלא: "הַמַּעֲשִׂים הַטּוֹבִים הֵם נַחֲלַת הַמַּאֲמִין... וְהַמַּעֲנִיק מֵרְכוּשׁוֹ עַל אַף הֱיוֹתוֹ אָהוּב עָלָיו".

20. יש לציין שאחרי משה רבינו, אברהם הוא הדמות המוזכרת ביותר בקוראן - יותר משבעים פעם.
עוד על אמונת אברהם ועל המשכיותה דרך בניו, ראו סורה 2, 130–132 (עמ' 17): "מִי יִמְאַס בְּדַת אַבְרָהָם מִלְּבַד הָאִישׁ אֲשֶׁר מִלֵּא אֶת לִבּוֹ סִכְלוּת? הֵן בָּחַרְנוּ

וְכִי יֵשׁ דָּת נָאָה מִדָּתוֹ שֶׁל הָאִישׁ הַנּוֹשֵׂא פָּנָיו אֶל אֱלוֹהִים בְּהִתְמַסְּרוּת וְהַמֵּיטִיב וְהַהוֹלֵךְ בְּדֶרֶךְ דַּת אַבְרָהָם כַּאֲשֶׁר נָהַג כְּחָנִיף?[21] אֱלוֹהִים לָקַח לוֹ אֶת אַבְרָהָם לִידִיד נֶפֶשׁ.

(**קוראן**, סורה 4, 125 [עמ' 83])

גם כאן "דת אברהם" מתאפיינת בשילוב שבין התמסרות לה' לבין עשיית טוב לאחר. אברהם נחשב כאן ידיד ה',[22] בדומה לנאמר בפסוק בישעיהו (מא, ח) שבו ה' קורא לאברהם "אַבְרָהָם אֹהֲבִי".

בקוראן, ובאסלאם בכלל, יש מעמד מיוחד לקשר של בני ישראל לאברהם, ועם זאת הוא נחשב דמות הנושאת בשורה כלל־אנושית. למשל:

הוֹי בְּנֵי יִשְׂרָאֵל! זִכְרוּ אֶת הַחֶסֶד אֲשֶׁר נָטִיתִי לָכֶם בְּרוֹמְמִי אֶתְכֶם מִכָּל שׁוֹכְנֵי הָעוֹלָמִים... רִבּוֹנוֹ שֶׁל אַבְרָהָם נִסָּהוּ בִּדְבָרִים, וְהוּא עָמַד בָּהֶם בִּמְלוֹאָם. אָמַר: הִנְנִי שָׂמְךָ מוֹפֵת לָאֲנָשִׁים.

(**קוראן**, סורה 2, 122–123 [עמ' 16])

יש כאן שילוב בין אדם בעל מעמד מיוחד מבחינת ישראל לבין דמות בעלת תפקיד ביחס לכלל האנושות: "מופת לאנשים", משמע לאנושות.[23] מהדהדים כאן הדברים שקראנו בישעיהו נא: הקריאה להביט אל אברהם, הברכה לישראל והאור לעמים.[24]

אוֹתוֹ בָּעוֹלָם הַזֶּה, וּבָעוֹלָם הַבָּא הוּא נִמְנֶה עִם הַיְּשָׁרִים. רִבּוֹנוֹ אָמַר לוֹ: הִתְמַסֵּר! אָמַר: מִתְמַסֵּר אֲנִי לְרִבּוֹן הָעוֹלָמִים. אַבְרָהָם צִוָּה זֹאת לְבָנָיו, וְגַם יַעֲקֹב: בָּנַי, אֱלוֹהִים בָּחַר לְמַעַנְכֶם אֶת הַדָּת, וֶהְיוּ מִתְמַסְּרִים בְּטֶרֶם מוֹתְכֶם".

21. פירוש המונח "חניף": מונותאיסט, מאמין באל אחד.
22. בערבית: "אל־חליל" ומתוך כך השם הערבי של העיר חברון: "אל־חליל".
23. כך עולה מתרגומים רבים. המילה המקורית בערבית היא: "אל־נאסי".
24. בקוראן נאמר (סורה 3, 67 [עמ' 50]): "אַבְרָהָם לֹא הָיָה יְהוּדִי וְלֹא נוֹצְרִי, כִּי אִם חָנִיף וּמִתְמַסֵּר". כאמור, "חניף" משמעו מונותיאיסט (ולא שייך לדת ממוסדת). אמירה זו באה נגד הניכוס הבלעדי של אברהם למסורה אחת, מתוך ראייתו כשורש של כל המאמינים שהולכים בדרכיו. ראו גם קוראן, סורה 23, 52; סורה

נסיים סקירה קצרה זו בביטוי שמקבלת חשיבותו של אברהם בהלכה המוסלמית: כל אחת ואחת מחמש תפילות היום באסלאם מסתיימת בהזכרת הברכה לזרע אברהם.

הדרוזים, אברהם והשותפות

מבין המיעוטים הדתיים בארץ, המיעוט השלישי בגודלו הוא הדרוזים. עוד במאה השתים־עשרה נפגש עם הדרוזים בנימין מטודלה, מגלה ארצות יהודי, בעת מסעותיו במזרח התיכון. הוא העיד בכתביו שהדרוזים הם אוהבי יהודים. בין יהודים לדרוזים קיים דמיון בגורל כמיעוט נרדף, ויש להם גם בסיס ערכי משותף: שני העמים מאמינים באל אחד, מעניקים חשיבות עליונה לערבות הדדית, ואחת משבע המצוות של הדרוזים היא חובת ההגנה על אחיהם.

יסודות דתם של הדרוזים נשמרו בסוד. אולם ממה שכן ידוע, וממה שלמדתי במהלך שנים רבות של קשרים אישיים עם מנהיגי העדה, ברור לי שגם הם שותפים לסיפור האברהמי הגדול. חג הקורבן (עיד אל־אדחא), הקרוי בפיהם "החג הגדול", נקשר אצלם לסיפור העקדה. דבר זה בוודאי יכול ללמד על חשיבותו של אברהם במסורתם.

עוד ידוע שהנביא הגדול של העדה הדרוזית הוא יתרו. התורה מספרת על האהבה הגדולה ששררה בין משה ליתרו (שמות יח, ז–ט). משה אף הזמין את יתרו להיכנס עימו לארץ ישראל (במדבר י, כט), ולאחר סירובו של יתרו לעשות זאת התחנן לפניו משה שיצטרף אליו (שם, לא).

העובדה שממשיכיו של משה חיים באחווה ובשלום עם ממשיכיו של יתרו היא תיקון גדול המייצג את התחדשות מערכת היחסים הייחודית שבין יתרו למשה ואת התממשות משאלת ליבו של משה שגם יתרו יחיה עימו בארץ הקדושה הזאת. זה ודאי מעשה אלוהים.

21, 92, שם נאמר שבני אברהם והממשיכים בדרכו הם אומה אחת. תודתי לידידי, פרופ' תמיר מטולי מאוניברסיטת אל־מדינה, שהעיר לי על כך.

מאחֵר לאח

כשם שהדת היא נקודה של חיבור בין עם ישראל לבין המיעוט הערבי בישראל, כך גם הזהות האתנית המשותפת שלנו עשויה לקדם את החיבור: שני העמים שלנו רואים באברהם לא רק דמות מופת רוחנית אלא גם את אבינו הקדמון. שנינו קוראים לילדינו בשמו. במובן הזה, הלשון העממית שמכנה את הערבים "בני דודינו" היא מדויקת. חברון - עירו של אברהם - מסמלת את הקשר הזה, שבא לידי ביטוי בשמות השונים שנתנו יהודים וערבים לעיר. כמו שבערבית העיר קרויה "אל ח'ליל", שם שמשמעותו "החבר", כינוי שנקשר לאברהם אבינו, כך בעברית שם העיר "חברון" שורשו הוא חב"ר.

פרקים רבים בספר בראשית עוסקים ביריבות בין אחים. אדם עלול לקרוא את הספר ולפתח השקפה פסימית על יחסים משפחתיים. כך גם עלולה לייאש אותנו התבוננות במציאות הקשה שאנו חיים בה ובמתחים בחברה הישראלית, לא רק בין יהודים לערבים אלא גם בתוך הציבור היהודי עצמו.

חמי, פרופ' אוריאל סימון מהמחלקה לתנ"ך באוניברסיטת בר־אילן, הצביע על העובדה שבכל אחד משלושת סיפורי המאבק הגדולים בספר - יצחק וישמעאל, יעקב ועשו, יוסף ואחיו - התנ"ך מסיים בתמונה מרגשת של איחוד והשלמה. בכל סיפור האחים הניצים־לשעבר מתאחדים בשלווה לקבור את אביהם בחברון, במערת המכפלה. המסר שבוקע מהפסוקים מלמד שיריבות בין אחים היא אכן טבעית, אבל גם נוטע תקווה שבסופו של דבר מערכת היחסים המשפחתית תשמש מקור לחיבור נצחי.

יהי רצון שמעשה אבות יהיה סימן לבנים לא רק בשלב השבר אלא גם בשלב הריפוי. בהקשר זה ראוי להביא גם את דברי מרן הרב קוק, המשרטט חזון גדול, "דעה רחבה", המציעה מקום ותיקון לאומות העולם בכלל ולעשו וישמעאל בפרט.[25]

25. על היחס לאדום צאצאיו של עשיו ראו דברים כג, ח: "לֹא תְתַעֵב אֲדֹמִי, כִּי אָחִיךָ הוּא".

...על דבר האמונות הזרות, אומר לכבוד גאונו את דעתי, כי לא הבלעתן והריסתן היא מטרת אורם של ישראל, כמו שאין אנו מכוונים הרס כללי לעולם ולאומיו כולם, כי־אם תקנתם והעלאתם... וגדולים דברי הגר"א ז"ל: "ואת עשו שנאתי - את הטפל לעשו, אבל עקרו שהוא ראשו בהדי אבהן דעלמא גניז", ועל־כן "ראיתי פניך כראות פני אלקים" אמר איש האמת יעקב איש תם, ודברו לא ישוב ריקם. ואהבת אחים של עשו ויעקב, של יצחק וישמעאל, תעלה על כל אותן המהומות, שהרשעה הנכרכת בטומאת הגויה גררה אותן, תתגבר עליהן ותהפכן לאור ולחסד עולם. דעה רחבה זאת, ממותקת במתקה ודבשה של תורת אמת, צריכה להתלוות עם כל ארחותינו באחרית הימים, למחתם אורייתא בהיכלא דמלכא משיחא בהפיכת מרירא למתיקא וחשוכא לנהורא. (**אגרות הראיה א, קיב**)

"וַאֲהַבְתֶּם אֶת הַגֵּר": שני מעגלים של אהבה

יעקב נגן

אני אוהב את הכל. איני יכול שלא לאהוב את כל הבריות, את כל העמים.

רוצה אני בכל מעמקי לב בתפארת הכל, בתקנת הכל.
אהבתי לישראל היא יותר נלהבה. יותר עמוקה,
אבל החפץ הפנימי מתפשט הוא בעזוז אהבתו על הכל ממש.
אין לי כל צורך לכוף את רגש אהבה זה,
הוא נובע ישר מעומק הקודש של החכמה של הנשמה האלוהית.
(הראי"ה קוק, **שמונה קבצים ב, עו**)

"ואהבת לרעך כמוך" (ויקרא יט, יח), הכלל הגדול של התורה (תורת כוהנים קדושים פרשה ב), מדגיש עד כמה יסודית בעיני התורה מערכת היחסים בין אנשים, ועד כמה התשתית למערכות יחסים אלו צריכה להיות אהבה.

תביעת האהבה בפסוק היא "לרעך" ובפשטות היא מכוונת אפוא לישראל.[1] ואולם בהמשך הפרק מורחב מעגל האהבה גם לגרים: "וְכִי יָגוּר אִתְּךָ גֵּר בְּאַרְצְכֶם לֹא תוֹנוּ אֹתוֹ. כְּאֶזְרָח מִכֶּם יִהְיֶה לָכֶם הַגֵּר הַגָּר אִתְּכֶם **וְאָהַבְתָּ לוֹ כָּמוֹךָ** כִּי גֵרִים הֱיִיתֶם בְּאֶרֶץ מִצְרָיִם אֲנִי ה' אֱלֹהֵיכֶם" (ויקרא יט, לג-לד).

מיהו הגר שעליו מדברת כאן התורה?

את הדרישה לאהבה מנמקת התורה בלקח מהאירוע המכונן של גרות ישראל במצרים. משמע, נדרשות כאן אמפתיה ואהבה לאחר, לזר, ולחוויית הגרות הקשה שלו. לכאורה הפסוק בא להרחיב את מעגל האהבה מ"רעך" - ל"גר". הגר הוא לכאורה דמות שאינה כלולה ב"רעך".

ממילא, האהבה האמורה בפסוק לד אינה מוגבלת רק לגרי צדק (שהרי הם כבר בכלל "עמך" ו"רעך"), אלא מופנית דווקא כלפי הגר שאינו יהודי, הגר התושב. יתרה מזו, הפסוק מנמק את האהבה: "כי גרים הייתם בארץ מצרים". את מעמדם של ישראל במצרים הגדירו חז"ל כך: "שהיו ישראל מצויינים שם" (ספרי דברים פיסקא שא). כלומר, למרות השעבוד והירידה למצרים נותרו ישראל שם מובחנים כעם לעצמם. אם כן, כשהתורה קושרת בין הגר שבקרב ישראל לגרות ישראל במצרים היא מדברת על קיום מובחן של מי שאינו מישראל. אנו התגוררנו במצרים בלי להיטמע לתוך הזהות המצרית השלטת, ונשארנו ה"אחר", וכך גם אהבת הגר שנצטווינו עליה מכוח זיכרון

1. בניגוד למשמעות הפשוטה של הפסוק, יש שפירשו ש"רעך" כולל כל אדם. הרב פנחס אליהו (**ספר הברית** ב מאמר יג פרק ה) כותב ש"רעך" שבפסוק זה כולל כל נוכרי שהרי לא כתוב "אחיך", וכי "מהות אהבת ריעים הוא שיהיה האדם אוהב כל המין האנושי, יהיה מאיזה עם שיהיה, ויהיה מאיזה לשון שיהיה, בעבור שהוא אדם בדמותו ובצלמו כמוהו" (שם, פרק א). הוא אף מביא ראיה לפירושו מדברי מדרש **סדר אליהו רבה** (פרק טו), שם מסופר שאליהו גער ביהודי על שהטעה נוכרי בענייני כספים מפני הפסוק (ויקרא יט, יג): "לֹא תַעֲשֹׁק אֶת רֵעֲךָ" - משמע שהוא מניח שהנוכרי הוא בכלל "רעך" (צוריאל, "אהבה").

גרות מצרים כוללת את הגר שנותר מיעוט שאינו נטמע ברוב. מכאן שהאהבה מתרחבת גם אל מי שמעבר לעם ישראל.[2]

הספרא – האהבה מכוונת לגר צדק

בשונה ממה שנראה כפשט הפסוק, בספרא ההנחה היא שהגר שעליו מצווה התורה בפסוק הוא גר צדק:

> "כאזרח" - מה אזרח שקיבל עליו את כל דברי התורה, אף גר שקיבל עליו כל דברי התורה. מיכן אמרו: גר שקיבל עליו את כל דברי התורה חוץ מדבר אחד אין מקבלים אותו. רבי יוסי ברבי יהודה אומר: אפילו דבר קטן מדקדוקי סופרים.
> (תורת כוהנים קדושים פרשה ג פרק ח, ג)

הספרא לומד מפסוק זה הלכות קבלת גר צדק, גר המקבל מעמד של "אזרח".[3] ברם, כפי שנראה להלן אין להסיק מכך שלפי חז"ל הציווי לאהוב חל רק לגבי עם ישראל והמצטרפים אליו. גם בעיני חז"ל נשמר היסוד הערכי של חובת האהבה הרחבה.

פסוקי ספר דברים מלמדים על החובה לאהוב גם גר תושב

מצוות אהבת הגר, שראינו לעיל בספר ויקרא, חוזרת בספר דברים:

> כִּי ה' אֱלֹוהֵיכֶם הוּא אֱלֹוהֵי הָאֱלוֹהִים וַאֲדֹנֵי הָאֲדֹנִים הָאֵל הַגָּדֹל הַגִּבֹּר וְהַנּוֹרָא אֲשֶׁר לֹא יִשָּׂא פָנִים וְלֹא יִקַּח שֹׁחַד. עֹשֶׂה מִשְׁפַּט

2. וראו להלן, בנספח המרחיב דיון זה בפשטי המקראות.
3. יש לציין שהדרשה אינה עוסקת ישירות בשאלה איזה גר נצטווינו לאהוב, אלא שהדברים משתמעים מתוך הדרשה.

יָתוֹם וְאַלְמָנָה וְאֹהֵב גֵּר לָתֶת לוֹ לֶחֶם וְשִׂמְלָה. וַאֲהַבְתֶּם אֶת הַגֵּר
כִּי גֵרִים הֱיִיתֶם בְּאֶרֶץ מִצְרָיִם. (דברים י, יז-יט)

העובדה שבספרא, המבאר את הפסוקים בספר ויקרא, נדרשה אהבת הגר על גר צדק, אינה מחייבת שגם אהבת הגר בספר דברים תובן כך. אדרבה, בהקשר אחר חז"ל סוברים שחזרה בפסוקים פעמיים על יסוד מסוים ביחס לגר באה ללמד שאזכור אחד מדבר על גר צדק ואחד על גר תושב.[4] דהיינו, אם כבר נאמר בספר ויקרא הציווי לאהוב את הגר, הרי הציווי הנוסף על אהבתו בספר דברים מכוון כנראה כלפי גר אחר - גר תושב.[5]

אחד האזכורים המעטים של פסוק זה נמצא במדרש:

4. על החובה לאפשר לגר לשבות אנו למדים מכך שכאשר התורה מתייחסת פעם נוספת ל"גר" באותה הלכה, לומדים חכמים שאין מדובר באותו "גר" שבו עסק הכתוב המקביל. בפרשת משפטים נאמר (שמות כג, יב): "שֵׁשֶׁת יָמִים תַּעֲשֶׂה מַעֲשֶׂיךָ וּבַיּוֹם הַשְּׁבִיעִי תִּשְׁבֹּת לְמַעַן יָנוּחַ שׁוֹרְךָ וַחֲמֹרֶךָ וְיִנָּפֵשׁ בֶּן אֲמָתְךָ וְהַגֵּר". על כך דרשו חז"ל בגמרא (יבמות מח ע"ב): "'וְהַגֵּר' - זה גר תושב, אתה אומר: זה גר תושב, או אינו אלא גר צדק? כשהוא אומר (שמות כ, י): 'וְגֵרְךָ אֲשֶׁר בִּשְׁעָרֶיךָ' הרי גר צדק אמור. הא מה אני מקיים 'והגר'? - זה גר תושב". מאחר שחובת השביתה לגר צדק נלמדת מן האמור בעשרת הדברות ("וגרך אשר בשעריך"), ממילא פירשו חכמים "גר" האמור בפרשת משפטים - "גר תושב".

5. בחז"ל אין כמעט התייחסות לפסוקים אלו כמוגבלים רק לגרי צדק. ישנה דרשה במכילתא שממנה לכאורה עולה שמדובר בגר צדק. המכילתא מונה פסוקים רבים המזהירים על היחס לגר, וביחס לפסוק שבו אנו עוסקים היא אומרת: "חביבין הגרים שבכל מקום הוא מזהיר עליהם" (מכילתא דרבי ישמעאל מסכתא דנזיקין משפטים פרשה יח). בפשטות, "חביבין הגרים" אלו גרי הצדק. אולם זו דרשה אגדתית, ולכן מכך שהיא מפליגה בחשיבותם של גרי צדק אין הוכחה שהפסוקים אינם מדברים גם על גר תושב. מאוסף המקורות המובא שם ברור שלא מדובר אך ורק בגרי צדק (למשל, אברהם ודוד מוזכרים שם כגרים). מהרב מיכה אודנהיימר שמעתי, שחז"ל מדברים בעיקר על גרי צדק ולא על גרים תושבים בין השאר מכיוון שבתקופה האלילית שבה חיו, הייתה תופעת גר תושב נדירה, בעוד תופעה של גיור הייתה נפוצה ברחבי האימפריה הרומית, ועל כן דרשות חז"ל עוסקות יותר בכך.

> אמר רבי יהודה בר שלום: אתה מוצא ארבעים ושמונה פעמים בתורה הזהיר התורה על הגרים, וכנגדן הזהיר על עבודה זרה. אמר הקדוש ברוך הוא: דיו שהוא מניח עבודה זרה שלו ובא אצלך, לפיכך אני מזהירך עליו, שאני אוהבו, שנאמר: "וְאֹהֵב גֵּר לָתֶת לוֹ לֶחֶם וְשִׂמְלָה". (מדרש תנחומא [בובר], פרשת ויקרא, ג)

"גר" כאן הוא מי שעוזב את העבודה הזרה, ותו לא. משמע שאכן מדובר בגר תושב, ועליו קרא המדרש את מצוות האהבה.

הרב יוסף אלבו **בספר העיקרים** הבין כך במפורש את הפסוקים בספר דברים, ולמד מהם על אהבת כל גר באשר הוא:

> ואולם בחלק מהמצות שבין אדם לחבירו... הנה תורת משה שלמה מזולתה מן הדתות, כי היא תזהיר אהבת האנשים. אמרה: "וְאָהַבְתָּ לְרֵעֲךָ כָּמוֹךָ" (ויקרא יט, יח), ותרחיק השנאה: "לֹא תִשְׂנָא אֶת אָחִיךָ בִּלְבָבֶךָ" (שם, יז). ועל הגר אמרה: "וַאֲהַבְתֶּם אֶת הַגֵּר" (דברים י, יט), והזהירה שלא להונות אותו, אמרה: "עִמְּךָ יֵשֵׁב בְּקִרְבְּךָ בַּמָּקוֹם אֲשֶׁר יִבְחַר בְּאַחַד שְׁעָרֶיךָ בַּטּוֹב לוֹ לֹא תּוֹנֶנּוּ" (דברים כג, יז). **ולא גר צדק בלבד אלא אפילו על גר תושב שאינו עובד עבודה זרה...**
> (**ספר העיקרים** מאמר ג פרק כה)

ר"י אלבו מחלק את האנושות לשלוש קבוצות: אהבת האנשים, שאותה הוא לומד מספר ויקרא, מתייחסת למעגל האחווה הקרוב של "אחיך"; אהבת הגרים, הנלמדת מספר דברים, אכן מתייחסת לכל אדם, גם שאינו מישראל; וקבוצה שלישית, עובדי עבודה זרה, איבדה את זכותה להיות נאהבת כגרים תושבים.

נראה שדבריו של ר"י אלבו מבוססים על כך שהפסוקים בספר ויקרא אכן מדברים על אהבה "כמוך", אהבה שיש בה הזדהות מלאה עם מושא האהבה: "כְּאֶזְרָח מִכֶּם יִהְיֶה לָכֶם הַגֵּר הַגָּר אִתְּכֶם וְאָהַבְתָּ

לוֹ כָּמוֹךָ" (ויקרא יט, לד). לעומת זאת, בספר דברים ישנו ציווי על אהבה, אך מושא האהבה אינו "כמוך".

אהבה אינטימית ואהבת עולם

למעשה, החלוקה הזו לשני מעגלים של אהבה עולה מתוך הפסוקים שבספר דברים עצמם בהקשרם הרחב:

> וְעַתָּה יִשְׂרָאֵל מָה ה' אֱלֹוהֶיךָ שֹׁאֵל מֵעִמָּךְ כִּי אִם לְיִרְאָה אֶת ה' אֱלֹוהֶיךָ **לָלֶכֶת בְּכָל דְּרָכָיו וּלְאַהֲבָה אֹתוֹ** וְלַעֲבֹד אֶת ה' אֱלֹוהֶיךָ בְּכָל לְבָבְךָ וּבְכָל נַפְשֶׁךָ...
> רַק **בַּאֲבֹתֶיךָ חָשַׁק ה' לְאַהֲבָה אוֹתָם** וַיִּבְחַר בְּזַרְעָם אַחֲרֵיהֶם בָּכֶם מִכָּל הָעַמִּים כַּיּוֹם הַזֶּה. וּמַלְתֶּם אֵת עָרְלַת לְבַבְכֶם וְעָרְפְּכֶם לֹא תַקְשׁוּ עוֹד. (דברים י, יב; שם, טו-טז)

תחילת הפרשה הזאת מדברת באהבה ייחודית, הדדית, בין ה' לישראל. זו אהבה בלעדית ואינטימית - "רַק בַּאֲבֹתֶיךָ חָשַׁק". זו האהבה שמתוארת דורות רבים אחר כך כ"אהבה... גדולה ויתרה", בברכת קריאת שמע הנחתמת במילים "הבוחר בעמו ישראל באהבה".

אך בפסוקים הבאים יש מעבר מהלאומי והמיוחד אל האוניברסלי:

> כִּי ה' אֱלֹוהֵיכֶם הוּא אֱלֹוהֵי הָאֱלֹוהִים וַאֲדֹנֵי הָאֲדֹנִים הָאֵל הַגָּדֹל הַגִּבֹּר וְהַנּוֹרָא אֲשֶׁר לֹא יִשָּׂא פָנִים וְלֹא יִקַּח שֹׁחַד. עֹשֶׂה מִשְׁפַּט יָתוֹם וְאַלְמָנָה וְאֹהֵב גֵּר לָתֶת לוֹ לֶחֶם וְשִׂמְלָה. וַאֲהַבְתֶּם אֶת הַגֵּר כִּי גֵרִים הֱיִיתֶם בְּאֶרֶץ מִצְרָיִם.
> (שם, יז-יט)

פסוקים אלו אינם מתארים עוד את האהבה האינטימית אלא את זו האוניברסלית. אלוהים הוא "אלוהי האלוהים ואדוני האדונים". הוא אוהב את הבריות כולן ואת העמים כולם, ומתוך כך גם אנו נצטווינו

לאהוב אותם. אין זו האהבה שתוארה במילים "רַק בַּאֲבֹתֶיךָ חָשַׁק", אהבה בלעדית ואינטימית, אלא אהבה רחבה וכללית יותר.

יש הבדל בין "לאהוב" לבין "להיות מאוהב". לאהוב - זהו ציווי כלפי כל הבריות. אך האהבה של מאוהב מבטאת מעגל מצומצם יותר. זו האהבה שעליה נכתב שיר השירים, שעליו אמר רבי עקיבא "שכל הכתובים קדש ושיר השירים קדש קדשים" (משנה ידים פ"ג מ"ה).[6]

בנים ואחים

שאלת היחס לגר, ולאומות העולם בכלל, משיקה כמובן לשאלת הזיקה המשפחתית הכלל-אנושית, ולמקומו של ישראל בתוכה. הפתח לדיון זה הוא דבריו המפורסמים של רבי עקיבא בפרקי אבות:

> הוא היה אומר, חביב אדם שנברא בצלם. חבה יתרה נודעת לו שנברא בצלם, שנאמר (בראשית ט, ו): "כי בצלם אלוהים עשה את האדם". חביבין ישראל שנקראו בנים למקום. חבה יתרה נודעת להם שנקראו בנים למקום, שנאמר (דברים יד, א): "בָּנִים אַתֶּם לַה' אֱלוֹהֵיכֶם". (משנה אבות פ"ג מי"ד)

מה היחס בין להיות ברוא בצלם אלוהים ובין להיות בניו? מהי ה"חביבות" הנגזרת מכך?

6. ראו דברי הרמב"ם על אהבה: "וכיצד היא האהבה הראויה? הוא שיאהב את ה' אהבה גדולה יתרה עזה מאוד, עד שתהא נפשו קשורה באהבת ה' ונמצא שוגה בה תמיד כאלו חולה חולי האהבה, שאין דעתו פנויה מאהבת אותה אשה והוא שוגה בה תמיד, בין בשבתו, בין בקומו, בין בשעה שהוא אוכל ושותה. יתר מזה תהיה אהבת ה' בלב אוהביו שוגים בה תמיד, כמו שצונו (דברים ו, ה): 'בְּכָל לְבָבְךָ וּבְכָל נַפְשְׁךָ'. והוא ששלמה אמר דרך משל (שיר השירים ב, ה): 'כִּי חוֹלַת אַהֲבָה אָנִי'. וכל שיר השירים משל הוא לענין זה" (משנה תורה הלכות תשובה פ"י ה"ג).

> זֶה סֵפֶר תּוֹלְדֹת אָדָם בְּיוֹם בְּרֹא אֱלֹהִים אָדָם בִּדְמוּת אֱלֹהִים
> עָשָׂה אֹתוֹ. זָכָר וּנְקֵבָה בְּרָאָם וַיְבָרֶךְ אֹתָם וַיִּקְרָא אֶת שְׁמָם אָדָם
> בְּיוֹם הִבָּרְאָם. וַיְחִי אָדָם שְׁלֹשִׁים וּמְאַת שָׁנָה וַיּוֹלֶד בִּדְמוּתוֹ כְּצַלְמוֹ
> וַיִּקְרָא אֶת שְׁמוֹ שֵׁת. (בראשית ה, א-ג)

התיאור ״תולדות אדם״ מלמד שהקשר שבין אב לבן הוא שהבן נולד ״בדמותו ובצלמו״ של אביו. לפי זה האב הראשון שהעביר לבנו את צלמו ודמותו הוא למעשה הקב״ה. אדם וחוה, וצאצאיהם שלהם, הם אפוא צאצאיו של הקב״ה. לפיכך, משמעות היות בצלמו של מקום היא שהאנושות כולה היא בנים למקום.

ואכן, ספר **הזוהר** קושר בין העיקרון של בריאה בצלם אלוהים לבין הפסוק ״בנים אתם לה׳״:

> דכתיב: ״בְּצֶלֶם אֱלוֹהִים עָשָׂה אֶת הָאָדָם״ (בראשית ט, ו). ...על
> דא כתיב: ״בָּנִים אַתֶּם לַה׳ אֱלוֹהֵיכֶם״ וגו׳ (דברים יד, א).
> (**זוהר** שלח לך קנט ע״ב)

כלומר, היסוד לפסוק בדברים ״בָּנִים אַתֶּם לַה׳״ הוא מה שאמור בפרשת בראשית ״בְּצֶלֶם אֱלוֹהִים עָשָׂה אֶת הָאָדָם״. נוסף על האופי של העמידה הדתית שמכונן רעיון הבריאה בצלם אלוהים (שאינו מעניננו כאן), הוא מבסס ציפייה לאחווה כלל-אנושית משפחתית.

מהי אפוא משמעות דברי רבי עקיבא שדווקא ישראל ״נקראו בנים למקום״?

אפשר להסביר ששתי פנים להורות: יש הורות ביולוגית, דהיינו הבן מכיל את הדנ״א של הוריו, וישנם יחסי הקרבה שבין אב לבן. מכאן שיש שני היבטים ל״בנים למקום״. ההיבט הראשון הוא היסוד הביולוגי - כל חברי האנושות, מעצם טבעם כברואים בצלם אלוהים, הם בניו של אלוהים. ההיבט השני הוא הקשר האישי של מערכת

יחסים בין אב לבן שתלויה בכך שהבן יודע מי הוא אביו והם שומרים על קשר הדדי. עם ישראל זכה לקשר עמוק עם הקב"ה ובכך הוא למעשה גילה את אביו. אפשר להצביע על הבחנה זו בדברי רבי עקיבא: בנוגע לאדם יש קביעה מהותית "שנברא בצלם", ואילו בנוגע לישראל הניסוח אינו "שהם בנים למקום" אלא "שנקראו בנים למקום". כלומר החיבה שנודעת לישראל נובעת ממערכת יחסים שבה עם ישראל זוכה להיקרא "בנים" בפי הקב"ה.

הגדרת עם ישראל כ"בנים" מוזכרת לראשונה בפי הקב"ה בפנייתו לפרעה - "בְּנִי בְכֹרִי יִשְׂרָאֵל" (שמות ד, כ). ודוק: לא "בני", אלא "בני בכורי" - ישראל קרויים הבן הבכור, הראשון שהכיר את אביו ועימו נוצר הקשר הייחודי. אמור מעתה: אף שאר העמים בנים הם, והבכור הוא שאחראי לשאר אחיו.

מבט זה על האנושות כמשפחה מבהיר את אופי הציפייה לאהבה. במצבים משפחתיים וחברתיים בריאים תגדל עוצמת האהבה ככל שהמעגל קרוב יותר ומערכת היחסים ממשית יותר. איכותה תהיה בהכרח שונה מזו של אהבה כלפי מי שנמצא במעגל רחוק יותר. מעניין להזכיר בהקשר הזה את דברי האר"י הקדוש, שעיקר מצוות "ואהבת לרעך כמוך" מוסבת על האהבה שבין איש לאישה בקשר זוגי, הקשר העמוק והאינטימי ביותר.

מטבעם של דברים, עומק הקשר ועוצמת האהבה אינם קבועים, ויש בהם עליות וירידות, המושפעות מגורמים רבים ושונים. הציפייה לאהבה שוויונית לכולם עלולה להיות סיסמה ריקה ולא שיקוף של רגש אמיתי. לעיתים שוויוניות אינה מבטאת אהבה אלא אדישות כלפי כולם.

אהבת האדם

זיהוים של שני מעגלי האהבה בפסוקי התורה ובדברי חכמים מעניק עיגון וביסוס במקראות ובסוגיה ליסוד שמופיע בדברי חכמי ישראל

לאורך הדורות: המחויבות לאהוב כל אדם.[7] כך, למשל, מנחה הרב חיים ויטל, תלמידו של האר"י, את הרוצה להתעלות:

ויאהב את כל הבריות, אפילו גוים. (**שערי קדושה** א, ה)

המהר"ל מעגן את אהבת הבריות באהבת ה':

מי שהוא אוהב את השם יתברך - אוהב את הבריות שהם ברואיו יתברך. (**דרך חיים**, פ"א מ"ו)

בדומה לכך כותב רבי יעקב עמדין:

צריך המחזיק במדה חמודה זאת להיות אהבתו נאמנה לכל אדם, ואפילו עובדי אלילים יאהב בבחינה שהם יצורי ה', ולא ישנא אלא מעשיהם בלבד. (**מגדל עוז**, עליית אהבה, פי"ב)

הנצי"ב מוולוז'ין, בהקדמתו המפורסמת לספר בראשית, רואה באהבת הבריות כולן ביטוי לישרות:

וזה היה שבח האבות: שמלבד שהיו צדיקים וחסידים ואוהבי ה' באופן היותר אפשר, עוד היו ישרים. היינו שהתנהגו עם אומות העולם, אפי' עובדי אלילים מכוערים, מכל מקום היו עמם באהבה וחשו לטובתם.[8] (**העמק דבר**, בראשית, פתיחה)

7. מרבית המקורות שלהלן לקוחים מצוריאל, "אהבה". שפע של מקורות נוספים ראו בספר **ישראל והעמים** ב, עמ' 478-486.
8. דברי הנצי"ב מקבלים משמעות יתרה לאור פתיחת רש"י את פירושו על התורה, שם הוא עוסק בזכותנו על ארץ ישראל. על פי רש"י, ארץ ישראל שייכת לה' והוא מוסר אותה למי ש"**ישר בעיניו**": "אם יאמרו אומות העולם לישראל לסטים אתם, שכבשתם ארצות שבעה גוים, הם אומרים להם: כל הארץ של הקדוש ברוך הוא היא, הוא בראה ונתנה לאשר ישר בעיניו, ברצונו נתנה להם וברצונו

דברים מלאי השראה בנושא זה כותב הרב קוק:

> דעת ד' באהבה רבה... היא מבהקת באורה המוחלט את אהבת עולם, אהבת העולמים כולם, כל היצורים, וכל חוג החיים וההויה שלהם. אהבת ההויה כולה ממלאת את לב הטובים, החסידים שבבריות ושבבני אדם. לאושר של הכל הם מצפים, לאורה ולשמחה של הכל הם מיחלים. הם שואבים את אהבת כל ההויה... הם מרגישים ויודעים שקרבת אלוהים שהם עורגים אליה, במלא נשמתם, היא מובילה אותם רק להתאחדותם עם הכלל ובעד הכלל. כשהם באים לשדרות האדם, ומוצאים פלוגות של עמים, דתות, כתות ושאיפות מנוגדות, הם מתאמצים בכל כחם להכליל את הכל, לאחה ולאחד. **(שמונה קבצים א, קא)**

על פי הרב קוק, "אהבה רבה" היא אהבה לה', חיבור לאורו ודבקות בו. אך "אהבת עולם" כשמה כן היא - **אהבה לעולם**, ליופיו, לטבע שלו, ליצורים ולאנשים שחיים בו. מי שמלא באהבת ה' אמיתית רוצה בטובתן ובאושרן של הבריות. באופן פשוט, היות שה' אוהב את העולם, ואנו דבוקים בו, גם אנחנו אוהבים את העולם. כפי שמתאר הכתוב בספר דברים: ה' אוהב גר, וממילא אנו אוהבים את הגר. ברובד העומק, האלוהות נוכחות במציאות ובכל אדם, שהרי "חביב אדם שנברא בצלם", וממילא **לאהוב אדם משמעו לאהוב את ה'**.

במקום אחר הרב קוק תולה את הרוח המשיחית של ישראל בתכונה זו של אהבת הבריות:

> אהבת הבריות צריכה להיות חיה בלב ובנשמה: אהבת כל האדם ביחוד, ואהבת כל העמים כולם... תכונה זו היא שמסגלת את רוחא דמלכא משיחא לחול על ישראל. **(מידות הראי"ה, אהבה, ה)**

נטלה מהם ונתנה לנו". בעקבות דברי הנצי"ב, מתבאר הביטוי "**לאשר ישר בעיניו**" - לאשר מתנהל עם הבריות ועם העמים האחרים בדרך של "ישר".

נראה שהוגים אלו הסתמכו בין השאר על ההבנה הפשוטה שפסוקי ויקרא ("וְאָהַבְתָּ לְרֵעֲךָ כָּמוֹךָ"; "כְּאֶזְרָח מִכֶּם יִהְיֶה לָכֶם הַגֵּר הַגָּר אִתְּכֶם וְאָהַבְתָּ לוֹ כָּמוֹךָ") עוסקים רק בגר צדק, ועוסקים במעגל האהבה הפנימי, הייחודי לישראל, ואילו פסוקי ספר דברים מלמדים על מעגל נוסף של אהבה, המכוון לכל אדם באשר הוא.

סיכום

גוונים רבים לאהבה. בבואנו לשאול כלפי מי נצטווינו "ואהבת לו", הרי התשובה תלויה בדיוק בטיב ובאופי של האהבה שמדובר בה. על פי ניתוחנו בפרק זה, אכן יש בחז"ל קריאה שלפיה פרשת אהבת הרע ואהבת הגר בספר ויקרא אינה מכוונת אלא לישראל וגרי צדק. ואולם בספר דברים מלמד אותנו הכתוב להבחין בין הגוונים השונים של האהבה. ישנה אהבה אינטימית יותר, המתבטאת בביטויים של "רק" ("רק באבותיך") ושל אהבה עזה ("חשק... לאהבה"). סביב אהבה זו ישנה אהבה רחבה יותר, אהבת עולם, המופנית כלפי כל אדם, שמשמעה רצון בטובתו של כל אדם וראיית צלם אלוהים שבו והיותו חלק מהעולם שברא אלוהים ושאותו הוא אוהב. וכדברי הרב קוק: "אהבתי לישראל היא יותר נלהבה. יותר עמוקה, אבל החפץ הפנימי מתפשט הוא בעזוז אהבתו על הכל ממש". לא תיתכן אהבת אמת שוויונית. טבעם של דברים שעוצמת האהבה תלויה בקשר הממשי.

כפי שראינו בפרק הקודם, ביחס למיעוטים בעת הזאת אנו נקראים לעבור מסובלנות לאחווה ושותפות. במסגרת מעגלי האהבה שתיארנו כאן , דומה כי לציפייה זו יש השלכה על מערכת היחסים האופקית עם אנשים שיש איתם שותפות רוחנית ועל מערכת היחסים האנכית, שהיא המפגש והקשר עם האלוהים.

בנוסף נראה שלפשטי המקראות, שבהם כפי הנראה הגר הוא גר תושב, עדיין יישאר מקום מכוח העובדה ש"אין מקרא יוצא מידי פשוטו". מקראות אלה צריכים לשמש מגדלור ערכי ואופק להרחבת האהבה כלפי כל אדם.

נספח

אהבת גר צדק אינה שוללת אהבה לגר תושב

במהלך הפרק הצגנו את הפרשנות בחז"ל שלפיה הציווי ביחס לגר "ואהבת לו כמוך" נתפרש כמכוון לגר צדק. ואולם כפי שראינו, פשטי המקראות, המצווים על אהבת הגר מצד הזיכרון של "כי גרים הייתם בארץ מצרים", מדגישים שהמניע לאהבה בא מתוך החוויה האוניברסלית של הגרות: התלישות, הארעיות והחולשה. לפשטי המקראות ישנו מקום ניכר הן בקביעה הערכית והרגשית בנוגע לאהבה של כל זר, ובכלל זה גר תושב, והן בנקודות מסוימות שבהן רוח זו תשפיע על עיצוב ההלכה.

רבי אברהם בן הרמב"ם, בפירושו על הפסוק האוסר להונות גר, כותב כי חז"ל אומנם פירשו שמדובר בגר צדק, אבל לאמיתו של דבר על פי פשט הפסוק מדובר בגר תושב, וכי אין הדברים סותרים שכן אפשר שהפסוק מדבר על שניהם:[9]

> "וְגֵר לֹא תוֹנֶה וְלֹא תִלְחָצֶנּוּ כִּי גֵרִים הֱיִיתֶם בְּאֶרֶץ מִצְרָיִם" (שמות כב, כ). - (גר) **נגזר מן ההתגוררות בארץ נכריה.** ועיקר הוראתו של גר בנוגע למדורו. ושוב נעתק אל גר צדק שנכנס לדת (כמו "וְכִי יָגוּר אִתְּךָ גֵּר וְעָשָׂה פֶסַח לַה'",[10] ומפני שהוא על פי הרוב גר בנוגע למדורו. **ופשטיה דקרא שהוא מתכוון כאן בגר אל גר בנוגע למדורו, במאמרו "כי גרים הייתם** וגו'". והמעתקים ז"ל פירושו בגר צדק ואפשר שהכוונה אל שניהם, גר סתם וגר צדק. (**פירוש רבי אברהם בן הרמב"ם**, שמות כב, כ)

ראב"ם פותח בכך שהמשמעות המרכזית של "גר" היא - מי שמתגורר

9. תודה נתונה לרב גיל סטודנט, שהגעתי למקור זה דרך מאמרו על הנושא. ראו סטודנט, "זקס".
10. "וְכִי יָגוּר אִתְּךָ גֵּר וְעָשָׂה פֶסַח לַה' הִמּוֹל לוֹ כָל זָכָר וְאָז יִקְרַב לַעֲשֹׂתוֹ וְהָיָה כְּאֶזְרַח הָאָרֶץ וְכָל עָרֵל לֹא יֹאכַל בּוֹ" (שמות יב, מח).

שלא בארצו. לאחר ההבחנה שהמונח "גר" אכן משמש בתורה גם לגר צדק, כמו בדין קורבן פסח, מלמד ראב"ם שפשט איסור הונאת גר הוא על גר תושב. ההוכחה שהוא מביא לכך היא סיומו של הפסוק שם: "כי גרים הייתם בארץ מצרים". הוא מסיים באמירה שייתכן שאיסור ההונאה יחול על גר צדק ועל גר תושב גם יחד.

בעקבותיו יש לומר שגם בפסוק (ויקרא יט, לד) המצווה על אהבת הגר, מדובר בגר צדק ובגר תושב כאחד.

הדרך שנוקט כאן ראב"ם היא לכלול את דברי חז"ל בפרשנות הפסוקים, בלי לוותר על "פשטיה דקרא", כלומר הבנת הפסוק בהקשרו ובקריאתו המילולית. התלמוד מספר על ההתרגשות של רב כהנא כשגילה את העיקרון "אין מקרא יוצא מידי פשוטו":

> ...אין מקרא יוצא מידי פשוטו. אמר רב כהנא כד הוינא בר תמני סרי שנין והוה גמירנא ליה לכוליה תלמודא, ולא הוה ידענא דאין מקרא יוצא מידי פשוטו.[11] (שבת סג ע"א)

יש כאן הכרה בפער הקיים לעיתים בין הדרשה לבין פשט המקראות, ונתינת תוקף ומשמעות לפשט המקראות גם לאחר קיומה של הדרשה. דווקא במקרה של אהבת הגר קל לתת מקום לפשטי המקראות, משום שלא מדובר בהכרח ביישום דין מעשי[12] אלא ביחס רגשי.

משמעותו של הכלל "אין מקרא יוצא מידי פשוטו" ותוקפו

כאמור, העיקרון ש"אין מקרא יוצא מידי פשוטו" מורה שעלינו להאזין לדברי התורה בפשטם וללמוד מהם את "דרך ה' לעשות צדקה ומשפט", נוסף על הלימוד ההלכתי.

11. תרגום: "אמר רב כהנא: כאשר הייתי בן שמונה עשרה שנים ו[כבר] למדתי את כל התלמוד, ולא הייתי יודע שאין מקרא יוצא מידי פשוטו".
12. זאת בשונה ממקרים מורכבים יותר. ראו, למשל, יבמות יא ע"ב, שם מעלה הגמרא אפשרות למקרה שבו מתוך "אין מקרא יוצא מידי פשוטו" יהיה פטור הלכתי מחליצה!

את המשמעות של פשט המקראות יש לדמות לתפקידם של דברי הנביאים והכתובים. על פי כללי ההלכה "דברי תורה מדברי קבלה לא ילפינן" (חגיגה י ע"ב; בבא קמא ב ע"ב) - דברי נביאים וכתובים אינם יכולים לשמש מקור לחיוב מצווה, מכיוון שאינם חלק מחמישה חומשי תורה. עם זאת, ודאי שנבואות הנביאים ורוח הקודש של הכתובים ניתנו ונכתבו משום ש"נצרכו לדורות",[13] כדי ללמדנו ולהוסיף ערך שלעיתים יש לו גם השפעה רבה על רוח ההלכה. אם הדברים נכונים בנוגע ל"דברי קבלה", הם יכולים להיות נכונים לרובד הפשט בנוגע לפסוקי התורה, גם כאשר נדרשו בפי חז"ל באופן שהוציאם מפשוטם.

דוגמה לכך שדברי הכתובים משפיעים על עיצובה של ההלכה היא הערך "דרכי שלום": ערך זה הוא הנחיה מוסרית, הנלמדת מדברי הכתובים (ספר משלי) וקובעת את העמדה הבסיסית שלנו אל מול מציאותו של האחר, אך הוא אינו מחדש מצווה פורמלית. עם זאת, הוא משפיע מרוחו על כל דיני התורה, כדברי הגמרא:

> כל התורה כולה נמי מפני דרכי שלום היא, דכתיב (משלי ג, יז): "דְּרָכֶיהָ דַרְכֵי נֹעַם וְכָל נְתִיבֹתֶיהָ שָׁלוֹם!" (גיטין נט ע"ב)

ישנן סוגיות בתלמוד שעולה מהן שלערך זה יש השלכות הלכתיות, והוא אף מנחה את הדרך שבה דורשים חז"ל פסוקים בדיני דאורייתא.[14] מכאן, שכאשר לימדונו חז"ל ש"אין מקרא יוצא מידי פשוטו" ישנה בכלל דבריהם החובה להאזין לרוח העולה מפשטי המקראות, ולעצב על פיה את דרכינו. ממילא, ודאי שעלינו ללמוד אף מפשט התורה את חובת האהבה גם כלפי גר תושב, נוכרי שאינו בן ברית הגר עימנו.

"דרכי שלום" והשפעתן על היחס לגר תושב

למעשה, בדיוק בתחום הזה של היחס לגר תושב, הדוגמה שהזכרתי -

13. ראו מגילה יד ע"א.
14. ראו, למשל: סוכה לב ע"א; לב ע"ב; יבמות פז ע"ב.

הערך "דרכי שלום" - היא מקרה מרתק שבו הערך בדברי הכתובים, אף שאינו מתבטא בדין הלכתי פורמלי, חוזר ומשפיע על עיצוב ההלכה.

על פי פשט המקרא נראה שמתנות עניים ניתנות ל"גר" במובן הרחב של המילה - לאדם זר ונטול אדמה:

> וּבְקֻצְרְכֶם אֶת קְצִיר אַרְצְכֶם לֹא תְכַלֶּה פְּאַת שָׂדְךָ לִקְצֹר וְלֶקֶט קְצִירְךָ לֹא תְלַקֵּט. וְכַרְמְךָ לֹא תְעוֹלֵל וּפֶרֶט כַּרְמְךָ לֹא תְלַקֵּט לֶעָנִי **וְלַגֵּר** תַּעֲזֹב אֹתָם אֲנִי ה' אֱלוֹהֵיכֶם. (ויקרא יט, ט-י)

ואולם מדרש ההלכה צמצם את הדין וייעד את המתנות לגר צדק בלבד:

> "לעני" יכול לעני מאחרים? תלמוד לומר: "לגר". אי לגר, יכול לגר תושב? תלמוד לומר: "ללוי" - מה "לוי" בן ברית אף "גר" בן ברית. (תורת כוהנים קדושים פרשה א תחילת פרק ג, ד)

לכאורה, כך אמורה להתעצב ההלכה: נתינת מתנות עניים היא רק לגר שהוא בן ברית, לגר צדק ולא לגר תושב. אלא שכאן חוזרת הרוח הערכית של "דרכיה דרכי נועם וכל נתיבותיה שלום" ומשפיעה גם על ההנהגה למעשה, כאמור במשנה במסכת גיטין:

> אין ממחין ביד עניי גוים בלקט שכחה ופאה **מפני דרכי שלום**. (משנה גיטין פ"ה, מ"ח)

הרמב"ם היטיב לבטא את הפסיקה המורכבת בנוגע למתנות עניים:

> כל "גר" האמור במתנות עניים אינו אלא גר צדק, שהרי הוא אומר במעשר שני "ובא הלוי והגר" - מה הלוי בן ברית אף הגר בן ברית. ואעפ"כ אין מונעין עניי נכרים ממתנות אלו, אלא

באין בכלל עניי ישראל ונוטלין אותן **מפני דרכי שלום.**
(רמב"ם, **משנה תורה** הלכות מתנות עניים, פ"א ה"ט)

הנה כי כן, המצווה הפורמלית, הביטוי המעשי של האהבה, מכוונת לישראל בלבד ולגרי צדק. אלא שפשטי המקראות והרוח הגדולה של "דרכיה דרכי נועם וכל נתיבותיה שלום" ממשיכים להתקיים במלוא עוזם, ובמקרים מסוימים גם משפיעים על ההלכה למעשה ומכניסים בחזרה למעגל האהבה והקבלה של מתנות העניים גם את עניי הגויים.

"גֵּר וְתוֹשָׁב וָחַי עִמָּךְ": זכויות סוציאליות למיעוטים במדינת ישראל

מיכל טיקוצ'ינסקי

הקדמה

זכה עם ישראל בדורנו לשוב לארץ ישראל ולחזות במימוש הנבואה על קיבוץ הגלויות ובניין הארץ. הקמנו מדינה ריבונית יהודית ודמוקרטית בגבולות הארץ שיש לה מוסדות שלטוניים מסודרים הפועלים במסגרת החוק המקומי ומתוך זיקה לאמנות בין-לאומיות ולקשרים ענפים עם מדינות העולם. הזכות הגדולה הזו מחייבת אותנו לעורר מחדש את הדיון ההלכתי על היחס הראוי למיעוטים החיים בארץ, לאחר שבמשך

* הרבנית ד"ר מיכל טיקוצ'ינסקי היא עמיתה מטעם ד"ר מישל פרידמן ובנימין בלפיר ב"בית מדרש לישראל והאנושות", מרצה וסופרת; ראשת בית המדרש לנשים בהיכל שלמה והתוכנית לכתיבה הלכתית לנשים, ראשת תוכנית הלכה במגדל עוז ומרצה במרכז האקדמי שלם.

אלפי שנות גלות לא עסקה ההלכה בשאלות הללו באופן מעשי. הרב יצחק אייזיק הלוי הרצוג, שעסק בנושא זכויות המיעוטים בארץ, דן בשאלה הזאת מן הזווית של איסור "לא תחונם" והזכות למגורים בארץ, ולא נגע בעניין הזכויות הסוציאליות כלל.[1] מבחינה מושגית הלכתית, המפתח לנושא הזכויות שחובה עלינו להעניק למיעוטים החיים בארץ טמון בהבנת מהותה של מצוות "להחיותו", שהמוטב שלה על פי ההלכה הוא גר תושב. כמובן, כדי לגזור את סל הזכויות המגיע למיעוטים החיים בארץ יש לבחון את מידת התאמתם של מיעוטים אלו לקטגוריה של "גר תושב" ולתנאים המתחייבים מכך.[2] כמו כן ראוי לברר את מהות הזכויות הכלולות בחובה זו (עבודה, זכויות סוציאליות, קבורה וכיוצא בזה). לצורך בירור מהות הזכויות יש לבחון את התוכן של מצוות "להחיותו" ולתרגם אותו למציאות ימינו ואף להשוות אותו לסטנדרטים המקובלים במדינה דמוקרטית.

המצב בישראל מן הבחינה האזרחית והחוקית

במדינת ישראל מתגוררות אוכלוסיות שלמות של מיעוטים. חלקם הם ילידים שקיבלו מעמד של אזרחים על פי חוק (ערביי ישראל, צ׳רקסים וכיוצא בזה). אחרים הם מיעוטים שאינם מעוניינים באזרחות (ערביי מזרח ירושלים, הדרוזים בגולן ועוד) או כאלה שאינם זכאים לאזרחות (עובדים זרים, מסתננים ושוהים בלתי חוקיים). החוק במדינת ישראל אינו נדרש באופן מסודר לשאלה המערכתית של הזכויות הסוציאליות המגיעות לכל חתך אוכלוסייה כזה. הזכות לחינוך למשל נגזרת מלשון החוק הקובע שכל "ילד ונער" זכאים לחינוך, ועל כן אף שוהה בלתי חוקי זכאי לחינוך.[3] לגבי עניינים אחרים הזכויות נגזרות מחוקים כגון חוק הכניסה לישראל וחוק עובדים זרים או מהכרעות בג"ץ,

1. ראו הרב הרצוג, **תחוקה לישראל** א, עמ׳ 12-21; הרב ישראלי, "מעמד הנכרי".
2. עיקר הדיון נעשה בפרק שכתב הרב ד"ר יעקב נגן: "למי מעמד של גר תושב בזמן הזה", לעיל עמ׳ 39, וכאן אגע בכך רק על קצה המזלג.
3. ראו חוק לימוד חובה, התש"ט-1949.

שאין ביניהם אחידות ואין בהם בשורה מכוונת. כך למשל, שוהה בלתי חוקי, שרשמית הוא משולל זכויות, יכול לקבל רישיון ישיבה זמני משר הפנים עד שיגורש. עד לגירוש על פי חוק הוא אינו רשאי לעבוד בארץ, אבל על פי הכרעת בג"ץ, מכיוון שהוא צריך לשרוד, מותר להעסיק אותו ולכן הוא זכאי לכל זכויות העובדים הקבועות בחוק (במשרד הפנים יש שאיפה לשנות את המצב ולהגביל את הרשות לעבוד לפריפריה בלבד).[4] לעובד זר (בעל אשרת עבודה) יש יתרון בהיותו זכאי גם למגורים (אף שעובד ישראלי אינו זכאי לכך).[5] זכותו לעבודה מוגבלת לאפיקי פרנסה מסוימים (סיעוד ביתי, מלונאות ועוד) שיש לגביהם הקצאות בחוק. עובדים אלו זכאים לקבלת זכויות של הביטוח הלאומי, הכוללות מענקי לידה וחופשת לידה, אך לא דמי אבטלה, הבטחת הכנסה או קצבת זקנה. וכמובן, זכותם להתגורר בארץ מוגבלת בזמן. קיימות עוד אשרות זמניות כגון אשרות סטודנט ואשרת אנשי דת. נוסף על כך יש מעמד של תושב ארעי, שאינו זכאי להשתתף בבחירות לכנסת ואינו זכאי לאיחוד משפחות או לקבלת דרכון.[6] מעמדו של תושב ארעי עשוי להשתדרג למעמד תושב קבע רק מטעמים הומניטריים אך לא באופן אוטומטי. זכויותיו של תושב קבע דומות לאלו של תושב ארעי אלא שהוא זכאי כאמור לאיחוד משפחות וקשה יותר לשלול את זכויותיו.[7] כמו כן, חוק האזרחות מאפשר לחלקם לקבל אזרחות בתנאים מסוימים:

4. היתרון בכך שבית הדין לעבודה נותן סעד לעובדים זרים בלתי חוקיים הוא צמצום הכדאיות שבהעסקתם. נוסף על כך, מסתננים שאינם עובדים אינם משלמים ביטוח בריאות, אך יקבלו טיפול רפואי, והחוב לבית החולים ייחשב חוב אבוד.
5. יש פיקוח על רמת המגורים, והמעביד רשאי לנכות הוצאה זו עד רמה מסוימת (שלטענת המעסיקים אינה ראלית).
6. הוא זכאי לתעודת מעבר, שקבילה רק בחלק מן המדינות.
7. כמו כן, תושב ארעי צריך להתייצב לרישום מדי תקופה, מה שאין כן תושב קבע.

שהות ממושכת בארץ, ידיעת השפה, ויתור על אזרחות קודמת, אי־מעורבות בטרור ועוד.[8]

הנושא של הענקת זכויות לזרים בארץ מציף התחבטויות לא פשוטות. המבוכה קשורה בשאיפה לאיזון שוק העבודה - ברצון לגונן על העובד המקומי ולמנוע אבטלה - ולכן יש עניין שלא להפוך את כוח העבודה הזר לזול במידה ניכרת ולבלתי תחרותי. נוסף על כך, יש שיקולים שנוגעים לסוגיות חשובות אחרות, מלבד ייצוב שוק העבודה. יש עניין שלא לעודד הגעת זרים למדינת ישראל כמי שמציעה תנאים מפליגים לזרים, מתוך הצורך בשמירת הזהות הייחודית של מדינת ישראל כמדינת העם היהודי.[9] צורך זה אינו סותר ערכים דמוקרטיים וליברליים, אף כי אלו מדייקים אותו ומגבילים אותו. בשורה התחתונה, הדיון בנושא זה מורכב מהכרעה בשאלות כיצד מאזנים בין הצורך לדאוג לזר שנמצא כאן ובין הצורך שלא לעודד הגירה בלתי חוקית, ועד כמה מדינת ישראל יכולה לקלוט מבקשי מקלט. שאלות אלו קשורות בטבורן גם לחוסן הכלכלי של מדינת ישראל וליכולת שלה לקבל אל תוכה זרים מוחלשים. כפי שהערתי בתחילה, רשת החוקים בנושאים הללו אינה מבוססת על השקפה מגובשת והיא נתפרה טלאי על טלאי. החוסר באסטרטגיה הגוזרת את הפרטים מתוך עקרונות סדורים בפן האזרחי מחזק אף הוא את הצורך במשנה סדורה מן הזווית ההלכתית. אומנם הקטגוריות הנידונות בהלכה אינן מדברות בשפה של דרגות שונות מבחינת המעמד האזרחי, שכן הדגש בהלכה הוא על שמירת מצוות בני נח ועל הדמיון שבין הזר ליהודי. ואולם המרחק בין שתי זוויות ההתבוננות אינו רב כל כך.

8. להרחבה בנושא זה ראו זעירא ומשה, **סוגיות בהעסקה של זרים בישראל**.
9. בסופו של דבר, כל זר הוא גם כח עבודה, ולכן אתגר זה מתייחס לכלל הזרים, אם כי ביתר שאת לעובדים זרים.

מקור המצווה להחיות גר תושב

מקורה של ההנחה שהחובה להחיות מוקנית באופן מיוחד לגר תושב מצוי בפסוקים שבפרשת בהר:

> וְכִי יָמוּךְ אָחִיךָ וּמָטָה יָדוֹ עִמָּךְ וְהֶחֱזַקְתָּ בּוֹ **גֵּר וְתוֹשָׁב וָחַי עִמָּךְ**. אַל תִּקַּח מֵאִתּוֹ נֶשֶׁךְ וְתַרְבִּית וְיָרֵאתָ מֵאֱלוֹהֶיךָ **וְחֵי אָחִיךָ עִמָּךְ**. אֶת כַּסְפְּךָ לֹא תִתֵּן לוֹ בְּנֶשֶׁךְ וּבְמַרְבִּית לֹא תִתֵּן אָכְלֶךָ. אֲנִי ה' אֱלוֹהֵיכֶם אֲשֶׁר הוֹצֵאתִי אֶתְכֶם מֵאֶרֶץ מִצְרָיִם לָתֵת לָכֶם אֶת אֶרֶץ כְּנַעַן לִהְיוֹת לָכֶם לֵאלוֹהִים. (ויקרא כה, לה-לח)

בהמשך לציווי הזה מזכירה הגמרא בכמה מקומות את המצווה להחיות גר תושב כדבר המובן מאליו שאינו מצריך הוכחה "ההוא להחיותו".[10] החובה ההלכתית הזאת נפסקה להלכה כמצווה מן התורה בהשגות הרמב"ן (**השגות הרמב"ן לספר המצוות לרמב"ם** שכחת העשין מצווה טז).[11] ובטעם העניין מפרש באריכות גם הרש"ר הירש:

> ...הוא פרש מעבודה זרה וקיבל על עצמו מצוות בני נח; ועל ידי כך קיבל זכות מגורים בארץ ישראל. ובכן עליך לסייע גם לנכרי היושב בקרבך שעדיין איננו בכלל "אחיך" **למען ימצא את קיומו עמך**; עליך לתמוך בו כך שימצא את קיומו עמך - וחי עמך. (**רש"ר הירש** ויקרא, כה, לה, ד"ה גר ותושב)

10. פסחים כא ע"ב; עבודה זרה סה ע"א; **רש"י** עבודה זרה סד ע"ב, ד"ה "אלו לא באו"; **ר"ן על הרי"ף** עבודה זרה א ע"ב בדפי הרי"ף. באף אחד מן המקורות הגמרא אינה מציינת מפורשות את מקורות המצווה. אומנם, יש מקור נוסף אפשרי למצווה "להחיותו", מהחובה לתת נבילה לגר: "לַגֵּר אֲשֶׁר בִּשְׁעָרֶיךָ תִּתְּנֶנָּה וַאֲכָלָהּ" (דברים יד, כא). יתכן אף ששאלת המקור עצמה נתונה במחלוקת בין הפוסקים והשפיעה על השקפתם באשר לתוכנה. ראו ברמן, **גר תושב**.
11. וראו גם רמב"ן ויקרא כה, לה, ד"ה "וחי אחיך עמך".

בפשטות, החובה להחיות גר תושב היא חובה אקטיבית של הענקת סיוע ותמיכה מכוח הדאגה, החמלה ותשומת הלב הנדרשת מכל יהודי כלפי שכנו הנזקק לו. אך מדבריו של הרש"ר הירש עולה שהחובה חורגת מכך, שבפסוק מובעת תביעה לערנות ורגישות לזר שמבקש כאן מקום פיזי וסוציאלי, זהות ושייכות, ואנו מחויבים לתת לו את התחושה שהוא חלק מהמארג החברתי השלם: "למען ימצא את קיומו עמך".

בפסוקים האלה משווה התורה את היחס שלנו לגר תושב ליחס שלנו לאח, וחז"ל גוזרים מכאן את החובה להחיות גר תושב כמו שאנחנו מחיים את אחינו.[12] ואולם בהתבוננות מעמיקה אפשר לראות גם את הכיוון ההפוך - שהנושא האמיתי של הפסוק הוא האח שאנו מצווים להחיות, ואותו משווים לגר תושב.[13] התורה אומרת לנו להתייחס לאחינו כמו שאנחנו מתייחסים לגר תושב. ההתייחסות רחבת הלב לגר תושב מובנת מאליה, עד כדי כך שאת היחס לאח אנו גוזרים מהיחס אליו.[14] על כן, התורה משווה את אחיך המך לאותם גרים המשמשים בפסוקים סמל לנזקקים מחמת עוני ומחסור. אם אין בכך רמיזה היסטורית למעמדם, יש כאן ביטוי ליחס רגשי ונפשי אפשרי: קל יותר להיות ביקורתיים כלפי הקרובים אלינו, ולהזדהות עם המסכן האולטימטיבי דווקא.[15] את התנועה הטבעית שלנו אל מול

12. יש שפירשו אחרת. למשל, ראו תורת כוהנים (בהר פרשה ה סוף פרק ו אות א), שלומד מ"וחי אחיך עמך" שחייך קודמים לחיי חברך. פרשנות דומה ראו בבא מציעא, ס ע"א. קיימות גם דעות שלומדות מכאן חיוב עשה להשיב ריבית שנלקחה מיהודי שלא כדין. בעיני אונקלוס, המילים "גר ותושב וחי עמך" הן שלושה ציווים הנוגעים לאחיך - יגור, ישב ויחיה: "ידור איתותב ויחי עמך".

13. **גור אריה** ויקרא פרשת בהר פרק כה פסוק לה: "ואין להקשות, דלמה כתב 'וכי ימוך אחיך', וכי גרע אחיך וגר צדק מתושב שמצווה להחיותו?...". **ספר מצוות גדול** עשין סימן פב: "שנאמר 'גר ותושב וחי עמך', כלומר לא יהיה זה העני פחות מגר תושב שהוא חי עמך" (על פי רמב"ם **משנה תורה** הלכות זכיה ומתנה פ"ג הי"א).

14. ייתכן שיש קשר לעובדה שלגר לא הייתה נחלה בארץ, על כן תמיד היה במצב של עוני ודלות, ולכן הובא כאן כמסמן למי שכבר דואגים לו והוא מוכר כנזקק. ראו גם זר כבוד, "הנכרי והגר".

15. כעין זה מצאנו בתורה: "כְּמִשְׁפַּט הַבָּנוֹת יַעֲשֶׂה לָּהּ" (שמות כא, ט) - 'משפט

גר תושב מבקשת התורה שנאמץ גם כלפי אחינו. ואכן, המצב במדינת ישראל בפועל מלמד שיש מה לתקן. בשעה שעובדים זרים מקבלים טיפול רפואי והחוב עבור הטיפול יהפוך לחוב אבוד, ישראלי חסר אמצעים שמבקש טיפול כזה יצטרך לשלם עליו מבלי יכולת לחמוק מכך. מכאן יוצא חידוש נפלא, שהערת האגב של התורה שמשתמע ממנה שאתה מצווה להחיות את אחיך כשם שאתה מצוה להחיות גר תושב היא יסודית מאוד גם בקשר לגר תושב, מפני שהחובה הזו נהפכת מאזוטרית ואגבית לתשתיתית ורחבה. המשמעות היא שאנו כבר מכירים את החובה להחיות ויודעים עליה. ואכן, בכל התורה נזכר הגר כמי שאנו מצווים להיות ערניים למצבו, לצרכיו. זה הופך את המצווה "להחיות" ליסודית כל כך בתורה עד שאינה צריכה אמירה מפורשת מכלילה.[16] ובכל מקום שבו התורה מצווה על יחס הגון כלפי הגר היא למעשה מפרטת את משמעות המצווה העקרונית הכללית הזאת שנזכרת כאן ברמיזה כמובנת מאליה.[17]

סל הזכויות – תוכן החובה להחיות גר תושב

כיוון שנקודת המוצא היא שבחובה "להחיות" גר תושב אפשר למצוא עוגן ומודל ליחס הראוי לתושב זר שכבר חי בארץ, נפנה כעת לברר מה כוללת חובתנו כלפיו. הגמרא מזכירה בכמה מקומות שאנו מצווים להחיות גר תושב, אבל לשאלה מה משמעות החיוב ומה הוא

הבנות' נראה נוהג מוכר שאינו ידוע רק לנו הקוראים בשל שינויי נוהג. כך גם נאמר: "כֶּסֶף יִשְׁקֹל כְּמֹהַר הַבְּתוּלֹת" (שמות כב, טז), אך לא פורש מהו מוהר הבתולות. כלומר, התורה מניחה היכרות עם נוהג מוכר וקיים שקדם לציווי שלה.

16. דוגמה למקרה דומה בתורה היא מצוות יישוב הארץ, כפי שלומד אותה הרמב"ן **בהשגות לספר המצוות** (שכחת העשין מצווה ד). שם הוא מקבץ מרחבי המקרא ראיות למרכזיותה של ארץ ישראל ולחובה לנחול אותה, ולמעשה מצביע על כך שזו מצווה מכוח ריבוי המקורות, אף כי כל אחד מהם יכול להשתמע כתיאור נקודתי או כסיפור ולא כציווי.

17. ואלו דברי **המשך חכמה** (דברים יד, כא): "לגר אשר בשעריך תתננה ואכלה, פירוש דמצווה להחיותו...". כלומר, יש זהות בין הפירוט ובין הכלל.

כולל אין התייחסות מפורשת בגמרא. רמזים כלליים לעניין חובה זו קיימים בתורה שבכתב. אפשר לפרש שהמצווה להחיות, כפי שעולה מן הפסוק "לֹא תֹאכְלוּ כָל נְבֵלָה לַגֵּר אֲשֶׁר בִּשְׁעָרֶיךָ תִּתְּנֶנָּה וַאֲכָלָהּ" (דברים יד, כא),[18] כוללת את החובה לפרנס את הזר ולדאוג לו למחסורו.[19] לפי ההלכה מותר להלוות לו בריבית. קרי, בניגוד להלוואה בין יהודים, שחייבת להינתן ללא ריבית וללא קבלת רווח בעבור ההלוואה, מותר להלוות בריבית לגר תושב. עם זאת, הוצאתו מכלל איסור ריבית בלבד מלמדת שיש חובה להלוות לו כספים לפי צרכיו, אף שאין חובה לעשות זאת "בחינם".[20] העובדה שרק לעניין ריבית יש הבחנה מפורשת בחז"ל בין חובת החייאת האח ובין חובת החייאת גר תושב עשויה ללמד שמדובר בחובה רחבה באופייה, אך גם שגר תושב אינו "אח" והדין המרכזי אינו שעון על מסר של השוואה מוחלטת לאחיך, אלא על חמלה או אף הגינות. בגבולותיה העדינים של ההלכה מועבר המסר המאוזן הזה.

הפוסקים שפנו למלא בתוכן את המצווה הזו נחלקו בשאלת תוכנה ובמידת הרחבות שיש לנקוט ביחס לזרים על פי דין תורה. יש שתי תפיסות עקרוניות באשר לתוכן החובה. האחת היא התפיסה המצמצמת והמינימליסטית (דעת **הרמב"ן**) והשנייה היא התפיסה המרחיבה (שנוקט **הרמב"ם** ועוד רבים מהפרשנים), ונפרוט אותן.

התפיסה המינימליסטית – ערך חיי אדם

דעת הרמב"ן היא הדעה המצמצמת ביותר באשר לתוכן המחייב של

18. וראו **סמ"ג** (עשין, סימן קסב): "ועליה נאמר (ויקרא כה, לה) 'כי ימוך אחיך ומטה ידו עמך והחזקת בו גר ותושב וחי עמך' כלומר תלוהו או תמציא לו מלאכה שירויח בה טרם שיפול מכל וכל ויצטרך לבריות". לפי דבריו, המשמעות הראשונה של החובה להחיות היא לתת הלוואה או להמציא מלאכה. חיוב זה קיים גם כלפי גר תושב, ורק לעניין ריבית הוא הוחרג.
19. וכך גם עולה מן הגמרא (פסחים כא ע"ב) שנתינת הנבלה היא מצווה, שהרי נצטווינו להחיות גר תושב.
20. ראו בבא מציעא עא ע"א, לעומת מסכת גרים פ"ג הל' א-ג. וראו להלן ה"ש 26.

המצווה להחיות גר תושב. כפי שנראה, הרמב"ן מצמצם את החובה כלפי גר תושב למצבים מצילי חיים. דעה זו קשה לאור פשט הסוגיות שרואות בנתינת נבלה לגר חלק מן החובה להחיות ומכאן שהבסיס הוא דווקא הדאגה לפרנסה ממש. בגלל הקושי הזה אפשר לפרש את דברי הרמב"ן גם בדרך מרחיבה מזו שאני מציגה כאן. ואלו דברי **הרמב"ן בהשגותיו לספר המצוות:**

> שנצטוינו להחיות גר תושב להציל לו מרעתו שאם היה טובע בנהר או נפל עליו הגל שבכל כוחנו נטרח בהצלתו ואם היה חולה נתעסק ברפואתו וכל שכן מאחינו ישראל או גר צדק שאנו מחוייבים לו בכל...
> והוא אמרו יתברך (פ' בהר) וכי ימוך אחיך ומטה ידו עמך והחזקת בו גר ותושב וחי עמך.
> ומאמרם בתלמוד (פסחים כא ב, עבודה זרה כ א, חולין קיד ב) גר אתה מצווה עליו להחיותו גוי אין אתה מצווה עליו להחיותו.
> והמצוה הזו מנאה בעל ההלכות (אות מט) החיאת האח.
> והרב כלל אותה עם הצדקה במצות קצ"ה מפסוק פתוח תפתח את ידך (פ' ראה טו). והם שתים מצות באמת.
> (**השגות הרמב"ן לספר המצוות** שכחת העשין מצווה טז)

הרמב"ן סבור שהחובה להחיות גר תושב נוגעת רק למצבים מצילי חיים. כיום בחברה הישראלית, לנוכח ריבוי מקרי הרצח בקרב חברות מיעוטים, הקריאה ה"מינימליסטית" של הרמב"ן הופכת לקריאת השכמה רבת משמעות. מדובר במצווה מן התורה ובחיוב של ממש לדאוג לגר תושב ולהגן על חייו. יש לשים לב גם למילים של הרמב"ן "שבכל כוחנו נטרח בהצלתו", שכן הן מדגישות את היקף המשאבים הכספיים והמאמצים החברתיים שיש להשקיע בכך. כמובן, הצלת חיים אינה מסתכמת בשירותי הצלה. מצבים מצילי חיים כוללים גם חיוב להענקת טיפול רפואי לחולים. יש חובה להציל מטביעה, לפקח את הגל, וכיוצא בזה. בכללות אפשר להתרשם שהרמב"ן

אינו רואה במצווה הזו מצווה שמקנה זכויות סוציאליות לגר תושב, אלא מצווה ערכית כללית שמעניקה מעמד חשוב ומרכזי לערך חיי אדם ובפרט ביחס למי שהוא חוסה תחתיך ואתה חב בשמירתו. יש בכך תפיסה מינימליסטית של החובות השלטוניות והפרטיות לדאוג לשלום האזרחים ולהגן על ״זכותם לחיים״, אם כי כיום גם דבר זה צריך הדגשה וחידוד.

הרמב״ן מונה את המצווה להחיות גר תושב כמצווה בפני עצמה, ולדעת חלק מהמפרשים הדבר מעיד שלדעת הרמב״ן המצווה הזו שונה מהמצווה להחיות את האח, שהיא רחבה יותר וכוללת גם היבטים סוציאליים ולא רק היבטים מצילי חיים.[21] ואולם גם לתפיסה המצומצמת הזו יש משמעות רבה לא רק מבחינה מעשית אלא גם בהערכת חיי אדם באשר הוא. יש אף שהבינו שחובת הדאגה הזו מחילה עונש גלות על מי שהרג גר תושב בשוגג. וכך כתב רבי שמואל רוזובסקי בשיעוריו:

> אבל ישראל שהרג גר תושב ודאי גולה דכיון דאנו מצווין להחיותו ואסורין להורגו במזיד, שפיר איכא כפרה על ידי גלות בשגגת הריגתו.
>
> (**שיעורי ר׳ שמואל**, מכות ט ע״א בדין ישראל שהרג גר תושב)

מדברי רבי שמואל עולה שהחובה להציל אינה מתקיימת רק במסגרת המצומצמת של סיכון ופעולת החייאה. אנו למדים מן המצווה הזו שחיי גר תושב אינם הפקר ואנו מתייחסים לאובדנו בכובד הראש הראוי, עד כדי חובת גלות על הריגתו בשוגג.[22] ראוי להוסיף ולהזכיר שלתפיסתו של הרשב״ץ - ולאחרונה גם של הרב נחום רבינוביץ׳ -

21. **מגילת אסתר**, שכחת הלאוין, מצווה יז; **מנחת חינוך**, על השגות רמב״ן מצווה טז.
22. אומנם בעל **אמרי בינה** (רבי מאיר ב״ר יצחק אוירבך) חלק על כך, וצמצם את המשמעות העמוקה של החיוב (**אמרי בינה** דיני אורח חיים סימן יג): ״ואין ישראל נהרג ולא גולה על ידו...״.

שיטת הרמב"ן מחילה את הכלל "פיקוח נפש דוחה שבת" גם על הצלת חיי גר תושב.[23] תפיסת הרמב"ן משקפת את המצב הקדם-מודרני שבו אין אחריות מדינתית בנוגע למצב הסוציאלי של אנשי המדינה, ואף המלך אינו אחראי על כך. ממילא המצווה "וכי ימוך אחיך" שנאמרה בגר תושב נוגעת להצלת חיים במובן הרחב, ואילו צדקה של ממש נאמרה רק בישראל, וגם זה כמצווה על הפרט (דברים טו, ח: "כִּי פָתֹחַ תִּפְתַּח אֶת יָדְךָ לוֹ") אך לא כמצווה על המלך והשלטון.[24]

התפיסה המרחיבה - זכויות נרחבות

הרמב"ם, כמו הרמב"ן, מציג את הקומה הבסיסית של החובה להעניק עזרה רפואית לגר תושב. הרמב"ם אף הוא כותב (**משנה תורה** הלכות עבודה זרה פ"י ה"ב): "וגר תושב הואיל ואתה מצווה להחיותו מרפאים אותו בחינם",[25] וכן (הלכות שבת פ"ב הי"ב): "אבל מילדין את בת גר תושב מפני שאנו מצווין להחיותו". שתי החובות הללו, ריפוי חינם וסיוע בילודה ובהבאת חיים לעולם, הן הבסיס של החיוב "להחיותו". ואולם הרמב"ם מרחיק אל מעבר לחובות אלו וכולל את החובה להחיות גר תושב בתוך מצוות הצדקה, כלומר רואה בה חלק מהענקת זכויות סוציאליות רחבות, ואינו מצמצם אותה למצבים רפואיים.[26] וכך, בתוך הגדרת מצוות הצדקה שעניינה החובה "לחזק החלשים", כולל הרמב"ם גם גר תושב:

23. ראו רשב"ץ, **זוהר הרקיע** מצוות עשה לט; **שיח נחום** סימן צג, עמ' 319. וראו גם **חשוקי חמד**, עבודה זרה סד ע"ב.
24. השוו: בן ישראל, **ביטחון סוציאלי א**, עמ' 173–174, המונה מספר דגמים של ביטחון סוציאלי.
25. הדגש על "בחינם" הוא בהשוואה לגוי, שאסור לרפאו אפילו בשכר אלא אם יש חשש איבה וכיוצא בזה (שאז מרפא בשכר). עיינו שם.
26. ברוח זו תומכת גם ההלכה ממסכת גרים, שאין מלווים בריבית לגר תושב, משמע חייבים להלוות לו ללא ריבית כמו ל"אחיך". ראו מסכת גרים, פ"ג הל' א-ג וראו **קרבן אהרן** (בהר, פרשה ה סוף פ"ו אות א) שתומך בפשט הפסוקים את הדעה החולקת (שנמצאת לפנינו בגמרא בבא מציעא).

> והמצוה הקצ״ה היא שצוונו לעשות צדקה **ולחזק החלשים** ולהרחיב עליהם. וכבר בא הציווי במצוה זו במלות מתחלפות. אמר יתעלה (דברים טו, ח) פתוח תפתח את ידך וכו׳ ואמר (ויקרא כה, לה) **והחזקת בו גר ותושב** וכו׳ ואמר (שם, לו) **וחי אחיך עמך**. והכוונה באלו הלשונות כולם אחת והיא שנעזור עניינו ונחזקם די ספקם. וכבר התבארו משפטי מצוה זו במקומות רבים רובם בכתובות (מח ע״א - נ ע״א, סו ע״ב - סח ע״א) ובתרא (ח ע״א - יא ע״א, מג ע״א) ובאה הקבלה (גטין ז ע״ב) שאפילו עני המתפרנס מן הצדקה חייב במצוה זו, כלומר הצדקה, אם למי שלמטה ממנו או לדומה לו ואפילו בדבר מועט.
> (**ספר המצוות לרמב״ם** מצות עשה קצה)

הרמב״ם מרחיב את החובה הזו גם לפרנסה ומזון. טענת הרמב״ם (בפרפרזה) היא: ״כוהנים לא נאמר פה, לוויים לא נאמר פה, אלא חלשים!״. המצווה היא לחזק את החלשים. בחלשים כלולים גם האח החלש וגם גר תושב שהוא חלש. בעיני הרמב״ם, החובה לזון גר תושב היא חלק מן החובה לזון את ישראל.[27] **המנחת חינוך** (מצווה תעח, שלא למנוע מלהחיות העני) אף הוא הבין כך את דברי הרמב״ם: ״והנה הרמב״ם בפ״ז ה״א והרב המחבר מביאים פסוקים הרבה, וגם מביאים פסוק גר ותושב וחי עמך. מבואר דזה גם כן בכלל מצווה זו היינו גר ותושב״. ולמעשה, הרמב״ם בהלכות מלכים אומר את הדברים הללו מפורשות:

> וכן יראה לי שנוהגין עם גרי תושב בדרך ארץ וגמילות חסדים כישראל,

27. ועיינו בדברי בעל **פרי האדמה** (הלכות מלכים פ״י ה״י) בהתייחסו לדברי הכסף משנה: ״שכתב רבינו ז״ל דבן נח מצוה להחיותו וישראל זנין אותו... כי תניא ההיא להחיותו פירוש לזונו ולפרנסו כעניי ישראל ולהצילו מיד צרה. ע״כ. הרי בהדיא דמצוה לזונו ולפרנסו **כעניי ישראל**״.

שהרי אנו מצווין להחיותן שנאמר לגר אשר בשעריך תתננה ואכלה,
וזה שאמרו חכמים אין כופלין להן שלום, בנכרי לא בגר תושב,
אפילו הנכרים צוו חכמים לבקר חוליהם, ולקבור מתיהם עם מתי
ישראל, ולפרנס ענייהם בכלל עניי ישראל, מפני דרכי שלום,
הרי נאמר טוב ה׳ לכל ורחמיו על כל מעשיו, ונאמר דרכיה
דרכי נועם וכל נתיבותיה שלום.

(רמב״ם **משנה תורה** הלכות מלכים פ״י הי״ב)[28]

הלכה זו מרחיבה ומפרטת את החובה לנהוג בדרך ארץ ולגמול חסד עם גר תושב. ויש בקביעת הרמב״ם הרחבה שמעבר לנתינת צדקה ולפרנסת עניים, הנהגות של יחסי קרבה ושכנות טובה: הכנסת אורחים ולווייתם, קבורה וביקור חולים וכיוצא בזה.[29] המילים ״וכן יראה לי״ מלמדות שאי אפשר לגזור חובות אלו ישירות מן הפסוקים, אבל הן הרחבה מתבקשת מכוח הסברה שגר תושב שייך למעגל שאנו מחויבים כלפיו. כניסתו למעגל הזה מחייבת לנהוג עימו בדרך ארץ וגמילות חסדים.[30]

העובדה שהרמב״ם לא מנה בפני עצמה את המצווה להחיות גר תושב קשורה בכך שהוא מפרש אותה בצורה מרחיבה מאוד, שחורגת הרבה מהחיוב להעניק טיפול מציל חיים, ואף הרבה יותר מהחיוב

28. ההבדל המעשי הוא שלגוי אין כופלים בשלום, כי שאר הדברים עושים לגוי מדין ״דרכי שלום״.
29. מצוות אלו נזקפות אצל הרמב״ם לחיוב ״ואהבת לרעך כמוך״. ראו **משנה תורה** הלכות אבל פי״ד הל׳ א-ב.
30. מן הראוי להזכיר כאן את דברי **המגיד משנה** הלכות שכנים פי״ד ה״ה: ״עניין דין בן המצר הוא שתורתנו התמימה נתנה בתקון מדות האדם ובהנהגתו בעולם כללים באמירת ׳קדושים תהיו׳... וכן אמרה ׳ועשית הישר והטוב׳, והכוונה שיתנהג בהנהגה טובה וישרה עם בני אדם ולא היה מן הראוי בכל זה לצוות פרטים, לפי שמצות התורה הם בכל עת ובכל זמן ובכל ענין, ובהכרח חייב לעשות כן, ומדות האדם והנהגתו מתחלפת לפי הזמן והאישים והחכמים ז״ל...״. ייתכן שתובנה זו עומדת גם ביסוד ההרחבה שיוצר הרמב״ם כאן.

להמציא לו פרנסה, ובוודאי יותר ממה שאנו מצווים לעשות ביחס לגויים משום דרכי שלום. וכך כותב **הרדב"ז** (הלכות מלכים פ"י הי"ב) לגבי ההרחבה של הרמב"ם בדבר חובת גמילות חסדים ועל הסברה של הרמב"ם: "סברה נכונה היא כיון שאנו מצווין להחיותו".

הרמב"ם והרדב"ז אינם היחידים שמחזיקים בעמדה זו, ורבים צידדו בעמדה המרחיבה את החובות כלפי גר תושב. הראב"ד הסכים לעמדה זו, (**פירוש הראב"ד**, עבודה זרה סד ע"ב, ד"ה "איזה הוא גר תושב") וחלק רק לגבי תלות דין זה ביובל הרשמי וסבר שדי בחוסן כלכלי לאומי כדי לחייב במצווה זו (**ראב"ד**, הלכות איסורי ביאה פי"ד ה"ח).[31] בדבריו של הראב"ד הללו אפשר לשמוע הדים מצד אחד לחובה המורחבת כלפי גר תושב ומצד אחר גם לחובה להעדיף את עניי ישראל בבחינת "עניי עירך קודמים". לדבריו הסכימו גם הרשב"א (**שו"ת הרשב"א**, ח"א סי' קפב) ואחרים.

יישומים נוספים של החובה להחיות מופיעים במקומות אחרים בדברי הרמב"ם. בהלכות מתנות עניים מזכיר הרמב"ם (**משנה תורה** הלכות מתנות עניים פ"ז ה"א) את החובה לתת צדקה לעניים "כפי מה שראוי לעני". קרי, לא רק סיפוק הצרכים המינימליים של העני אלא יותר מכך - נתינה שהיא לפי מדרגת האדם המקבל ומה שהיה מורגל בו. הרמב"ם תומך יתדותיו בשני פסוקים שנכתב בהם "פתוח תפתח את ידך לו" ובפסוק נוסף, "והחזקת בו גר ותושב וחי עמך", שהבאתו היא הוכחה שהרמב"ם כולל גם גר תושב בחובה זו.[32] הרמב"ם מקפיד

31. הוא קושר זאת במפורש ליכולת הכלכלית של עם ישראל להחיות מבלי שיהיה טורח על הציבור, ומשמע בפשטות שהוא מבין ש"גר תושב צריך להחיותו" במובן האקטיבי של דאגה לפרנסתו: "כי בזמן היובל היו שומטין, **והיה יכול להתפרנס שלא בטורח**...".

32. הוכחה לכך עשויה להיות ממקורות אחרים, שבהם הרמב"ם משתמש בפסוק הזה כתמיכה לחובות כלפי גר תושב. ראו למשל, **משנה תורה** הלכות זכיה ומתנה פ"ג הי"א. מעניין לשים לב לכפילות המקורות בדברי הרמב"ם ביחס למתנת חינם: מצד אחד "לגר אשר בשעריך תתננה ואכלה" ומצד שני "גר ותושב וחי עמך". נראה ששני המקורות מלמדים את כפילות החובה: חובת הפרט וחובת הכלל (החובה הציבורית). אומנם, היו שסברו ששני הפסוקים מלמדים על השונות ברף

להביא את הפסוק בהקשרים השונים של הלכות צדקה, ואנו לומדים שחובה זו היא שוויונית ואינה נוגעת לחתך אוכלוסייה מסוים.[33] כמובן, צירוף שני הפסוקים מלמד לא רק על היקף המצווה (החובה לשוויון בין אוכלוסיות שונות) אלא גם על משמעויותיה הרחבות של מצוות הצדקה. מצירוף הפסוקים אפשר להסיק שהחובה מורכבת מנתינה שבמרכזה גם ראיית ה"אחר" וצרכיו, מתנועת הנפש הפנימית, מפתיחת הלב ומדאגה כנה למקבל.[34] גם בהלכות זכייה ומתנה כותב הרמב"ם שמותר לתת לגר תושב מתנות חינם והוא אינו בכלל "לא תחונם". הלכה זו מתחייבת מעצם קיומה של החובה לתת לו צדקה ולהחיותו.[35] הרב חיים קנייבסקי כותב בחיבורו **דרך אמונה** (הלכות

החיוב בין ישראל וגר תושב. אפשרות אחרת היא שכל אחד מן הפסוקים מלמד על הלכה שונה: הפסוק "תתננה ואכלה" מדגיש את הצד הנותן ויכולותיו ולא את הצד המקבל וצרכיו (ראו **סמ"ע** סימן רמט, ס"ק ב). להצעה זו יש עוגן בתוכן הפסוק, שמחייב נתינת נבילה, שהיא נתינה מועטת (ראו **מהר"ם חלאווה**, פסחים כא ע"ב, וכן **בה"ג** [הקדמה, מצוה קמ] **וביאור על ספר המצוות לרס"ג**, עשין פג). עניין נוסף הוא שלדעת הרמב"ם עצם הבאת הפסוק "תתננה ואכלה" הוא חלק מקביעה שזו מצווה ולא רשות. כדעה זו, שנתינת הנבילה לגר היא מצווה סברו **הבה"ג** (שם); **הסמ"ק** סימן רלט; **הרא"ם** (**יראים**, סימן קמא), ועוד. ראו סיכום הדעות אצל הר"י פערלא, **ביאור על ספר המצוות לרס"ג**, עשין, עשה פג, ד"ה 'והנבילה לתושבי פתח'. בהמשך דבריו הוא מתייחס לדעות החולקות.

33. אומנם, יש שכתבו שגם אליבא דהרמב"ם חובת הפרנסה אינה אלא כדי חיותו, אבל לא "די מחסורו". ראו **דרך אמונה** הלכות מתנות עניים פ"ז ה"ב, ד"ה ונאמר. אף מדבריו אפשר ללמוד שיש חובה לפרנסו אפילו אם אינו על שערי מוות. בכל מקרה, יש חובה להחיותו. ראו **ישראל והעמים** א, עמ' 191, ה"ש 370.

34. ההשערה שהרמב"ם כולל גר תושב בהלכה זו מקבלת חיזוק מדבריו שם בהלכה ז', שבה הוא מתייחס רק לפרנסת גויים (שאינם בגדר גר תושב) ומציין שפרנסתם היא מפני דרכי שלום ולא מעיקר הדין: "מפרנסין ומכסין עניי נכרים עם עניי ישראל מפני דרכי שלום, ועני המחזר על הפתחים אין נזקקין לו למתנה מרובה אבל נותנין לו מתנה מועטת, ואסור להחזיר את העני ששאל ריקם ואפילו אתה נותן לו גרוגרת אחת שנאמר (תהילים עד, כא): 'אַל יָשֹׁב דַּךְ נִכְלָם'". העובדה שבהלכה ז' הרמב"ם מתייחס לגויים בלבד ולא לגר תושב מחזקת את ההבנה שבהלכה א' כוונתו לכלול גר תושב, ומשמע שכלפי גר תושב חלה הרחבת חובת הצדקה האמורה בהלכה א' כמו כלפי ישראל.

35. רמב"ם **משנה תורה** הלכות זכיה ומתנה פ"ג הי"א.

מתנות עניים פ"ז ה"א, אות ה): "שגם גר תושב מצוה להחיותו וכן מצוה ליתן לו צדקה שזה בכלל להחיותו אבל אין עובר עליו על הלאו של לא תאמץ את לבבך ולא תקפוץ את ידך". בדבריו אלו הוא משקף את ההבנה של הרמב"ם בעניין תוכן החובה "להחיותו".

חריג לחובה לנהוג שוויון בחלוקת הצדקה הוא הדין של מתנות עניים, שיוחדו לעניי ישראל בלבד ובכללם גרי צדק.[36] ההבדל בין צדקה למתנות עניים נעוץ בכך שמתנות עניים ניתנות כהפקעה של השדה וכחלק מן התפיסה הקומונלית שהרכוש אינו לגמרי שלנו וכי "לי כל הארץ". גר תושב אינו מנוחלי הארץ ואינו שייך בדין זה והוא זכאי רק לצדקה.

הרחבה נוספת של היחס לגר תושב נזכרת בהלכות מלכים:

> שני נכרים שבאו לפניך לדון בדיני ישראל, ורצו שניהן לדון דין תורה - דנין. האחד רוצה והאחד אינו רוצה - אין כופין אותו לדון אלא בדיניהן. היה ישראל נכרי - אם יש זכות לישראל בדיניהן - דנין לו בדיניהם, ואומרים לו "כך דיניכם", ואם יש זכות לישראל - בדינינו דנין לו דין תורה ואומרים לו "כך דינינו". **ויראה לי שאין עושין כן לגר תושב אלא לעולם דנין לו בדיניהם.** (רמב"ם, **משנה תורה** הלכות מלכים פ"י הי"ב)

הרמב"ם דן כאן בנושא של "ברירת דין", כלומר היכולת לבחור בין שתי מערכות חוק אפשריות. גוי שבא לדון בבית דין ישראל כשבעל דינו גוי דנים אותו לפי הדין שעל פיו הוא בוחר להידון (דיני ישראל או דיני הגוי). אבל אם הגוי מגיע לדיון לפני בית דין ישראל כשבעל דינו הוא ישראלי, בוררים את מערכת הדין שנותנת עדיפות ויתרון לישראלי לפי העניין, בין שזו מערכת החוק של ישראל ובין שזו מערכת החוק של הגויים. ואולם כשגר תושב בא לדון בבית דין ישראל אף כשבעל דינו ישראלי, אין מערימים ואין מתחכמים לעשות

36. רמב"ם **משנה תורה** הלכות מתנות עניים פ"א ה"ט.

לו כך, אלא יש לאמץ בעקביות את דיני הגויים גם אם המשפט הכללי הזה מעניק לו יתרון במקרה הנידון. לדעת בעל **אבן האזל**, הסיבה היא שהקב"ה הפקיר את ממונו של הגוי והתיר בכך להפלות אותו לרעה, אבל בנוגע לגר תושב אין הפליה ויש לנהוג איתו בצדק ולדון אותו דין הוגן.[37] הסיבה שדנים בדיניהם ולא בדינינו עשויה להיות ההנחה שהמשפט הכללי הוא המקובל, והוא חלק מ"דרך ארץ" שיש לנהוג בה כלפי גר תושב. כדי שלא יחוש שמתמרנים אותו, חשוב לתת לו תחושה של הגינות בסיסית ודין צדק "כי דיני הנכרים הם דיני אדם בעלמא, וניתנה תורה וחידשה דיני ישראל".[38] מובן שהאיסור להערים אף הוא נובע מן התפיסה של הרמב"ם שיש לנהוג בגר תושב ב"דרך ארץ".[39]

חיוב נוסף שקשור למצווה להחיות גר תושב נוגע לאיסור הלנת שכר. הרמב"ם (**משנה תורה** הלכות שכירות פי"א ה"א) כותב: "מצות עשה ליתן שכר השכיר בזמנו שנאמר (דברים כד, טו): 'בְּיוֹמוֹ תִתֵּן שְׂכָרוֹ וגו''... וגר תושב יש בו משום ביומו תתן שכרו ואם איחרו אינו עובר בלא תעשה".[40] נראה שהחובה לתת את שכרו של גר תושב

37. שרייבר, **אגלי בכרה**, עמ' 94. וכן כתב מלמד, **בני חורין**, עמ' 228: "הסברו של דבר הוא לפי שאף בישראל מקובלת חוקת המשפט האנושי...". וראו גם: **אבן האזל** הלכות נזקי ממון פ"ח הי"ג. ולדעת **הילד שעשועים** הסיבה היא ש"דינא דמלכותא דינא". ראו סולוביצ'יק, **ילד שעשועים**, עמ' 77 ואילך. לעומת זאת, **בבאר מרים** כתב שזה מפני ש"גר תושב אינו בכלל 'ויתר גוים', ויש לו דין" (כלומר, הוא בכלל הדין ולא מחוצה לו ואין הוא מופלה לרעה. מן, **באר מרים** ג, עמ' ס). כמה אחרונים כתבו שדין זה שדנים לו בדיניהם אינו תקף כשהדין הוא להוציא ממון מישראל. ראו **שו"ת מהר"י באסן**, סימן לג; **שו"ת בית שלמה**, חושן משפט סימן קלא, ד"ה והן; **חזון איש**, ב"ק י, ד.

38. יש שגזרו מדברי הרמב"ם הללו חובה להקים מערכת בתי משפט שתדון גרים תושבים. ראו **שו"ת ציץ אליעזר** טז, סימן נה.

39. **החזון אי"ש** מוסיף על כך שישראל אינו דן בעדות בן נח כיון שלדידן אין זו עדות והרי אנו מוזהרין על גר תושב להחיותו. והסתפק אם ישראל יכול לדון את בן נח בעד אחד ישראל שזו אינה נחשבת עדות כלל. ראו **חזון אי"ש** בבא קמא סימן י ס"ק טז; **חשוקי חמד** בבא קמא יד ע"ב.

40. על פי המשנה בבא מציעא פ"ט מי"ב.

בעיתו קשורה בטבורה אף היא לחיוב העקרוני של ״להחיותו״.[41] יש כאן ציר כלכלי־משפטי־סוציאלי המחייב לתת שכר. החיוב של ״**ביומו** תתן שכרו״ כבר חורג מן העניין הסוציאלי ויש בו היבט אנושי של מניעת עוגמת נפש.[42] הלכה זו משקפת פן חשוב של זכויות עובדים שאינן רק זכויות אזרח. בהמשך לכך אעסוק להלן בפרק נפרד בנושא הזכות ליום מנוחה.

סיכום ביניים

הרמב״ן בהשגותיו לספר המצוות מונה את החובה להחיות גר תושב כמצווה נבדלת, אך **בעל הלכות גדולות** (הקדמה, קום עשה מט) והרמב״ם כללו אותה עם המצווה להחיות את האח.[43] בדברי הרמב״ם (משנה תורה הלכות מתנות עניים פ״ז; ובדעתו צידדו רבים) כוללת החובה הרחבה גם את מצוות צדקה ״די מחסורו אשר יחסר לו״. החובה הרחבה מתיישבת עם הפירוש הפשוט המקובל לחובה ״להחיות״.[44] בעל **מגילת אסתר**, שהסכים שזוהי הפרשנות הנכונה של דברי הרמב״ם, מותח עליה ביקורת שכן לדעתו החובה לתת ״די מחסורו״ אינה מתיישבת עם הצדק הפשוט והיא שמורה כפריבילגיה לאחיך.[45] לכן הוא מקבל את דעת הרמב״ן שמדובר במצווה בפני עצמה שהיקפה מצומצם מהיקף החובה כלפי האח.[46] חשוב להעיר שגם לדעת הרמב״ם יש כמה הבדלים בין היחס הראוי ל״אחיך״ ובין היחס הראוי לגר תושב, ומצוות החייאת האח רחבה יותר גם לשיטתו. הבדל אחד הוא שמלווים לגר תושב בריבית ולישראל לא.

41. ועל כן, אין כלפי גר תושב לא תעשה ״לא תלין״, ויש לגביו רק ההיבט החיובי של דאגה לכך שיקבל את שכרו בזמן כדי שיוכל לפרנס את משפחתו. בעניין זה ראו למשל **באר הגולה** הבאר השביעי פרק ד.
42. ייתכן שזה קשור גם למצוות אהבת הגר ואיסור אונאה. ואכמ״ל.
43. ספר המצוות לרמב״ם מצות עשה קצ״ה.
44. וכך כתב **שער יוסף** (הוריות יג ע״א): ״מכל מקום לשון ׳להחיותו׳ בכל הש״ס פירושו לעניין מזונות״.
45. דבריו מובאים **במנחת חינוך**, מצווה טז, על הרמב״ן.
46. שם.

הבדל נוסף הוא שיש חיוב עשה לתת לגר תושב את השכר בתום יום העבודה ("ביומו תתן"), אך אין עוברים לגביו בלאו של "לא תלין" אם הלינו את שכרו.[47] עוד הבדל נוגע לכך שאף שמצוות צדקה חלה ביחס לגר תושב, אין עוברים על הלאו של "לא תאמץ את לבבך ולא תקפוץ את ידך" שנאמר רק ביחס ל"אחיך האביון".[48] נוסף על כך, היו שהעירו שרמת המאמץ הכלכלי שיש להשקיע בהחייאת גר תושב פחותה מזו שנדרשת כלפי האח. לראיה, התורה דיברה על נתינת נבלה, שהיא דבר פחות ערך שאין בנתינתו חסרון כיס.[49] אין כאן אפוא ציווי על האדם מישראל לתפוס את הגר התושב כמותו ממש. יש דאגה ואחריות כלפי גר תושב, אבל רמת ההיחלצות הנדרשת כדי לסייע לו שונה.

אם כן, יש כאן שתי תפיסות שונות. התפיסה האחת היא של הרמב"ם, הרשב"א, הראב"ד והרדב"ז, והתפיסה השנייה היא זו של הרמב"ן ושל בעל **מגילת אסתר**. הרמב"ן כולל בחובות כלפי גר תושב רק את החובה להעניק טיפול רפואי וטיפול מציל חיים, ואילו הרמב"ם ואלה שעימו מוסיפים על אלו קומה נוספת של חובת צדקה רחבה, של גמילות חסדים ואחריות לרווחתו. הבדלים אלו מלמדים על תפיסות מהותיות שונות של גר תושב ושל חובותינו כלפיו. האם הוא אח? האם הוא שותף לדרך? או שמא הוא רק שכן?

שורשי החובה כלפי גר תושב ומהות זכויותיו

לאחר שהראינו שיש שתי נקודות התבוננות על גר תושב ועל רמת החיוב כלפיו, נראה שיש מקום לגעת בלב המחלוקת בשאלת הגדרת מעמדו של גר תושב.

47. לעיל ה"ש 40, 41.
48. לעניין "לא תאמץ" ראו **מנחת חינוך**, מצווה תע"ח-תע"ט, אות ב.
49. ראו תוספות עבודה זרה כ ע"א, ד"ה "ורבי מאיר"; **ספר האשכול** עבודה זרה סימן מו.

יחסי שכנות, זכויות אזרח

חז״ל קראו את המילה ״בשעריך״ שנאמרת בפסוק ״לגר אשר בשעריך תתננה ואכלה״ כשם קוד לגר תושב.[50] הדרשה ״**בשעריך**, זה גר תושב״ מלמדת על היותו גר במרחב העירוני שלך, בשכנות איתך. הציון שמציינת התורה את המיקום הגיאוגרפי של הגר לא בא רק לתאר את הדמות של גר תושב אלא גם לתאר ולהסביר את מקור החובה כלפיו. חובה זו קמה מעצם ישיבתו בארץ ולא מכוח זכותו לשבת בה.[51] נקודת ההתבוננות הזו על גר תושב היא מינימליסטית מבחינת מארג היחסים והתביעה מן האדם מישראל. היא כוללת את הציפייה לרגישות לזר שעבר לגור ברחוב שלי. היא מלמדת על רשת של אחריות כלפי כל מי שתלוי דווקא בי כמי שפוגש אותו מדי יום.[52]

גר תושב כמעמד דתי

אפשרות להתבוננות מרחיבה יותר היא של שותפות ייעוד. מנקודת מבט זו, גר תושב אינו רק שכן אלא גם מי שקיבל עליו את השקפת עולמי והוא שותף לאמונותיי. הרמב״ם מגדיר גר תושב כחסיד אומות העולם,[53] ובזה הוא מדגיש את נקודת המבט הדתית כלב העניין.[54] הדגשת הרמב״ם שקבלת שבע מצוות צריכה להיות מתוך אמונה בתורת משה ולא כחלק מחוכמה כללית וממוסר אנושי תומכת בכך אף היא. כמה מן האחרונים אף הם ראו בגר תושב את מי ש״גר על הרצף״. כך כתב הרב שאול ישראלי (**עמוד הימיני**, סימן יב, ז): ״שהסקנו שלרמב״ם ׳גר תושב׳ זוהי מין גירות ממש אלא שהיא גירות חלקית״.[55] גם **הצמח צדק** סבר שזהו שורש החיוב כלפי גר תושב, וכך

50. ראו למשל, דברים כד, יד והדרשה ביחס לפסוק זה בספרי דברים פיסקא רעה. ראו גם תורת כוהנים בהר פרשה ה פ״ו א; מדרש הגדול ויקרא כה, לה.
51. **מנחת חינוך** מצווה רפד, אות ו.
52. ראו גם **אור החיים** בראשית, כג, ד.
53. רמב״ם **משנה תורה** הלכות איסורי ביאה פי״ד ה״ז.
54. ראו הרחבה: **דף על הדף** פסחים כא ע״ב.
55. ראו גם דבריו **בעמוד הימיני** סימן יב, א: ״ולפי זה הרי קבלת גרות בפני ג׳

הוא כתב (**שו"ת צמח צדק** [**לובאוויטש**] יו"ד, סי' פג): "לכן לענין וחי עמך הם גם כן בכלל כיוון שאינם עובדי כוכבים ומאמינים בבורא עולם והשגחתו וגומלים טוב וחסד. על כן חייבים אנו לדרוש שלומם וטובתם". ההזדהות עם מי שהוא שותף לדרך ולאמונה נמצאת מדרגה אחת מעל ליחסי שכנות מחייבים. יש בה, מלבד החמלה, גם מידה מסוימת של הזדהות ותחושת שייכות. אבל גם מדרגה זו שונה ורחוקה ממדרגת אח, והיא אינה מלמדת על סולידריות עמוקה.[56]

סולידריות מכוח אחווה

מעטים הפוסקים שראו בגר תושב מי שהוא במעמד "אח" ממש.[57] אולם המאירי כתב (**בית הבחירה** עבודה זרה נז ע"א): "כבר אמרו כי תניא ההיא להחיותו כלומר שלא נצטוינו להחיותו מתורת אח אלא בדרך זה",[58] ומשמע מדבריו שמי שקיבל עליו שבע מצוות בפני ג' חברים (היינו "בדרך זה") הוא בתורת אחיך ממש. וכן כתב **הלחם משנה** (הלכות מלוה ולוה פ"ה ה"א): "גר תושב מפיק בגמרא בפרק איזהו נשך (דף ע"א) דמותר **אף על גב דנכנס בכלל וחי אחיך עמך** משום דאמר קרא אל תקח מאתו". הגדרתו כאח לדעות מסוימות מכלילה אותו במעגל של זכויות השמורות למעגל המשפחתי הפנימי,

שמוציאה אותו מכלל בני נח ונותנת לו השם 'גר תושב' היא ממש גירות מסוימת (וכנראה גם מכאן השם 'גר תושב') כי על ידי זה משתנה דינו".

56. ראו למשל: מכילתא דרשב"י משפטים כא, יד: "רעהו פרט לגר תושב...". כמו כן ראו את דברי **המשנה למלך** (הלכות מלוה ולווה פ"ה ה"א): "ויש לומר דלעולם דגר תושב לא מיקרי אחיך". וכן ראו **מנחת חינוך** (מצוה תעו, אות א): "דוודאי לשון החיאת אח לא מתפרש על גר תושב. ולא משמע דקאי אלא על קרא דוחי אחיך עמך דמיירי בישראל. אבל כאן לא כתיב לשון אחוה אלא וחי עמך". גם רבי חיים קנייבסקי כתב (**דרך אמונה** הלכות מתנות עניים פ"ז ה"א): "אבל אין עובר עליו על הלאו של לא תאמץ את לבבך ולא תקפוץ את ידך דשם כתיב אחיך" ומשמע גם מדבריו שאין גר תושב בכלל אחיך. **היד דוד** (בבא מציעא עא ע"א) כותב אף הוא "פשוט הוא דגר תושב לא נקרא אחיך".
57. ראו ה"ש הקודמת.
58. שם הוא מבאר שרק אם גר תושב התקבל בקבלת שלושה אנו חייבים להחיותו בתורת אח, אך לא אם לא הלך בדרך זו של קבלת שלשה. עי"ש.

אלו שאינן נובעות מערך השוויון דווקא אלא נותנות העדפה ליהודים. לפי גישות אלו ייתכן שגר תושב הופך להיות שותף לגורל ולא רק לייעוד ויש בהן אמירה לגבי זהותו של גר תושב. הוא הופך להיות חלק בלתי נפרד מאיתנו על אף השונות. דעה זו היא הדחוקה ביותר לדעתי, ונראה שגר תושב אינו אח, מעמד ששמור לאחיך ולגרי צדק בלבד.

עם זאת, שלוש רמות אלו של קשר עם גר תושב מהקל אל הכבד מחייבות קשב לדברי הפוסקים והן עשויות להעניק לאופי היחס כלפיו עומק מחשבתי ורעיוני. אם גר תושב הוא שכן, אני מחויב אליו; אם הוא בן דתי, אני חש גם זיקה וקשר כלפיו; ואם הוא אחי, אני מקבל אותו ללא תנאי, אוהב אותו ומעניק לו כמעט ללא גבול.

מי זכאי לתמיכה מדין "להחיותו"?

החובה להחיות נוגעת לגר תושב. במקרא גר תושב הוא שכן זר שהתורה מצווה עלינו לנקוט חמלה כלפיו, לדאוג לרווחתו ולשלבו במערכת החברתית. אבל חז"ל הפקיעו את הממד הארץ ישראלי הטריטוריאלי והרחיבו את ההגדרה כך שתחול גם על גוי בחו"ל.[59] חז"ל גם ייחסו את המושג "גר תושב" לגוי שקיבל עליו שבע מצוות בני נח, שביסודן הן מצוות בסיסיות שתפקידן לשמור על קומה אנושית ומוסרית בסיסית. בכך הציבו לעצם השכנות תנאי: קבלת ערכי בסיס והקפדה על רמה אנושית מוסרית.[60] והדבר פשוט, שהרי איננו מחויבים כלפי מי שאינו עוסק בבניין העולם, שכן זהו הפן

59. ראו למשל הסיפור על אבידרנא (עבודה זרה סד ע"ב - סה ע"א). וכן ראו נגן, "שבע מצוות".

60. ראו עבודה זרה סה ע"א, מחלוקת התנאים בקשר לגר תושב. להלכה נפסק כדעה שחייב בשבע מצוות בני נח. אומנם, ראו **ספר החינוך** מצווה צד, שנראה שפסק שדי בהנחת עבודה זרה כדי להיחשב גר תושב. וכן ראו **באר שבע** (סנהדרין צו ע"ב), שכתב ש"דוקא לעניין להחיותו הצריכו חכמים שיקבל עליו שבע מצוות שנצטוו בני נח... כלומר לעניין להחיותו בעינן גר חשוב גמור, אבל לעניין שאר דינים שבכל התורה כולה סגי בשקבל עליו שלא לעבוד עבודה זרה בלבד". לפי זה דעות התנאים כולן התקבלו להלכה, ושויכו לתחומי הלכה משתנים.

המהותי. אך יש תנאי נוסף פורמלי שנזכר בחז"ל, והוא התנאי של קבלה בפני ג'. כפי שהראינו, גר תושב הוא מעמד עצמאי ויש לו זכויות, ואף לענייני הרחקות אנו מתייחסים אליו בדרך שונה משאנו מתייחסים לגוי עובד עבודה זרה. כבר בגמרא נראה שיש הבחנה חותכת בין זכויות שונות. לגבי חלק מהן אין צורך בקבלת ג' כלל (למשל, ההיתר לתת מתנת חינם אינו מצריך קבלת ג').[61] השאלה אם תנאי הקבלה בפני ג' הוא הכרחי לצורך החובה "להחיות" נותרה במחלוקת בין הפוסקים.

כמה פוסקים הצביעו על כך שהחובה להחיות דורשת קבלה בפני ג' בהליך מוסדר בהשוואה לעניינים אחרים שבהם אין מדקדקים בזה. עם הפוסקים הללו נמנים הרא"ה, הריב"ש, הרמב"ם, הרב קוק ואחרים.[62] כולם קיבלו את התפיסה המרובדת של גר תושב והכירו במעמדו ככזה גם ללא קבלת ג' לעניינים אחרים. לדעות אלו, מעמד גר תושב הוא קטגוריה עצמית־מהותית שאינה תלויה בקבלת עם ישראל. אבל קבלת עם ישראל מחייבת את עם ישראל בחובת הדאגה לשלומם ולפרנסתם ויש בה משום פריסת חסות.[63] לעומת הפוסקים הללו, רבים אחרים פירשו שדי בשמירת שבע מצוות בני נח גם ללא ההיבט הפורמלי של קבלה בפני ג' כדי להיחשב בגדר גר תושב. הראב"ד למשל, כותב (**השגות הראב"ד**, הלכות עבודה זרה פ"י ה"ו) שישיבת הארץ הותרה למי ששומר שבע מצוות בני נח אף ללא קבלה בפני ג'. **הכסף משנה** (הלכות עבודה זרה שם) מסביר שלדעת הראב"ד ואף לדעת הרמב"ם אי אפשר למנוע מגר

61. ראו עבודה זרה סה ע"א.

62. ראו **בית הבחירה למאירי**, עבודה זרה סד ע"ב; שם, כו ע"א; שם, נז ע"א; **רא"ה**, עבודה זרה ו ע"ב, ד"ה "רב יהודה משדר"; **הגהות אשרי** בשם מהר"ח, עבודה זרה, פ"ה, סימן ה; **שו"ת ריב"ש** סימן קיט; רמב"ם **משנה תורה** הלכות עבודה זרה פ"י ה"ו; ראב"ד, שם; **שו"ת משפט כהן** (ענייני ארץ ישראל) סימן נח. וראו טור חושן משפט, סימן רמט; **עמוד הימיני** סימן יב, שמסביר את דעת הטור.

63. על כן, פשוט שאזרח המדינה קיבל הבטחה למחויבות כזו. אך הדיון כאן מתייחד למי שלא קיבל אזרחות והוא יושב כאן.

תושב ישיבה בארץ כיוון שאין חשש שיחטיא את ישראל. ולכן, אף שאין יובל ואין קבלה בפני ג׳ נוהגת, יש לתת לו זכות ישיבה בארץ. את דברי **הכסף משנה** הללו מביא **המנחת חינוך** וכותב (מצווה צג, שלא לכרות ברית לז׳ עממים, אות ה): ״אם כן אם מקבל עליו שבע מצוות אפילו בזמן הזה מצוה להחיותו גם כן״.[64] הוא מוסיף שזו גם דעת המחבר העולה מדבריו **בבית יוסף** ומציין שכמובן עניין זה כולל את החובה להחיותו.[65] להבנתו של **המנחת חינוך** יש תימוכין גם ממקור אחר **בכסף משנה** (הלכות מאכלות אסורות פי״א, ה״ז) שבו כתב על הישמעאלים שחזקה עליהם שהם שומרים שבע מצוות בני נח, ומשמע מדבריו שחזקה זו מייתרת את ההליך של קבלה בפני ג׳. הרב יצחק זילברשטיין, בהשיבו על השאלה אם בזמן הזה אפשר שנוכרי יקבל עליו להיות גר תושב, מביא בפשטות את דברי **הכסף משנה** וכותב:

> וכתב הכסף משנה שנראה לומר לדעת הרמב״ם דאין הכי נמי שאם מעצמו קיבל עליו שבע מצות אין מונעין אותו מישיבת הארץ ולא בא לומר אלא שאין בית דין מקבלין אותו. וכן כתב המנחת חינוך שלדעת הכסף משנה גר תושב בזמן הזה מצוה להחיותו. ונוהג בזמן הזה, וראיה לזה שכתב השו״ע.
>
> (**חשוקי חמד** עבודה זרה, סד, ב)

רבי מנחם מנדל קלויזנר (אשכנז, המאה הארבע־עשרה), שקדם לרב זילברשטיין, אף הוא כתב ״וגוי שקיבל עליו שלא בפנינו לקיים שבע מצוות חייבים להחיותו״. וכן רבי יששכר בער פרנס (פולין, המאה השבע־עשרה) כתב בפירושו **באר שבע** (סנהדרין צו, ע״ב, ד״ה תני

64. זאת אף שככל הנראה הראב״ד עצמו אינו מקבל את ההרחבה של המצווה להחיותו. ראו **ראב״ד**, הלכות עבודה זרה פ״י ה״ו.
65. שם. **המנחת חינוך** עצמו אינו מקבל את דעת **הכסף משנה**: ״ומכל מקום נתישבתי דדוקא לענין ישיבת הארץ יש גר תושב אף האידנא, אבל להחיותו אף שקיבל בעצמו לא מהני...״.

נעמן גר): "דדוקא לענין להחיותו הצריכו חכמים שיקבל עליו שבע מצוות... אבל לענין שאר דינים שבכל התורה כולה סגי בשקבל עליו שלא לעבוד עבודה זרה בלבד". בדבריו אין אזכור של הצורך בקבלה בפני ג' חברים. גם הרב ראובן מרגליות כתב שקבלת שבע מצוות כחלק ממסגרת דתית מעלה את הגוי לדרגת גר תושב גם ללא קבלה על ידי ג' חברים:

> וזה שהדגישו ולא כתבו **אין גר תושב** בזמן שאין היובל נוהג, כי אם **אין מקבלין** גר תושב, כלומר אין נזקקין להחזיקו בחזקה בלתי עובד עבודה זרה. אבל כל זה נאמר אך על **יחיד הפורש מאומתו שהם עובדי עבודה זרה** לכן הוא מוכרח לחוות דעתו כי אינו מהם ומההמונם, אבל **אם כל אותה האומה נחזקה אצלינו** שאינה עובדת עבודה זרה ומקיימת אלו החוקים יסודי האנושיות **אין כל יחיד צריך קבלה פרטית** ראה כסף משנה הל' מאכלות אסורות פי"א ה"ז[66] ובבית יוסף לטור יו"ד סי' קכד.
> (**טל תחיה,** עמ' סח)[67]

66. כך לשון הרמב"ם (**משנה תורה** הלכות מאכלות אסורות פי"א ה"ז): "גר תושב, והוא שקיבל עליו שבע מצות כמו שביארנו, יינו אסור בשתייה ומותר בהנייה, ומייחדין אצלו יין ואין מפקידין אצלו יין, וכן כל נכרי שאינו עובד עבודה זרה, כגון אלו הישמעאלים, יינן אסור בשתייה ומותר בהנייה. וכן הורו כל הגאונים. אבל אותם העובדים עבודה זרה סתם יינם אסור בהנייה".
על כך כתב **הכסף משנה:** "וכתב הרשב"א... ואף על פי שהישמעאלים הללו לא קבלו עליהם שלא לעבוד עבודה זרה וכן לא קבלו עליהם בפני ג' ז' מצות בני נח וברייתא קתני איזהו גר תושב כל שקיבל עליו בפני ג' חבירים... ההיא לא לענין יין נסך ושאר גזירות שגזרו בנכרים היא שנויה אלא להחיותו בלבד, וכדגרסינן התם עלה דההיא רב יהודה שדר קרבנא לאבידרנא ביום אידם... אלמא כל שידענוהו שאינו עובד עבודה זרה אינו בכלל גזירות הללו, ולא הצריכו לקבל בפני ג' חבירים אלא להחיותו בלבד. ומכל מקום כל שאסרו משום חתנות אף הוא אסור בו, שהרי הוא בכלל איסור חתנות, ולפיכך יינו אסור בשתייה כשמנו. עכ"ל".
67. דברי **הבית יוסף** שם זהים לדבריו **בכסף משנה.**

מכאן שלפנינו שלוש דעות. יש דעה שקבלת ג' נצרכת ואין דין "להחיותו" מתקיים כיום. הקבלה נצרכת כי היא הגורם שמחייב אותנו להחיות גר תושב, שהרי התחייבנו לקבלו כאחד מבינותינו. וכפי שכותב הרב שאול ישראלי: "ונראה שתוכן קבלת המצוות בפני ג' חברים היינו שכלל ישראל מקבלם לתוכם ומתחייבים לדאוג לקיומם".

יש מי שסובר שעצם הזכות לשבת בארץ היא שגוררת את חובתנו להחיותו גם בלי קבלת ג'. לתפיסה זו המהות גוברת על הפורמליזם, ובוודאי מי שקיבל אזרחות כלול בזה. בסופו של דבר, מי שיושב כאן אי אפשר למנוע ממנו את הטוב המתבקש מכך (אם לדלג לשאלת היישום של התפיסה הזאת במדינת ישראל - מובן מאליו שדין זה לא יחול על מי שאינו זכאי לשבת כאן, ומיועד לגירוש).

שתי התפיסות הללו, אף שהן חלוקות בשאלה הפורמלית אין ביניהן מחלוקת שהגורם המחייב "להחיותו" הוא עצם השכנות.

לדעה אחרת, קבלת ג' נצרכת אלא שיש לה תחליף כיום אצל מי שבאים מקרב האומות המתוקנות, בני הדתות שקיבלו עליהם שבע מצוות, למשל המוסלמים (ולדידם של אלו, המחויבות נובעת מן השותפות לאמונה ולדרך ולא מהתחייבות שלנו כלפיהם).

לכל הדעות, מי שאינו שומר שבע מצוות בני נח אין חובה "להחיותו". הדברים פשוטים, שהרי אדם שאינו מוסרי ואינו חי לפי מוסכמות בסיסיות הנדרשות לקיום העולם אנו רשאים לשלול ממנו זכויות רבות, למשל כשמדובר בפושעים או תומכי טרור וכיוצא בזה.

המצווה להחיות כחובה ציבורית או פרטית

נראה שעל פי העמדה המרחיבה של החובה להחיות, היא מתאימה להיות מוטלת על הפרט ולא על ישראל כציבור. ניהול תקציבי הצדקה הקהילתיים נעשה בדרך של הקצאות מדודות ולא מתוך מבט על הצורך של האדם הפרטי. העיקרון של הרמב"ם שגם גר תושב זכאי לצדקה "די מחסורו אשר יחסר לו", כלומר בסטנדרט שהיה

מורגל לו, מתאים רק במישור הבין־אישי ולא ברובד הקהילתי. הרב יוסף דוב סולוביצ׳יק חש בקושי הזה ודן בו. לדבריו, בתורה נזכרת מצוות הצדקה פעמיים באופנים שונים (בפרשת ראה ובפרשת בהר). בפרשת ראה מופיע החיוב הרחב: ״לֹא תְאַמֵּץ אֶת לְבָבְךָ וְלֹא תִקְפֹּץ אֶת יָדְךָ מֵאָחִיךָ הָאֶבְיוֹן. כִּי פָתֹחַ תִּפְתַּח אֶת יָדְךָ לוֹ וְהַעֲבֵט תַּעֲבִיטֶנּוּ דֵּי מַחְסֹרוֹ אֲשֶׁר יֶחְסַר לוֹ״ (דברים טו, ז–ח), ובפרשת בהר מופיע החיוב: ״וְהֶחֱזַקְתָּ בּוֹ גֵּר וְתוֹשָׁב וָחַי עִמָּךְ״ (ויקרא כה, לה) המצומצם יותר. לאור זאת כותב הרב סולוביצ׳יק בשם רבי חיים מבריסק שמצוות ״להחיותו״ שבפרשת בהר היא חובה שמוטלת על הציבור, ואילו ההלכות שנלמדות מפרשת ראה מוטלות על היחיד בלבד:[68]

> וביאר הגר״ח זצ״ל ששתי פרשיות אלו הן שני חיובים נפרדים. שחובת היחיד במצות הצדקה נלמדת מהפרשה בראה הכוללת העשה של פתח תפתח והלאוין של לא תאמץ... ואילו בפרשת בהר ״והחזקת בו גר ותושב וחי עמך״ מדובר על חובת הציבור עיקר החיוב להחזיק גר תושב הוא מוטל על הציבור...
>
> (רי״ד סולוביצ׳יק, **רשימת שיעורים**, בבא קמא, לו, ע״ב)

תרומתו של הרב סולוביצ׳יק אינה רק בהעברת הדיון למישור המדיני, אלא גם בכך שהוא מחלק בין רמות חיוב שונות. כיוון שהחיובים שבפרשת ראה כוללים את החובה הרחבה של מצוות צדקה ״די מחסורו״, הם מוטלים על כתפי היחיד גם אם מקבלים את דעת הרמב״ם שאף הם חלים ביחס לגר תושב. לעומת זאת החיובים הצרים יותר הם חלק מחובת הציבור.

68. ייתכן לטעון שזוהי גם דעת הרמב״ן, שמבאר את המצווה ״להחיותו״ בצורה מצומצמת, כי הוא רואה בה מצווה על הכלל (ולא שאינו סבור שיש חובה פרטית ליתן נבלה לגר הנצרך).

השלכות החיוב "להחיותו" במדינת ישראל

סל החובות שאנו חבים מדין "להחיותו" כולל ברמה הנמוכה שלו (שיטת הרמב"ן) שירותי בריאות ורפואה (תרופות מצילות חיים) ויילוד. ברמה הגבוהה (שיטת שאר הפוסקים) נוספות על כך הבטחת הכנסה או תעסוקה,[69] הענקת אשראי במקרה הצורך וקבורה.[70] נראה שאין החובות הללו כוללות סל קליטה, וגם לא את כלל המענקים שהמוסד לביטוח לאומי מעניק. כך למשל, מענק לידה, קצבת ילדים וכדומה שניתנים כעידוד ותמריץ אינם חלים לגבי זרים. דמי לידה, לעומת זאת, שמאפשרים לאישה להתפרנס גם בתקופה שבה אינה יכולה לעבוד, מגיעים לה. דמי לידה בסכום שישתווה לשכר שהייתה מקבלת אילו לא ילדה עולים בקנה אחד עם העיקרון של "די מחסורו אשר יחסר לו" שנמדד ברמה הסובייקטיבית. הזכות להשלמת החיסרון ברמה הסובייקטיבית נתונה במחלוקת בין הרמב"ם ושאר הפוסקים לרמב"ן, ועל כן היא כלולה ברמה הגבוהה של החיוב אך לא ברמה הנמוכה שלו.

אומנם יש מקום לטעון שבמדינת ישראל המודרנית התחייבה המדינה לסל רחב יותר של חיובים ספציפיים כלפי האזרח מדין צדקה, וכיוון שהרמב"ם החיל את דין צדקה על גר תושב יש לקרב ככל האפשר בין זכויות האזרח ובין זכויות גר תושב לפי הרמב"ם.

להבנתי, יש לנהוג במידה זו גם בנוגע למי שהוא תושב ארעי או תושב קבע. אבל אין הדבר נכון לגבי מסתננים ושוהים בלתי חוקיים ומבקשי מקלט, שספק אם הם נכללים בגדר גר תושב באשר אין להם אפילו זכות ישיבה בארץ. גם זכויות פנסיוניות אינן כלולות בסל הזה, אף על פי שאם מדובר בתושב שעשוי להישאר בגיל הפנסיה בארץ

69. יש לדון האם נכון לגזור מכאן גם את החובה להעניק ידע מקצועי.

70. לא ברור שגם תרופות לאיכות חיים כלולות בכך. ייתכן שיש להחשיב זאת כחלק מגמילות החסדים המורחבת שמזכיר הרמב"ם. כך גם לגבי ליווי רוחני, ליווי של עובדים סוציאליים וכיוצא בזה. יש לדון אף מהי רמת הקבורה המתחייבת.

חיסכון כזה עשוי לשמש לצורך התמיכה המחויבת בו בהמשך חייו. אבל ייתכן שההסדר הראוי בעניין זה הוא הסדר באמצעות תקציבים המיועדים לכך ולא באמצעות חיסכון אישי. בדרך זו יש לדון בכל אחד מסעיפי הזכויות הסוציאליות המקובלות.

חשוב להזכיר, היריעה הפרוסה לפניכם מלמדת כי כדי לגבש מדיניות יהודית הנוגעת לדין המיעוטים בארץ כיום יש להתחשב בגורמים האלה: (א) מידת ההתאמה של המיעוט המדובר למעמד של "גר תושב"; (ב) הכרעה באשר לרמת החובות המוטלות עלינו כחלק מדין "להחיותו".

על פי דבריי עד כה, נראה שככל שגר תושב עומד בדרישות גבוהות יותר, כך הוא ראוי יותר לזכויות דומות לאלו שניתנות לאזרח יהודי־ישראלי, וככל שהזיקה שלו למעמד גר תושב מתמעטת, כך מתמעטות גם החובות כלפיו. לכן אפשר לומר שבין שני הגורמים מתקיים יחס ישר. משמעות הדבר שההכרעה בין התפיסה המינימליסטית למקסימליסטית אינה חייבת להיעשות בצורה חותכת ואפשר להציע שכל אחת מן התפיסות מתאימה למיעוט שונה.

אך בתשתית הדיון כולו נמצא עניין נוסף: חשיבות ההתאגדות החברתית המדינית שלנו כאן בארץ. הרמב"ם כתב שאין מקבלים גר תושב בזמן שאין היובל נוהג, ולדבריו אין כיום תוקף למצווה להחיות כלל. לעומתו, **המשך חכמה** (ויקרא כה, לו) הבין שהמצווה תלויה באחיזה בארץ. **הראב"ד** (שקדם לו) אף הוא מיתן את גישתו של הרמב"ם וקבע שהזיקה בין קיום היובל לחלות דין "להחיותו" מהותית ולא פורמלית כפי שנדמה:

> ומצוה להחיותו דכתיב וחי אחיך עמך... ואלה הדינים שאינם נוהגים בו אלא בזמן שהיובל נוהג...
> אין אנו מצווים להחיותו... וקרוב הדבר להיות מן הטעם כי בזמן היובל היו שומטין והיה יכול להתפרנס שלא בטורח צבור ועכשיו אינו יכול... (**ראב"ד**, הלכות איסורי ביאה, פי"ד, ה"ח)

לדבריו של הראב״ד, התלות של דין ״להחיותו״ ביובל קשורה בטבורה לכך שהיובל נוהג בשעה שעם ישראל מבוסס כלכלית, שומט קרקעות פעם בשבע שנים וממילא פרנסת גר תושב אינה הופכת לנטל כלכלי חריג על הציבור. החוסן הכלכלי של הציבור הוא התנאי לחובה להחיות גר תושב.[71] קביעה זו מובילה להנחה אפשרית שמדינת ישראל החזקה מחויבת לכל הדעות בדין ״להחיותו״. הצבת הקריטריון הכלכלי במוקד מלמדת על האפשרות לתרגם את היובל למציאות ימינו במנותק מדיני יובל כשלעצמם ומחזקת את ההבנה האפשרית שדי בחוסן כלכלי־חברתי כדי להעמיד על תילה את החובה להחיות גר תושב. המבחן של הרמב״ם הוא אפשרות השמירה על הזהות והצביון היהודיים של מי שחי כאן בארץ, ואילו הראב״ד בחן את הדברים במבחן המעשי של האפשרות לסייע לזרים: היציבות והחוסן הכלכלי.[72] שני המדדים חשובים היום, ובבחינת ההצעה של מתן הזכויות לזרים יש לדון בהקצאות האפשריות, הן מבחינת הרצון לשמור על הזהות היהודית של המדינה והן מצד היכולת הכלכלית שלה, ולהציג משנה סדורה מחודשת לאור הקריטריונים שהצגנו כאן.

71. ראו גם: הרב קליירס, **תורת הארץ** ח״ב ביאורים פ״א אות לא. שם הוא מוסיף שהתניה זו מסבירה מדוע אף בימי בית שני, כשהארץ הייתה בידי ישראל, לא קיבלו גר תושב שכן גם אז לא נהג יובל.

72. מדד נוסף שראוי להביא בחשבון קשור בעמדת הפוסקים שסברו שהעדיפות שניתנה בהלכה לגר תושב על פני עבד כנעני, על אף שעבד כנעני שומר מצוות רבות יותר, נובעת מן הבחירה של גר תושב להצטרף ולהיות חלק מעם ישראל, בניגוד לעבד כנעני שמגיע בלית ברירה למעמדו זה. אם אכן גר תושב מקבל זכויות על בסיס כנות הצטרפותו לעם ישראל, אזי קריטריון לקבלת תקציבים ומענקים צריך להיות בחינת הכנות, הנאמנות והדבקות בעם ישראל. ראו ר״י פערלא, **ביאור על ספר המצוות לרס״ג**, מצווה פג.

"רחמים וחסד ושלום בעולם":
חילול שבת להצלת גוי

יעקב נגן

השבת היא מיסודות הברית בין ישראל לאביהם שבשמיים. עם זאת, חכמים לימדו שהצלת חיי אדם גוברת על השבת ודוחה אותה. עבור חייו של איזה אדם ניתן לחלל שבת קודש?

פוסקים רבים מתירים למעשה חילול שבת לא רק להצלת יהודי אלא אף להצלת חיי כל אדם הנמצאים בסכנה. הנימוק המקובל להצלת גוי, ודאי כאשר מדובר בחילול שבת במלאכות דאורייתא, הוא "משום איבה". שיקול זה למעשה מניח פיקוח נפש עקיף של יהודים, משום שאם לא נטפל בגויים בשבת הם לא יטפלו ביהודים.[1] היתר חילול השבת הוא למעשה רק להצלת היהודי.

עובדה זו מעוררת קושי ומועקה מסוימת. הקושי אינו נעוץ בעצם העובדה שיש דברים החשובים יותר מן החיים עצמם: כיהודים

1. **שו"ת חתם סופר** ב יורה דעה סימן קלא, השמטות קצ; **שו"ת אגרות משה** אורח חיים ד, סימן עט.

אנו נתבעים למסור את הנפש כדי שלא לעבור על איסורי שפיכות דמים, גילוי עריות ועבודה זרה. הקושי נעוץ בהבחנה בין חיי היהודי לחיי הנוכרי, שכן את היהודי מצילים גם כאשר יש חשש רחוק ביותר לחייו,[2] אפילו כשמדובר בגוסס שעומד למות וההצלה תאריך רק במקצת את חייו,[3] או בשוטה שאינו חייב במצוות.[4] כל זה מחדד באופן צורם את הניגוד לכאורה בין היחס לחיי הנוכרי לבין היחס לחיי היהודי.[5]

מטרת פרק זה היא להציג קריאה במקורות בחז"ל ובראשונים, המבססת את היתר הצלת הגוי על תפיסה עקרונית של קדושת החיים החלה על כל יושבי תבל.

המצווה להחיות גר תושב

בטרם אציג את דרכי בקריאת הסוגיה, ברצוני להציע כיוון אחר להתמודדות עם שאלה זו, גישה שפילס הרב נחום רבינוביץ' על בסיס דברי הרמב"ן.[6] לדעת הרמב"ן, יש מצווה להחיות גר תושב, ומצווה זו כוללת גם חילול שבת כדי להצילו:[7]

2. תוספות יומא פה ע"א, ד"ה "ולפקח הגל אינו כן".
3. **שולחן ערוך** אורח חיים סימן שכט סעיף ד.
4. **ביאור הלכה** שם.
5. הרב אונטרמן (**שבט מיהודה** סימן ע) העלה את השאלה. הוא מתיר איסורי דרבנן בגלל הערך של דרכי שלום, אולם באיסורי תורה של שבת הוא נזקק לנימוק של סכנת נפשות ליהודים (שם, עמ' רצז-רצט).
6. **שו"ת מלומדי מלחמה**, עמ' 144-146.
7. יש המציעים קריאה אחרת בדברי הרמב"ן, והיא שהמשפט: "והוא בהם פקוח נפש שדוחה שבת" נאמר רק על ישראל או גר צדק ולא על גר תושב. יש לציין שהרשב"ץ (1361-1441 מחבר **התשב"ץ**) המביא את דברי הרמב"ן ומקבל אותם (**זוהר הרקיע** מצוות עשה לט), ביאר אותם במפורש שגם פיקוח נפש של גר תושב דוחה שבת (כהבנת הרב רבינוביץ'): "...והרמב"ן ז"ל הסכים לדעת הגאון ז"ל, ופירש מצוה זו להציל האח מרעתו שאם היה טובע בנהר או נפל עליו הגל שנציל אותו ולרפאותו אם הוא חולה, **וזו היא מצות פקוח נפש שדוחה שבת ונכלל בזה גר ותושב**...".

שנצטוינו להחיות גר תושב להציל לו מרעתו שאם היה טובע בנהר או נפל עליו הגל שבכל כחנו נטרח בהצלתו ואם היה חולה נתעסק ברפואתו וכל שכן מאחינו ישראל או גר צדק שאנו מחוייבים לו בכל אלה **והוא בהם פקוח נפש שדוחה שבת** והוא אמרו ית׳: "וכי ימוך אחיך ומטה ידו עמך והחזקת בו גר ותושב וחי עמך..."

(**השגות הרמב"ן לספר המצוות** שכחת העשין מצווה טז)

את דברי הרמב"ן הללו מיישם הרב רבינוביץ׳ במציאות ימינו מתוך התבססות על שתי הנחות יסוד. קודם כול, הנוכרים של היום כלולים באופן עקרוני בגדר גר תושב בנוגע לדין זה. על היסוד הזה כתבתי באריכות בפרק "מיהו תושב בזמן הזה". עוד הוא מניח שאפשר לפסוק כמו הרמב"ן ולא כמו הרמב"ם, המתיר רק לעבור על איסורי דרבנן כדי להציל את חייו של גר תושב.[8]

מלבד הנחות אלו, יש להעיר שחידושו של הרמב"ן דורש לכאורה ביסוס: גם אם נקבל שיש מצווה להציל את חייו של גר תושב מדין "להחיותו", מניין שמצווה זו מתירה לחלל שבת מדאורייתא?

קריאה מחודשת של הסוגיה

ברצוני להציע קריאה מחודשת של הסוגיה, קריאה המבססת את החיוב להציל בשבת גם חיים של מי שאינם יהודים. קריאה זו עומדת כשלעצמה, ונוסף על כך יכולה לשמש חיזוק לדברי הרמב"ן.

מה יסודה של ההנחה שאין להציל חיי גויים בשבת כאשר הדבר כרוך בחילולה? לכאורה, הנחה זו מקורה בכמה סוגיות מפורשות בש"ס, אך כשנעיין בסוגיות אלו נגלה שמסקנה זו אינה פשוטה כלל ועיקר. הגמרא במסכת עבודה זרה עוסקת במיילדת ישראלית המיילדת נוכרית:[9]

8. רמב"ם **משנה תורה** הלכות עבודה זרה פ"י ה"ב.
9. בנדפס: "עובדת כוכבים", בשל שיבושי הצנזורה. בכתבי יד הנוסח הוא: "נכרית".

מתני'. בת ישראל לא תיילד את העובדת כוכבים, מפני שמילדת בן לעבודה זרה...
אמר רב יוסף: בשכר שרי משום איבה.
סבר רב יוסף למימר: אולודי עובדת כוכבים בשבתא בשכר שרי משום איבה;
א"ל אביי, יכלה למימר לה: דידן דמינטרי שבתא מחללינן עלייהו, דידכו דלא מינטרי שבתא לא מחללינן.
(עבודה זרה כו ע"א)

רב יוסף מעלה את השיקול להתיר ליילד נוכרית בשבת משום איבה. אלא שיש לשים לב שנושא המשנה איננו יילוד של נוכרית בשבת, אלא עצם הסיוע של הישראלית ללידה של עוד עובד עבודה זרה - "מפני שמילדת בן לעבודה זרה". האיסור איננו דין מדיני שבת אלא חלק מהמאבק הקשה באלילות. רב יוסף מתיר משום איבה, וממילא אפשר ליילד גם בשבת, ואילו אביי סובר שבשבת אפשר להימנע מחשש איבה ולא ליילד את הנוכרית. אך בסופו של דבר, הסיבה שלא ליילד את הנוכרית איננה חילול שבת אלא המלחמה בעבודה זרה.

סוגיה נוספת בהקשר הזה היא סוגיית הגמרא במסכת יומא. שנינו במשנה:

מי שנפלה עליו מפולת... ספק נכרי (בנדפס: עובד כוכבים) ספק ישראל מפקחין עליו את הגל (משנה יומא פ"ח מ"ז)

ברור מהמשנה שאם יש לנו ודאות שמדובר בנוכרי, אין מפקחין עליו את הגל (מסירים את גל האבנים) בשבת. ואולם כאשר מדובר בנוכרי הנמצא בסכנת חיים יש לציין שגם בימות החול אין מצילים אותו:

הגוים והרועים בהמה דקה ומגדליה **לא מעלין ולא מורידין**.
המינין והמשומדין והמסורות מורידין ולא מעלין.
(תוספתא בבא מציעא פ"ב הל"ג)

בלשון אחרת, הסיבה לאי־הצלת נוכרי איננה חילול שבת, אלא המאבק בעבודת האלילים שהוא אחוז בה. אין בחז"ל התייחסות ישירה לחילול שבת כדי להציל גוי שאינו עובד עבודה זרה, ולכאורה לא ברור מה יהיה הדין במקרה כזה.

אציין שבכתבי יד של שתי המשניות, עבודה זרה ויומא, לא כתוב "עובד(ת) כוכבים" אלא "נכרי(ת)", אולם ברור שהנחת היסוד של חז"ל היא שהנוכרים שהם באים איתם במגע הם עובדי עבודה זרה. כך עולה במפורש ממסכת עבודה זרה, שלפיה הנימוק לכך שבת ישראל לא תיילד את הנוכרית הוא "מפני שמילדת בן לעבודה זרה". כמו כן, בתוספתא הנזכרת לעיל גם בדפוס כתוב "הגוים" - "הגוים... לא מעלין" - וברור שההסבר לדין הזה הוא שלדעת חז"ל סתם גוי הוא עובד עבודה זרה.

"אשר יעשה אותם האדם" - היתר פיקוח נפש כהיתר כלל־אנושי

כדי לברר את השאלה אם מצילים בשבת גוי שאינו עובד עבודה זרה, יש לשוב אל שורשי הסוגיה המתירה חילול שבת בשל פיקוח נפש. הגמרא ביומא מביאה נימוקים אחדים להיתר חילול שבת להצלת נפשות, ולאחר שהיא עומדת על קשיים במקורות אלו, מגיעה הגמרא למסקנה הבאה:

> אמר רב יהודה אמר שמואל: אי הואי התם הוה אמינא: דידי עדיפא מדידהו, וחי בהם - ולא שימות בהם. אמר רבא: לכולהו אית להו פירכא, בר מדשמואל דלית ליה פרכא. (יומא פה ע"ב)

שמואל לומד את ההיתר לחלל שבת עבור הצלת חיים מפסוק בספר ויקרא:

> וּשְׁמַרְתֶּם אֶת חֻקֹּתַי וְאֶת מִשְׁפָּטַי אֲשֶׁר יַעֲשֶׂה אֹתָם הָאָדָם וָחַי בָּהֶם אֲנִי ה'.
>
> (ויקרא יח, ה)

למעשה, ישנם מקורות מוקדמים המביאים דרשה זו של שמואל (לדוגמה: תוספתא שבת פט"ו הי"ז), ויש לה גם כמה מקבילות בתלמודים.[10] הדרשה "וחי בהם ולא שימות בהם" אינה עוסקת בשבת דווקא אלא היא אמירה כללית שערך החיים נמצא מעל ערך המצוות, כפי שכותב הרמב"ם:

> ואסור להתמהמה בחילול שבת לחולה שיש בו סכנה שנאמר "אשר יעשה אותם האדם וחי בהם" ולא שימות בהם, הא למדת שאין משפטי התורה נקמה בעולם אלא רחמים וחסד ושלום בעולם, ואלו המינים שאומרים שזה חילול שבת ואסור עליהן הכתוב אומר "וגם אני נתתי להם חוקים לא טובים ומשפטים לא יחיו בהם" (יחזקאל כ, כה).
>
> (רמב"ם **משנה תורה** הלכות שבת פ"ב ה"ג)

הסוברים שהשבת חשובה יותר מן החיים ושאסור לחלל שבת להצלת חיים מכונים בפי הרמב"ם "מינים", ודעתם היא בבחינת השמצה קשה של התורה, המוצגת כך כ"חֻקִּים לֹא טוֹבִים וּמִשְׁפָּטִים לֹא יִחְיוּ בָּהֶם". הפסוק מספר ויקרא, "וּשְׁמַרְתֶּם אֶת חֻקֹּתַי וְאֶת מִשְׁפָּטַי אֲשֶׁר יַעֲשֶׂה אֹתָם הָאָדָם וָחַי בָּהֶם", מציב אפוא קריאה ערכית רחבה הרבה יותר מדיני חילול שבת: חוקי התורה הם חוקי חיים, "רחמים וחסד ושלום בעולם", וממילא מחייבים את העמדת החיים כערך עליון.

התבוננות בלימוד של שמואל מעלה ראיה נוספת לביסוס על היסוד הערכי הזה: הפסוק "אֲשֶׁר יַעֲשֶׂה אֹתָם הָאָדָם וָחַי בָּהֶם" פונה לכאורה לאדם שנמצא הוא עצמו בדילמה בין שמירת חוקי התורה לבין שמירת חייו. ואולם הגמרא מרחיבה מאוד את העיקרון שעולה מסיטואציה זו, ומתירה לאדם לעבור על חוקי התורה לא רק עבור שמירת חייו אלא גם עבור הצלת אדם אחר! אילו היה מדובר בדרשה

10. עבודה זרה כז ע"ב; שם נג ע"א; סנהדרין עד ע"ב ע"א; ירושלמי שבת פי"ד ה"ד טו ע"ד; עבודה זרה פ"ב ה"ב יא ע"א.

טכנית, ההרחבה הזאת לא הייתה מובנת, והיה נדרש לימוד נוסף להיתר לעבור על המצוות לשם הצלת הזולת. ההרחבה מובנת בתנאי שמבינים את הדרשה כאמירה ערכית ועקרונית של עליונות קדושת החיים. ממילא, העיקרון הזה נכון בין האדם לבין עצמו, וגם בין האדם לזולתו, ולא נדרשת דרשה אחרת.

מי כלול בקבוצה שהיסוד הערכי הזה מכוון כלפיה? האם רק היהודים או כלל האנושות? לכאורה, קדושת החיים, המעוגנת בכך שהאדם נברא בצלם אלוהים, רלוונטית לכל אדם באשר הוא, כדבריו של רבי עקיבא ״חביב אדם שנברא בצלם״, שנאמרו על כל אדם (אבות פ״ג מי״ד).[11] ואולם אין אנו זקוקים לסברות כאלה, שהרי על פסוק זה עצמו מלמדים חז״ל שהוא נדרש גם על נוכרי ולא רק על יהודי! דבר זה מפורש בשלושה מקומות בתלמוד המביאים את דרשתו של רבי מאיר:

> היה רבי מאיר אומר: מניין שאפילו נכרי ועוסק בתורה שהוא ככהן גדול - שנאמר אשר יעשה אתם האדם וחי בהם, כהנים לויים וישראלים לא נאמר, אלא האדם. הא למדת: שאפילו נכרי ועוסק בתורה הרי הוא ככהן גדול!
>
> (סנהדרין נט ע״ב; בבא קמא לח ע״א; עבודה זרה ג ע״א)

״האדם וחי בהם״ - ובכלל זה כל אדם, ונוכרי העוסק בתורה מדרגתו היא כשל כוהן גדול. בספרא מופיעה דרשה זו בהרחבה יתרה. המילה ״האדם״ חוזרת ומהדהדת, מציגה היבטים נרחבים של הקיום הרוחני ומדגישה: היבטים אלו אינם שייכים לכוהנים, לוויים או ישראלים, ואינם תלויי מעמד, אלא הם חלק מקומת האדם השלמה, האוניברסלית:

11. בהמשך המשנה נאמר ״חביבין ישראל שנקראו בנים למקום״, וממילא מה שנאמר בתחילת המשנה מוסב על כל אדם.

> אשר יעשה אותם היה רבי ירמיה אומר אתה אומר מנין אפילו גוי ועושה את התורה הרי הוא ככוהן גדול תלמוד לומר אשר יעשה אותם האדם וחי בהם.
> (תורת כוהנים אחרי מות פרשה ט יג)

השימוש של הדרשה דווקא ב"כוהן גדול" כביטוי למעמד שהנוכרי יכול להגיע אליו מובן מההקשר של הפסוקים - פרשת אחרי מות העוסקת בעבודת הכוהן הגדול. ייתכן גם שברקע הדרשה עומדת המשנה החותמת את מסכת הוריות: "ממזר תלמיד חכם קודם לכהן גדול עם הארץ" (הוריות פ"ג, מ"ח).

גם בספרות הראשונים אפשר לראות שהפרשנות שלפיה הביטוי "האדם" שבפסוק בספר ויקרא כולל את הנוכרי - התקבלה. בנוגע לטומאת אוהל מופיעה דרשה ידועה של רבי שמעון: "אתם קרויין אדם, ואין אומות העולם[12] קרויין אדם" (יבמות סא ע"א). הראשונים עוסקים בסתירה לכאורה בין קביעתו של רבי שמעון לבין דרשתו של רבי מאיר ודרשת הספרא על הפסוק "אֲשֶׁר יַעֲשֶׂה אֹתָם הָאָדָם וָחַי בָּהֶם", שממנו למדו ש"האדם" מכוון גם כלפי הנוכרי. כך לדוגמה מתרץ הרמב"ן ביבמות:

> יש אומרים דכל מקום ברכה כגון אשר יעשה אותם האדם וחי בהם וכיוצא בו אלו היה הקדוש ברוך הוא מדבר על ישראל בלבד היה מזכיר שמותן.
> (**חידושי הרמב"ן** יבמות סא ע"א)[13]

12. כך בדפוסים ראשונים ובכתבי־היד. גם כאן הנוסח שבדפוס וילנה "העובדי כוכבים" הוא משיבושי הצנזור.

13. על בסיס פירוש של **רבינו משולם**, המופיע בתוספות סנהדרין נט ע"א. עוד תשובות ראו שם **רשב"א**, **ריטב"א**, **רבי אברהם מן ההר**. ובסוגיה בסנהדרין: רש"י, תוספות ו**תוספות הרא"ש**.

מתירוץ זה, ומפירושים נוספים של הראשונים, עולה שהם קיבלו את עצם העובדה ש"אֲשֶׁר יַעֲשֶׂה אֹתָם הָאָדָם וָחַי בָּהֶם" מדבר על כל אדם, אפילו נוכרי.[14]

אם הפסוק שממנו לומדים את ההיתר לחלל שבת על פיקוח נפש, "אֲשֶׁר יַעֲשֶׂה אֹתָם הָאָדָם וָחַי בָּהֶם", עוסק בכל אדם באשר הוא, עולה ממילא המסקנה המתבקשת: פיקוח נפש דוחה שבת בנוגע לכל אדם באשר הוא! חייו קדושים ויש לחלל שבת כדי להצילו.[15]

והנה הדברים מפורשים במדרש ספרא שהובא לעיל: מייד לאחר הלימוד ש"האדם" האמור בפסוק הוא כל אדם, מופיעה הדרשה על המשכו של הפסוק, "וחי בהם", שממנה נלמד שהחיים קודמים לקיום המצווה.[16]

> וחי בהם לא שימות בהם, היה רבי ישמעאל אומר מנין אתה אומר שאם אמרו לו לאדם בינו לבין עצמו עבוד עבודת אלילים ואל תהרג יעבור ואל יהרג תלמוד לומר וחי בהם לא שימות בהם. (תורת כוהנים אחרי מות פרשה ט יג)

14. אילו נדרשנו לחלק בין דרשתו של רבי מאיר לבין דרשתו של שמואל, ולהניח שאחת מהן כוללת כל אדם, ואחת מהן ייחודית לאדם מישראל, הדרך הפשוטה הייתה לחלק במהופך: כלומר, כאשר הנושא הוא לימוד תורה, שניתנה לעם ישראל, היה מובן לו היה מתפרש הפסוק רק על אדם מישראל, ואף על פי כן רבי מאיר מרחיב וכולל בכך כל אדם. דווקא הדרשה השנייה על הפסוק, זו של שמואל - העוסקת בערך החיים - פשוט יותר להניח שהיא מתייחסת לכל אדם.
15. ייתכן לראות מעין ראיה לכך ש"וחי בהם" הוא ציווי כלל אנושי מהסוגיה בסנהדרין (עד ע"ב), שם מתלבטת הגמרא האם "בן נח מצווה על קדושת השם או אין מצווה על קדושת השם?". אביי עונה שם: "תא שמע: שבע מצות נצטוו בני נח. ואם איתא - תמני הויין!". לכאורה, אם בני נח אינם כלולים בציווי "וחי בהם ולא שימות בהם", פשוט שהם מחויבים למסור את נפשם, היות שלא הותר להם לעבור על דברי תורה בשביל "לחיות בהם". ואכן, תוספות על אתר, המניח שההיתר של "וחי בהם" נאמר רק בישראל, מקשה קושיה זו בדיוק. עיינו בהמשך בדבריו של בעל **המצפה אריה**.
16. אכן, ביחס ליישום הספציפי לעבודה זרה התקבלה הדרשה מן הפסוק (דברים ו, ה): "וְאָהַבְתָּ אֵת ה' אֱלֹהֶיךָ בְּכָל לְבָבְךָ וּבְכָל נַפְשְׁךָ" (סנהדרין עד ע"א).

המסקנה שעולה אפוא מתוך לימוד מקורות חז"ל היא שהם לא עסקו במציאות של הצלת גויים שלא בהקשר של המאבק נגד האלילות. על שאלה זו יש לענות מתוך עיון ביסודות פיקוח נפש, ועיון בסוגיה זו מעלה בבירור ש"אשר יעשה אותם האדם וחי בהם - ולא שימות בהם" נאמר על כל אדם באשר הוא, יהודי ונוכרי כאחד.

חידושו של בעל ה"מצפה אריה"

מבין האחרונים אבקש לציין את דבריו של הרב אריה לייב ברוידא (1928-1840), רבה של הקהילה היהודית לבוב, בספרו **מצפה אריה** (אורח חיים, סימן י), שעמד על כך שהקריאה "וחי בהם" כוללת הן את ישראל והן את הנוכרים. קביעה זו בלבד הספיקה לו כדי להצדיק את המציאות שרופאים יהודים מחללים שבת באיסורי דאורייתא כדי להציל גויים. היתר זה היה נפוץ בימיו, והוא הניח שהרופאים פועלים מתוך היתר הלכתי שקיבלו "לתקנת הארצות".[17] אלא שלפי דעתו ההיתר של "משום איבה" מספיק רק להתיר איסורי דרבנן, ולכן צריך בסיס הלכתי אחר כדי להצדיק חילול שבת באיסורי דאורייתא מצד הרופאים.

בתשובתו הוא חוזר אל פשט דברי רבי מאיר, שלפיו "אֲשֶׁר יַעֲשֶׂה אֹתָם הָאָדָם וָחַי בָּהֶם" כולל אפילו נוכרי, וממילא גם הדרשה הנוספת על הפסוק, "וחי בהם ולא שימות בהם" - נוגעת לכל אדם באשר הוא.[18]

דעת הראשונים

המהלך שהוצע כאן חוזר אל מקורות חז"ל. הדיון עצמו על פיקוח נפש בשבת בחז"ל הוא אומנם דיון פנימי יהודי, אך היסודות העולים מהדיון

17. כנראה הכוונה היא לוועד ארבע ארצות, שניהל את חיי היהודים באזור פולין עד לשנת 1764.
18. וראו גם **שו"ת אמרי יושר** ב, סימן קל: "...ויש עוד להוסיף בזה, דגם בהאי לימוד ד'אשר יעשה אותם האדם וחי בהם', הרי 'האדם' היינו נמי נכרי, כדאמרינן בב"ק דף ל"ח: 'אשר יעשה אותם האדם - אפילו נכרי ועוסק בתורה' הוא הדין כי האי גוונא... 'האדם' היינו נכרי, אם כן גם בדידיה כתיב 'וחי בהם'".

משליכים על השאלה של פיקוח נפש של גויים בשבת. כשמבררים את יחסם של הראשונים לקביעה זו, התמונה נעשית מורכבת יותר. כפי שראינו, עצם הקביעה ש"האדם" שמדובר בו בפסוק הוא כל אדם היא עמדה מוסכמת בראשונים. אומנם הראשונים אינם מציינים זאת בנוגע ללימוד "וחי בהם ולא שימות בהם" המתיר פיקוח נפש. יתרה מזו, ישנם ראשונים שהניחו ש"וחי בהם ולא שימות בהם" הוא דין בישראלים בלבד, וכך עולה מדברי התוספות והרמב"ם.[19]

ואולם אפשר לדייק שהיו ראשונים שחשבו אחרת, ולדעתי דווקא מי שרוצה לחלק בין "האדם" ל"וחי בהם" מוטל עליו להביא נימוק לחילוק. נשוב אל דברי הרמב"ן בעניין גר תושב שפתחנו בהם. כזכור, שיטת הרמב"ן היא שיש מצוות עשה דאורייתא של להחיות גר תושב שכוללת אפילו "פקוח נפש שדוחה שבת". האחרונים מקשים על הרמב"ן: גם אם נקבל שיש חיוב להחיות ולהציל גר תושב, מהיכן לומדים שחיוב זה דוחה שבת?[20] למשל, ברית מילה היא מצווה מן התורה, ועדיין אנו זקוקים למקור להתיר ברית מילה בשבת. הוא הדין בעניין שלפנינו: יש מצווה ל"החיות" - מניין לנו שזו מצווה שדוחה שבת?

אם נקבל את דרך קריאתנו בסוגיה, אפשר לענות על השאלה הזאת. פסיקת הרמב"ן מבוססת על דרך המלך בהבנת הדרש בדברי חז"ל על "וחי בהם". "האדם" שהפסוק "אֲשֶׁר יַעֲשֶׂה אֹתָם הָאָדָם וָחַי בָּהֶם" מדבר עליו הוא כל אדם, כפי שהסביר הרמב"ן עצמו במסכת יבמות, וממילא זה הבסיס להיתר לחלל עליו שבת. המצווה של "להחיות" מוסיפה את הרובד הנוסף ביחס לגר תושב. לא זו בלבד שאין איסור של חילול שבת בהצלתו, אלא יש אפילו מצוות עשה לעשות זאת. כך משתמע מדברי **הרמב"ן** (ויקרא כה, לו): "וטעם וחי

19. במהלך תשובתו שהוזכרה לעיל, מתמודד **המצפה אריה** עם העולה לכאורה מדברי התוספות (סנהדרין עד ע"ב, ד"ה בן נח), ש"וחי בהם" נאמר רק על ישראל, וכן עם שיטת הרמב"ם שרק איסורי דרבנן מותרים להציל גר תושב. עיינו שם.

20. כעין זה שאל על הרמב"ן **החמדת ישראל** קונטרס נר מצווה אות נב.

אחיך עמך - שיחיה עמך, והיא מצות עשה להחיותו, **שממנה נצטוינו על פקוח נפש במצות עשה"**.[21]

מקור נוסף לחיזוק המהלך שהוצג כאן נמצא בדברי המאירי. טענתי בפתיחת הפרק שהאמירה שהאיסור לחלל שבת עבור גויים המופיעה במקורות התנאיים נוגעת לעובדי אלילים בלבד והיא חלק מהמלחמה בעבודה זרה. יסוד זה עולה בדברי המאירי:

> פיקוח נפש אין הולכין בו אחר הרוב כיצד חצר שהיו בו ישראלים ועובדי האלילים עמהם שאין אנו מצווים לחלל שבת עליהם אחר שאין להם שום דת ונפלה עליהם מפלת מפקחין על הכל (**בית הבחירה למאירי** יומא פד ע"ב)

מדברי המאירי אפשר לדייק שמי שאינו עובד אלילים אלא שייך לדת מסודרת - צריך לחלל עליו שבת. מהיכן למד המאירי שיש היתר כזה? נראה שגם כאן התשובה טמונה במהלך שהצגנו בקריאת הסוגיה: היות שעצם הציווי של "וחי בהם" נאמר על כל אדם, ברור שאם אין סיבה שלילית מיוחדת יש להציל כל אדם גם במחיר של חילול שבת.

סיכום והשלכות למציאות חיינו

הצענו אפוא קריאה חדשה ביסודות דין חילול שבת עבור הצלת נוכרי. ביסודו של המהלך עומדת הקביעה שמקורות חז"ל לא עסקו בסוגיה זו ישירות, אלא דנו בהצלת עובד עבודה זרה באופן כללי, כולל בימות החול, וראו בנושא זה חלק מהמאבק הקשה בעבודה

21. כאמור, הרמב"ן עסק רק ביחס לגר תושב. ייתכן לומר **שמצוות העשה** להציל היא רק כלפי גר תושב, אבל האמירה שמותר לחלל שבת כדי להציל נכונה כלפי כל אדם. בפרק "מיהו גר תושב בזמן הזה", ניתחתי את שיטת הרמב"ן (ראו לעיל, עמ' 39), שממנה נראה שגר תושב הוא אדם המקיים את מצוות בני נח מתוך מחויבות, וזה כולל את הדתות המונותאיסטיות כיום, וכפי שטען הרב רבינוביץ'.

זרה. כדי לענות על שאלת חילול שבת במקרה של פיקוח נפש של גוי, יש לשוב אל יסודות דרשת חז"ל המשמשת מקור לעצם ההיתר לחלל שבת בשביל פיקוח נפש.

דרשה זו, היוצאת מן הפסוק "וּשְׁמַרְתֶּם אֶת חֻקֹּתַי וְאֶת מִשְׁפָּטַי אֲשֶׁר יַעֲשֶׂה אֹתָם הָאָדָם וָחַי בָּהֶם אֲנִי ה'", מכוננת אמירה ערכית מהדהדת: התורה היא תורת חיים ובהיותה כזו מצוותיה אינן באות למעט חיים אלא להוסיף חיים, כדברי הרמב"ם "שאין משפטי התורה נקמה בעולם אלא רחמים וחסד ושלום בעולם". החידוש הגדול שעולה מהעיון בדרשה זו הוא **ש"האדם" שהפסוק מדבר עליו הוא כל אדם**, "כהנים לויים וישראלים לא נאמר, אלא האדם". זו אמירה ערכית המציבה את ערך החיים, חיי האדם הכללי - מעל למחויבות למצוות. דרשה זו של חז"ל מובאת ומוסכמת על הראשונים, אם כי יש מהם שהניחו שבעניין לימוד על פיקוח נפש הפסוק נדרש רק על ישראל.

קריאה זו ביסודות הסוגיה יכולה לשמש גם הסבר לדברי **הרמב"ן** (**והרשב"ץ**) שהתירו חילול שבת כדי להחיות גר תושב, לכאורה ללא מקור מספק. אם נקבל שזוהי הנחת היסוד העולה מן הסוגיה, הרי דברי הרמב"ן פשוטים יותר. גם דברי המאירי, המניח כמובן מאליו שבגוי שאינו עובד עבודה זרה יש דין פיקוח נפש ומחללים עליו שבת, מתבססים כנראה על קריאה פשוטה זו של הסוגיה.

מהן השלכותיה של הקריאה שהצענו בפרק הזה על מציאות חיינו העכשווית? למעשה, הבקשה העולה מן הדברים אינה ברובד המעשי; למעשה ממילא הפוסקים מתירים - מתוך הסתמכות על גדולי הדור, מה**חתם סופר** ועד **הגר"מ פיינשטיין** - להציל בשבת חיי נוכרי גם במלאכות דאורייתא. החידוש הוא במישור ההגותי, ובאמירה הערכית העומדת בבסיס הסוגיה, שלפיה הצלת חיים היא ערך אנושי, הכולל את קומת האדם השלמה, גויים ויהודים כאחד. ידועים דבריו של **הגר"ח מבריסק**, שההיתר לחלל שבת להצלת חיים איננו קולא בדיני שבת אלא חומרא בדיני פיקוח נפש. הקביעה הערכית המהדהדת מעיקרון זה צריכה להיות מיושמת ביחס לכל אדם, וכל האנושות שייכת בקריאת הכתוב "אֲשֶׁר יַעֲשֶׂה אֹתָם הָאָדָם וָחַי בָּהֶם אֲנִי ה'".

ריבונות מדינית ואוטונומיה קהילתית במדינת ישראל: גר תושב ומצוות יישוב הארץ

שראל רוזנבלט

פתיחה

סיפורו של עם ישראל קשור קשר עמוק לארץ ישראל. "לֶךְ לְךָ... אֶל הָאָרֶץ אֲשֶׁר אַרְאֶךָּ" (בראשית יב, א) הוא הדיבור הראשון של הקב"ה לאברהם אבינו. מרגע זה ואילך ארץ ישראל מתוארת בפנים רבות ומגוונות: ארץ של הבטחה, מתנה שניתנה בירושה לאבות האומה וצאצאיהם, אדמת קודש שרגישה לחטאים ועוונות, ארץ השייכת לריבונו של עולם וכל הדרים שם מוגדרים כנתיני אדון הארץ. את הארץ הזאת מבטיח הקב"ה להעניק בירושה לעם ישראל לדורותיהם, ובה העם מצווה להקים חברת מופת ההולכת לאור תורת ה' ומצוותיו.

ואולם ממש מתחילת הדרך הקב"ה מזכיר לנו שהארץ הזו איננה ריקה מיושב. בניגוד לאמרה המיוחסת לסופר ישראל זנגוויל

שארץ ישראל היא "ארץ ללא עם, לעם ללא ארץ", כבר בברית בין הבתרים, שכורת הקב"ה עם אברהם וזרעו, טורחת התורה לציין כי בארץ ישראל יושב העם האמורי ואין שום אפשרות לסלק אותו סתם כך, "כִּי לֹא שָׁלֵם עֲוֹן הָאֱמֹרִי עַד הֵנָּה" (בראשית טו, טז), ובגין כך בני ישראל ייאלצו להיות גרים בארץ לא להם ארבע מאות שנה. העובדה הברורה שהקב"ה מוריש את הארץ לאברהם וזרעו אינה משמשת באופן אוטומטי עילה מספקת לגרש את הגויים שגרים בארץ בתקופתו של אברהם. במילים אחרות, התורה מעמתת את הנצחי עם הריאלי, את ההבטחה הגדולה עם המציאות האנושית, ומאתגרת אותנו ליישב את הסתירה באופן מוסרי. מסיבה זו גירוש האמורים בזמנו של אברהם אבינו אסורה.

שעבוד עם ישראל במצרים חידד שתי מסקנות הפוכות ומשלימות: ההכרח לחיות כבני חורין בארץ ישראל לצד הרגישות הגדולה למיעוטים הגרים בקרבנו. על פי התורה, דווקא בשבתנו על אדמתנו עלינו לזכור ולא לשכוח שהסיפור הקולקטיבי שלנו התחיל אי שם במצרים העתיקה, במקום שהיינו אנחנו גרים בארץ לא לנו ועינו ועבדו בנו מאות בשנים. תודעת ה"גר" צרובה בזיכרון הלאומי שלנו והתורה מצווה עלינו לנתב זאת ליחס הוגן ומוסרי כלפי המיעוטים היושבים בארצנו.

אחת החובות המוטלות על הריבון היהודי היא לדאוג למקום מגורים טוב לגר תושב. כלומר, אותו גר שהתורה מדברת עליו אינו תייר או תושב זמני. הוא כאן כדי להישאר. נראה כאילו היה זה מובן מאליו שאכן בארץ ישראל יגורו גם מיעוטים שאינם יהודים. ואין מדובר רק באנשים פרטיים, שכן בעת כיבוש הארץ התורה מצווה עלינו לפתוח בקריאה לשלום עבור כל עמי הארץ. אם אכן ייענו העמים בחיוב, אזי הם יישארו לגור בעריהם כקהילה אורגנית ומובחנת.

יוצא אפוא שהמציאות האידיאלית שהתורה מציירת בנוגע לארץ ישראל וממלכת ישראל כוללת גם את הימצאותם של מיעוטים גויים - אנשים פרטיים וקהילות. באופן חד יותר אפשר לומר שמציאותם של אותם גרים תושבים בתוך שטחי ארץ ישראל לא זו בלבד שאינה

סותרת את מצוות יישוב ארץ ישראל, אלא אף נדמה שהיחס הראוי אליהם הוא חלק בלתי נפרד ממשמעות הריבונות בארצנו.

במאה העשרים, בעת שיבת עם ישראל לארצו, סימן הראי"ה קוק משימה גדולה: "עזבנו את הפוליטיקה העולמית... שיהיה אפשר לנהל ממלכה בלא רשעה וברבריות" (הראי"ה קוק **אורות המלחמה** פרק ג). אפשר שחזון זה מופנה לא רק כלפי אופן ניהול הפוליטיקה הפנימית בין קבוצות שונות בעם ישראל אלא גם כלפי יחסו של השלטון היהודי למיעוטים בארץ.

כיצד נבין ונגדיר באופן טוב יותר את מצוות יישוב הארץ וירושתה לאור המחויבות ההלכתית לגר תושב? לשם כך עלינו לדון בשאלה מהי ריבונות ומהו שלטון מבחינה הלכתית ולתת את הדעת על היחס בין אלה ובין המושג "ריבונות" המורגל בפינו.

חלקו הראשון של הפרק יעסוק בהגדרת מצוות יישוב הארץ וירושתה ובתודעה הנפשית שהתורה מבקשת להבנות ביחס לישיבה בארץ ישראל. מתוך כך נראה כי אין כל סתירה בין עצם ישיבתו של נוכרי גר תושב בארץ לבין המחויבות העמוקה של עם ישראל לארץ ישראל. חלקו השני של הפרק ידון בהגדרה ההלכתית של מושג הריבונות. דיון בדברי פוסקי זמננו יעלה כי ישנה גישה הלכתית המאפשרת לחשוב על ריבונות באופן גמיש ומודולרי יותר. גישה זו פותחת צוהר למידת האוטונומיה הקהילתית והתרבותית המתאפשרת לקהילות של מיעוטים בארץ.

ארץ ישראל: בין בעלות לתושבות

כאמור, פנים רבות לארץ ישראל בתורה. ברם, יש מתח מרכזי בין שתי הגדרות משפטיות שונות באשר לטיב הקשר בין עם ישראל לארץ ישראל. האם ארץ ישראל היא בבעלותנו או שמא רק ברשותנו? האם אנחנו בעלי הבית או אורחים־תושבים בביתו של אלוהים?

בחירת ישראל וארץ ישראל הם תרי רעין דלא מתפרשין. כך עולה מבחינה פשוטה של המקומות שבהם הקב"ה פונה לאבותינו

אברהם, יצחק ויעקב ובוחר בהם. למעשה, בכל הפעמים הראשונות שהקב"ה מדבר עם האבות, עם משה רבנו ועם יהושע בן נון, ארץ ישראל מוזכרת כחלק בלתי נפרד מהבחירה; ירושת הארץ היא רכיב יסודי בברית שכורת הקב"ה עם האבות וצאצאיהם. זאת ועוד, מכמה פסוקים עולה כי כל עוד עם ישראל בגלות, יש משהו לא שלם ביחס שבין הקב"ה לעם ישראל.

בברית עם אברהם נאמר: "בַּיּוֹם הַהוּא כָּרַת ה' אֶת אַבְרָם בְּרִית לֵאמֹר לְזַרְעֲךָ נָתַתִּי אֶת הָאָרֶץ הַזֹּאת מִנְּהַר מִצְרַיִם עַד הַנָּהָר הַגָּדֹל נְהַר פְּרָת" (בראשית טו, יח). כן אומר הקב"ה ליצחק: "גּוּר בָּאָרֶץ הַזֹּאת וְאֶהְיֶה עִמְּךָ וַאֲבָרְכֶךָּ כִּי לְךָ וּלְזַרְעֲךָ אֶתֵּן אֶת כָּל הָאֲרָצֹת הָאֵל וַהֲקִמֹתִי אֶת הַשְּׁבֻעָה אֲשֶׁר נִשְׁבַּעְתִּי לְאַבְרָהָם אָבִיךָ" (בראשית כו, ג). וכן ליעקב: "הָאָרֶץ אֲשֶׁר אַתָּה שֹׁכֵב עָלֶיהָ לְךָ אֶתְּנֶנָּה וּלְזַרְעֶךָ" (בראשית כח, יג). בדברי ה' למשה מתוך הסנה נאמר כי תכלית יציאת מצרים מוצגת לא רק כיציאה מעבדות לחירות אלא כהבאת העם לארץ כנען: "וּלְהַעֲלֹתוֹ מִן הָאָרֶץ הַהִוא אֶל אֶרֶץ טוֹבָה וּרְחָבָה אֶל אֶרֶץ זָבַת חָלָב וּדְבָשׁ אֶל מְקוֹם הַכְּנַעֲנִי וְהַחִתִּי וְהָאֱמֹרִי וְהַפְּרִזִּי וְהַחִוִּי וְהַיְבוּסִי" (שמות ג, ח). ובאופן אופרטיבי ליהושע רגע לפני הכניסה לארץ: "וְעַתָּה קוּם עֲבֹר אֶת הַיַּרְדֵּן הַזֶּה אַתָּה וְכָל הָעָם הַזֶּה אֶל הָאָרֶץ אֲשֶׁר אָנֹכִי נֹתֵן לָהֶם לִבְנֵי יִשְׂרָאֵל. כָּל מָקוֹם אֲשֶׁר תִּדְרֹךְ כַּף רַגְלְכֶם בּוֹ לָכֶם נְתַתִּיו" (יהושע א, ב–ג).

אם נדייק נשים לב שארץ כנען מוצגת כאן לא רק כמקום שבו עם ישראל יתגורר אלא כחבל ארץ שניתן במתנה ובירושה לעם ישראל על ידי בורא שמיים וארץ. משמעות הדבר היא שמבחינה משפטית ארץ ישראל שייכת לעם ישראל והם היורשים החוקיים שלה ולכן היא עוברת בירושה מדור לדור.[1] רק בהתקיים המציאות של עם ישראל בארץ ישראל ישנו ביטוי מלא ושלם להיות הקב"ה

1. מעניין לציין כי שפה זו משמשת בתורה לא רק ביחס לעם ישראל. כך למשל מתואר היחס של צאצאי עשו להר שעיר: "וְאֶת הָעָם צַו לֵאמֹר אַתֶּם עֹבְרִים בִּגְבוּל אֲחֵיכֶם בְּנֵי עֵשָׂו הַיֹּשְׁבִים בְּשֵׂעִיר וְיִירְאוּ מִכֶּם וְנִשְׁמַרְתֶּם מְאֹד. אַל תִּתְגָּרוּ בָם כִּי לֹא אֶתֵּן לָכֶם מֵאַרְצָם עַד מִדְרַךְ כַּף רָגֶל כִּי יְרֻשָּׁה לְעֵשָׂו נָתַתִּי אֶת הַר

אלוהינו ואנחנו עמו: "וְנָתַתִּי לְךָ וּלְזַרְעֲךָ אַחֲרֶיךָ אֵת אֶרֶץ מְגֻרֶיךָ אֵת כָּל אֶרֶץ כְּנַעַן לַאֲחֻזַּת עוֹלָם וְהָיִיתִי לָהֶם לֵאלֹהִים" (בראשית יז, ח). מה הכוונה שרק אחרי שהקב"ה ייתן לעם ישראל את ארץ כנען אז יתקיים "וְהָיִיתִי לָהֶם לֵאלֹהִים"? אפשר לפרש שהכוונה היא מצידו יתברך, היינו שכל עוד ארץ ישראל אינה ניתנת לנו, כל עוד איננו יורשים את הארץ, הבטחתו של הקב"ה לנו לא התקיימה וממילא לא הושלם המימוש השלם של הברית. רבים מהפרשנים[2] מפרשים שהכוונה היא שיש כאן חיסרון מצד עם ישראל. ארץ ישראל היא ארץ מיוחדת, ארץ שבה הקב"ה משגיח על עמו באופן מיוחד, ולכן רק בישיבתנו בארץ אנו נתונים באופן מלא ושלם יותר להשגחת ה' וממילא מסוגלים לבטא כראוי את היותו אלוהינו. ועל כך אמרו חכמים: "כל הדר בארץ ישראל דומה כמי שיש לו אלוה; וכל הדר בחוץ לארץ דומה כמי שאין לו אלוה" (כתובות קי ע"ב).

ארץ הקודש

בספר ויקרא אנחנו נחשפים לממד נוסף של ארץ ישראל, ממד שעשוי להסביר את מה שחסר בספר בראשית ושמות: למה נבחר דווקא חבל ארץ זה? מה מיוחד בו?

ארץ ישראל מתוארת כמעט כסובייקט, ארץ שרגישה להתנהגות של היושבים בה, ארץ שמקיאה ממנה את המטמאים אותה. לארץ כנען חוקים משלה והיא דורשת רף מוסרי גבוה. רבים מן החוקים שנאמר לגביהם שהפרתם מטמאת את הארץ מתכנסים תחת הכותרת (ויקרא יט, ב) "קְדֹשִׁים תִּהְיוּ". אלוהים הוא קדוש, ומצווה חוקים לעם ישראל כדי שיהיה (שמות יט, ו) "מַמְלֶכֶת כֹּהֲנִים וְגוֹי קָדוֹשׁ" בארץ ישראל:

שֵׂעִיר" (דברים ב, ד–ה). משום כך נאסר על עם ישראל לכבוש את הר שעיר, שהרי הקב"ה נתן אותו בירושה לאחינו עשיו.

2. רש"י, שפתי חכמים, גור אריה, העמק דבר, ועוד.

> וּשְׁמַרְתֶּם אֶת כָּל חֻקֹּתַי וְאֶת כָּל מִשְׁפָּטַי וַעֲשִׂיתֶם אֹתָם וְלֹא תָקִיא אֶתְכֶם הָאָרֶץ אֲשֶׁר אֲנִי מֵבִיא אֶתְכֶם שָׁמָּה לָשֶׁבֶת בָּהּ... וָאֹמַר לָכֶם אַתֶּם תִּירְשׁוּ אֶת אַדְמָתָם וַאֲנִי אֶתְּנֶנָּה לָכֶם לָרֶשֶׁת אֹתָהּ אֶרֶץ זָבַת חָלָב וּדְבָשׁ אֲנִי ה׳ אֱלוֹהֵיכֶם אֲשֶׁר הִבְדַּלְתִּי אֶתְכֶם מִן הָעַמִּים. ...וִהְיִיתֶם לִי קְדֹשִׁים כִּי קָדוֹשׁ אֲנִי ה׳ וָאַבְדִּל אֶתְכֶם מִן הָעַמִּים לִהְיוֹת לִי. (ויקרא כ, כב-כו)

פסוקים אלו מסבירים שיש התאמה בין חוקי התורה לחוקי הארץ ולכן דווקא עם ישראל, בהיותו "עַם קָדוֹשׁ אַתָּה לַה׳ אֱלוֹהֶיךָ" (דברים יד, ב), הוא שיורש את הארץ. באופן פוטנציאלי הוא המתאים לה ביותר. במובן הזה נכון לכנות את ארץ כנען בשם ארץ הקודש.

נקודת מבט זו מעניקה משמעות נוספת לחוקי גר תושב המצויים בתורה. אדם לא־יהודי שמגיע לארץ ישראל ומבקש לשבת כאן זכאי ליחס דואג ומכבד מצד עם ישראל, אולם תנאי הסף הוא שמירת שבע מצוות בני נח.[3] אפשר להציע כי שמירת מצוות אלו היא הערובה שהאדם הזה לא ישפיע לרעה על החברה וגם לא יפגע בקדושת הארץ.

אלא שממד הקודש שקיים בארץ ישראל לוקח אותנו גם למחוזות נוספים, המשנים את היחס המשפטי בין עם ישראל לארץ ישראל, שכן קדושה משמעותה גם הבדלה והבחנה. במובן הזה הקב"ה מדגיש לפני עם ישראל כי הארץ המובטחת הזאת גם היא מובחנת במידה מסוימת מהם.

היבט זה של הארץ בא לידי ביטוי בשנת השמיטה. כפי שהיא מתוארת בפרקי הסיום של ספר ויקרא, שנת השמיטה היא "שבת הארץ". הארץ זקוקה לשביתה מעבודת האדם. אם עם ישראל יחטא ולא יעניק את המנוחה לאדמה, הארץ תקיא את יושביה, עם ישראל יצא לגלות ובכך "תִּרְצֶה הָאָרֶץ אֶת שַׁבְּתֹתֶיהָ" (ויקרא כו, לד). יש לציין שההגבלות המוטלות על עם ישראל בעקבות ייחודיותה של הארץ אינן רק בתחום החקלאות; גם בתחום הנדל"ן ישנן הגבלות

3. בעניין זה ראו בהרחבה בפרק "מיהו גר תושב בזמן הזה", לעיל, עמ׳ 39.

עסקיות על היכולת של אדם למכור את נחלתו קניין עולם. כך מנמקת התורה את האיסור: "כִּי לִי הָאָרֶץ כִּי גֵרִים וְתוֹשָׁבִים אַתֶּם עִמָּדִי" (ויקרא כה, כג). כלומר, גם מעמדו המשפטי של עם ישראל בארצו הוא כשל "גר תושב". לא בכדי בשנת השמיטה ישנה השוואה בין כל המעמדות בחברה, ובכללם גר תושב: "וְהָיְתָה שַׁבַּת הָאָרֶץ לָכֶם לְאָכְלָה לְךָ וּלְעַבְדְּךָ וְלַאֲמָתֶךָ וְלִשְׂכִירְךָ וּלְתוֹשָׁבְךָ הַגָּרִים עִמָּךְ" (ויקרא כה, ו).

יוצא מכך שהארץ ניתנת לנו והיא בהחלט **ברשותנו** אך היא **לא שלנו**. ארץ הקודש שייכת לקב"ה "כי לי כל הארץ", ובהתאם לכך מעמדנו בארץ אינו כבעלי הארץ אלא כאורחים בארץ "כי גרים ותושבים אתם עמדי". במובן הזה נכון יותר לומר שארץ ישראל אינה שייכת לעם ישראל, אלא - וכפי שהתנסח מו"ר הרב מנחם פרומן - עם ישראל שייך לארץ ישראל. ואולי אפשר להרחיק לכת ולומר שלא בכדי הביטוי "ארץ ישראל" אינו מופיע כלל בחמישה חומשי תורה.[4] הארץ היא ארץ ה'.

הנה כי כן, לארץ ישראל יחס כפול לעם ישראל. מצד אחד הארץ ניתנת לנו במתנה וירושה מאת הקב"ה כחלק יסוד בברית. מצד שני הארץ איננה בבעלותנו אלא רק ברשותנו. הארץ קדושה במובן הזה שהיא דורשת שיכבדו על אדמתה את חוקי ה', ומי שאינו מכבד חוקים אלו מטמא את הארץ וגולה ממנה בין שהוא מזרע אברהם בין שהוא מזרעו של כנען. ממד קדושה זה מבקש להבחין בין העם לארץ, לרכך או אפילו להפריך את תודעת הבעלות ולהביא למעמד משפטי של גר ותושב בארץ. הבנה זו של ארץ הקודש משפיעה גם על מעמדו של גר תושב. ראשית, גר תושב הוא מי שמקיים את התנאי שהתנהגותו איננה מטמאה את הארץ. שנית, על גבי שפת הירושה והמתנה היוצרת מעמדות ברורים של בעלי בית ואורחים, מוסיפה התורה רובד נוסף של שפת הקדושה בה, ועם ישראל והגויים בארץ - אלו העומדים

4. בחלק מהופעותיו של כינוי זה בנ"ך בוודאי אין הכוונה לכל השטח, מן הנהר לים, אלא לאותו שטח שבו גר בפועל עם ישראל (למשל: שמואל א' יג, יט) או לאזורים שבהם נמצאת ממלכת ישראל (בניגוד לממלכת יהודה. למשל: יחזקאל כז, יז). ויש לעיין במשמעות הביטוי בשאר המקומות.

בקריטריונים של גר תושב - נמצאים בקטגוריה משותפת "כי גרים ותושבים אתם עמדי".

מצוות ירושת הארץ ויישובה

על מרכזיותה, מעלתה ושבחה של ארץ ישראל בתנ"ך ובספרות חז"ל אין עוררין. כמו כן, לישיבה בארץ ישראל יש משקל חשוב בהלכה. כך לדוגמה מותר בשבת, בתנאים מסוימים ומוגדרים, לקנות בית בארץ ישראל.[5] בני זוג יכולים לחייב זה את זה לעלות לארץ ישראל, והסרבן מאבד את זכותו בכתובה; יש בעיה למכור שדה חקלאי לגוי ובכך להפקיע את המצוות התלויות בארץ מאותה חלקה; ומלחמת כיבוש הארץ היא מלחמת מצווה. ובכל זאת, מצינו מחלוקת גדולה בראשונים בשאלה אם וכיצד להגדיר את יישוב הארץ בתור מצווה.

מפורסמים דברי הרמב"ן, שנדון בהם להלן, שישנה מצווה מן התורה של ירושת הארץ, היינו שאנו מצווים לכבוש את הארץ, לרשת אותה ולישב בה, ועל כך נאמר (במדבר לג, נג): "וְהוֹרַשְׁתֶּם אֶת הָאָרֶץ וִישַׁבְתֶּם בָּהּ". אולם לפי רש"י פסוקים מעין אלו עוסקים בחובת גירוש שבעת העממים מן הארץ. לא מצינו ברש"י אמירה ברורה שלפיה ישנה מצווה פורמלית של יישוב הארץ וירושתה. הוראת הפסוק "וישבתם בה" אינה מתפרשת כמצוות עשה לשבת בארץ אלא כשכר או הבטחה על כך שנצליח לשבת בארץ אם נוריש את עמי כנען.[6] הרמב"ם אומנם סבור שיש מצווה מהתורה למנות מלך עם הכניסה לארץ, היינו להקים בארץ ישראל ישות פוליטית. עם זאת, הרמב"ם לא מנה בספר המצוות את ישיבת הארץ כמצווה מדאורייתא בפני עצמה. קולמוסים רבים נשברו בביאור שיטתו של הרמב"ם. האם אכן סבר שקיימת מצווה מן התורה אך מסיבות אחרות לא מנאה כחלק

5. ראו **שולחן ערוך**, אורח חיים סימן שו, יא.
6. לדיון רחב יותר בדברי רש"י ראו **אור החיים** במדבר לג, נב-נג, וכן **נחלת יעקב** א, עמ' 13-30.

מתרי"ג מצוות?[7] האם מדובר במצווה מדרבנן,[8] או שמא היא איננה מצווה כלל?[9] בין כך ובין כך, שונים הם דברי הרמב"ן מאלו של רש"י והרמב"ם. לדידו לא מדובר רק בקיום מצוות התלויות בארץ ולא רק בהקמת חברת מופת בגבולותיה; מדובר בדאגה שהארץ עצמה, שניתנה במתנה לאברהם, יצחק ויעקב, תהיה תחת שלטון עם ישראל.

בדברים הבאים נרצה לדון בעיקר בשיטתו של הרמב"ן ולנסות להגדיר לאור דבריו את היחס בין גדרי מצוות יישוב הארץ וירושתה למקומם של גויים בארץ ישראל.[10]

> מצוה רביעית שנצטוינו לרשת הארץ אשר נתן האל יתברך ויתעלה לאבותינו לאברהם ליצחק וליעקב ולא נעזבה ביד זולתינו מן האומות או לשממה.
>
> והוא אמרו להם (במדבר לג, נג-נד) "וְהוֹרַשְׁתֶּם אֶת הָאָרֶץ וִישַׁבְתֶּם בָּהּ כִּי לָכֶם נָתַתִּי אֶת הָאָרֶץ לָרֶשֶׁת אֹתָהּ. וְהִתְנַחַלְתֶּם אֶת הָאָרֶץ". ונכפל כזה העניין במצוה זו במקומות אחרים...
>
> ואל תשתבש ותאמר כי המצוה הזאת היא המצוה במלחמת שבע' עממים שנצטוו לאבדם שנ' (דברים כ, יז) "הַחֲרֵם תַּחֲרִימֵם". אין הדבר כן. שאנו נצטוינו להרוג האומות ההם בהלחמם עמנו ואם

7. ר"ח פלאג'י, **שו"ת נשמת כל חי**, יורה דעה, סימן מח; **אבני נזר**, סימן תנד סעיף ו'; סיד, **נר מצווה** א, סימן יא מצווה כד; הרב הרצוג, **תחוקה לישראל** א, עמ' 123-124. ראו לדוגמה הרב שך, **מכתבים ומאמרים** עמ' יט וכן הרב בנימין זילבר, **מקור הלכה**, שבת ח"א עמ' 174; ועוד רבים אחרים. להרחבה ראו **נחלת יעקב** א, עמ' 213-238.
8. **שו"ת הרשב"ש** סימנים א-ב; **שיירי כנסת הגדולה** יורה דעה הלכות שבועה, סימן רל"ט. **שדי חמד** ו אות ט; ועוד.
9. **מגילת אסתר על ספר המצוות**, השמטות לספר המצוות, מצוות עשה ד.
10. זאת מפני שרבים מן הראשונים והאחרונים סברו כשיטת הרמב"ן, וזו קבעה שביתה בליבם של רבים בעם ישראל. רבים מן האחרונים אף קרבו את שיטת הרמב"ם לשיטתו. זאת ועוד: מה שיהיה נכון עבור שיטת הרמב"ן נדמה שיהיה תקף מקל וחומר ביחס לשיטת רש"י והרמב"ם.

> רצו להשלים נשלים עמהם ונעזבם בתנאים ידועים אבל הארץ לא נניח אותה בידם ולא ביד זולתם מן האומות בדור מן הדורות. וכן אם ברחו האומות ההם מפנינו והלכו להם, כמאמרם (דברים רבה פרשה ה יד): הגרגשי פנה והלך לו, ונתן להם הקב"ה ארץ טובה כארצם זו אפריקי, נצטוינו אנחנו לבוא בארץ ולכבוש המדינות ולהושיב בה שבטינו... שנצטוינו בכיבושה ובישיבתה. וממאמרם מלחמת יהושע לכבש תבין כי **המצוה הזו היא בכבוש**... שנצטוינו בכיבושה ובישיבתה. וממאמרם מלחמת יהושע לכבש תבין כי **המצוה הזו היא בכבוש**.
>
> (**השגות הרמב"ן לספר המצוות** שכחת העשין מצווה ד)

לדעת הרמב"ן, ישנה מצווה מן התורה "לרשת את הארץ". אין מדובר במצווה המוטלת רק על אדם פרטי לשבת בתא שטח מסוים בארץ ישראל, אלא בחובה המוטלת על עם ישראל כציבור לדאוג שכל הארץ כמכלול תהיה ברשותנו, ולכן אסור לעזוב את הארץ "ביד זולתינו מן האומות או לשממה". מצווה זו נתונה בתוך הקשר היסטורי רחב יותר. אנחנו יורשים את הארץ שהיא "נחלת ה'" (רמב"ן, בראשית יב, א ועוד) ושניתנה במתנה לאברהם, יצחק ויעקב. לפיכך ירושתה ויישובה הם ביטוי לברית שנכרתה בין הקב"ה לעם ישראל. הזנחת הארץ ואי־יישובה כמוהם כמאיסה בדבר ה' ותורתו. זוהי מצווה נצחית והיא איננה תלויה רק בהקשר המקומי של מלחמת יהושע ושבעת העממים.

הרמב"ן מגדיר את ההשלכה המעשית של המצווה כך: "ולא נעזבה ביד זולתינו מן האומות". וכאן עלינו לשאול, האם מגוריו של גוי כלשהו בארץ מפירים את מצוות יישוב הארץ המוטלת עלינו? האם זה נחשב שעזבנו את הארץ ביד האומות? התשובה לכך היא בוודאי שלילית, שכן לפי התורה גר תושב לא זו בלבד שיכול לגור בארץ אלא שהריבון היהודי מחויב לדאוג לו לתנאים נאותים של

מקום מגורים.[11] אם כן, כיצד נגדיר פעולת "עזיבה"? והאם הרמב"ן השתמש בכוונה תחילה בלשון כללית ולאומית באומרו שהאיסור הוא לעזוב את הארץ "ביד זולתינו מן האומות"?

פתח למענה על שאלות אלו נוכל למצוא בהתבוננות בהגדרת המצווה על פי הרמב"ן, שלפיה אסור לעזוב את הארץ "לשממה". מה כוונת הדברים? הרי רחוק מן הדעת להניח שיש חיוב להקים בית וחווה על כל גבעה בארץ ישראל או שהשארת מדבר יהודה כשמורת טבע ללא מגע יד אדם יש בה איסור. "שממה" היא המצב שבו חלקים בארץ ישראל, או כולה, אינם נמצאים כלל בתחום השיפוט של עם ישראל.

באופן הזה יש להבין את היחס בין מצוות יישוב הארץ לבין ישיבת גויים בארץ. האיסור לפי הרמב"ן הוא לעזב אותה ביד אומה אחרת מן האומות, וכמו שדייק הרצי"ה קוק (**שיחות הרצי"ה** עמ' 98), "זו מצווה כללית ציבורית המוטלת על הציבור".[12] כלומר עיקרה של המצווה נתונה במישור הלאומי. מתוך כך הסיק **נחלת יעקב**: "שאין לשלול קנין של אנשים נוכרים פרטיים בארץ, אלא שאין להסכים לאומות שטוענות לבעלות על הארץ. ולכן גוי שיש לו בית או שדה שירש מאבותיו, אין שום עניין להילחם נגדו" (**נחלת יעקב** א, עמ' 43).[13] כלומר יש איסור למסור שטח בארץ ישראל לאומה כלשהי באופן אשר מסלק כל היבט של ריבונותו של עם ישראל מאותו מקום. אך כאשר גר תושב כאדם פרטי, או קבוצות וקהילות גדולות יותר, חיים בשטחי ממלכת ישראל, אין בכך הפרה של מצוות יישוב הארץ.[14]

הבנה זו עולה בהכרח גם מדברי הרמב"ן עצמו במחלוקתו על

11. ראו בהרחבה בפרק "הושבת גר תושב בארץ ישראל", להלן עמ' 116.
12. וכן **לנתיבות ישראל** ב, עמ' קנח: מזמור י"ט למדינת ישראל.
13. וראו שם דיון האם יש עניין להשתדל לקנות בתים מהגויים. יש לעיין האם יאמר את דבריו גם ביחס לגר תושב.
14. ביחס לשטחים חקלאיים והפקעת מצוות התלויות בארץ ראו **ספר החינוך** מצווה צ"ד **ושו"ת משפט כהן** סימן סג.

הרמב"ם. לפי הרמב"ם, הגדרת המצווה היא מלחמה בשבעת העממים ולא יישוב הארץ. כנגדו טוען הרמב"ן שהמצווה איננה מצוות מלחמה אלא מצוות ירושת הארץ ויישובה. ההוכחה לכך, לדבריו, היא שיש מצווה להקדים לכל מלחמה קריאה לשלום. ממילא המלחמה איננה הכרחית. ולכן, "אם רצו להשלים נשלים עמהם ונעזבם בתנאים ידועים, אבל הארץ לא נניח אותה בידם ולא ביד זולתם מן האומות בדור מן הדורות" (**השגות הרמב"ן לספר המצוות**, שם). ברור אפוא כי לפי הרמב"ן אין בעיה בעצם הנוכחות של אותם גויים בארץ ישראל שהרי הם נשארים כאן בעריהם וקהילותיהם כאשר הם נענים בחיוב לקריאת השלום.[15] מצוות ירושת הארץ ויישובה היא אפוא מצווה בעלת אופי משפטי עקרוני; היא נמדדת בשאלת הריבונות, והיא איננה דורשת שכל פיסת אדמה תהיה מיושבת בפועל על ידי יהודי וכמו כן איננה דורשת שלא ישב בה נוכרי.[16]

מהו "חורבן"?

חיזוק נוסף להבנת מצוות יישוב הארץ כשאלה של ריבונות עקרונית עולה מההגדרה ההלכתית לחורבן.

המילה "חורבן" מתפרשת בדרך כלל בשני מובנים: הריסת בית המקדש וגלותם של עם ישראל. ברם, ישנו מצב שלישי, והוא יישוב

15. כך מוכח בקל וחומר מהתקדים של שלמה המלך, שמסר עשרים ערים בגליל לחירם מלך צור. ראשונים ופרשנים לאורך הדורות ביקשו לעמוד על טיב העסקה הזו, שבה מסר שלמה המלך לגויים שטחים מארץ ישראל. לפי תשובה אחת של בעלי התוספות (יבמות כג ע"א, ד"ה "ההוא"), מעשה זה היה כשר מפני שחירם היה "גר תושב" ולכן לא חל לגביו איסור "לא תחונם". מכאן בוודאי שבמקרה זה אין פגם במצוות יישוב ארץ ישראל.

16. למשל, מתוך דברים אלו נוכל להסיק מסקנה מעניינת למציאות חיינו בעניין הסדרת היישוב הבדואי בנגב. אם נגדיר את מצוות יישוב ארץ ישראל – השגחה של מדינת ישראל על הארץ, והפרה של מצווה זו – "עזיבה" או "הזנחה", אזי בהפקרת חלקים נרחבים בנגב עבור עשרות אלפי האנשים ב"פזורה הבדואית" יש פגיעה במצוות יישוב הארץ. לעומת זאת, בהסדרת יישובם של הבדואים באופן חוקי ובניית ערים מסודרות עבורם תחת פיקוחה של מדינת ישראל יש קיום של מצוות יישוב הארץ.

יהודי בארץ ישראל לאחר חורבן הבית הן כשמדובר בדלת העם שהשאירו הבבלים עם גדליהו בן אחיקם, הן בדור שיבת ציון בהנהגת עזרא ונחמיה והן בתקופת התנאים לאחר חורבן בית המקדש השני. האם יישוב יהודי זה מוגדר כמצב של חורבן או לא?

במסכת מועד קטן (כו ע"א) מובאת ברייתא ולפיה אדם שרואה את ערי יהודה חרבות צריך לקרוע את בגדיו, קרע שאסור לאחות. הבבלי לומד את מקור הדין מפסוק מספר ירמיהו (מא, ה): "וַיָּבֹאוּ אֲנָשִׁים מִשְּׁכֶם מִשִּׁלוֹ וּמִשֹּׁמְרוֹן שְׁמֹנִים אִישׁ מְגֻלְּחֵי זָקָן וּקְרֻעֵי בְגָדִים וּמִתְגֹּדְדִים וּמִנְחָה וּלְבוֹנָה בְּיָדָם לְהָבִיא בֵּית ה'". לאחר חורבן ירושלים והגליית העם לבבל ורצח גדליהו, הסיפור מתאר אנשים משומרון ובנימין שהלכו לירושלים בבגדים קרועים. הגמרא מבינה שהם קרעו את בגדיהם כאשר הבחינו בערי יהודה שחרבות הן.[17] רבי אלעזר בגמרא מוסיף שבעת הקריעה יש לומר: "ערי קדשך היו מדבר, וקורע".

מה כוונת האמירה שערי יהודה "חרבות" והן עתה "מדבר"? רבי יוסף קארו דן בשאלה זו ומציע שתי תשובות:

> והאי ערי יהודה בחורבנן דקאמר דהיינו שהן חרבות ואין בהן ישוב כלל אבל אם יש בהן ישוב אף על פי שהן בידי גויים היה נראה לכאורה דאין צריך לקרוע, ואפשר דכל שהן בידי גויים אף על פי שיש בהן ישוב בחורבנן מיקרי וכן עיקר.
>
> (**בית יוסף** אורח חיים, סימן תקסא)

אפשרות אחת היא להבין שחורבן הוא מציאות של ערים נטושות ועזובות מאין יושב. אפשרות שנייה היא שהחורבן המדובר הוא חורבן פוליטי, כלומר איבוד הריבונות והאוטונומיה היהודית בארץ,

17. מעניין לציין כי בגרסת הברייתא בירושלמי (מועד קטן פ"ג ה"ז פג ע"ב) מופיע דין קריעה רק על ירושלים והמקדש, שנלמד מפסוק זה, אך נעדר ממנה דין קריעה על ערי יהודה.

ולכן "אף על פי שיש בהן ישוב", כלומר שיהודים ממשיכים לגור שם כתמול שלשום, בכל זאת הן מוגדרות כערים חרבות מפני "שהן בידי גויים", כלומר נשלטות בידי גויים.[18] על אפשרות זו אומר **הבית יוסף**: "וכן עיקר". במילים אחרות, ללא ריבונות המצב בארץ מוגדר כחורבן. גם הרב יואל סירקיש בספרו **בית חדש** מצדד בדעתו של **הבית יוסף**: "כל שיד האומות שולטת עליו בחורבנן מיקרי". לדבריו, אותם חברי המשלחת המכובדת שהגיעה למצפה קרעו את בגדיהם בגלל חורבנה של העיר מצפה, כלומר אחרי ששמעו שהיא נפלה בידי שלטון זר. כדברים אלו פסקו גם נושאי הכלים על **השולחן ערוך**.[19]

וכמו שמצב שבו יהודים נמצאים תחת שלטון נוכרי בארץ ישראל מוגדר כחורבן, כך מסתבר שכאשר יש מציאות הפוכה, היינו עיר של נוכרים שנמצאת תחת שלטון יהודי, הרי זה מוגדר כמצב מתוקן המבטל את החורבן. וכך כתב הרב שלמה גורן:

> הלכה זו של הרואה ערי יהודה בחורבנן נקבעת לפי הרשות השלטת שם, שאם שולטים שם היהודים גם אם רוב תושביה עכו"ם, בבניינה מיקרי, ולהיפך כל שהשלטון הוא של נכרים גם אם הישוב הוא של יהודים בחורבן מיקרי.
>
> (**משיב מלחמה** ג, עמ' שט)[20]

18. דומה שזו הסיבה שהרמב"ם, בתיאורו את הרקע לחג החנוכה, מלבד נס פך השמן, מדגיש גם את החזרת השלטון הפוליטי לידי עם ישראל בידי מלכות החשמונאים: "וגברו בני חשמונאי הכהנים הגדולים והרגום והושיעו ישראל מידם והעמידו מלך מן הכהנים **וחזרה מלכות לישראל יתר על מאתים שנה** עד החורבן השני" (**משנה תורה** הלכות מגילה וחנוכה פ"ג ה"א).
19. **מגן אברהם** (תקס"א ס"ק א); **ט"ז** (ס"ק א); **אליה רבה**; **פרי מגדים** (אשל אברהם ס"ק א); **משנה ברורה** (ס"ק ב).
20. ועיינו בדבריו של הרב בקשי דורון (**בנין אב** ד, עמ' קמא-קמב) שדין קריעה על ערי יהודה תלוי גם בהתיישבות יהודית וגם בשלטון יהודי. ברם, יש לומר שדבריו אמורים כלפי מקומות ספציפיים שבהם ידוע שהיה יישוב יהודי שחרב, ולא על כלל שטחי ארץ ישראל.

דברים אלו מתיישבים היטב עם ההלכה לקרוא לשלום, שלפיה מצוות הורשת הארץ ויישובה כוללת בתוכה את האפשרות שעיר נוכרית תשב על מכונה. השאלה היא אפוא אם היא מתקיימת תחת שלטון יהודי או לא.

גדר שלטון וריבונות

עד כה השתמשנו במילים "שלטון" ו"ריבונות" כדי לתאר את מצוות ירושת הארץ ויישובה. אך כאן עלינו לשאול - מהי אותה ריבונות ומה היא כוללת מבחינה הלכתית? שאלה זו חשובה מפני שהיא מבקשת לבחון לא רק את עצם ישיבתו של הגוי בארץ ישראל תחת ריבונות יהודית, אלא גם את מידת הריבונות שההלכה דורשת מהשלטון היהודי כדי שלא ייחשב שעזבנו והנחנו את הארץ לאומה אחרת. שאלה זו עשויה לשמש פתח לדיון רחב עוד יותר על מארג הציפיות מגרים תושבים ועל מידת האוטונומיה שמתאפשרת עבורם בתוך שטחי ארץ ישראל.

עניינים אלו נוגעים בשאלות יסוד של פילוסופיה פוליטית והגדרות התשתית של מדינה, פוליטיקה וריבונות, והם חורגים הרבה מגבולות הגזרה של דיוננו כאן. להלן ננסה לגעת במה שעשוי לפתוח צוהר באשר לריבונות במובנה ההלכתי והשפעתה על מקומם של מיעוטים בארץ ישראל.

מדינת ישראל מתנהלת במידה רבה באופן ריכוזי.[21] המעורבות הממשלתית בחיי הרשויות המקומיות, הקהילות וחיי הפרט גדולה מאוד. יש שיראו זאת בחיוב ויש שיראו זאת בשלילה, אך עובדה זו מעצבת את האופן שבו אנחנו חושבים על המושג "ריבונות" ועל תנאי קיומה. מלבד השאלה הפוליטית העקרונית על אודות המשטר הרצוי, יש כאן גם שאלה תורנית והלכתית שעשויה להציב לפנינו

21. ארלוזורוב, "יותר מארדואן"; הרב זקס, **עתיד**, עמ' 158; וכן אלעזר, **עם ועדה**, עמ' 19, 39; הרב נבון, **מדינה קטנה**, עמ' 126.

קשת רחבה יותר של אפשרויות להגדרת הריבונות, שכן מבחינה תורנית אפשר שהספֵרה הפוליטית הממלכתית יכולה או צריכה להיות רזה הרבה יותר.[22] שאלות אלו נוגעות לכלל האזרחים במדינה. אך בדברים הבאים נבקש לתת את דעתנו על ההשלכות כלפי מיעוטים לא־יהודיים החיים בארץ ישראל.

הדיון ההלכתי שלפנינו עוסק בשאלה כיצד תגדיר ההלכה את המצב הריבוני של מדינת ישראל בימינו, על גווניו השונים, בחלקים שונים בגבולות הארץ. האם ההלכה מבקשת את היכולת להחיל את חוק התורה? האם החלת החוק הישראלי היא תנאי הסף המבוקש או שמא שליטה צבאית־ביטחונית מספיקה? מתוך דיון זה נוכל ללמוד יסודות עקרוניים יותר בשאלת הריבונות בנוגע למיעוטים בארץ.

הגדרת הריבונות על פי פוסקי זמננו

אחרי אלפיים שנה שבהן רוב מוחלט של עם ישראל היה בגלות ובארץ שלטו אימפריות שונות, שבה הריבונות בארץ ישראל לידי העם היהודי. כבר במחצית הראשונה של המאה העשרים נעו התנועות הפוליטיות השונות בעם על קשת דעות רחבה. היו תנועות שצידדו בעצמאות מוחלטת ללא התחשבות באומות העולם, ולעומתן היו תנועות שהדגישו את חשיבותן של הצהרת בלפור בשנת 1917 והחלטת האו"ם בכ"ט בנובמבר 1947, כלומר שהמהלך הציוני אפשרי רק בתוך הקשר רחב יותר של שיג ושיח עם אומות העולם - שיח שמאפשר את הקמת המדינה ובה בעת מגביל את חופש הפעולה של המדינה החדשה. קשת דעות זו באה לידי ביטוי גם במחלוקת הפוסקים באשר להגדרת הריבונות של מדינת ישראל מבחינה הלכתית. התלבטות זו רלוונטית ביתר שאת במצב המורכב בימינו, שכן גם כיום ריבונותה של מדינת ישראל איננה אחידה בכל שטחי הארץ.

22. לדיון רחב במושג 'מדינה יהודית רזה' והמשטר הרצוי על פי התורה ראו הרב זקס, **השותפות הגדולה**, עמ' 129-130; לורברבוים, **פוליטיקה**, עמ' 17-24; ובהרחבה הרב נבון, **מדינה קטנה**, בפרט עמ' 29-70.

במלחמת ששת הימים כבש צה"ל את כל חלקי הארץ, אך מדינת ישראל לא החילה את ריבונותה באופן מלא על כל שטחי יהודה, שומרון ועזה. בחמישים השנים האחרונות חלו עוד שינויים בדמות הנסיגה מסיני וגוש קטיף, הסכמי אוסלו והקמת הרשות הפלסטינית. בכל השנים האלו שבו הפוסקים ודנו בהגדרת מעמדה ההלכתי של שליטת מדינת ישראל במקומות שונים, וכן בשאלת הקריעה על הרי יהודה - אם הלכה זו תקיפה בימינו או לא. במילים אחרות, האם אנחנו עדיין נמצאים במצב של חורבן או אי־מימוש כיבוש הארץ וירושתה אף שאנו יושבים בארצנו?

בתוך כך נוכל למצוא שתי שיטות עיקריות; האחת סבורה שגם כיום ערי יהודה מוגדרות כחרבות ועל כן ההלכה לקרוע עליהן שרירה וקיימת, והשיטה השנייה סבורה שיצאנו מגדר חורבן ואין לקרוע. דומה כי בדברי הפוסקים נוכל למצוא את הרף ההלכתי שהם מציבים לשאלה מהי ריבונות במובנה ההלכתי.

רבים מאחרוני זמננו דנים בדבריו של הרב ישראל יהושע מקוטנא, שהגדיר את רף האחיזה בארץ באופן הבא: "כאדם העושה בתוך שלו לכבוש א"י שתהיה תחת ירושתינו", ואם איננו עושים בארץ כבתוך שלנו אזי העלייה לארץ ויישובה הם בבחינת "ביאה ריקנית".[23]

23. **ישועות מלכו** יורה דעה, סימן סו. וראו דבריו של רבי צדוק הכהן מלובלין: "אין נקרא ישוב אלא בישיבה בשלווה... והיינו שהם אדוני הארץ... דההיא אישיבה דווקא כדרך ישיבת הארץ בשלווה ובממשלה, דזה נקרא ישיבה, והיינו בזמן שבית המקדש קיים. ומשחרב בית המקדש, אע"פ שלא גלו [כולם] ממנה, גם היושבים בה אין נקראין יושבי הארץ, ואין להם ישיבה בה, מאחר שהם עבדים עליה למלכי העמים המושלים שם, כמונו בחוצה לארץ, אין זה נקרא ישוב שיושבים בה בישיבה, רק גרות בעלמא, ולא מקיים 'וישבתם'" (**דברי סופרים**, סימן יד).
דברים אלו עשויים להיות רלוונטיים לא רק להגדרת מצוות יישוב הארץ, אלא גם להגדרת שלטונו של המלך או כל צורה פוליטית אחרת של עם ישראל בארץ ישראל.

מה כוונת המילים "כאדם העושה בתוך שלו"? האם הכוונה היא לאדם שעושה "ככל העולה על רוחו"? ומה אם אדם בוחר להגביל את עצמו ולא לממש את כל מה שעולה על רוחו כדי להתחשב בכללי התנהגות ודרך ארץ רחבים יותר, האם בכך נפגמת ריבונותו בביתו?

ממד החורבן בעת הזאת - שיטת הרב עובדיה יוסף והרב שלמה זלמן אויערבך

בשנת תשכ"ט, כשנתיים לאחר מלחמת ששת הימים, נשאל הרב שלמה זלמן אויערבך על דין קריעת הבגדים על ערי יהודה בימינו. לדבריו, גם היום ההלכה שלפיה הרואה את ירושלים או ערי יהודה בחורבנן צריך לקרוע, שרירה וקיימת:

> מביא כת"ר צדדי הספק אם בזמנינו שהשלטון בירושלם הוא בידי ישראל אם יש חיוב לקרוע עליה. חושבני דכל זמן שרואים עדיין בעיר הקדש והמקדש כנסיות של נכרים וגם קברי עכו"ם וכו', ואין אנו יכולים למעקר פולחנא נוכראה, עדיין היא בחרבנה, ועתה עינינו נשואות לשמים לראותה מהרה בפולחנא דשמיא בבנין בית הבחירה ונגילה בד' ונשמחה בישועתו לנצח.
>
> (**שו"ת מנחת שלמה** א, סימן עג)

הרב אויערבך סבור שכיוון שאיננו יכולים לסלק עבודה זרה מן הארץ אזי גם כיום אי אפשר לומר שאנו ריבונים בארצנו, וחיוב הקריעה על חורבן ירושלים במקומו עומד. דברים דומים כתב הרב עובדיה יוסף. במאמר שהתפרסם בשנת תשמ"ט פרס הרב עובדיה את משנתו באשר למסירת שטחים למדינה אחרת. עיקר דיונו עוסק בשאלת פיקוח נפש אל מול מצוות כיבוש ארץ ישראל ואיסור "לא תחונם". ואולם חלק מרכזי מעמדתו ההלכתית נסמך על תפיסתו כי הכיבוש הישראלי בימיו איננו "כיבוש גמור שציוותה עליו התורה", שכן איננו חופשיים לעשות בשטחים אלו ככל העולה על רוחנו ולגרש את מי שנרצה. ולכן, גם הנסיגה מהשטחים האלה אינה הפרה מוחלטת של

מצוות יישוב הארץ. בהמשך מעלה הרב עובדיה טיעון נוסף המעיד שהריבונות איננה שלמה - המצב הביטחוני ביהודה, שומרון ועזה:

> ובפרט יש לציין שבזמן האחרון הדרכים ביהודה ושומרון ועזה הן בחזקת סכנה, ואין לנו עליהם אלא שלטון צבאי בלבד, בלא שום אפשרות אפילו לעבור בתוכם בביטחה, וכל שכן להתיישב בתוכם. ובודאי שזה אינו בכלל מצות הכיבוש כאדם העושה בתוך שלו. (הרב עובדיה יוסף, "מסירת שטחים", עמ' 44–46)

גם הרשז"א וגם הרב עובדיה אינם מעלים על דעתם לגרש עובדי עבודה זרה מן הארץ. לא מדובר כאן ביכולת פיזית אלא בכך שמעשה כזה נוגד את החוק הבין־לאומי וממילא עשוי לגרור בעיות קשות גם עבור יהודים בכל מקום שהם.[24] הרב עובדיה סבור שאין להפעיל כוח צבאי ולגרש בכוח את הגויים המהווים סכנה ביטחונית עבור קיום מצוות ירושת הארץ. לדבריו, שלטונו השלם של עם ישראל בארץ ישראל חייב להגיע יד ביד עם הסכמת אומות העולם ולא מתוך עימות איתן:

> לעתיד לבוא יבואו הנפוצות המפוזרים בין העמים, ושמו להם ראש אחד, הוא משיח בן דוד אשר היה עמהם בגלות, וברשיון מלכי האומות ובעזרתם ילכו לארץ ישראל כדכתיב (ישעיה סו, כ): "וְהֵבִיאוּ אֶת כָּל אֲחֵיכֶם מִכָּל הַגּוֹיִם". והמלכות ההיא תהיה נמשכת, ואינה פוסקת לעולם. וזהו שנאמר (דברים ל, ג): "וְשָׁב

24. דברים דומים מובאים בשמו של הרב יעקב קנייבסקי, ה"סטייפלר". ראו הורביץ, **ארחות רבינו הקהילות יעקב** א, עמ' שיח. כמו כן הרב בקשי דורון, **בנין אב**, שם. וראו בשו"ת **שבט הלוי** ז, סימן עח, שיש לקרוע, אך לא מחמת חוסר ריבונות ישראלית אלא מפני שהריבונות המגדירה את סיום החורבן היא שלטון ישראל המתנהג על פי התורה. וראו עוד שפירא, **הר הקודש** עמ' כו.

> ה׳ אֱלוֹהֶיךָ אֶת שְׁבוּתְךָ וְרִחֲמֶךָ וְשָׁב וְקִבֶּצְךָ מִכָּל הָעַמִּים אֲשֶׁר הֱפִיצְךָ ה׳ אֱלוֹהֶיךָ שָׁמָּה״.[25]
> הרי שגם הרמב״ן מסכים שאפילו משיח בן דוד בתחלת התגלותו יבוא אך ורק ברשיון האומות בלי לעלות בחומה, ובלי להתגרות באומות. (הרב עובדיה יוסף, שם)

ומתוך שאיננו חותרים למעשה למימוש החזון האוטופי של עם ישראל בארץ ישראל, הרי גם הריבונות הישראלית הנדרשת על פי ההלכה איננה שלמה ומלאה במציאות חיינו.

הריבונות של מדינת ישראל והכיבוש הצבאי סיימו את תקופת החורבן - הרב זוין והרב ישראלי

הרב שלמה יוסף זוין כתב באופן נחרץ שדין הקריעה על ירושלים וערי יהודה בטל בימינו:

> מסתבר שעם שיחרורן של ערי יהודה משלטון נכרים והקמת מדינת ישראל (אשרינו שזכינו לכך!) בטל דין הקריעה על אותן הערים. (הרב זוין, **המועדים בהלכה**, עמ׳ שעא)

הרב זוין ראה בכיבוש הארץ בידי הצבא ובהקמת מדינת ישראל אירוע ששחרר את ערי יהודה משלטון הנוכרים, וממילא חבלי ארץ אלו כבר אינם ״נראים בחורבנן״.[26] דברים דומים עולים מדברי הרב משה פיינשטיין, שפסק (**אגרות משה** אורח חיים ה, סימן לז): ״עתה שבחסדי השי״ת אין מושלים האומות על ערי יהודה ועל ירושלים,

25. וראו רמב״ן, ״פירוש לשיר השירים״, עמ׳ תקטו.
26. רבה של ירושלים, הרב צבי פסח פרנק, פסק שכיבוש צבאי של צה״ל יוצר חלות מלאה של בעלות על הקרקע, וגם הסתייגויות כאלה ואחרות של ממשלת ישראל אינן מעלות ואינן מורידות מחלות זו: **שו״ת הר צבי** אורח חיים ב, סימן עד; שם יורה דעה, סימן קט.

והם גם מיושבים, הוא טעם גדול שלא לקרוע".[27] במקום אחר כתב עוד הרב זוין: "לשיא של מצוה זו בכל שלימותה ובכל הדרה אי אפשר היה להגיע בכל משך זמן הגלות עד עכשיו, עם הקמת המדינה" ("המדינה", עמ' 25). גם הרב משה פיינשטיין וגם הרב זוין לא הזכירו את העובדה שמדינת ישראל לא החילה באופן מלא את החוק הישראלי על שטחים אלו ונראה שלא ראו בכך נתון המשפיע על ההלכה. ומה שנלמד מן השתיקה אצל פוסקים אלו, אמר באופן ברור הרב גורן. לדבריו, הדרישה ההלכתית להפסקת מצב של חורבן אינה קשורה בהחלת החוק הישראלי אלא בשאלה הפשוטה מיהו השולט בפועל במקום, ותשובתו - צבא ההגנה לישראל:

> הממשל הצבאי הוא הכוח היחיד השולט שם, וכל הצווים של מפקדי צה"ל תקפים והם חוקיים בכל האיזור הזה, אע"פ שהחוק הישראלי של מדינת ישראל אינו חל שם. ההגדרה הנ"ל של הפוסקים בנוגע לערי יהודה בחורבנן ובבניין, תלויה בשליטה בפועל במקום, ומי ידו תקיפה באזורים אלו: יד נכרי או יד יהודי, וכל שיד ישראל תקיפה שם והשלטון בפועל נמצא בידי ישראל - בבניינו מיקרי, ככה שלצורך הגדרה זו אין הולכין אחר החוק הבינלאומי ולא אחר החוק השולט במקום, כי אם אחר השולט בפועל, ומכיוון שהממשל הצבאי היהודי הוא ששולט שם בחיי היום־יום, נחשב הדבר מבחינת ההלכה כאילו הערים הללו נמצאות תחת שלטון יהודי או לפחות אינן נמצאות תחת שלטון נכרי. (**משיב מלחמה** ג, עמ' יא)

27. תשובה זו נכתבה בשנת תשמ"א, וממנה משמע שכן הדין ביחס לכל ערי יהודה. ועיינו שם, חלק ד, סימן ע, תשובה שנכתבה שנתיים מוקדם יותר, שממנה אפשר להבין שערי יהודה שהן עדיין ברשות אומות העולם עדיין נחשבות "בחורבנן" ויש לקרוע עליהן. היחס שבין שתי התשובות צריך עיון. נראה שבתשובה הראשונה כתב על דרך האפשר, ואילו בשנייה קבע הלכה למעשה שאין לקרוע באף מקום משטחי יהודה.

הרב שאול ישראלי, תלמידו של הראי"ה קוק ומי שעמד בראש ישיבת מרכז הרב, השיב באופן מפורט על דבריו של הרב עובדיה. הוא ראה במציאות הצבאית והמדינית של מדינת ישראל, הן בירושלים והן ביהודה, שומרון ועזה, קיום של מצוות יישוב ארץ ישראל וממילא נקט דעה מחמירה יותר בנוגע לאפשרות לסגת משטחים אלו. כנגד דבריהם של הרשז"א והרב עובדיה טען הרב ישראלי שאי־סילוק עבודה זרה או ערבים מן הארץ אינו נובע מהכרח אלא מרצון:

> ומהו זה הפגם שאין אנו מגרשים הערבים והם יושבים לבטח "בחצריהם ובטירותם", וכי ברצוננו להתנכל להם? הרי אנו מעונינים אלא שישבו בשקט, ויקבלו עליהם החובות שישנם על כל אזרח במדינה! (הרב ישראלי, "מסירת שטחים", עמ' 54)

הרב עובדיה טען שאי־סילוקם של ערבים מהארץ נובע מההכרח לעמוד בכללי המשחק הבין־לאומי. אך לדברי הרב ישראלי, אין לנו כל רצון לסלקם מן הארץ. רצוננו הוא רק שיסכימו לקבל את החובות המוטלות על כל אזרח במדינה. עצם ישיבתם בארץ איננה פוגמת לא ביישוב ארץ ישראל ולא בריבונות הישראלית.

זאת ועוד, לעומת הרשז"א והרב עובדיה, שרואים בקבלת החוק הבין־לאומי חולשה, הרב ישראלי טוען שאדרבה, יש כאן ביטוי לריבונות חזקה:

> כל אומה ואפילו המדינות החזקות ביותר, מעונינות בקבלת הסכמה כללית, למען המעיט עד כמה שניתן מלחמות מן הארץ בין מדינה ומדינה ובין עם ועם. והאם ע"ז תפגם עצמאות המדינות כולן בכל מקום שהם, ע"י ששומרות בקפדנות על קיום החוק הבינלאומי? אתמהה. ומכאן תשובה גם לטענה על שאנו נמנעים לבער מקומות ובנינים של ע"ז. שכ"כ החינוך (מצוה תלו): "...שמצוה עלינו לאבד שם ע"ז, אם יש כח בידינו", אבל

אין אנו חייבים לרדוף אחריה ולאבדה אלא בזמן שידינו תקיפה על עובדיה. (הרב ישראלי, "מסירת שטחים", שם)

הרב ישראלי מזכיר בסוף דבריו את המושג ההלכתי "ידנו תקיפה". מושג זה מוזכר בכמה הלכות שיש ליישמן רק כאשר יד ישראל תקיפה על אומות העולם. כך למשל, בנוגע להוצאת עובדי עבודה זרה מהארץ פוסק הרמב"ם (**משנה תורה** הלכות עבודה זרה פ"י ה"ו) שחובה זו קיימת רק כאשר "יד ישראל תקיפה" על הגויים. לדברי הרב עובדיה, בגלל החוק הבין־לאומי איננו מסלקים אותם מן הארץ ועל כן גם כיום המצב ההלכתי הוא כזה שידנו אינה תקיפה על אומות העולם. מכך הוא מסיק שאנו עדיין במצב של חורבן.

כנגד זה טוען הרב ישראלי שאין לחבר בין שתי הלכות אלו – "ידנו תקיפה" והגדרת "חורבן". לדידו, ריבונות איננה הפעלת כוח אלא היא האוטונומיה להחליט אם להפעיל את הכוח. המושג ההלכתי "יד ישראל תקיפה" אינו בוחן את השאלה אם אנחנו שולטים בארצנו ואם יש לנו כוח לעשות מעשה כזה או אחר, אלא אם אנחנו יכולים לשלוט בכל ההשלכות של מעשינו. בעולם הגלובלי של ימינו, ולנוכח חשיבותו של החוק הבין־לאומי, פגיעה בעובדי עבודה זרה תוביל לשרשרת של מעשי אלימות שתפגע בסופו של דבר גם ביהודים. לכן איננו מחויבים ואף איננו רוצים להפעיל כוח כנגד עובדי עבודה זרה בארץ. ממילא, אי־הפעלת כוח בימינו כנגד עבודה זרה אין בה משום ביטוי של חורבן או הפרת ריבונות.[28] דברים אלו תקפים גם באשר למצב המדיני ביהודה ושומרון. לצה"ל יש שליטה צבאית וביטחונית בשטחים אלו ולכן גם כאשר מדינת ישראל מסיבות אלו ואחרות מחליטה שלא להחיל שם את החוק הישראלי במלואו,

28. עיינו בדיונו שם במעמדם של הנוצרים, על יסוד המסורת האשכנזית שאין הם מוגדרים כעובדי עבודה זרה אלא כעובדים ב"שיתוף", ומכיוון שכך לא חל עליהם חיוב "ביעור עובדיה מן הארץ".

עדיין יש לראות בהם חבלי ארץ שמתקיימת בהם ריבונות ישראלית הלכתית תקיפה.

בהמשך דבריו, הרב ישראלי דוחה את סברת הרב עובדיה שסכנת הדרכים ביהודה, שומרון ועזה מעידה שאין כאן כיבוש וגם לא ריבונות. ראשית, הוא כותב, המצב בפועל בטוח הרבה יותר ממה שהוא מתאר. שנית, גם כאשר מצליחים אויבינו לפגוע בנו עדיין "לכל גלוי וידוע שהשלטון הוא בידי הצבא, והוא שקובע תורת כיבוש על המקום".

סיכום: ריבונות ומקומו של הנוכרי בארץ

חמישה חומשי תורה מכנסים לסיפור אחד את מרכזיותה של ארץ ישראל בחייו של עם ישראל ואת עובדת מציאותו ומקומו של הנוכרי בארץ. מצד אחד ישנה המצווה להוריש את הארץ, ומצד שני אנו מחויבים ליישם את הלקח שלמדנו משעבוד מצרים, לקרוא לעמי הארץ לשלום ולדאוג לרווחת הנוכרים. בעיני התורה אין סתירה בין יישוב הארץ לבין מציאותם של נוכרים בתוכה. ראינו שגם לדעת הרמב"ן, שהיה גדול המצדדים במצוות יישוב הארץ, אין לראות בעצם ישיבתו של הנוכרי בארץ סתירה למצווה זו. הדיון אפוא מתכנס לשאלת הריבונות - מהותה וגדריה.

על אף המחלוקת בין פוסקי דורנו בדבר גדר הריבונות האפשרי מבחינה הלכתית, דומה כי לדעת כולם עצם ישיבתו של נוכרי או הימצאותה של קהילה נוכרית בתוך מדינת ישראל אין בהן משום סתירה לא למצוות יישוב הארץ וירושתה ולא להגדרת השלטון והריבונות הרצויים על פי ההלכה - קל וחומר כשמדובר באזרחי מדינת ישראל המקבלים עליהם את שלטון המדינה וחוקיה. הדברים נכונים בפרט בנוגע לתושבי ישראל המוסלמים, אשר בוודאי שומרים על כל שבע מצוות בני נח ואף יותר מכך.[29] אם כנים הדברים הרי

29. על מעמדן של דתות האברהמיות ראו בפרק "מיהו גר תושב בזמן הזה", לעיל

אפשר לומר שהדאגה לרווחתם ומקום יישובם של המיעוטים החיים בקרבנו היא עצמה מימוש ויישום של הריבונות שהתורה מצווה עלינו לקיים. מדינה יהודית על פי התורה היא כזאת שגרים תושבים מרגישים שטוב להם בה, שלא מנצלים את מעמדם המוחלש בחברה ושמתקיימים בהם הפסוק (דברים כג, יז): "בַּטּוֹב לוֹ - לֹא תּוֹנֶנּוּ".

המחלוקת בין הפוסקים נוגעת לשאלת הריבונות אל מול עובדי עבודה זרה ולהגדרת המציאות ביהודה ושומרון.

הרב חיים נבון סובר שיש כאן מחלוקת בין תפיסת ריבונות "בעלותית" לבין ריבונות "ממלכתית",[30] כלומר בין תפיסה המבקשת מימוש דה־פקטו של כל מאווייה ושאיפותיה של תורת ישראל לבין מי שמספיקה לו ההגדרה העקרונית של יכולת פוטנציאלית לבחור כיצד לפעול. אפשר להציע הגדרה אחרת שלפיה המחלוקת היא בין תפיסת ריבונות רחבה, שרואה בריבונות לגיטימית רק את זו שמיישמת הלכה למעשה חובות הלכתיות המוטלות על הציבור והמרחב הארץ ישראלי, לבין תפיסה של ריבונות רזה, שמגדירה את השליטה ואת עצם הפוטנציאל לפעול על פי החלטותיו של הציבור היהודי.

ואולי המחלוקת היא בשאלה אם ריבונות היא מצב של אחת משתי אפשרויות - היא קיימת או שאינה קיימת - או שמא נוכל לחשוב על ריבונות באופן גמיש ומודולרי. את האפשרות הזאת הציע במפורש הרב פיינשטיין. לדבריו, "אף שעדיין לא באה הגאולה ע"י מלך המשיח, ואנו מתפחדים מהאומות, אין לקרוע", וזאת מפני ש"עתה שבחסדי השי"ת אין מושלים האומות על ערי יהודה ועל ירושלים" (**אגרות משה** שם). כלומר, הרב פיינשטיין מסמן את הגאולה השלמה בדמות ביאת מלך המשיח, ברם, גם מצבים מינימליסטיים יותר יש בהם לדעתו ריבונות שתקפה מבחינה הלכתית. ולכן, אף שטרם הגענו

עמ' 39. וראו בדברי הרב ישראלי המוזכרים לעיל, שהוא הדין גם ביחס לתושביה הנוצרים של ישראל.

30. הרב נבון, "יישוב ארץ ישראל", הערה 6.

למציאות האוטופית על פי חזון התורה, אין לראות בכך חורבן אלא מצב של ריבונות ושלטון.

דברים אלו עולים גם אצל הרב ישראלי. גם אם אין החלה מלאה של החוק הישראלי על כל שטחי יהודה ושומרון, ואף שאיננו מיישמים בהכרח את הצו ההלכתי במלואו ברמה המדינית, אין הדבר פוגע בעצם הגדרת המציאות המדינית בכל השטחים האלה כמצב המקיים את מצוות ירושת הארץ. הריבונות היא היכולת לבחור את הדרך הנכונה בעולם שבו ישנם ערכים מתנגשים, ולא כזו התלויה במצב אוטופי שמאפשר החלה של ערך אחד בלעדי. כך, למשל, הבחירה בערך הלכתי של "דרכי שלום", וההבנה שבעולם הגלובלי של היום יד ישראל איננה תקיפה, כלומר: איננו יכולים לעשות ככל העולה על רוחנו ולפיכך גם איננו רוצים בכך, אין בהן משום הפרה של הריבונות אלא דווקא ביטוי ומימוש גבוה יותר של חירות.

מתוך תפיסה מודולרית זו נוכל לחשוב מחדש לא רק על המצב ביהודה ושומרון ועל עובדי עבודה זרה אלא גם באופן רחב יותר על ריבונות ושלטון במדינת ישראל ביחס למיעוטים החיים בתוכה. כאמור, הספֵרה הפוליטית־מדינית במדינת ישראל דומיננטית וריכוזית במידה רבה. בכתב השלום והכניעה המוצע לכל עמי הארץ, ההלכה דורשת נאמנות ביטחונית, תשלום מיסים ושירות למען צורכי המדינה והחברה. עם זאת, אין דרישה לשליטה מצידנו על מערכת החינוך, הדת והרווחה ולהזדהות מצידם עם כל ערכי התורה. במילים אחרות, במתח שבין הדרישה לנאמנות למדינה המצופה מכל אזרח מתוקף עקרון השוויון האזרחי לבין העיקרון התורני להיטיב עם הנוכרים הגרים בארצנו, נוכל לדון באופן רגיש וגמיש הרבה יותר במידת האוטונומיה הקהילתית המתאפשרת לקהילות המיעוטים השונות החיות בשטחי ארץ ישראל.

הושבת גר תושב בארץ ישראל

שראל רוזנבלט

הדאגה האנושית והמוסרית כלפי מיעוטים הגרים בארצנו מודגשת בתורה שוב ושוב. רבי יוסף אלבו **בספר העיקרים** רואה באהבה ובדאגה לגר יסוד חשוב ומיוחד בתורת ישראל:

> ואולם בחלק מהמצות שבין אדם לחבירו... הנה תורת משה שלמה מזולתה מן הדתות, כי היא תזהיר אהבת האנשים, אמרה ואהבת לרעך כמוך... ועל הגר אמרה ואהבתם את הגר, והזהירה שלא להונות אותו, אמרה עמך ישב בקרבך במקום אשר יבחר באחד שעריך בטוב לו לא תוננו, ולא גר צדק בלבד אלא אפילו על גר תושב. (**ספר העיקרים** מאמר ג, פרק כה)

התורה מדגישה כי ערך זה הוא אחד הלקחים החשובים שעל עם ישראל ללמוד משעבוד מצרים (דברים י, יט): "וַאֲהַבְתֶּם אֶת הַגֵּר כִּי גֵרִים הֱיִיתֶם בְּאֶרֶץ מִצְרָיִם".[1] לא רק נס ההצלה צריך להתנוסס על

1. לדיון מדוע פסוק זה מכוון במיוחד לאהבת גר תושב עיינו בפרק "וַאֲהַבְתֶּם אֶת

דגלנו כי אם גם זיכרון הגרות והזרות בהיותנו עבדים וזרים בארץ לא לנו. מתוך חוויה קולקטיבית זו, הקב"ה מזהיר על ההתנהגות הנאותה והמוסרית כלפי הזרים הגרים בארצנו.

מצוות אלו ניצבות כקריאה חשובה בעידן של ריבונות יהודית בארץ ישראל שבו היחס לגר תושב מתרחב באופן מיוחד ממרחב הפרט אל עבר אחריות ציבורית ומדינית. כוחה ואחריותה של המדינה בניטור תקציבים ומשאבים באופן נכון נוגעים במיוחד לפרק זה, העוסק בתנאי המחיה והסביבה ומקום מושבו של גר תושב.

אחד הציוויים של התורה ביחס לגר תושב נוגע במקום מושבו של הגר. מקום המגורים איננו עניין טכני אלא מהותי לחייו של אדם. כל אדם מכיר את סוגיית הדיור באופן אישי ויודע עד כמה מקום המגורים משפיע באופן דרמטי על איכות החיים. ביחס לעם ישראל התורה מצווה על חלוקת הארץ לפי שבטים ומדגישה את חשיבות נחלת האבות. אבל לגר אין נחלת אבות בארץ ישראל, ולכן התורה מצווה על הריבון בארץ לדאוג לו.

אומנם הסוגיה העומדת בפנינו עוסקת ברווחתו של גר תושב, אולם הנמען העיקרי שלה איננו הגר עצמו אלא דווקא הקולקטיב היהודי וחובותיו כלפי המיעוט הלא־יהודי. המצווה היא למעשה חובה המוטלת על הריבון היהודי, אולי על בית הדין, נציגי הקהל או המלך, לדאוג לרווחתו של הגר. הלכך השאלה המשפטית המדויקת איננה היכן מותר או אסור לגר תושב לשבת אלא מה גדר חובת הדאגה שלנו כלפיו. משום כך הגדרת הסוגיה היא אפוא "הושבת גר תושב".

הסוגיה שלפנינו מעלה שאלות אחדות בתחום הדיור ויש בה כדי לעורר מחשבות על אודות עיצוב מדיניות סדורה יותר באשר לחובת הריבון היהודי בארץ ישראל כלפי המיעוטים בארץ. היא עשויה להשפיע על מדיניותה של מדינת ישראל בנוגע למיעוטים שתחת חסותה. האם על מדינת ישראל, במתח שבין מדינת רווחה לחירות הפרט, להתערב או לסייע לאותם תושבים לגור במקום זה או

הַגֵּר: שני מעגלים של אהבה", לעיל, עמ' 117.

אחר? האם תהיה עדיפות לעזור לתושבים לגור דווקא במרכז הארץ או בפריפריה? האם אפשרויות הפרנסה במקום יישוב זה או אחר מספקות? האם עדיף לנסות לייצר ערים מעורבות וכך תושבים זרים יגורו בכוונה תחילה בתוך רוב יהודי, או שמא ניתן עדיפות להקמת ערים נפרדות?

חלקו הראשון של הפרק יעסוק בעקרונות היסוד של דין הושבת גר תושב בכל הארץ. חלקו השני יעסוק בסוגיית ישיבת גר תושב בירושלים. בחלק השלישי נחדד את ההגדרה הלמדנית־משפטית של הסוגיה שלפנינו, הגדרה שיש לה השפעה ניכרת על ההבנה והמשמעות המעשית של ישיבת גר תושב בארץ.

הושבת גר תושב בארץ: "'עמך ישב' – ולא בעיר עצמו"

בספר דברים התורה מתארת מציאות שבה עבד של גוי מצליח לברוח משעבוד אדונו ומגיע לארץ. התורה אוסרת על הסגרת העבד אל רודנות אדונו ותחת זאת מצווה לדאוג לרווחתו בתוך תחומי הארץ. המדרש מלמד כי מצווה זו אמורה לא רק כלפי עבד ממש אלא כלפי כל גר תושב היושב בארץ.[2] להלן נדון רק בגר תושב ולא בשאלה הייחודית של עבד נמלט:

> לֹא תַסְגִּיר עֶבֶד אֶל אֲדֹנָיו אֲשֶׁר יִנָּצֵל אֵלֶיךָ מֵעִם אֲדֹנָיו. עִמְּךָ יֵשֵׁב בְּקִרְבְּךָ בַּמָּקוֹם אֲשֶׁר יִבְחַר בְּאַחַד שְׁעָרֶיךָ בַּטּוֹב לוֹ לֹא תּוֹנֶנּוּ.
> (דברים כג, טז–יז)

התורה משתמשת במספר רב של מינוחים כדי לפרט באופן מדויק את מקום הושבתו של גר תושב - "עמך ישב", "בקרבך", "במקום אשר יבחר", "באחד שעריך", וגם המילים "בטוב לו, לא תוננו" מצטרפות

2. ספרי דברים פיסקא רנט; **השגות הראב"ד** הלכות איסורי ביאה פ"יד, ה"ח, **וספר העיקרים** הנ"ל. וכן משמע קצת ברמב"ם **משנה תורה** הלכות מלכים פ"ו ה"ו.

לכך. הפירוט הרב עשוי אולי ללמדנו שהתורה סבורה שישנה נטייה חברתית להרחיק את הזרים אל מחוץ למרכזי הערים וההתיישבות. התורה מדגישה עד כמה מקום מושבו של הגר צריך להיות בתוך הערים ובקרב האוכלוסייה היהודית. עם זאת, לצד הדאגה שלנו כלפיו צריך לתת לגר גם בחירה חופשית - "במקום אשר יבחר". מסתבר שיש בזכות בחירה זו משמעות עמוקה במיוחד. הביטוי "המקום אשר יבחר" מופיע בספר דברים יותר מעשרים פעמים כתיאור של המקום שבו בוחר ה' להשכין את מקדשו.[3] לפנינו הקבלה בין המחויבות הדתית שלנו כלפי הקב"ה וקדושת המקדש לבין החובה המוסרית כלפי הזר שגר בארצנו. שמא, כשם שבחירת מקום המקדש על ידי הקב"ה ולא על ידינו היא מהותית, כזו היא גם בחירתו של הגר התושב ביחס למקום מושבו.

דומה כי סיומו של הפסוק מציב את ההכוונה הכללית של כל ההוראות שלפניו: "בטוב לו, לא תוננו", היינו שהמטרה המרכזית היא להיטיב עם הגר ולהישמר מאוד שלא להונות אותו.

המדרש מדייק כל ביטוי בפסוק ולומד ממנו פרט הלכתי:

> "עמך ישב" - ולא בעיר עצמו. "בקרבך" - ולא בספר. "במקום אשר יבחר" - במקום שפרנסתו יוצאה. "באחד שעריך" - בשעריך ולא בירושלם. כשהוא אומר: "באחד שעריך" - שלא יהא גולה מעיר לעיר. "בטוב לו" - מנוה הרע לנוה היפה. "לא תוננו" - זו הונית דברים. (ספרי דברים, רנט)

המדרש מדגיש שמקום מושבו של הגר צריך להיות במיקום טוב, כזה שיש בו תנאים סוציו־אקונומיים טובים ושמאפשר פרנסה טובה. כלומר, יש להביא בחשבון היבטים רבים המשפיעים על היכולת למצוא עבודה ולהתפרנס בכבוד. נוסף על כך, חשוב שיצליח למצוא

3. רעיון זה שמעתי מפי הרב אמנון בזק.

מגורי קבע ושלא ימצא עצמו "גולה מעיר לעיר" הן מסיבות כלכליות הן מסיבות חברתיות.

עיקר המחלוקת בין הפרשנים נסבה על שתי הלכות במדרש: (1) "עמך - ולא בעיר עצמו". (2) "בשעריך - ולא בירושלים". מה פירושן של הוראות אלו ומה טעמן? האם לפנינו המשך דאגה לזכויותיו של הגר או שמא הגבלתן?

"עמך ישב ולא בעיר עצמו": הדיוק של הספרי מהמילה "עמך" - "ולא בעיר עצמו" - צריך עיון גדול, מפני שפשט הפסוק הוא שיש עניין עקרוני שהגר יֵשב דווקא עם בני ישראל, בתוכם, ואילו מדברי המדרש אפשר להבין לכאורה את ההפך הגמור, שאסור להושיב את הגוי בתוך העיר. גם מתוך הספרי עצמו פירוש זה קשה, שכן אם אומנם יש איסור הושבת גר תושב בתוך כל עיר ועיר או בערי חומה שוב לא ברורה הוראת המדרש בהמשך: "בשעריך - ולא בירושלים", והרי זהו דין מיותר שכן ירושלים בכלל שאר ערי ישראל.[4]

בדפוס וילנה של הספרי ישנה גם גרסה אחרת: "עמך - בעיר עצמו". כלומר יש חיוב להושיב את הגר דווקא בתוך העיר, בלב תחום המושב של האוכלוסייה היהודית, ובכך מתקיים הצו להושיבו "עִמך". אך הגרסה שעמדה לפני הראשונים וכן בכתבי היד מקיימת את הגרסה שלפנינו - "ולא בעיר עצמו" והדרא קושיא לדוכתא.[5]

בפירושים השונים ל**ספרי** מצינו שלוש שיטות שונות.

איסור הושבת גר תושב במקום "קדוש"

הראב"ד מפרש שאת ההלכה הזאת צריך להבין בהקשר של דיני קדושת הארץ. כחלק ממחלוקת בעניין דברי הרמב"ם על משמעות דיני גר תושב בזמן שאין היובל נוהג, מפרט הראב"ד את דיניו של הגר:

4. ראו בפירוש **תולדות אדם** (עמ' רעג) הנוקט בשיטת הראב"ד להלן ומיישב על פיה את הקושיה.
5. להרחבה עיינו בספרי, פינקלשטיין, עמ' 282, הערה 9.

ומה הן מצות גר תושב **והוא שאין מושיבין אותו בתוך העיר דדרשינן בספרי עמך ישב ולא בעיר עצמה** ומצוה להחיותו דכתיב וחי אחיך עמך וקונה עבד עברי כעכו"ם ואלה הדינים שאינם נוהגים בו אלא בזמן שהיובל נוהג יש מהן שהוא להקל עליו ויש מהן להחמיר עליו **שבזמן שאין היובל נוהג יושב אפילו בעיר עצמה שאין קדושת הארץ עליה כשהיתה...** (**השגות הראב"ד** הלכות איסורי ביאה פי"ד ה"ח)

הראב"ד קושר בין קדושת הארץ, הקיימת בזמן שהיובל נוהג, לבין האיסור להושיב גר תושב בתוך העיר. מה הקשר בין קדושת הארץ לבין ערים? ומדוע שהדבר ישפיע על מקום מגוריו של הגר?

המקום היחיד שמצינו קדושה של עיר שהיא שונה ונבדלת מדרגת הקדושה של כל ארץ ישראל הוא בנידון של עיר מוקפת חומה. אם כנים הדברים, נדמה **שהראב"ד** כיוון בדבריו למשנה במסכת כלים המגדירה עשרה סוגי קדושה הקיימים בארץ ישראל מן הקל אל החמור. הקדושה הראשונה היא ארץ ישראל ומשמעותה המעשית היא שאפשר להביא מכל רחבי הארץ את קורבן העומר והביכורים ושתי הלחם. הקדושה השנייה הגבוהה יותר היא קדושת ערי חומה:

עיירות המוקפות חומה מקודשות ממנה, שמשלחים מתוכן את המצורעים ומסבבין לתוכן מת עד שירצו. יצא - אין מחזירין אותו. (משנה כלים פ"א מ"ז)

משמעותה המעשית של קדושת ערי חומה היא שיש לשלח מתוכן את המצורעים ושאין מחזירים לתוכן גופת אדם שנפטר. הראב"ד מחדש אפוא שקדושה זו רלוונטית גם לדינו של גר תושב, שאין להושיבו בתוך ערים המוקפות חומה. יש לציין שלפי פירוש הראב"ד איסור

זה אמור אך ורק לגבי ערים המוקפות חומה מימות יהושע בן נון וכן רק בזמן שהיובל נוהג.[6]

אם כנים הדברים אזי דברי הראב"ד מחודשים ביותר, ולא בכדי מעיר **המגיד משנה** במקום שאין דעת הרמב"ם כן. אך מעבר לכך פירושו קשה מכמה וכמה צדדים.

המשנה במסכת כלים המלמדת על קדושתה המיוחדת של עיר חומה מציינת שהמשמעות ההלכתית אמורה רק לגבי שילוח מצורעים ושאין מכניסים לתוכה מת לאחר שיצא מן העיר. את דינו של המצורע יש להבין כדין ייחודי ביחס למצורע. הלכה יסודית שהתורה מדגישה בנוגע למצורע היא שילוח מכל מחנות ישראל וריחוק חברתי מכל בני האדם. **הר"ש משאנץ** בפירושו מסביר שהייתה הווה אמינא שדין שילוח המצורע ממחנה ישראל אמור רק לגבי ירושלים שכן צמידותה למקום המקדש דומה למחנה ישראל במדבר. כנגד מחשבה זו מחדשת המשנה בכלים שהדין הזה חל גם בנוגע לערי חומה, אך רק לגביהן ולא לגבי שאר הערים. אם כן, בעניין מגמת התורה להרחקת המצורע ממקום המושב מצינו שהמשנה מרחיבה אותה גם לגבי ערי חומה, אך בנוגע לגר תושב מגמת התורה היא לעזור לו וכך היא המשמעות הפשוטה של שאר ההוראות בספרי. זאת ועוד, אם אכן היה איסור להושיב גר תושב בערי חומה מפני קדושתן, לא היה למשנת כלים לשתוק בעניין.

6. ראו דברי **הר"ש משאנץ**, כלים פ"א מ"ז: "עיירות המוקפות חומה - בת"כ בפרשת בהר סיני תניא גבי בתי ערי חומה: 'איש כי ימכור בית מושב עיר חומה - יכול הקיפוה חומה מכאן ולהבא ת"ל בית מושב עיר חומה, שמוקפת חומה מימות יהושע בן נון'. ומסתברא דהוא הדין כאן... וקדש יהושע כל עיירות המוקפות חומה בקדושת מחנה ישראל אבל לא כל א"י ולא שאר עיירות שאין מוקפות חומה".

הדאגה לצורכי הביטחון של הכלל

מתוך קושיות אלו מצינו שמפרשי הספרי פירשו באופן אחר וכך דברי רבנו הלל:

> כלומר עמך ישב ולא בעיר באפי נפשיה, דליכנס גר תושב ועבדים שברחו מחוצה לארץ לארץ וליתבו בעיר באפי נפשייהו וחיישינן דילמא חייש דעבדי בהערמה כי הכי דליכבשו גוים לארץ ישראל. (**רבנו הלל**, עמ׳ עז)[7]

לפי פרשנות זו, אין כוונת הספרי לאסור על הושבת הגר בתוך העיר אלא לאסור להקים עיר ייחודית רק לגרים. וכך יש להבין את המדרש: ״ולא בעיר עצמו״ - היינו ולא בעיר בפני עצמו. במילים אחרות, חובה להושיב את הגרים התושבים דווקא בערים מעורבות. הסיבה לכך נעוצה בחשד הביטחוני הנלווה לקבלת גרים זרים לתוך החברה. עיר שמאוכלסת רק בגויים זרים, הגם שהם גרים תושבים, עשויה להיות כר פורה להתאגדות אנטי־ישראלית ולבניית תשתיות למרד אזרחי. באופן דומה יש להבין את האיסור להושיב גר תושב ביישובי ספר, שכן קרבתם לגבול עם עמים אחרים מגדילה את החשש לשיתוף פעולה של גרים תושבים עם אויבי ישראל.

הקושי שמשותף לשני הפירושים האלה טמון בכך שהם מציבים את המדרש כמי שעסוק בהגבלת זכויות הגר ובבניית מערכת איזונים בין הפרט לכלל. אף שמחשבה על איזון כזה או אחר יש בה מן ההיגיון, כאן באופן ספציפי רוח הפסוקים, כאמור, נושבת באופן מובהק לכיוון אחר והוא טובת הגר. מילות הסיום של הפסוק, ״בטוב לו, לא תוננו״, נדמה שהן מסכמות את הנאמר בתחילתו, ועל כן יש

7. זו לשון **המלבי״ם** (לדברים כג, יז): ״׳עמך ישב׳ - אחרי שיאמר שישב במקום אשר יבחר, למה יאמר ׳עמך ישב׳? ולמד בספרי שלא בעיר בפני עצמו. ופירושו: שישב יחד עם בני ישראל ולא שיהיה לו עיר מיוחדת לביתו ולעבדיו. וכן ׳בקרבך׳ מיותר. ואמר בספרי ׳ולא בספר׳, פירוש: עיר סמוך לגבול. וטעם שניהם משום חשש שלא ימסרו העיר לאויבים״.

קושי לפרש שתחילת הפסוק עוסקת בחשדנות כלפי גרים תושבים. נראה שהפסוקים מניחים שבמציאות נטייתה הטבעית של החברה היא להעדיף את טובת הכלל ולהגביל את זכויות המיעוטים, ולכן עיקר מגמתם ליצור את האיזון לצד השני, לטובת הגר.

לקיחת חסות על חיי הגר, למניעת הפליה

אפשרות שלישית להבנת המדרש נמצאת בפירוש **מאיר עין** על הספרי. כמו **רבנו הלל** גם הוא מפרש שכוונת המדרש היא שאין להושיב גר תושב בעיר הומוגנית של גרים תושבים, אך טעמו שונה:

> אמר מאיר איש שלום: אנא ידענא מאי קאמר. שכן עשו האומות לנו, וקבעו שוקי יהודים ולא הניחו אותנו לדור עמהם. וחסדי ד׳ נזכיר כי ספו תמו אוכלי עמי ונהיה כולנו כאזרחי הארץ והזהירה התורה אותנו שתהיה טובתינו שלמה שלא כמידת הרשעים שאפילו בשעת טובתן אין טובתן שלמה.
>
> (**ספרי עם פירוש מאיר עין**, עמ׳ קכא)

הסיבה להושבת גרים תושבים דווקא בערים יהודיות איננה מפני החשד אלא כדי לעזור להם להתגבר על הקשיים האובייקטיביים ועל תנאי הפתיחה הרעועים שלהם בהיותם זרים, ולאפשר להם להשתלב בצורה מיטבית בחברה. בדומה לפסוקים שמהדהדים שוב ושוב את זיכרון שעבוד מצרים כזיכרון חי שעם ישראל נושא עימו כדי שייטיב עם הזרים בארצו, כך מהדהד הפרשן את הזיכרון היהודי מהגטאות בגלות אירופה. הזיכרון הטרי שלנו מאירופה מעניק הבנה ברורה יותר של הבעיה המוסרית בהקמת שכונות נפרדות לזרים. זאת הבעיה שהטרידה את התורה באומרה "עמך ישב".

פירוש זה מקבל תימוכין גם ממסכת גרים, המונה את כל החובות של הרוב היהודי כלפי המיעוטים שבתוכו, ואין בה כל אזכור להגבלה על אכלוס בתוך הערים:

> אין משיבין אותו בספר, ולא בנוה רע, אלא בנוה יפה, באמצע ארץ ישראל, במקום שאומנותו יוצאה, שנאמר עמך ישב בקרבך במקום אשר יבחר באחד שעריך בטוב לו לא תוננו.
>
> (מסכת גרים פ״ג ה״ד)

מתוך כך ברור אפוא מדוע אין מושיבים גר תושב בספר. אין כאן הגבלת זכויות של גר תושב מחשש למרד אלא איסור על השלטון היהודי לדחוק את הגרים לקצה היישוב, שכן אלו מקומות שאינם מאפשרים להם להשתלב בחברה ולעמוד על רגליהם ולהתפרנס בכבוד.

נמצינו למדים שישנן שלוש פרשנויות לדברי הספרי: (1) **פירוש הראב״ד**, שלפיו יש איסור הושבת גר תושב בעיר חומה מפני קדושתה והוא נוהג רק בזמן שהיובל נוהג. בימינו, שאין היובל נוהג, לדעת הראב״ד יכול גר תושב לשבת היכן שירצה.[8] יתרונו של **פירוש זה** הוא בכך שהוא מפרש באופן פשוט יותר את המילים ״ולא בעיר עצמו״, היינו שגר תושב אינו יכול לשבת בתוך עיר. עם זאת, הקשיים בפירושו גדולים מאוד. (2) פירוש **רבנו הלל**, שיש להושיב גר תושב בעיר מעורבת עם יהודים מחשש למרד. היתרון בפרשנותו הוא שהמדרש איננו סותר את ההוראה הפשוטה של התורה ״עמך ישב״. הקושי בפירוש זה הוא בכך שהוראה זו סותרת הן את רוח הפסוקים והן את רוח המדרש, שלפיהם יש להיטיב ככל האפשר את תנאי חייו של הגר. (3) פירוש **מאיר עין**, שסובר שהטעם שאין להקים עיר גרים הוא שזו עשויה להביא להפליה לא מוסרית, כמו שאנו עצמנו

8. לכאורה, הרמב״ם (**משנה תורה** הלכות איסורי ביאה פי״ד ה״ח) חולק על הראב״ד, שהרי אמר שאין מקבלים גר תושב אלא בזמן שהיובל נוהג, ולכאורה לפי זה אין אפשרות להושיב גרים תושבים בארץ בזמננו. אולם **הכסף משנה** מסביר שגם כאשר אי אפשר לקבל גר תושב, על גוי שאינו עובד עבודה זרה לא חל איסור ישיבה בארץ. אומנם הוא אינו מקבל מעמד של גר תושב, אך אי אפשר לומר שהוא עובד עבודה זרה. ומה שאמר הרמב״ם שאין מקבלים גר תושב, היינו רק שבית דין אינו מעניק לו מעמד רשמי של גר תושב.

חווינו על בשרנו במשך מאות בשנים בגלות. כפי שראינו, פירוש זה הוא הפשוט ביותר מבחינת פשוטו של מקרא ופשוטו של מדרש, שרצה לתת פשר להנחיה "עמך ישב... בטוב לו לא תוננו", כלומר יש להושיב את הגרים התושבים בתוך הערים היהודיות כדי להיטיב עימם. פירוש זה מקבל חיזוק גם מברייתא במסכת גרים.

הושבת גר תושב בירושלים

עד כה עסקנו בשאלת הושבתו של גר תושב בכל חלקי ארץ ישראל. לירושלים לעומת זאת יש התייחסות מיוחדת. לפי הספרי והתוספתא לא מושיבים גר תושב בירושלים: "בשעריך ולא בירושלם". גם כאן עלינו לשאול: כיצד הוראה זו היא טובתו של הגר כיתר ההוראות ההלכתיות בפסוקים ובמדרש?

עיון במקורות חז"ל מעלה שישנם שלושה מאפיינים מיוחדים לעיר ירושלים: (1) היא איננה בבעלות של אף שבט;[9] (2) היא עיר שאמורה לשרת את העולים לרגל; (3) ירושלים קדושה יותר, ועל פי המשנה בכלים שנזכרה לעיל המשמעות היא שאפשר לאכול בה בשר קודשים קלים ומעשר שני. באופן טבעי מרוכזת בה אפוא כמות גדולה של קודשים וטהרות. איזה מאפיין משלושת המאפיינים האלה גוזר את ההוראה שלא להושיב גר תושב בירושלים?

קדושת ירושלים

פירוש **זר זהב** מסביר שירושלים היא עיר בשירות עולי הרגלים ולכן לא רוצים להושיב שם באופן קבע גר תושב "כדי שלא יפסיד מקום לישראל".[10] בספר **עזרת כהנים** מוסבר שאיסור הושבת גר תושב

9. מגילה כו ע"א; רמב"ם **משנה תורה** הלכות בית הבחירה פ"ז הי"ד.

10. פירוש **זר זהב**, תוספתא נגעים פ"ו ה"ב.

בירושלים הוא ניסיון למנוע בעיות בתחום של קודשים וטהרות מפני שהגר אינו בקיא בהלכות אלו ועשוי אפוא לטמא אותם.[11]

החסדי דוד בפירושו לתוספתא מתנגד לטעמו של **העזרת כהנים**, ובמקום זאת סובר שדין זה קשור לקדושתה של ירושלים, ללא קשר לענייני טומאה וטהרה: "וטעמא משום קדושת המקום". סברה זו אנו מוצאים גם אצל **הציץ אליעזר** (י, סימן א), וכן משתמע גם מפירוש **משך חכמה** (דברים כג, יז). סברה זו ממשיכה ברוחה את דברי הראב"ד לעיל, הקושר בין עניין הקדושה לאיסור הושבת גר תושב בכלל הערים המוקפות חומה. **הציץ אליעזר** טוען שעיר מוקפת חומה מאבדת את קדושתה אם רוב תושביה נוכרים. האיסור להושיב גר תושב בירושלים נובע לדבריו מסיבה זו.

הסבר אחר נמצא בדבריו של הרב ברוך הלוי אפשטיין, בפירושו **תורה תמימה**, שקושר בין קדושת העיר לייחוס המשפחות של תושבי ירושלים: "בירושלים היו מקפידים ביותר על יחוס משפחות ולכן הקפידו חז"ל על ישיבת אנשים שלא מזרע ישראל בירושלים" (**תורה תמימה** דברים כג, יז, הערה פב). דין דומה נמצא באבות דרבי נתן (נו"א פי"ב) בנוגע לממזר, שגם לו אסור להיכנס לירושלים.[12] הרב יהושע פאלק, בחיבורו **בנין יהושע** (עמ' י"א), תולה דין זה בקדושת העיר: "קדושת ירושלים אינה סובלת אותו, דהקדושה היא כ"כ גדול מי שאינו מיוחס כגון ממזר לא יכול להיות לו ישיבה בירושלים".[13]

11. ראו בפירוש **חסדי דוד** על התוספתא בנגעים, שמתנגד לטעם של הפסד קודשים וטהרות. אולם דבריו מתייחסים לשאלה האם גר תושב יכול להיות טמא. זאת בניגוד לטענתו של רבי יהושע יוסף הכהן (**עזרת כהנים** א, עמ' סט), שאין הדבר תלוי בטומאת גופו של גר תושב אלא בזרותו לכל ענייני הקודשים וטהרות, ומתוך שהללו מצויים לרוב בירושלים עשוי הוא בשגגה לטמא אותם. ראו גם אפלבאום "הראויים לגור".
12. וראו אבות דרבי נתן נו"א פרק לה, שם מונים באופן מסודר את תקנות ירושלים, ואין כל אזכור לאיסור ממזר בירושלים. וכבר העיר על כך **בשו"ת ציץ אליעזר** י, סימן ג, והוסיף שלמעשה דין זה לא התקבל, ובפועל ממזרים היו מצויים בירושלים לאורך הדורות.
13. ייתכן שהבניין **יהושע** למד זאת מדברי רבנו תם, המסביר שיש עניין שעבדים

הציץ אליעזר (שם) פירש באופן אחר, ולדבריו אין כאן איסור אלא עצה טובה כלפי הממזר, שכן "ממזר לא יוכל להתקיים שם מפאת גודל קדושתה של ירושלים ולכן אינו נכנס לשם מעיקרא, וזאת בתורת עצה טובה, אבל אם רוצה מותר לו עפ"י הדין ליכנס".

כיוון פרשני זה איננו פשוט כלל ועיקר. ראשית, פשט הפסוקים והמדרש כאן הוא להיטיב עם הגר. גם ביתר מקורות חז"ל שעוסקים בדין גר תושב בירושלים לא מצינו שקושרים זאת לעצם קדושתה של העיר. זאת ועוד, קדושת ירושלים עשויה להיות סיבה למה להושיב דווקא בתוכה גר תושב, וכך הם דברי המלבי"ם (בפירושו לדברים כג, יז): "ולפ"ז לא הורשה לו לישב רק בירושלים בכדי שילמוד לירא את השם". קדושת ירושלים עשויה לתרום עוד יותר לגר בשל השפעתה הרוחנית הפוטנציאלית על יראת השמיים שלו. לדבריו, הסיבה שהמדרש דוחה את האפשרות הזאת היא הדאגה לגר תושב: "ופי' שלא יאמרו בני העיר שמסיג את גבולם ודיו שאיחר שם איזה שנים ואח"כ ילך לעיר אחרת קמ"ל דלא יוכלו לומר כן". הדאגה של המדרש היא שמא אנשים מישראל במקומות שונים ירחיקו מעליהם את הגר בטענה שבשל ישיבתו בירושלים פרק זמן מסוים הוא איבד את זכותו לגור במקומות אחרים, וכך יימצא גולה מעיר לעיר. לכן, מסביר המלבי"ם, המדרש מדגיש שיש להושיב את הגר דווקא ב"שעריך", כלומר טובת הגר היא שעומדת לנגד עיני המדרש. לירושלים אומנם יתרון רוחני אך טובתו הכלכלית והחברתית של הגר תתעצם אם ישב במקומות אחרים. דברים אלו של המלבי"ם עולים בקנה אחד עם העולה מעיון במקורות חז"ל כדלהלן.

הדאגה לגר

עיון בדברי הספרי, ובייחוד במילה שממנה המדרש לומד שאין

נוכרים לא יגורו בירושלים מפני "דאין אנו רוצים שיהיו עבדים בירושלים יותר מדאי אלא מיוחסים" (כתובות קי ע"ב, תוספות ד"ה "ואין הכל").

להושיב את הגר בירושלים, מעלה שדין זה אינו נובע מקדושתה של העיר אלא מסיבה אחרת:

> בשעריך ולא בירושלם כשהוא אומר באחד שעריך שלא יהא גולה מעיר לעיר. (ספרי דברים פיסקא רנט, יז)

לפי הספרי, גר תושב אינו יושב בירושלים מפני שהיא איננה בגדר "שעריך". כדי לעמוד על טיבה של הדרשה יש לעיין בדינים נוספים הקשורים לכך.

על פי התלמוד הבבלי (מגילה כו ע"א), נחלקו תנאים בשאלת הבעלות השבטית על ירושלים. לדעת רבי יהודה, השבטים נחלו את ירושלים והיא נחלקה בין שבט יהודה לשבט בנימין. אך לדעת חכמים ירושלים לא נחלקה כלל לשבטים והיא נשארה מעין אקס־טריטוריה, עיר כלל־ישראלית. במילים אחרות, ירושלים איננה שייכת לאף שבט באופן בלעדי. לקביעה זו יש כמה וכמה השלכות הלכתיות. הראשונה שבהן היא שלא תיתכן בעלות על קרקע ועל בתים בירושלים, גם עבור מי שמתגורר שם בפועל. לפי דעה זו אין לאדם היכולת למנוע מאורח להיכנס לביתו וללון בו והוא גם אינו רשאי לגבות כסף עבור השימוש בבית. יצוין כי בנוסח התוספתא וכן בדברי הרמב"ם יש צמידות בין שתי הלכות אלו: "ואין משכירין בתוכה בתים ואין נותנין בתוכה מקום לגר תושב" (**משנה תורה** הלכות בית הבחירה פ"ז הי"ד). מכאן אפשר להציע שלגוף הממונה על הושבת גר תושב בתחומי הארץ אין מנדט להושיב גר תושב בירושלים מפני שהיא היא קרקע שאינה ניתנת להענקה לאיש.

בהמשך להבנה זו, אפשר לקשור את ההלכה הזאת למגמה הכללית של התורה והמדרשים - הדאגה לגר עצמו - מפני שמבחינות מסוימות ומדינים שונים עולה שהמגורים בירושלים מאתגרים מחמת שהיא איננה בגדר "שעריך".

כאמור, המתגוררים בירושלים אינם יכולים לגבות כסף מאורחים המבקשים ללון בבתיהם (תוספתא מעשר שני פ"א הי"ב; בבלי מגילה

כו ע״א). מאותה סיבה מסבירה הגמרא שבירושלים אין דין של עגלה ערופה וגם לא עיר הנידחת (בבא קמא פב ע״ב). רבי נתן סובר שבירושלים אין דין בן סורר ומורה (תוספתא נגעים שם). הסיבה לכך היא: ״שנ׳ והוציאו אותו אל זקני עירו ואל שער מקומו פרט לירושלם לידוע שהוא של ישראל״. דין בן סורר ומורה זקוק לזקני העיר כקבוצת אנשים המנהיגים את העיר ונושאים באחריות למתרחש בתוכה. אך בירושלים, מכיוון שהיא איננה שייכת לאף שבט מישראל, אין מעמד זקנים כזה ואין מי שיישא באחריות.

מכאן אפשר להבין באופן ברור את דרשת הספרי כהמשך למגמת הדאגה כלפי גר תושב. דרשה זו נמצאת בתווך בין כמה דרישות מעם ישראל לדאוג לרווחתו של הגר - בין דרישה להושיב את הגר במקום מרכזי בשילוב עם יהודים והוא יוכל להתפרנס בו בנקל, לבין האזהרה מפני מציאות שבה הגר ימצא את עצמו ״גולה מעיר לעיר״ אם עם ישראל לא ידאג לו כראוי. בעיני הספרי, העיר ירושלים ברמה האזרחית אינה עיר נורמטיבית; אין בה המנגנונים הקהילתיים והשבטיים שיש בכל עיר אחרת, אין בה אדם או גוף ספציפי שאפשר להטיל עליו את האחריות החברתית למתרחש בתחום העיר וממילא אין בה מי שיקבל עליו אחריות לגר וידאג לצרכיו. מנקודת מבט של הגר, התנאים הסוציאליים בירושלים אינם טובים עבורו.

על כך אפשר להוסיף גם את ההלכה הבאה שנאמרה בנוגע לירושלים:

> ואין עושין בה אשפתות, ואין עושין בה כבשונות, ואין עושין בה גנות ופרדסות... ואין מגדלים בה תרנגולין.
>
> (בבא קמא פב ע״ב)[14]

14. יש לציין שדין גר תושב בירושלים כלל אינו מוזכר בברייתא זו.

על פי הגמרא, וכן בפירושם של ראשונים, תקנות אלו נועדו לשמור על ירושלים כעיר ייצוגית,[15] עיר שתשרת את עולי הרגל.[16] מכאן יוצא אפוא שייעודה של ירושלים הוא להיות עיר המשרתת את המקדש ולא עיר מגורים. מדובר בתקנות שעשויות להקשות את חיי היום־יום בעיר קטנה בין החומות. ממילא תנאים אלו אינם אידיאליים עבור גר תושב.

ירושלים – אור לגויים או לבדד תשכון?

כאמור, רבי שמחה הכהן מדווינסק, כמו **הראב"ד**, קושר אף הוא את איסור הושבת גר תושב בירושלים לקדושתה של העיר. בפירושו **משך חכמה** הוא מבאר שדין זה קשור גם לתכליתה הפרטיקולרית של ירושלים:

> וכפי הגירסא שלפנינו שאין מושיבין גר תושב בירושלים נראה לפרש נוסח התפילה שמחה לארצך וששון לעירך, כי ששון נאמר על מי ששמח בעצמו ושמחה נאמר על מי שנכללו בשמחתו אחרים ג"כ, וזה מבקש כי יתן פחדו וישתחוו לפניך כל הברואים אז יוכלו לגור בארץ ישראל לא בירושלים, ע"ז נאמר ששון לעירך היינו לישראל עצמן שאחרים אינם שמחים בשמחתם ואנחנו בנ"י שמחים בעיר אלקינו. אמן.
>
> (**משך חכמה** דברים כג, יז)

ה**משך חכמה** מצייר בדבריו את תמונת הגאולה ביחס שבין הפן האוניברסלי לפן הפרטיקולרי. לגאולה יש בהחלט צד אוניברסלי. עמים רבים יגיעו להשתחוות לפני אדון כול, אולם השטח המוקצה לשמחה זו הוא תחומי ארץ ישראל מלבד ירושלים. עיר הקודש מיועדת באופן בלעדי לפן הפרטיקולרי של הגאולה, לרגע ההתכנסות

15. ראו בבא קמא שם, רש"י ד"ה "כבשונות".
16. ראו פירוש **זר זהב** על התוספתא בנגעים שם.

של עם ישראל עם עצמו. ירושלים כעיר הנבדלת בקדושתה משאר חלקי הארץ מציינת אפוא את הנבדלות של עם ישראל מהעמים.

ברם, דברי **המשך חכמה** אינם מתיישבים עם פסוקים רבים בנביאים שבהם מפורש כי ירושלים היא היא נקודת הכינוס הבין־לאומית עבור כל העמים המבקשים להיראות לפני ה'. ישעיהו מנבא על בואם של עמים רבים ללמוד על דרכי ה' וחוקיו ומשפטיו דווקא בירושלים, "כִּי מִצִּיּוֹן תֵּצֵא תוֹרָה וּדְבַר ה' מִירוּשָׁלָיִם" (ישעיהו ב, ג). גם בנבואת זכריה יבואו "עַמִּים רַבִּים וְגוֹיִם עֲצוּמִים לְבַקֵּשׁ אֶת ה' צְבָאוֹת בִּירוּשָׁלָ‍ִם וּלְחַלּוֹת אֶת פְּנֵי ה'" (זכריה ח, כב). נבואות אלו נועצות בתמונת הגאולה את תפילתו של שלמה המלך, המייעד לבית המקדש ייעוד אוניברסלי:

> וְגַם אֶל הַנָּכְרִי אֲשֶׁר לֹא מֵעַמְּךָ יִשְׂרָאֵל הוּא וּבָא מֵאֶרֶץ רְחוֹקָה לְמַעַן שְׁמֶךָ. כִּי יִשְׁמְעוּן אֶת שִׁמְךָ הַגָּדוֹל וְאֶת יָדְךָ הַחֲזָקָה וּזְרֹעֲךָ הַנְּטוּיָה וּבָא וְהִתְפַּלֵּל אֶל הַבַּיִת הַזֶּה. (מלכים א' ח, מא-מב)

דברים אלו באים לידי ביטוי בדבריו של המלבי"ם המובאים לעיל שלפיהם דווקא קדושתה של ירושלים היא שמזמינה אליה את הגוי שבא מרחוק. הקב"ה מבקש לפתוח את שערי ירושלים לכל באי עולם מפני שהיא העיר שמתווכת את גילוי הקודש בארץ.

חובת הושבה או איסור ישיבה

אחת השאלות היסודיות בהבנת דיני מקום ישיבתו של גר תושב היא השאלה אם מדובר באיסור החל באופן ישיר על גר תושב או שאלו הוראות המוטלות על בית הדין, כנציגים של עם ישראל הריבון בארצו. האם ישנו איסור שרובץ על הגר התושב עצמו, או שיש כאן הגבלות המוטלות על המדיניות הציבורית של עם ישראל באשר לחובת הדאגה למיעוטים בארץ? בניסוח משפטי השאלה היא אם יש לפנינו "איסור ישיבה" שחל על הגר או "איסור הושבה" שחל על עם ישראל.

מלשון פסוקי התורה ברור שהפנייה היא לעם ישראל בהיותו אחראי ליושבים בארץ תחת ריבונותו וכן עולה מדברי הספרי לעיל. כך גם מדויק בלשון **הראב"ד** (הלכות איסורי ביאה פי"ד ה"ח): "ומה הן מצות גר תושב **והוא שאין מושיבין אותו**". הבנה זו מתיישבת עם הדגשת התורה "במקום אשר יבחר", היינו חופש הבחירה של הגר. הנפקא מינה בין שתי האפשרויות היא גדולה. אם מדובר באיסור המוטל על הגר עצמו אזי ייתכן שהוא מחויב לעקור ממקומו אם הוא יושב במקום שאסור לו. כנגד זה, אם מדובר בחובת הושבה המוטלת על בית הדין אזי אין חובה על הגר לעקור מהמקום שהוא בחר לשבת בו, ואף לבית הדין עצמו לא תהיה חובה לנקוט צעדי מנע כדי להגביל את בחירתו.

שאלה אחת שעולה לפנינו היא מה גדר מצווה זו. האם יש כאן חובת אכיפה של בית הדין או חובת הכוונה. כלומר, האם בית דין מחויב למנוע מן הגר לשבת במקום זה או אחר או שמא שומה עליו להכווין את הגר למקום המיטבי עבורו? על פי **הברית אברהם** מדובר בהכוונה:

> ולא בירושלם, פירוש לא תכוף אותו לדור בירושלים כדאמרינן בכתובות דישיבת הכרכים קשה ושמזונות שם בדוחק.
>
> (**ברית אברהם** פרשת תצא, עמ' תקכ)[17]

בית דין ממליץ לגר היכן לשבת, הוא מכוון אותו שלא לשבת בירושלים או במקום אחר שעשוי להזיק לו, ובכך להביאו למצב שבו הוא "גולה מעיר לעיר". אך בסופו של דבר זו בחירה שלו, שנאמר: "במקום אשר יבחר".

הרב קוק (**שו"ת דעת כהן** סימן רי"ד) וכן **הציץ אליעזר** (שם) חולקים על כך וסוברים שבית דין מחויבים לנסות למנוע מהגר לגור

17. וכך עולה גם מפירושו של המלבי"ם (לדברים כג, יז).

בירושלים. פירוש זה הולם את שיטת **הציץ אליעזר**, שישיבתו של הגר בירושלים פוגעת בקדושתה.

בפסק דין של בית הדין הרבני בירושלים (לוין, פסקי דין, עמ' תי"ד-תי"ח) דנו במקרה של אישה נוכרייה שגרה בירושלים. מסקנת פסק הדין הייתה שלאישה זו מעמד של "גר תושב", וכן כדברי **הברית אברהם** שאין כל איסור עצמי לגר לגור במקום זה או אחר.

שאלה נוספת שעולה היא אם במקביל לחובה המוטלת על עם ישראל להכווין את הגר התושב לשבת במקומות מסוימים, כך גם ישנה החובה להעבירו מאותם מקומות שבהם אין מושיבים גר תושב. מדברי **המנחת חינוך** (מצוה רפד אות ו') משמע שאחרי ישיבתם היכן שישבו "מותר להניחם במקומם".[18] וכן מצינו בדברי מלכיאל:

> ואף דאיתא בתוספתא פ"ו דנגעים ורמב"ם פ"ז מה' בה"ב שאין נותנין מקום לגר תושב בירושלים. נראה שאסור ליתן לו. אבל אם יש לו מכבר אין מגרשין אותו.
>
> (**שו"ת דברי מלכיאל** ד, סימן צט)

גם **הציץ אליעזר**, שאמר שיש לבית דין "לעשות כל טצדקי" למנוע מגר תושב לדור בירושלים, מודה שאין מגרשים גר תושב שכבר התיישב שם. בפסק הדין הנזכר לעיל של בית הדין הרבני בירושלים הביאו את תשובתו של **הדברי מלכיאל** להלכה.

סיכום

במדינת ישראל גרים יותר משני מיליון תושבים שאינם יהודים. רובם המכריע הם אזרחי המדינה. על אף שוויון החוק כלפי כל אזרחי המדינה, אין ספק כי לבני המיעוטים יש אתגרים וקשיים ספציפיים.

18. **המנחת חינוך** דן שם לעניין מצוות "לא תחונם". ביחס לסוגייתנו, קל וחומר שכך הם הדברים, וכן הבין **בציץ אליעזר** שם.

אם ננקוט כמו הפוסקים שההלכה מגבילה את חופש הבחירה של גר תושב בנוגע למקום המגורים שלו, תעלה השאלה אם אפשר ואם בכלל נכון לקיים את הדינים האלו במציאות חיינו.[19] אולם אם ננקוט כפשטי המקראות והמדרשים וכסיעת הפוסקים שיש לפנינו חובה המוטלת על הריבון היהודי לדאוג ככל האפשר לרווחתם של המיעוטים, או אז הסוגיה כאן רלוונטית ביותר. הסיבה היא שעל אף החירות הניתנת לאזרחי המדינה לבחור את מקום מגוריהם, בידי המדינה יש כלים רבים לסייע ביצירת תנאי רווחה וכלכלה שווים עבור המיעוטים.

בחודש יוני 1980 התפרסם במדינת וירג'יניה שבארצות הברית מאמר מערכת שביקש להכניס לשיח הציבורי מילה חדשה: NIMBY – Not In My Back Yard, "לא בחצר האחורית שלי". הכותבים הצביעו על תופעה רווחת, שאוכלוסיות חזקות מצליחות לדחוק הקמת מבנים ותשתיות לשכונות אחרות או למקומות ספר. הגם שמדובר בעניינים שכולם מסכימים על חשיבותם והכרחיותם, עדיין אף אחד אינו רוצה אותם בחצר האחורית שלו. מאז הוכנסה המילה באופן רשמי למילון אוקספורד, והיא משמשת נקודת מחלוקת בסוגיות רבות העוסקות בתכנון ערים ובניית מוסדות ותשתיות. דומה כי מושג זה נכון במידה רבה גם בפן החברתי. בהיסטוריה הקצרה של מדינת ישראל ישנם תקדימים מוכרים לכך שעולים חדשים ממקומות שונים הושבו במקומות ספר רחוקים, דבר שהביא לפערים חברתיים גדולים עד עצם היום הזה. נותן התורה יודע את טבע האדם ואת טבעה של חברה שלטת שנוטה, מסיבות כאלה או אחרות, לדחוק את החדש ואת הזר אל מחוץ למרכזי התיישבות איכותיים וטובים, "לא בחצר האחורית שלי". אם זה נכון כלפי יהודים שהם עולים חדשים, קל וחומר שעשויים הדברים להיות נכונים ביחס לגויים הגרים בארץ. את התופעה הזאת באה התורה לשלול, ובמקום זאת היא מבקשת לחייב את עם ישראל לדאוג באופן אקטיבי לתיקון.

19. עיינו **ציץ אליעזר** י, סימן ג.

״לְמַעַן יָנוּחַ שׁוֹרְךָ וַחֲמֹרֶךָ וְיִנָּפֵשׁ בֶּן אֲמָתְךָ וְהַגֵּר״: שביתת גר תושב בשבת

מיכל טיקוצ׳ינסקי

הקדמה

שמירת שבת בתקופה ההלניסטית והרומית היא אחד מסימני הזהות הבולטים של היהודים.[1] השבת מתוארת בספרות התקופה כהארה ורעיון יוצא דופן שמשך אליו רבים מן הברברים והיוונים, עמי המזרח ועמי המערב ״שהרי מי לא חולק כבוד ליום השביעי הקדוש ההוא״.[2]

במדינת ישראל נחקק חוק שעות עבודה ומנוחה לצד חוקים נוספים שנועדו להגן על העובדים וכחלק מהשאיפה לשמור על איזונים במסגרות של יחסי עבודה. נקודת המוצא והמוטיבציה של

1. ארד, ״שמירת שבת״.
2. חיי משה, ב, 20–22 (מתוך ארד, ״שמירת שבת״).

המחוקק בחקיקת כללים ברורים שבמסגרתם ייכרתו חוזי עבודה היו להגן על העובדים מפני ניצול מצד המעביד, המצוי בעמדת כוח אל מול העובד. אומנם ברור שיש מצבים שבהם מאזן הכוחות הוא הפוך (מטפלת שנשכרת על ידי אישה עובדת וכיוצא בזה), אבל ברוב המקרים נקודת המוצא הזו אכן משקפת את מערך הכוחות בין עובד למעביד. זו הסיבה שהמחוקק ראה צורך להתערב ולהפר את קדושת העיקרון של חופש ההתקשרות ולקבוע מסגרת וגבולות לתנאי ההעסקה של העובדים במשק.

עם זאת, אנו יודעים שיש אפשרויות לעקוף את החוק. יש קבוצות עובדים שקשה יותר להגן עליהן, כגון עובדי קבלן ועובדים זרים. כמו כן, יש מקומות עבודה רבים שהוחרגו מן החוק. ענפים שלמים כמו ענף המלונאות וכן חלק ממוסדות התרבות מבוססים על העסקה בקביעות בשבת, ובכלל נוצר כרסום במעמדה של השבת כיום שבתון. הגנת החוק אפוא אינה מלאה. עקב כך, הדיון הערכי חשוב, ויש להציב ברקע את הערך המוסרי וחיזוקו. בהתאם לכך, הפרק הזה בבסיסו הוא השלמה לפרק בעניין החובה להחיות גר תושב והוא עוסק בממד נוסף של זכויות המיעוטים במסגרת חוזי עבודה. הזכות לקבלת השכר במועד וההגנה כנגד הלנת שכר נידונו כחלק מן הזכות להחיות. בפרק זה אעסוק בזכות ליום מנוחה ובשאלה אם זו זכות בסיסית המוקנית לכלל העובדים במשק.

עניין נוסף שיידון כאן הוא עבודת הגוי בשבת מן הצד ההלכתי. אחד המושגים העתיקים בתפיסה ההלכתית היהודית בהקשר הזה הוא המושג "גוי של שבת", המניח שאף שנאסרה אמירה לנוכרי מדרבנן, בדרכים עוקפות ועקיפות אפשר לנהל שבת שלמה שבמהלכה מלאכות רבות ייעשו על ידי הגוי.[3] אחד היסודות להיתר ה"שימוש" בגוי של שבת הוא ש"גוי ששבת חייב מיתה", והיות הגוי בכלל החיוב של "וְיוֹם וָלַיְלָה לֹא יִשְׁבֹּתוּ" (בראשית ח, כב) בדגש על חובת קיום העולם ועל

3. לסקירה נרחבת, ראו כ"ץ, **גוי של שבת**.

ערך העבודה.[4] כיוון שכך, אין כאן חשש של "לפני עיוור" בהעסקתו בשבת, ונמצאו הפתחים לכך.

הפרק הזה עוסק אפוא בשני היבטים. האחד הוא ההיבט הסוציאלי של זכותו של גר תושב ליום מנוחה, וההיבט השני הוא ההיבט האיסורי המתייחס לחיובי שמירת שבת של גר תושב. כתוצר נלווה יש לדון אם ועד כמה חל איסור להעסיק גר תושב במלאכות בשבת, ועד כמה עליי להתחשב בשבת של הגר התושב ובמנוחה שלו, עניין שמטיל עליי חובה שלא להיכנס לגדרי איסור אמירה לגר תושב. דבר זה מציב סימן שאלה גדול על הסתמכות על חלק מן העובדים הזרים כ"גוי של שבת".

מצוות התורה על שבת ויחסה לגר תושב

פעמיים בתורה, בפרשת יתרו ובפרשת ואתחנן, בתוך פרשיות עשרת הדיברות, מובא הציווי על שמירת השבת. לפני שנתבונן בפסוקים עצמם ראוי להסב את תשומת לב המעיין להבדלים בין פסוקי הציווי על מצוות השבת בספר דברים ובין פסוקי הציווי בספר שמות. בספר שמות מודגש הנושא של בריאת העולם כמקור לחיוב במצוות שבת: "כִּי שֵׁשֶׁת יָמִים עָשָׂה ה' אֶת הַשָּׁמַיִם וְאֶת הָאָרֶץ אֶת הַיָּם וְאֶת כָּל אֲשֶׁר בָּם וַיָּנַח בַּיּוֹם הַשְּׁבִיעִי עַל כֵּן בֵּרַךְ ה' אֶת יוֹם הַשַּׁבָּת וַיְקַדְּשֵׁהוּ" (שמות כ, י). כלומר, התודעה היא של הידמות לקב"ה - כשם שהוא שבת ביום השביעי כך גם אנחנו שובתים ממלאכה בשביעי. לעומת זאת, בספר דברים מודגש ההיבט הסוציאלי של המנוחה מעבודה, "למען ינוח": "וְיוֹם הַשְּׁבִיעִי שַׁבָּת לַה' אֱלֹהֶיךָ לֹא תַעֲשֶׂה כָל מְלָאכָה אַתָּה וּבִנְךָ וּבִתֶּךָ וְעַבְדְּךָ וַאֲמָתֶךָ וְשׁוֹרְךָ וַחֲמֹרְךָ וְכָל בְּהֶמְתֶּךָ **וְגֵרְךָ אֲשֶׁר בִּשְׁעָרֶיךָ** לְמַעַן יָנוּחַ עַבְדְּךָ וַאֲמָתְךָ כָּמוֹךָ" (דברים ה, יד). על פי הפסוקים איסור המלאכה הזה כוללני ומחייב לא רק את האדם מישראל אלא גם את עבדו ואמתו, שורו וחמורו, וכן "גר שער", שמשמעו בדרך כלל גר

4. בראשית ח, כב; סנהדרין נח ע"ב. ראו גם: נגן, "שבת", עמ' 306-307.

תושב.[5] החיוב שבספר שמות אף הוא כולל גר שער: ״זָכוֹר אֶת יוֹם הַשַּׁבָּת לְקַדְּשׁוֹ. שֵׁשֶׁת יָמִים תַּעֲבֹד וְעָשִׂיתָ כָּל מְלַאכְתֶּךָ. וְיוֹם הַשְּׁבִיעִי שַׁבָּת לַה׳ אֱלֹהֶיךָ לֹא תַעֲשֶׂה כָל מְלָאכָה אַתָּה וּבִנְךָ וּבִתֶּךָ עַבְדְּךָ וַאֲמָתְךָ וּבְהֶמְתֶּךָ **וְגֵרְךָ אֲשֶׁר בִּשְׁעָרֶיךָ**. כִּי שֵׁשֶׁת יָמִים עָשָׂה ה׳ אֶת הַשָּׁמַיִם וְאֶת הָאָרֶץ אֶת הַיָּם וְאֶת כָּל אֲשֶׁר בָּם וַיָּנַח בַּיּוֹם הַשְּׁבִיעִי עַל כֵּן בֵּרַךְ ה׳ אֶת יוֹם הַשַּׁבָּת וַיְקַדְּשֵׁהוּ״ (שמות כ, ח-יא). מלשון הכתוב עולה שהן הפסוקים שבדברים והן אלו שבשמות מייחסים לגר שער חיוב עצמי בשמירת שבת ובאיסורי מלאכה. ואולם התמונה מורכבת יותר, שכן במקום אחר בספר שמות (כג, יב) נאמר: ״שֵׁשֶׁת יָמִים תַּעֲשֶׂה מַעֲשֶׂיךָ וּבַיּוֹם הַשְּׁבִיעִי תִּשְׁבֹּת **לְמַעַן יָנוּחַ שׁוֹרְךָ וַחֲמֹרֶךָ וְיִנָּפֵשׁ בֶּן אֲמָתְךָ וְהַגֵּר**״ (שמות כג, יב). בפסוקים אלו הדגש הוא על הזכות הסוציאלית למנוחה (כמו בדברים), ובמוטבים של הזכות נכלל גם הגר, אך לא גר שער. כיוון שלרוב אנו מפרשים שגר שער הוא גר תושב ואילו גר (סתם) הוא גר צדק, נוצר מצב אבסורדי שלפיו לגר צדק אין חיוב עצמי של שמירת שבת והוא מופיע רק כמוטב לזכות למנוחה, ״וְיִנָּפֵשׁ״, ולעומתו דווקא גר תושב נזכר כבעל חיוב עצמי בשמירת שבת. מסיבה זו הפכו חז״ל את פירושי המונחים ״גר שער״ ו״גר״ מן המקובל בדרך כלל וסברו שגר הוא גר תושב וגר שער בפסוקים הללו הוא גר צדק. וכך מסכם זאת הרמב״ן:

> על דרך הפשט ״גר שער״ לעולם הוא גר תושב...
> אבל מצאנו לרבותינו (במכילתא כאן) **שדרשו בהפך**, אמרו

5. ראו למשל: דברים יד, כא; ספרי דברים פיסקא רעה. וכדברי הרמב״ן בפירושו לתורה: ״על דרך הפשט, גר שער לעולם הוא גר תושב שבא לגור בשערי עירנו וקבל עליו שבע מצות בני נח, והוא הנקרא ׳גר אוכל נבלות׳ (עבודה זרה סד ע״ב) שאמר בו הכתוב (דברים יד, כא): ׳לגר אשר בשעריך תתננה ואכלה׳״ (**רמב״ן** שמות כ, י, ד״ה ״וגרך אשר בשעריך״). וראו עוד לעיל, עמ׳ 135 בפרק ״גֵּר וְתוֹשָׁב וָחַי עִמָּךְ: זכויות סוציאליות למיעוטים במדינת ישראל״ העוסק בדין ״להחיותו״.

> כי וגרך אשר בשעריך על דרך הפשט הוא גר צדק, והוא חייב כמונו בשביתה. (**רמב"ן** שמות כ, י, ד"ה "וגרך אשר בשעריך")[6]

לפי המכילתא לכאורה "נושל" גר תושב מן החיוב העצמי של שמירת שבת ונותר עם הזכות המשנית למנוחה והינפשות, ורק גר צדק הוא שחייב בשמירת שבת.

התבוננות רחבה יותר בפסוקים מעלה שיש הבדל בין חטיבות הפסוקים. בספר דברים הציווי על השבת מתייחס למרחב הישראלי כולו, על כל פרטיו: אתה, בנך ובתך ושורך ואמתך וכו'. ציווי מורחב שכזה מתיישב עם המשמעות של השבת כפי שהיא מוצגת בספר דברים - שבת לה' - והציפייה היא שכל המשק ישבות שביתה מלאה. ואולם כשמדובר בהיבט הסוציאלי של השבת בספר שמות (בפרק כג) יש הבחנה בין מה שאתה מצווה בו "וּבַיּוֹם הַשְּׁבִיעִי תִּשְׁבֹּת", ובין השור, החמור, בן האמה והגר, שעליהם נאמר רק "לְמַעַן יָנוּחַ" או "וְיִנָּפֵשׁ". וכך הוא גם בדברים (ה, יד), "לְמַעַן יָנוּחַ עַבְדְּךָ וַאֲמָתְךָ כָּמוֹךָ".[7] למסקנה, על פי פשט הפסוקים גר תושב חייב בשמירת שבת, אסור במלאכה ואף זכאי למנוחה. ואילו לפי חז"ל במכילתא גר תושב רק זכאי למנוחה אך אינו חייב לשבות בשבת.

6. אומנם, אין זה מסביר את המיקום של "גרך אשר בשעריך" בסוף הפרשייה בספר דברים לאחר מניית בעלי החיים המבויתים. בהנחה שזה מתייחס לגר צדק, כפי שציינו חז"ל, יש כאן קושי נוסף שעולה מן הפשט. ובכלל קשה שנדרש חיוב מיוחד לגר צדק. אבל כאמור, דברי חז"ל אינם מתיישבים עם הפשט.
7. אומנם, בפסוקים בדברים יש קושי, שהרי עבדך ואמתך **נזכרים כחייבים בשביתה ואסורים במלאכה**: "לא תעשה כל מלאכה אתה ובנך ובתך ועבדך ואמתך...", ואילו בסוף הפרשייה מודגש שהם יוצאים נשכרים ממנוחת הישראלי: "למען ינוח עבדך ואמתך כמוך", ומחתימה זו משמע כי יש שאיפה להשבתת המשק ולהשוואת תנאים גם לאלה **שאינם חייבים** בשמירת השבת. מכיוון שהדגש בפרשייה כולה הוא סוציאלי, אולי אין בכך קושי, שכן הציווי אינו מתייחס אלא לזכות למנוחה (אי עשיית מלאכה, בניגוד לחובת השביתה), ועל כן אין הכוונה שהם חייבים בשביתה.

חובת השביתה של גר תושב

בגמרא אנו מוצאים שני מקומות שבהם נידון יחסו של גר תושב לחיובי שבת, אחד במסכת כריתות ושני במסכת יבמות. דא עקא שהמקורות נמצאים סותרים זה את זה. נציג אותם כאן ונחדד את הסתירה ביניהם בטרם נבחן את הפתרונות לסתירה זו כפי שהוצעו בדיוני הראשונים.

בין חובה לזכות

בעקבות הפערים בין הפסוקים הנוגעים למצוות השבת, והקושי לגבי פשט הפסוקים ויחסם לגר תושב, נחלקו התנאים במסכת כריתות באשר לחובות גר תושב במצוות השבת:

> דתנו רבנן: גר תושב מותר לעשות מלאכה בשבת לעצמו כישראל בחולו של מועד;
> רבי עקיבא אומר: כישראל בי"ט;
> רבי יוסי אומר: גר תושב עושה בשבת לעצמו כישראל בחול;
> רבי שמעון אומר: אחד גר תושב ואחד עבד ואמה התושבים, עושין מלאכה בשבת לעצמן כישראל בחול. (כריתות ט ע"א)

לפנינו שלוש דעות חלוקות בעניין חיובי גר תושב בשבת.

לדעת רבי עקיבא עבור גר תושב שבת היא ממש כמו יום טוב של יהודי, כלומר יש איסור מלאכה אך מלאכת אוכל נפש הותרה. הוא יכול להעביר אש ולבשל בשבת וכיוצא בזה אבל לא לעבוד. סביר להניח שהסיבה שרבי עקיבא מבין שגר תושב שובת בשבת כעין יום טוב היא מפני שהנקודה המרכזית בהלכות יום טוב היא האיסור לטרוח. הציווי "למען ינוח" מתיר לעשות מלאכה שאין בה הפרה של המנוחה הזו, קרי מלאכה שמטריחה נאסרה ולא כל מלאכה.

לדעת תנא קמא גר תושב מותר במלאכה כזו שישראל מותר בה בחול המועד. המשמעות קרובה לזו של דעת רבי עקיבא - הוא

יכול להימנע מהפסד אבל צריך למעט במלאכה שאינה נצרכת לצורך היום עצמו, ואסור לו להפוך את היום הזה ליום של סידורים. עליו לפעול במשך השבוע כך שבשבת יהיה שקוע רק בצורכי היום. מגבלה נוספת היא שמלאכה שהותרה לו אכן הותרה לו אם הוא עושה אותה לצורך עצמו. לעומת זאת, עבודה (עבור אחרים) נאסרה, ואין הבדל אם זו נעשית לאחרים במסגרת יחסי מרות או לא.

ההדגשה בדברי שני התנאים הללו היא שבניגוד לשבת, שנאסרה בה מלאכה, השביתה שלה מצפים מגר תושב היא שביתה מעבודה (יום טוב - "מלאכת עבודה", חול המועד - "עבודה"), בדגש על פעולות מסחריות ולא על שביתה ממלאכה. עם זאת, רבי עקיבא אינו מתייחס לשאלה אם אותן מלאכות שהותרו במסגרת המגבלות של "חול המועד" מותרות גם עבור אחרים. לכאורה מותר לו לעשות מלאכות המותרות לו גם עבור הישראל, אף כי אפשר לבאר שדברי רבי עקיבא נוגעים לחלק בדברי תנא קמא שעליהם הוא חולק, ונראה שכך דבריו התפרשו בדרך כלל.[8]

דעת רבי יוסי ודעת רבי שמעון זהה באשר לגר תושב (והם חלוקים רק ביחס לעבד ואמה). לדעתם, גר תושב מותר לעשות מלאכה בשבת כבחול. דא עקא, הותרה להם רק מלאכה הנצרכת להם עצמם ולא לאחרים. הם אינם יכולים לעשות את מלאכת אדונם בשבת או את מלאכתם של יהודים שאינם המעסיק שלהם, ואינם יכולים לשמש בתפקיד גוי של שבת. דעה זו נסמכת על ההבנה שגר תושב הוא רק נספח ואינו אמור להפר את השבת של הישראל. הוא חלק מהמרחב אבל אינו מצווה ישיר.[9]

מחלוקת תנאים זו אינה בין האפשרות שגר תושב חייב לשמור שבת ובין האפשרות שהוא פטור לגמרי, אלא היא מציעה רצף של אפשרויות שנקודת המוצא של כולן היא שרכיבים מסוימים של השבת

8. ראו, למשל, **ערוך לנר** לכלל הסוגיה.
9. דעה זו תואמת את האמור בשמות כג, בהנחה ש"גר" האמור שם הוא גר תושב, וכפי שהתפרש במכילתא.

חלים גם על גר תושב כחיוב עצמי במידה משתנה על פי הדעות השונות, בשילוב הרכיב של יום חופש אך לא שביתה ממלאכה. הדעות האחרונות מבטלות את הממד של החיוב העצמי ומותירות על כנה את הזכאות ליום חופש.

למעשה יש פה שני כיוונים. האחד הוא הזכות של הגר לשבות, והשני הוא העובדה שאנחנו צריכים להתחשב בשבת של הגוי ובמנוחה שלו (דבר שמוביל לגדרי איסור אמירה לגר תושב).

בניגוד לדברים האמורים במסכת כריתות, שלפיהם גר תושב חייב במלאכות שבת אך לא ברמה שהאדם מישראל חייב בה, במסכת יבמות מובאת דרשה שעל פיה **גר תושב חייב באיסורי שבת כישראל** לכל דבר.

> דתניא: וינפש בן אמתך - בעבד ערל הכתוב מדבר, אתה אומר: בעבד ערל, או אינו אלא בעבד מהול?
> כשהוא אומר: למען ינוח עבדך ואמתך כמוך - הרי עבד מהול אמור,
> הא מה אני מקיים וינפש בן אמתך? בעבד ערל.
> והגר - זה גר תושב,
> אתה אומר: זה גר תושב, או אינו אלא גר צדק?[10]
> כשהוא אומר: וגרך אשר בשעריך - הרי גר צדק אמור, הא מה אני מקיים והגר? זה גר תושב. (יבמות מח ע״ב)

10. ההתייחסות בפרשייה לגר תושב כחלק מן המרחב הישראלי מעלה את השאלה: האם גר תושב שעליו אומרים שהוא מחויב בשמירת שבת (גם אם רק במידה מסוימת), הוא דווקא גר תושב שגר בארץ ישראל? יש מקום לטעון שניכר מן הדרשות ומן הפסוקים שהם עוסקים במציאות ארץ־ישראלית. בארץ ישראל, שהיא ׳הטריטוריה של הקב״ה׳, המרחב רגיש יותר לאיסור עבודה זרה מעבר למובנו הבסיסי. רף הציפיות המוגבר שם מחייב את הגר התושב בשמירת שבת. אומנם, בגמרא אין לדיוק הזה כל רמז, ובפשטות כל גר תושב מחויב בשמירת השבת.

הדרשה הזו מכלילה באיסורי שבת מלאים גם עבד ערל שהוא קניינו של ישראל וגם גר תושב מתוך הנחה שהתורה הכלילה לא רק את "גרך" אלא גם את "גרך אשר בשעריך", ומכאן חיוב שבת הן לגר צדק והן לגר תושב. הדרשה התעלמה מן העובדה ש"גרך" מופיע רק בחלק של "למען ינוח" והניחה שכל הנזכרים בפסוקי מצוות השבת מחויבים בשמירת שבת.

רש"י בהיותו פרשן מקומי אינו נדרש לסתירה שבין הסוגיה בכריתות לבין הסוגיה ביבמות. אך הסוגיה במסכת יבמות מעלה בפני עצמה קושי פנימי, שכן גר תושב על פי הגדרתו הוא גוי שמחויב לקיים שבע מצוות בני נח. שבע מצוות אלו אינן כוללות את חיוב שמירת השבת. מניין אפוא צץ החיוב של שמירת השבת לגר תושב? על כן רש"י מגשר בין איסורי שבת ובין שבע מצוות בני נח וכך הוא מפרש: "גר תושב - שקבל עליו שלא לעבוד עבודת כוכבים ואוכל נבלות והזהירו הכתוב על השבת דמחלל את השבת כעובד עבודת כוכבים".[11] רש"י מסביר שהחיוב על גר תושב לשמור שבת הוא תת־סעיף של איסור עבודה זרה שכלול בשבע מצוות בני נח. כלומר, לדבריו אי־שמירת שבת היא כפירה. אם כן, מן הסוגיה ביבמות עולה שגר תושב חייב בשמירת שבת. אומנם, כיוון שאין זה עולה בקנה אחד עם הנאמר בסוגיות אחרות חלקו על רש"י רוב הראשונים, כפי שנראה בהמשך.[12]

11. רש"י יבמות מח ע"ב, ד"ה "גר תושב".
12. לעומת החולקים, היו מן האחרונים שניסו לתרץ את רש"י. לפי חלק מן התירוצים מצאו דרך ליישב את דברי רש"י עם דברי שאר הראשונים שאת שיטתם נראה בהמשך הפרק. הרב כשר בספרו **תורה שלמה** (כרך יד, פרשת בשלח, מילואים כ, עמ' שכו-שכז) תירץ שאין כוונת רש"י שגר תושב נאסר בעשיית מלאכה בשבת לגמרי כישראל, אלא מותר לו לעשות מלאכת אוכל נפש כמו ביום טוב (על פי כריתות ט ע"א, בדומה לדעת רבי עקיבא), וממילא אינו שובת לגמרי. הרב יעקב אריאל שליט"א **בשו"ת אהלה של תורה** אורח חיים כז, תירץ על פי **ביאור הלכה**, שלדעת רש"י ישנם שני סוגים של גר תושב: יש גר תושב שקיבל על עצמו שבע מצוות בני נח בלבד, והוא אסור בשביתה בשבת; ויש גר תושב שמלבד שבע מצוות בני נח קיבל על עצמו מצוות נוספות ובעיקר

בהסברו של רש״י יש הערה מעניינת שחורגת מעצם הדיון בשאלה אם הוא מחויב בשמירת שבת כשאלה נקודתית, והיא קשורה לדמותו של גר תושב. מדבריו משתמע שגר תושב אינו סתם מי שאינו עובד עבודה זרה, אלא מדובר במי שקיבל עליו את האמונה באלוהי ישראל דווקא. אין זה סתם מונותיאיזם. יש דתות לא מעטות שבמרכזן האמונה באל אחד ומאמיניהן אינם עובדי עבודה זרה. אבל לפי דברי רש״י כאן, כרטיס הכניסה לקבלת מעמד של גר תושב הוא להאמין באל אחד על פי הסיפור היהודי.[13] בתפיסה של רש״י העולם נחלק בין עובדי עבודה זרה לעובדי ה׳, ועבודת ה׳ כוללת את האמונה שהקב״ה שבת ביום השביעי. כפירה בכך היא כפירה בה׳. וכאן יש לכך הוכחה מסוימת. שבת בתפיסה היהודית היא אכן תזכורת לבריאת העולם, שהיא אחד היסודות שעליהם נשענות האמונה בה׳ וההבנה של זהותו וכוחו. זאת ועוד, שבת בתפיסה היהודית היא גם ההכרה ביציאת מצרים ובבחירת ישראל. נשאלת השאלה אם גר תושב צריך לדבוק בנרטיב הזה של שבת כאות לבחירת ישראל או שדי בהכרה שהוא בורא העולם. דרישה זו מעמיקה את רמת ההכרה בה׳ הנדרשת מגר תושב ומקרבת אותה לרמת ההכרה הנדרשת מישראל, שנדרש להכיר את הקב״ה ברבדים שונים ובהופעות שונות שלו כשובת, כגואל ישראל ועוד.

מהות חובת השביתה של גר תושב – פירושי הראשונים

כפי שהראינו לעיל, מן האמור במסכת יבמות משמע לכאורה שהגוי מחויב בשמירת שבת מלאה. דעה כזו אינה קיימת בפיו של אף תנא במסכת כריתות. החיוב ברמה הגבוהה ביותר לגר תושב במסכת כריתות הוא כשל יום טוב. על כן הניחו הראשונים כהנחת מוצא

שבת, והוא מותר בשמירת שבת, שהרי אינו עושה זאת כדי להתבטל ממלאכה אלא מתוך אמונה בה׳. וראו הרב מלמד, **הרחבות לפניני הלכה שבת**, פרק כה, סעיפים א, א – א, ד.

13. למשל, בניגוד לסיקים, שיש להם אמונה באל אחד מופשט, אבל אין להם יום קודש. אין להם סיפור של שביתת האל ביום השביעי, כי להבנתם זו הגשמה.

שיש סתירה בין הסוגיה ביבמות ובין הסוגיה בכריתות והציעו דרכים שונות ליישוב הסתירה. בדרך כלל, כפי שנראה, הציעו הראשונים לומר שהצעות התנאים המגוונות (שבמסכת כריתות) נוגעות בשאלה של האיסור העצמי על גר תושב לעשות מלאכה ואילו הסוגיה במסכת יבמות עוסקת בשאלה אם מותר לגוי לעשות מלאכה עבור היהודי, כלומר רק בשאלת הזכות של גר תושב ולא בשאלת החיוב העצמי. הגמרא במסכת יבמות פוסקת לפי זה פסיקה חד־משמעית שיש לגר תושב זכות למנוחה והוא אסור במלאכת אחרים (אף כי לא ברור לגמרי אם אסור דווקא במלאכת מעבידו או בכל מלאכת אחרים).

שיטת הרמב"ן - זכות גר תושב למנוחה

הרמב"ן בחידושיו ליבמות מבאר שהחובה המלאה שנזכרת בסוגיה ביבמות היא מנקודת המבט של היהודי, שאסור לו להיעזר במלאכת שבת של גר תושב:

> אלא שמעתין בלצורך ישראל היא שהכתוב מזהיר לישראל שלא לעשות מלאכה בשבת ע"י עבדו בין שהוא ערל ומהול בין ע"י גר תושב
> וגזירת הכתוב היא אף על פי שאין גר תושב זה קנוי לו, שאלו בגוי אמירה לגוי שבות אפילו לעשות מלאכה לצורך ישראל. (**חידושי הרמב"ן** יבמות מח ע"ב)

לדברי הרמב"ן, הסוגיה ביבמות מזהירה את ישראל שלא לעשות בשבת מלאכה על ידי גר תושב או על ידי עבדו של ישראל. זוהי גזרת הכתוב שאף שגר תושב אינו קנוי לישראל ואינו שייך למשק הבית שלו ועל כן אינו אחת מזרועותיו הארוכות, בכל זאת נאסר לבקש ממנו לעשות מלאכה לצורכי המבקש הישראל. ודוק, אמירה לנוכרי יש בה רק איסור שבות, ובגר תושב מדובר באיסור דאורייתא ממש שנלמד מגזרת הכתוב. העובדה שהגוי שסביבי יכול לחלל שבת מלמדת שהדאגה המרכזית של התורה לא הייתה ליצירת אווירת

שבת מוחלטת. גם ההיתר לגר תושב לעשות מלאכה ברמה כזו או אחרת מצביעה על כך שאין כאן דאגה דווקא לאווירת השבת במרחב הישראלי אלא רק הרחבה של האיסור על האדם מישראל להיעזר במלאכת גר תושב. ואדרבה, נראה מדבריו של הרמב״ן שהוא סבור שלגר תושב מותר לעשות כל מלאכה עבור עצמו, כדעת רבי שמעון (וכפי שמכריע רב אידי בגמרא). האזהרה של התורה אינה אזהרה לגר תושב, אלא אזהרה לישראל. האדם מישראל מצווה לשבות ״למען ינוח״ הגר, והתוצאה של שביתת הישראלי היא מנוחתו של גר תושב. אך הוא אינו מוזהר בכך, הוא זוכה בכך. יש לו זכות למנוחה אך אין לו חובה לשבות. דא עקא, אין להסיק מכאן שזכות השביתה היא זכות אנושית, הומנית ואוניברסלית, שהרי לגוי שאינו גר תושב אין זכות כזו למנוחה. הזכות הזו מותנית ברמה אמונית ומוסרית מסוימת.

ההתניה הזאת יכולה להיות מוסברת על רקע תפיסה רחבה של מושגי האחווה שנוכחת מאוד בהלכה. דוגמה לכך היא הדין שקשור לתשלום נזקים שלפיו יש הפליה של כנעני שהשור התם שלו נגח שור של ישראל. לכנעני אין זכות להנחה של חצי נזק. הדרשה שדין זה נסמך עליה היא ״שור רעהו אמר רחמנא ולא שור של גוי״. זוהי זכות ששמורה ל״קהילת הברית״. עניינה לבסס ולכונן יחסי אנוש הדוקים יותר על פי אמות מידה של רגישות אנושית גבוהה יותר, בקהילה של אחווה - מערכת יחסים שתואמת יחסים בין אחים, שמתאפיינת במאמץ של מחויבות גבוהה יותר כלפי האחר. אחווה זו יכולה להתרחב ולחול גם על מי שמוכן לקבל עליו אמות מידה מוסריות והתנהגותיות דומות ולדבוק בסיפור הישראלי. כך סבר המאירי, והוא ביטא את עמדתו זו בכמה מקומות בפירושיו לדין גר תושב. השבת במובן הזה נחווית כסיפור אינטימי בין עם ישראל לקב״ה והיא מתנסחת גם בצורה האנושית של מנוחה והינפשות, כשם שלשמיטה יש הקשר סוציאלי של ״ויאכלו אביוני עמך״ אבל יש בה גם ממד של אינטימיות והכרה בכך שהקב״ה הוא אדון הארץ. על כן הרגישות האנושית שלנו גוברת דווקא במערכת היחסים שלנו עם הגר התושב, כי הוא קיבל עליו לקיים שבע מצוות בני נח ובזאת להיות

חלק מהשפה המשותפת של מה שאנו רואים בו חלק מהציוויליזציה. בכך הוא זוכה להיכנס לקהילת האחווה ולקבל זכות לחופש.

שיטת הרשב"א - הרחבת חובת השביתה של הישראל

הרשב"א נדרש אף הוא לאותם קשיים ולסתירה שבין האמור במסכת כריתות לנאמר ביבמות:

> הגר זה גר תושב.
> פרש"י שקבל עליו שלא לעבוד ע"ז... ומזהירו הכתוב על השבת דמחלל שבת כעובד ע"ז.
> ואינו מחוור **דגר תושב היינו בן נח והוא אינו מוזהר על השבת** אדרבה אמרו ז"ל גוי ששבת חייב מיתה.
> (**חידושי הרשב"א** יבמות מח ע"ב)

בדבריו כאן מציין הרשב"א את העובדה שדברי רש"י שלפיהם גר תושב מחויב בשמירת שבת אינם עולים בקנה אחד עם הידוע לנו לגבי חובות גר תושב הממוסגרות בתוך שבע מצוות בני נח בלבד. ולא זו בלבד אלא שחז"ל אמרו מפורשות שגוי ששבת חייב מיתה, ולכאורה אין שום שייכות לגוי בשמירת שבת. על כך מוסיף הרשב"א את הקושי מן הברייתא שמובאת במסכת כריתות והכוללת את מחלוקת התנאים שממנה עולה שאין אף דעה תנאית שמחייבת גר תושב בשמירת שבת מלאה:

> ועוד בכריתות (פרק ד' מחוסרי כפרה, ט ע"א) אמרו אמר רבי שמעון אחד גר תושב ואחד עבד ואמה התושבין עושין מלאכה בשבת לעצמן כישראל בחול ואמר רבי אידי בר גרשון אמר רב אדא בר אהבה **הלכה כרבי שמעון**

ולא אמרה תורה שישבות הגר והעבד אלא **ממלאכתנו** ולא להם אסרה תורה אלא לנו **שלא לעשות מלאכתנו ע"י עבדינו ולא ע"י גר תושב**

> **ואף על פי שאין באמירה לגוי דעלמא אלא שבות של דבריהם הכא גזרת הכתוב היא,**
> ומכאן אנו למדין דעבד העוסק במלאכת בעליו בשבת חייב להפרישו לפי שהעבד לעולם עושה על דעת רבו...
> ונראה לי דלכולי עלמא נמי ואפילו לישראל אחר שאינו רבו אסור דעבד ערל כגר תושב **מה גר תושב אסור אף על פי שאין רשותך עליו אף עבד ערל כמוהו אסור אפילו במלאכת מי שאין רשותו עליו כנ״ל.** (שו״ת הרשב״א א, סימן נט)

הרשב״א מבחין בין עבד לגר תושב. עבד לעולם אינו עושה פעולה על דעת עצמו. גם אם הוא יוזם פעולה, תמיד יהיו ברקע ״דעת רבו״ והשאיפה להשביע את רצון אדוניו. לכן אסור להיעזר בעבד, גם אם פעולתו נעשתה בצורה ספונטנית וללא יוזמה ובקשה של ישראל. אבל גר תושב הוא אדם חופשי שאין ליהודי יחסי מרות ביחס אליו. לכן הוא מותר במלאכת ישראל כי אינו עושה אלא מדעת עצמו. וכל זאת כל עוד אין בקשה ואמירה מצד האדם מישראל לגר תושב, שכן גם בגר תושב ההיענות לבקשת ישראל מוכיחה שהמלאכה נעשית על דעת הישראל, ורק כשאין אמירה מותר. גם הרשב״א מוסיף כמו הרמב״ן שאמירה לנוכרי היא שבות, אבל אמירה לגר תושב היא דאורייתא.

אפשר לטעון שהרשב״א אינו חרד לעמדה של ״למען ינוח״ ואינו דואג לזכותו של גר תושב ליום מנוחה. אלא שהוא סבור שאיסורי שבת של גר תושב הם כולם מצד חיובי שבת של ישראל, שמחויב לשמור שבת בלי להערים ובלי למצוא דרכים עקיפות לעשות מלאכה. כמובן, עדיין אפשר לטעון שביסוד דברי הרשב״א מצויה גם הדאגה שגר תושב ינוח, ולכן לא הותר לישראל להערים. אבל אין זה מוזכר בדברי הרשב״א אפילו ברמז.

נוסף על כך, לדעת הרשב״א החובה להשבית את מלאכת העובדים אינה חלה רק על גר תושב אלא גם על עובדים שלא קיבלו

עליהם מצוות כלל, כמו עבד ערל. וכך כתב בתשובה לשאלה שנשאל לגבי הסתייעות בשפחה לצורך חולה שאין בו סכנה:

> תשובה אחד גר תושב ואחד עבד ערל אסורין במלאכתנו דבר תורה...
> ודוקא במלאכתנו אבל במלאכת עצמן אחד גר תושב ואחד עבד ערל מותרין...
> ולאו דוקא במלאכת אדניו בלבד הוא אסור אלא אפילו במלאכת כל ישראל. דעבד ערל כגר תושב. מה גר תושב אסור במלאכתנו אף על פי שאינו כבוש תחת ידינו אף כשאסרה תורה עבד ערל לכל ישראל אסרה. (שם)

הרשב"א סבור שמרכז העניין הוא חובת השביתה של האדם מישראל ולא זכות גר תושב למנוחה, וכדבריו המפורשים: "ועוד דלא אסרה תורה אלא משום ששביתתו עלינו במלאכתנו דומיא דשור וחמור... דכתיב (שמות כג, יב): 'ינוח שורך וחמורך וינפש בן אמתך'". בהתאמה, אין הוא מבחין בין גר תושב לבין עבד או שפחה ערלים שלא קיבלו עליהם מצוות כלל. והוא מוכיח שזוהי דעת רבי שמעון, שמוסיף על גר תושב גם עבד ושפחה, בדומה לשור וחמור. מדובר לדעתו בהשבתת המשק הישראלי במישרין ובעקיפין. ולכן, גם אין הבחנה בין מצב שבו מתקיימים יחסי עובד ומעביד עם היהודי ובין מצב שאין מתקיימים בו יחסים כאלה. ליהודי אסור להיעזר במלאכת גר תושב כלשהו.

שיטת הרמב"ם - זכות מנוחה לעובדים
הרמב"ם מתבונן על חובת השביתה של גר תושב מנקודת מבט שונה:

> כשם שאדם מצווה על שביתת בהמתו בשבת כך הוא מצווה על שביתת עבדו ואמתו ואף על פי שהן בני דעת ולדעת

> עצמן עושין מצוה עליו לשמרן ולמנען מעשיית מלאכה בשבת שנאמר (שמות כג, יב): ״למען ינוח שורך וחמורך וינפש בן אמתך והגר״.
> ...עבדים שלא מלו ולא טבלו אלא קיבלו עליהן שבע מצות שנצטוו בני נח בלבד הרי הן כגר תושב ומותרין לעשות מלאכה בשבת לעצמן בפרהסיא כישראל בחול...
> הואיל וגר תושב עושה מלאכה לעצמו בשבת וגר צדק הרי הוא כישראל לכל דבר,
> במי נאמר וינפש בן אמתך והגר?
> **זה גר תושב שהוא לקיטו ושכירו של ישראל כמו בן אמתו, שלא יעשה מלאכה לישראל רבו בשבת אבל לעצמו עושה,** ואפילו היה זה הגר עבדו הרי זה עושה לעצמו.
> (רמב״ם **משנה תורה** הלכות שבת פ״כ הי״ד)

לדברי הרמב״ם, הגר שכתוב עליו ״וְיִנָּפֵשׁ״ (שמות כג, יב) הוא אומנם גר תושב, אך לא לכל גר תושב הכוונה, אלא רק לגר תושב שהוא גם לקיטו ושכירו של ישראל. וגם אז, מה שנאסר עליו הוא רק לעשות את מלאכת רבו. יוצא מכך שגר תושב שאינו עובד שלי מותר לכתחילה לבקש ממנו לעשות מלאכה. דין השביתה בשבת אפוא אינו דין בגר תושב ובחובת השביתה של גר תושב. גם אין מדובר בשמירה על אווירת השבת של היהודי כיוון שמותר ליהודי לבקש מגר תושב שאינו עובד שלו לעשות עבורו מלאכה בשבת.[14] ונראה שטענת הרמב״ם היא שהמנוחה בשבת היא זכות מזכויות העובדים והיא חלק מן היחס ההגון שצריך האדם מישראל לנהוג כלפי העובדים שלו.

14. ראו בעניין זה גם דבריו המפורשים של הרשב״א: **שו״ת הרשב״א** א, סימן נט.

גר תושב או כל עובד זר

לקביעת המעמד של עובדים זרים בהלכה יש להקדיש דיון נרחב, וכאן נתייחס לעניין על קצה המזלג. יש שני פרמטרים שנבחנים בד בבד כדי להכריע את הדין. האחד - כשהעובד הזר שומר שבע מצוות בני נח כנגד מי שאינו שומר אותן. השני - אם המלאכה המבוקשת נעשית עבור המעסיק או עבור שכן שאינו מעסיק אותו. הראשונים חלקו בשאלות הללו במעורבב. כמו שהראינו, הרשב"א סבור שהאיסור נוגע גם לעבד ערל ולמי שלא קיבל עליו שבע מצוות. נוסף על כך, הרשב"א אסר היעזרות בעובדים גם על ידי מי שאינו מעסיקם הישיר. לדעתו של הרשב"א הסכימו גם רבינו ירוחם, **הר"ן**, בעל **הנימוקי יוסף**, **הסמ"ג**, **התרומה** **והגהות מרדכי**.[15] הרמב"ם לעומת זאת סבר שכל מי שלא קיבל עליו שבע מצוות, כיוון שהוא גוי גמור גם ישראל אינו מוזהר עליו מן התורה. וכן קבע הרמב"ם שזכות המנוחה היא רק כלפי המעסיק ולא כלפי אדם זר. צידד בעמדתו גם **המגיד משנה**, שסבר שזוהי גם עמדת הרמב"ן.[16] להלכה פסק השולחן ערוך שגר תושב **וכל מי שקיבל עליו שבע מצוות בני נח** אסור לעשות עבודה **לרבו** אבל מותר במלאכת עצמו. וכן פוסק השולחן ערוך שאמירה לנוכרי שבות וכי שבות הותרה במקום חולה שאין בו סכנה.[17] להלכה נפסקה הדעה המצמצמת את מעגל הזכאים למנוחה, אבל היות שהשולחן ערוך מתייחס **לכל מי ששומר שבע מצוות בני נח** ולא דווקא למי שקיבל בפני ג' חברים, קביעתו מזמינה כל אדם מוסרי למעגל הזכאים ליום המנוחה השבועי.

15. **ר"ן**, שבת נא ע"ב, ד"ה "דבר"; **נימוקי יוסף** יבמות טז ע"ב, ד"ה "תנו רבנן"; **סמ"ג** לאוין סה, יט ע"ג; **ספר התרומה** סימן רנב; **מרדכי** שבת סימן תנד, וראו **בית יוסף** אורח חיים סימן שד.
16. רמב"ן **תורת האדם** ענין ההוצאה עמ' קיג; **מרדכי** שבת פרק טז, סימן תסב.
17. **שולחן ערוך**, אורח חיים סימן שד, א.

סיכום: מהות מנוחת השבת של גר תושב

דברי הראשונים ופירושיהם מתפצלים אפוא באשר להבנת המהות של חיוב שמירת שבת על ידי גר תושב.

חובת גר תושב – לדברי רש״י נראה שחלה על גר תושב החובה לשמור שבת כהלכתה כחלק מקבלתו את איסור עבודה זרה וכחלק מן האמונה שלו בה׳.

חובת הישראל: המרחב הישראלי – העלינו את האפשרות ששמירת השבת של גר תושב היא חלק מהשמירה על המרחב הישראלי ועל אווירת השבת. את הכיוון הזה הרמב״ם שולל, ונראה מדבריו שהשבת הציבורית היא עניין של יהודים בלבד. אפילו לבני נח מותר לחלל שבת בפרהסיה. אך לדברי הרשב״א האיסור על גר תושב הוא רק הרחבה של חובת השביתה של ישראל, שלא לחלל באמצעותו שבת. בזה האיסור הוא הרחבה מסוימת של תפיסת המרחב הישראלי לעניין שבת.

זכות לגר תושב: זכויות אדם – העלינו את האפשרות שחובת שמירת השבת היא חלק מן הזכות למנוחה שמורחבת לקהילת האחווה שלנו. זו תפיסה שמצאנו בדברי הרמב״ן, שקושר בין שמירת השבת ובין קהילת בני ברית. אומנם, הרמב״ם לא יסכים עם תפיסה זו שהרי לדבריו לא כל גר תושב זכאי לכך, אלא רק עובד.

זכות לגר תושב: זכויות עובדים – אפשרות אחרת היא לומר שמדובר בזכות המוקנית לעובדים כסקטור, ונראה שזהו החידוש של הרמב״ם. עם זאת, אין מדובר בכלל העובדים אלא רק בעובדים מסוימים. ההבחנה בין עובדים אינה הולמת מחשבה מודרנית, שכן ההצעה שיש עובדים מוגנים ויש ״עובדי קבלן״ זרה לתפיסות שלנו כיום. ואולם אין כאן הפליה על רקע מעמד וכוח. ההפליה בין העובדים מבוססת על הבחנה מוסרית, והתיעדוף בשוק העבודה הוא תגמול על התנהגות מוסרית. כמו כן, כל מי שייכלל ברשימת גר תושב יהיה זכאי לקבל את תנאי העבודה הללו. דרך זו פתוחה בפני

כולם, אף כי העובדה שכיום נסגרו השערים בפני קבלת גר תושב מעוררת בהחלט קושי מוסרי בהקשר הזה.

אפשר לראות שמבחינת השפה והמהות יש הבדלים קוטביים בין גישות הראשונים. עם זאת, ההנחה המשותפת לכולם היא שיש לגר תושב זיקה לשביתה בשבת, בין שזו חובתו של גר תושב לשמור על השבת (רש"י, וברמה מסוימת גם לדברי חלק מן התנאים במסכת כריתות, אלה שלא נפסקו להלכה) ובין שזה איסור על היהודי לנצל את הגר התושב לצרכיו בשבת (כל גר תושב, כדברי הרשב"א והרמב"ן, או רק עובד, כדברי הרמב"ם). אם כן, בוודאי לפי הדעות שמדובר בזכות בסיסית של עובדים חובה לאפשר למיעוטים לקבל יום מנוחה שבועי. נותרו כמה שאלות הלכתיות, למשל השאלה של אופי המלאכות שנאסר על ישראל לבקש מגר תושב - האם הן מוגבלות בהיקפן, או שכיוון שהן נתפסות כהרחבה של חובת השביתה של ישראל הן כוללות את כלל ל"ט אבות מלאכה. הסוגיה הזאת מעלה שאלה רחבה יותר בנוגע לאופן שבו מדינת ישראל צריכה להתנהל. האם המודל של הישענות על הגוי ועל גר תושב הוא נכון, או שיש כאן אמירה רוחנית שמדינה יהודית צריכה להתנהל בדרך שונה מהדרך שהתנהל בה השטעטל באירופה?

מינוי נוכרי לתפקידי שררה

מיכל טיקוצ'ינסקי

הקדמה

השיבה לארץ ותקומת מדינת ישראל עוררו את הציפייה לבנות בה מדינה יהודית באופייה, כזו שתביא לידי ביטוי את התרבות והמסורת היהודית גם במסגרות חקיקתיות וגם במסגרות ציבוריות אחרות, ערכיות ומוסריות.[1] הציפייה הזו משתלבת היטב ברעיונות שרווחים בעולם כולו ובהצדקות לקיומה של הזכות לשימור תרבותי ולמימוש הזכות לתרבות של חברת הרוב במסגרת מדינתית.[2] בד בבד, עז הרצון לתת במדינה כזו מעמד שוויוני גם לאזרחים שאינם יהודים באופן שמתקיים בכל משטר מערבי מתוקן ובפרט במשטרים דמוקרטיים, וכפי שהוצהר במגילת העצמאות עם ההכרזה על הקמת המדינה. במסגרת שאיפה זו נדרשת האפשרות לתת ביטוי לשותפות של כלל

1. דיון ציבורי בנושא זה מתקיים מזה שנים. להרחבה ראו למשל, דוד, **מדינת ישראל**.
2. ראו מלאך, "תקפות הטיעונים", עמ' 124.

האזרחים, לרבות שותפות ברמת הובלה, הנהגה ונשיאה בעול של תפקידים ציבוריים כאלה או אחרים. שומה עלינו לברר את היחס בין השאיפות השונות וגבולותיהן על פי ההלכה.

בתורה נאסר מפורשות על מינוי נוכרי למלך בלבד. אך מן הציווי להימנע ממינוי נוכרי למלך גזרו חז״ל איסור רחב יותר שכולל חובת הימנעות ממינויו לתפקידים נוספים. בספרי נמצאת הרחבה (עקיפה) שמתייחסת לתפקיד של פרנסי הציבור.[3] במדרש תנאים לדברים (יז, טו) נזכרים תפקידים ספציפיים כגון ״שוטרים, גבאי צדקה, סופרי הדיינין ומכין ברצועה״,[4] ו״שר צבא, שר חמישים או עשרה, אפילו הממונה על אמת המים״ (שם). בבבלי (יבמות מה ע״ב; קידושין עו ע״ב, וראו רש״י, שם) נזכרו גם ״פורסי״ ״ריש כורי״ (פקחים הממונים על המידות) ו״ריש גרגותא״ (אחראים על תקציב חלוקת המים). מכאן ההנחה שיש מניעה הלכתית (מדרבנן) לשלב נוכרים בתפקידים ציבוריים ברמות שונות של שררה ואחריות. על אף ההרחבות הללו, כבר בתקופת חז״ל אנו מתוודעים למינויים של נוכרים או מתגיירים כמו שמעיה ואבטליון, והדבר מחייב התבוננות מורכבת בעניין. השאלה המעניינת היא: מהי ההצדקה לכך ומדוע נרתעו התורה ובעקבותיה חז״ל ממינויים כאלו, ממה ביקשו להימנע

3. הספרי (דברים, פיסקא קנז) לומד את איסור מינוי נשים לפרנסיות על הציבור מן המילים ״איש נכרי״: ״׳איש נכרי׳ - מיכן אמרו האיש ממנים פרנס על הציבור ואין ממנים האשה פרנסת על הציבור״. מיניה וביה ניתן להסיק שדין התורה אינו מתייחס רק למלוכה, אלא מורחב גם לתפקידי פרנס. במגילות שנמצאו במדבר יהודה מתקופת מרד בר־כוכבא ״פרנס״ הוא תפקיד של פקיד הרושם בעלות קרקעות וחכירות שלהן (כך שמעתי מד״ר דורון שר אבי).

4. הניסוח ״כל משימות שבישראל״ נזכר שם רק ביחס לשררה לנשים, ואילו ״כל משימות שאתה משים״ נזכר ביחס לנוכרי. קשה לייחס מקור זה בוודאות לתקופת התנאים, שכן הופמן שחזר את המדרש מתוך מדרשים מאוחרים, ועל כן לא ברור שמקור הרחבה זו כבר בספרות התנאים. הלשון ״כל משימות שבישראל״ מופיעה במדרש הגדול (דברים יז, טו), וסביר שנלקחה משם (מדרש הגדול הוא ליקוט מאוחר שנערך במאה השלוש־עשרה, וייתכן שדברים שבו מבוססים על דברי הראשונים). עם זאת, הביטוי ״כל משימות שאתה משים״ מופיע גם בקידושין עו ע״ב. ראו רייזל, **מבוא למדרשים**, עמ׳ 90-94.

ומה ביקשו להשיג? מתוך הצגת ההצדקות נוכל לדייק את גבולות הגזרה של איסור דרבנן זה וללמוד מתי הוא אינו חל כלל.

כאמור, מקור האיסור בתורה מתייחס למלך בלבד, וכך נאמר בפרשת שופטים:

> כִּי תָבֹא אֶל הָאָרֶץ אֲשֶׁר ה' אֱלֹהֶיךָ נֹתֵן לָךְ וִירִשְׁתָּהּ וְיָשַׁבְתָּה בָּהּ וְאָמַרְתָּ אָשִׂימָה עָלַי מֶלֶךְ כְּכָל הַגּוֹיִם אֲשֶׁר סְבִיבֹתָי. שׂוֹם תָּשִׂים עָלֶיךָ מֶלֶךְ אֲשֶׁר יִבְחַר ה' אֱלֹהֶיךָ בּוֹ מִקֶּרֶב אַחֶיךָ תָּשִׂים עָלֶיךָ מֶלֶךְ לֹא תוּכַל לָתֵת עָלֶיךָ אִישׁ נָכְרִי אֲשֶׁר לֹא אָחִיךָ הוּא.
>
> (דברים יז, יד-טו)

הביטויים המפורשים המגבילים את אפשרות המינוי של נוכרי למלך הם הציווי החיובי: "מִקֶּרֶב אַחֶיךָ", והוראת השלילה שבה ביטוי כפול לאיסור הכניסה של זרים לתפקיד: "לֹא תוּכַל לָתֵת עָלֶיךָ אִישׁ נָכְרִי", "אֲשֶׁר לֹא אָחִיךָ הוּא". ההדגשה בפסוקים על שורשיו היהודיים של המלך ניכרת. ריבוי הביטויים במקרא היה כר פורה לפרשנות רחבה של האיסור. חז"ל היו ערים לגיוון המילולי הזה והציעו מספר דרשות המלמדות על מהות האיסור. כל אחת מהן מלמדת לא רק על האיסור עצמו אלא גם מצמיחה החרגה ייחודית ושונה. מאמרים רבים פורסמו בנושא ובאופן עקבי הם הולכים ומונים את **החריגים לאיסור** הזה ומציגים פסיפס של אפשרויות מינוי שאינן כלולות באיסור המקורי. אנחנו עומדים נבוכים לנוכח רשת ההיתרים הסבוכה שמאפשרת לנו להיאחז בכל מיני עניינים ולאפשר כמעט כל מינוי ותפקיד ללא שניתנים עומק ומשמעות גם לרתיעה ממינוי נוכרי לתפקידים ציבוריים. ההנחה שלי היא שהאיסור וביטויו בתורה ואחר כך בחז"ל כונסים בתוכם עניינים בעלי משמעות קיומית. על כן, בניגוד למאמרים הרבים שעסקו בנושא, בפרק זה אבקש לבחון את הנושא מנקודת מבט שונה, ולהציע שההחרגות אינן נובעות מדיוק כזה או אחר בלשון הפסוק אלא מהבנה יסודית של האיסור ושורשיו. רק מתוך המשגת האיסור והענקת הפשר לו, צמחו מאליהם

חריגים לאיסור. קרי, הבנת הצורך במינוי של יהודי דווקא לתפקידים מסוימים מלמדת גם באילו מקרים הצורך הזה אינו קיים. מבחינה למדנית, ההנחה היא ש״מלך״ (ונגזרותיו החז״ליות) הוא דמות בעלת מאפיינים ייחודיים ולפיכך לא יהיה הולם לאייש משרות הדומות למלכות על ידי מי שאינו יהודי, אבל אין כן בנוגע למשרות אחרות. מבחינה מהותית, הסיבה שאסרו על מינוי נוכרי למלך משמשת סיבה למניעת מינוי נוכרי לתפקידים דומים למלכות. מהם אפוא המלוכה ומאפייניה, ומדוע נאסר למנות גוי למלך? ננסה לתת פשר ומשמעות לאיסור ומתוך כך להגדיר מחדש את השלכות האיסור במדינת ישראל.

אפשר להציע שלוש המשגות אפשריות למהות המלוכה: המלוכה כמעמד ייצוגי, המלוכה כזרוע שלטונית בעלת סמכויות מקיפות, המלוכה כמנהיגות דתית. שלוש נקודות המבט מאירות את הצורך במניעה כזו אבל גם מניחות שהאיסור מצומצם ונקודתי. נתבונן באפשרויות אלו מקרוב.

המלוכה כסמל

הצורך של הקולקטיב בסמלים הוא חלק משפה אנושית קמאית. משחר ימי האנושות ביקש האדם לייצג רעיונות משותפים באמצעות סמלים. בהיבט השלטוני צורך זה היה נוכח בהבניית דפוסי שלטון מונרכיים כאשר המלך הושווה לאל, אך לא פסח על המדינות המודרניות, יהא משטרן אשר יהא. באמצעות הסמלים מבטא הציבור את מכלול המיתוסים המכוננים את קיומו. דוגמה מן העת האחרונה אפשר למצוא בחוק הלאום, שקיבע את מורשת הסמלים שכבר התגבשו כחלק מהמסגרת המדינית והחוקתית של הישראליות והישראלים. סמלים אלו הם מקור לגאווה משותפת וביטוי לאתוס המשותף שעליו אנו מכוננים את אחיזתנו בארץ.

גם במקורות היהודיים אנו מגלים את הצורך ביצירת סמלים בהקשרים שונים: סמלי זיכרון כמו קורבן פסח וסמלים אחרים כמו ארבעת המינים על משמעויותיהם השונות. החיוב למנות מלך רק

לאחר ששככו הבעיות הביטחוניות, ולאחר שמתקיים בנו "וִירִשְׁתָּהּ וְיָשַׁבְתָּה בָּהּ" (דברים יז, יד), עשוי ללמד שתפקידו של המלך לשרת את הצורך בביטוי סמלי, והוא נדרש לשמש ייצוג של הנוכחות החיה של העם בארצו.[5] באופן עמוק נדרש קשר זהותי בין המלך לבין העם, שכן המלך בעצם היותו מספר את הסיפור הלאומי המשותף. גם הדרישה למינוי המלך כפי שהוא מוצג בתורה בפי העם - "מֶלֶךְ כְּכָל הַגּוֹיִם אֲשֶׁר סְבִיבֹתָי" (שם) - תואמת את ההבנה שהציפייה היא שישמש בתפקיד ששורשיו ביסודות האנושיים הקמאיים והאוניברסליים הקשורים בצורך בסמל לאומי.

תפקיד המלך

ייתכן שגם תפקידיו של המלך נגזרים מהצורך הזה, ועליו לנהל בעיקר עניינים במישור הדיפלומטי, שמטרתם לייצג את עם ישראל כלפי חוץ. המלך מבטא את העוצמה הלאומית, הוא מושא לגאווה לאומית ובהיותו כזה הוא צריך להיות נטוע עמוק בתרבות ובמיתוס. מכאן ברור מדוע אין בן נכר יכול לשמש בתפקיד כזה, גם אם מדובר בתפקיד נטול סמכויות. אף מתחדד מדוע המלך צריך להיות "מִקֶּרֶב אַחֶיךָ" (שם, טו), כלומר "ממובחר שבאחיך" (בבא קמא פח ע"א) דווקא. כמו כן, "מקרב, ולא מחוצה לארץ" (ספרי דברים פיסקה קנז) - מי שהיגר ארצה עשוי להיות אדם מקצועי ומתאים לתפקידים שנדרשת להם מומחיות, אך זר אינו עונה על הקריטריון הבסיסי של היות מזוהה עם חברת הרוב ואינו יכול להפוך לגורם ייצוגי ולשמש במשרות שדורשות ייצוגיות. בהקבלה, לתפקיד נשיא ארצות הברית אינו יכול להיבחר מי שלא נולד כאזרח ארצות הברית, דרישה שמונעת ממהגרים לכהן בתפקיד הזה; המלכות באנגליה שמורה

5. ברמן, **נבראו שווים**, עמ' 93–100, מצביע על כך שמגמת פרשת המלך בתורה היא לצמצם את תפקידי המלך ולהפוך אותו לייצוגי. הוא טוען שמגמת ההחלשה נובעת מהתבוננות עקרונית שה' הוא המלך. על כך שהתפיסות המקראיות של המלך משתנות מספר לספר ראו בובר, **מלכות שמים**, פרק חמישי; קויפמן, **תולדות האמונה** ב, עמ' 178–181.

רק לאנגליקנים, וכן על זה הדרך. במדינת ישראל כיום אין הרבה תפקידים שהם ייצוגיים בעיקרם. הנשיא הוא דמות כזו, דמות מפתח שתפקידה לאחד את חלקי העם ולהשפיע על תפיסת זהותו. בעצם קיומו הוא מביא כבוד לעם, שחש הזדהות עמוקה עם הדמות שהוא מייצג. ייתכן ששגרירי מדינה משמשים דמות כזאת, ותפקידים דומים מצויים לעיתים בוועד המנהל ובנשיאות מוסדות, וכיוצא בזה.

חריגים שהתפתחו על הרקע הזה

בהמשך להנחה שהאיסור למנות נוכרי למלך קשור בטבורו לכך שמלך הוא תפקיד ייצוגי וכי ההרחבה של האיסור נוגעת לתפקידים שיש בהם דמיון למלוכה בנקודה זו, הרי ממילא יש לומר שאפשר לנסח חריגים לאיסור הזה על דרך ההכללה של מצבים שבהם מוסרת המניעה המהותית. נבחן מספר חריגים שהתפתחו בנושא ונצביע על הקשר ביניהם לבין ההבנה המהותית של תפקיד המלך.

1. כבוד הציבור

הרב בן ציון מאיר חי עוזיאל דן באפשרות של נשים לשמש נבחרות ציבור. את דיונו הוא פותח בהרחבת איסור מינוי נוכרי למלך, והחלתו על נשים. והוא כותב כך:

> ובזה אמנם מצאנו לכאורה איסור מפורש (ספרי דברים פיסקה קנז, טו): ״שום תשים... מלך״ מלך ולא מלכה. וממנו למד הרמב״ם (**משנה תורה** הלכות מלכים פ״א ה״ה): ״אין מעמידים אשה במלכות שנאמר: עליך מלך - ולא מלכה...״
> אולם אני מסתפק בדבר אם הלכה זו היא משום פסול האשה לדיינות או משום כבוד הציבור ונקרא מינה במקום שאין בית דין ממנין אותה אלא חלק מן הציבור בוחרים בה בתור שלוחם... והנה ממה שכתבו התוספות לחד תירוצא שדבורה היתה שופטת משום דקבלוה עליהם יש להוכיח דמהניא קבלתם אפילו כשהציבור כולו מקבלים אותה... (**פסקי עוזיאל**, סימן מד)

הרב עוזיאל מציג חקירה שעניינה בחינת הסיבה לאיסור מינוי נשים לנבחרות ציבור. הוא מציע אחת משתי סיבות חלופיות: בעיה אימננטית שקשורה לפסול נשים לדון, או פגיעה בכבוד הציבור. כדי להכריע בין שתי האפשרויות הללו בוחן הרב עוזיאל את המקרה של דבורה, ששימשה בפועל בתפקיד דיין. בדברי התוספות באחד הביאורים לחריגה זו מן המקובל להלכה מובא שמינויה התאפשר בזכות הסכמת הציבור. אם כן, סבור הרב עוזיאל, יש בדברי התוספות הכרעה לחקירה שהציג. הבעיה במינוי אישה אינה אימננטית אלא נובעת מחשש לפגיעה בכבוד הציבור. אם בפועל מתברר שהציבור הוא שהסכים על בחירה כזו הרי הוכח שאין פגיעה בו. הסכמת העם לגבי הפרסונה משקפת את כבודו. ומכאן שקבלת הציבור מועילה. החריג הזה של מינוי באמצעות בחירת הציבור מתבסס על ההבנה שהמינוי משקף רכיב יסודי בתפיסת הציבור את נבחריו כמי שמייצגים אותו ומכבדים אותו בעצם מינוים. נקודת ההזדהות עם הנציגים הנבחרים היא עמוקה והיא חייבת להישמר. וכך, אם הוכח שהציבור הוא שמעוניין במינוי הרי ממילא התבטל האיסור. המושג של "כבוד הציבור" כמושג מכונן שמאפשר החרגת מינויים מסוימים שנעשו מתוקף בחירת הציבור קשור בטבורו להבנה שהאיסור על מינוי נוכרי לתפקידי שררה יסודו במושגים של כבוד הציבור.[6] על פי הבנה זו, כל תפקיד שהמועמד מוצב בו בעקבות בחירות ישירות, או באמצעות ועדת מינויים, האיסור אינו חל לגביו, מהסיבה הפשוטה שהאיסור מכוון לגונן על הצורך בייצוג עמדות הציבור ולייצר נקודת הזדהות איתו.

הרב מ"צ נריה כותב כעין הדברים הללו גם לעניין מינוי גר לדיין:

6. הרב שאול ישראלי (**הרבנות והמדינה**, עמ' 278) כותב: "מוצאים אנו דין מיוחד במינו: שאין המלך יכול למחול על כבודו. והיינו משום שאין הכבוד אשר ניתן לו עניין פרטי שלו, אלא הוא כבוד של כל ישראל".

> ואפשר שטעם הדבר נעוץ לא בגר עצמו אלא בישראל, שעליהם חלה השררה.
> והיינו שאין זה כבודן של ישראל, שיהא אדם הבא מרחוק "איש שר ושופט" עליהם. (**ענבי פתחיה**, עמ' 158)[7]

2. מה שאינו עובר בירושה

כמה מן הפוסקים ציינו את העובדה שאחד מסממני המלוכה הוא היותה עוברת בירושה מאב לבן.[8] בישראל המלך הוא נצר לבית דוד, ואף בשאר המדינות המלוכניות מדובר במשפחה שהמלוכה עוברת אצלה בירושה מדורי דורות. אין ספק שההעברה בירושה היא אחד הגורמים שמשמרים את הסימבוליות של המלוכה ומחזקים את מידת ההזדהות איתה ואת הגאווה הלאומית שבקיומה. על פי זה כתב הרב שאול ישראלי ששררה שאינה עוברת בירושה, ואפשר להעביר את האדם מתפקידו בכל עת, אינה נכללת באיסור הזה:

> שכל השררות בישראל ובראש וראשונה מלכות, זוהי הקניית **מעמד משפחתי** בתוך עם ישראל וזה בדוגמא למה שמצינו גם בכיוון נחות מעמד **עבד**. שלפי מה שנקוט בהלכה גם אם אין לו אדון, כגון שהפקירו בעליו לא פקעה ממנו תורת עבד... אותו דבר הוא ביחס למעמדות **המכובדים** - זה אינו תואר אישי, שרק כאילו נתרבה שמוריש לבניו כדרך שמורישים נכרים. אלא שמעיקרו היתה מעמד משפחתי על ידי ראש המשפחה... וכך הם גם המינויים שבתורה שרי אלפים ושרי מאות וכו'... **כי רק זוהי מלכות, שהיא גם לזרעו**, כלומר - הקניית **מעמד של מלכות** [ההדגשות במקור]. (**חוות בנימין** א, עמ' 68)[9]

7. פורסם גם כמאמר: נריה, "קהל גרים".
8. ראו לעומת זאת (הוריות יג ע"א): "כל ישראל ראויים למלכות".
9. רעיון דומה כתב הרב הרצוג (**תחוקה לישראל** א, עמ' 22–30): "שמא האיסור הזה אינו חל אלא על מינוי לכל ימי חייו".

אומנם ראוי להרהר בחריג זה ולתהות: האם משום שזיהינו את המאפיין הזה במלוכה נסיק מכאן לגבי כל תפקיד אחר שאינו עובר בירושה שהוא אינו תפקיד שיש לו משמעות וחשיבות סמליות? על פי הרב עזרא בצרי, אין זה סימן הכרחי ועל פי ההלכה היה מן הראוי שיעברו התפקידים בירושה, והעובדה שאין מורישים אותם אינה מסירה מהם את השררה המאפיינת אותם.[10] אכן, כפי שנתאר בהמשך הפרק, ייתכן שסממן זה של ירושה הוא דרמטי כיוון שהוא לב ליבו של משטר מלוכני, שבו יש זיקה קניינית בין האדם לתפקידיו, וקיומה של זיקה כזו מחזק ומשמר את עוצמת המיתוס שהתפקיד משרת. תנאי זה אינו מתקיים במדינה דמוקרטית, וזה מעיד על רפיון הרכיב הזה של סימבוליות בתפקידי שררה.

המלוכה כמוסד שלטוני

על פי תפיסה אחרת, המלך נושא משרה שהיא אחת מן הזרועות השלטוניות. לכן הוא מצוי בעמדת כוח משמעותית. מכוח המינוי המלך זוכה בשלל סמכויות. הדרישה למלך נובעת מן הצורך בהסדרה ובניהול של ענייני המדינה בצורה תקינה ושוטפת. הדמות של המלך אפוא צריכה להיות כזו "שתהא אימתו עליך" (משנה סנהדרין פ"ב מ"ה). "מלך שמחל על כבודו אין כבודו מחול", שכן מהות התפקיד היא להטיל אימה ולזכות בכבוד ובציות. מדובר בפן פונקציונלי: מלך שהוא בן חורג, שלא גדל על ברכי התפיסות המשותפות, לא יזכה למידת האמון הנדרשת מצד הציבור ותהיה כלפיו חשדנות מתמדת. החשש מאי־ציות מסביר מדוע במסכת דרך ארץ הורחב האיסור למנות מלך מקרב קבוצה מסוימת לפלח אוכלוסייה שלם שאף הוא אינו ראוי למלוכה על אף המוצא היהודי: "הגרע הבורסקי והבנאי אין מעמידין מהם פרנס על הציבור" (מסכת דרך ארץ פרק רבי שמעון

10. בצרי, **דיני ממונות** ד, עמ' ס.

ה״ג).[11] לא רק נוכרי - גם אנשים שהם ״אחיך״ אך משויכים למעמד הנמוך אינם יכולים לשמש בתפקידי מלוכה באשר הם אינם זוכים למידת האמון הנדרשת, וממילא לא יוכלו לבצע את תפקידם כראוי, לא יוכלו לבסס משילות. וכפי שמבאר בעל **ספר החינוך** (מצווה תצח): ״לא קצב ולא ספר ולא בלן ולא בורסי, ולא מפני שהן פסולין אלא לפי שאומנותן נקלה **העם מזלזלין בהם** לעולם ומשיעשה במלאכה מדברים אלו אפילו יום אחד נפסל״.

הרב נריה הסביר את הדברים באופן שונה מעט:

> ואולי ניתן להסביר את הדברים שעיקר הטעם הוא שמוזהרים אנחנו להמנע מלתת מקום לעורר רגשי התנגדות ביחס לדיינים מצד המפסידים בדין, שכרגיל יש בלבם הרהורי ערעור.
> כמו שהיה במחנה ישראל במדבר ״ראיתם בן פוטי זה (שאמו היתה מבנות יתרו) הרג נשיא שבט בישראל״
> (סנהדרין פג, א). (**ענבי פתחיה**, עמ׳ 159)

לדבריו, כל החלטה שלטונית מעוררת תרעומת בקרב מי שמפסידים ממנה. על כן, מי שמשרת בתפקידי שררה צריך להיות נאמן על הציבור, אדם שלא יעורר פקפוק בדבר כשרות מניעיו, כדי שלא לשמש מסד נוח לטרוניות כאלה ולמרד.

תפקיד המלך

דמות המלך השליט ממילא אינה רק ייצוגית, אלא מדובר באדם בעל סמכויות פעולה נרחבות. הוא מי שמנהל מלחמות ומטפל בענייני המדינה, ונדרשים לו כישורים פוליטיים. בהקשר של תפקידי הנהגה אחרים, נדרשים כישורים בהתאם לתפקיד (הבחירה בבצלאל בן אורי נעשתה על בסיס יכולותיו וכישוריו האומנותיים, דוד היה גיבור חיל

11. ולהלכה ראו יבמות קב ע״א; קידושין עו ע״ב; **שולחן ערוך**, חושן משפט סימן ז, א; שם, יורה דעה סימן רסט, יא.

וכיוצא בזה). מכאן גם השימוש בכינוי "פרנס", המופיע בדרשת הספרי בהקשר הרחב של האיסור על מינוי נוכרי. משמעות הכינוי על פי הירושלמי היא מינוי לתפקיד שיש בו אחריות על חלוקת כספי הצדקה, וזו לשון הירושלמי:

> רבי חלבו בשם רבי בא בר זבדי אין מעמידין פרנסין פחות מג'
> אנא חמי דיני ממונות בג', דיני נפשות לא כ"ש
> ויהיו עשרים ושלשה עד דהוא מצמית להון הוא מסכן.
> (ירושלמי, פאה פ"ח ה"ו)

רבי חלבו קבע שפרנסים הממונים על חלוקת הצדקה לא יעבדו אלא בצוותים של שלושה. את המספר שלושה הוא גוזר מן ההרכב הנדרש לדיני ממונות. כיוון שחלוקת הצדקה יכולה להכריע נפשות והיא כדיני נפשות, אי אפשר להסתפק בהרכב שהוא קטן מבחינה מספרית מן ההרכב המינימלי הדרוש לדיני ממונות. יש הכרח שהנושא לא יוסדר על פי אדם אחד בלבד. מנגד, הסיבה שלא נדרש פורום של עשרים ושלושה כבדיני נפשות היא פרגמטית: הצורך בתפעול מיידי ושוטף ללא בירוקרטיית־יתר. מדברי הירושלמי ניכר שפרנס הוא אדם שנושא באחריות תקציבית ותפעולית, והכרעותיו אף משפיעות על חיי אדם. תיאור דמות המלך כשליט מסביר היטב אף את ההרחבה של האיסור למנות נוכרי לתפקידים כמו "שרי מאות ושרי עשרות" או גבאים, שוטרים ומכים ברצועה, שיש להם אחריות ציבורית והם בעלי סמכות הכרעה וכוח כפייה. בדומה מוסבר מדוע נקבע בבבלי שאי אפשר למנות נוכרי גם לתפקידים כגון פקח או ממונה על חלוקת המים. כשמדובר בחלוקת תקציבים תמיד יהיה מי שייפגע ויערער על החלוקה. ויש לומר שמה שעמד על הפרק הוא החשש שהזר - הנוכרי - לא יצליח לאכוף את החלטותיו.[12]

12. ראו קידושין עו ע"ב.

חריגים שמוסברים על הרקע הזה

1. קבלת הציבור

תיאור דמותו של המלך כמי ש״אימתו״ על הציבור, כמי שמסוגל להשתרר עליו בפועל, גרם להרחבת האיסור על מינוי אלו שדמותם אינה יוצרת רושם ויש חשש שהם לא יצליחו לפעול במסגרת תפקידם מהסיבה הפשוטה שאנשים לא ישמעו להם. אם אומנם זהו החשש שבשלו נפסל הגוי מלשמש בתפקידים ציבוריים, הרי ממילא מובן מדוע חלק מן הפוסקים סברו שקבלת הציבור מועילה. כאשר הלכה למעשה הקהל דווקא מסכים למינוי, אין מניעה לאפשר אותו. בעל **כנסת הגדולה** הציע את כיוון המחשבה הזה מתוך אזכור הקושי בעניין מינוי שמעיה ואבטליון (שהיו בני גרים) לנשיא ולאב בית דין. הקושיה לגבי שמעיה ואבטליון חריפה ביותר שהרי מדובר באיוש של תפקידי שררה חשובים ובכירים שיש להם השפעה על קביעות תורניות ודתיות מחייבות. ואלו דבריו של בעל **כנסת הגדולה** בעניין זה:

> ...ולפי זה מה שאמר הכתוב לא תוכל לתת עליך איש נכרי
> ופשטיה משמע אפילו בקבלה,
> היינו דוקא במלך כפשט הכתוב,
> אבל בשאר שררות דמ׳שום תשים׳ מרבינן ליה כל משימות שאתה משים לא יהו אלא מקרב אחיך או מ״לא תוכל לתת עליך איש נכרי״ כמ״ש נמוקי יוסף ז״ל בפרק החולץ,
> לא מרבינן להו לאיסורא אלא בלא קבלה אבל בקבלה מיהא מהניא. (**כנסת הגדולה**, הגהות בית יוסף חושן משפט, סימן ז)

בעל **כנסת הגדולה** מציע שקבלת נוכרי לתפקידי שררה שאינם מלוכה, שאינם אסורים לנוכרי מדין תורה המפורש אלא מהרחבת חז״ל, תהיה אפשרית כאשר יש הסכמה רחבה וקבלת העם.[13] אפשר לטעון שהוא הבין שהסיבה המרכזית לאיסור מינוי גוי וגר לתפקידי

13. הרב קלישר (**מאזנים למשפט** חושן משפט סימן ז) כתב שיש בזה חילוק בין

שררה היא החשש מאובדן המשילות וערעור הסמכות. על הקושי הזה אפשר להתגבר כאשר ברור לכולם שהציבור הוא שמעניק לו את הסמכות בפועל, ובוודאי גם יסור למשמעתו.[14]

כעין זה כתב גם רבי יונתן אייבשיץ:

> גר הרי זה פסול... אבל בלי כפיה מותר לדון אפילו ישראל... (**אורים**, חו"מ, סימן ז, ס"ק א)

בתחילת דבריו הוא כותב שגר יכול לדון כשיש הסכמה וקבלה מצד הצדדים. אך בהמשך הוא תוהה: אם אומנם גר כשר לדון רק בתנאי של הסכמה וקבלה, הרי אין הוא שונה בזה מכל מי שפסול לדון, שראוי לדון בהסכמת הצדדים. ואם כן, מדוע היה צריך לציין במפורש שגר כשר לדון בהסכמת בעלי הדין? וכדבריו:

> אם כן מה קמשמע לן המשנה דגר כשר בקבלוהו, אפילו קרוב או פסול כשר בקבלוהו,
> ואפילו גוי גמור לולי דאויבינו פלילים היה יכול לקבל ומכל שכן גר,
> וצ"ל דמכל מקום קודם גמר דין יכול לחזור בו,
> מה שאין כן בגר דכשר בעצמותו רק דאין לו כפיה על ישראל,
> ואם קבלוהו מעצמו תו לא יכול לחזור אפילו קודם גמר דין. (שם)

רבי יונתן אייבשיץ מתרץ שיש להבחין בין פסול לדון, שאז לצדדים יש היכולת לחזור בהם בטרם נגמר הדין, ובין גר, שבעלי הדין אינם

מינוי מלך, שאינו יכול להיות נוכרי גם הציבור יקבל זאת, ובין מינויים אחרים, שבהם הסכמת הציבור מועילה. הוא מבסס זאת על דרשה מן הפסוקים.

14. בדומה להסברו של רש"י (סנהדרין כג ע"א, ד"ה "יצא דין אמת לאמיתו") לאפשרות למנות בית-דין של בוררים על ידי הצדדים: "דצייתי בעלי דינין, דסבר החייב הרי אני בעצמי בירתי האחד".

יכולים לחזור בהם קודם גמר דין. הסיבה היא שגר מצד עצמו הוא כשר לדון, אלא שיש לו בעיה לאכוף את גזר דינו. כיוון שכך, הקבלה מועילה להוכיח שיש לו כוח לכוף, וממילא דינו ככל דיין כשר שבעלי הדין אינם יכולים לחזור בהם משהחל הדיון. רבי יונתן אייבשיץ קובע מפורשות שהבעיה המרכזית של גר היא הבעיה ה"טכנית" שאימת הצדדים אינה עליו, אבל מכל בחינה אחרת הוא ראוי לדון. על כן, כשנמצא פתרון, שהוא ליצור "אימה" וכוח כפייה על ידי הסכמה וקבלה של הצדדים, הרי הוא ככל דיין.

לדעתו, קבלה יכולה שתיעשה לא רק על ידי כלל עם ישראל בבחירה ישירה, אלא גם אם חשובי העדה ממנים את הנוכרי, ואז מינויו תקף:

> ולפי דבריו צ"ל אם קבלוהו חשובי העדה אף על פי שאין רוב הצבור מסכימים הוי כקבלוהו עליהם ויכול לדון, דאטו בשמעיה ואבטליון הסכימו רוב ישראל בכל מקומות ארץ ישראל וחו"ל, זהו מהנמנע, אלא הואיל והסכימו סנהדרין וראשי חכמים וכנסת הגדולה בימים ההם הוה כקבלוהו כל ישראל עליהם.
> (**תומים** חשן משפט סימן ז, ס"ק א)

טענה זו מעוגנת היטב ברציונל של חריג זה, שכן כאשר המינוי מקבל גושפנקה מחשובי העדה הרי אימתם תחייב את הציבור והם יצטרכו לסור למשמעתו של הממונה, יהא מי שיהא. הרחבה זו מאפשרת מינוי נוכרי לתפקידים שמתמנים אליהם על ידי ועדה ממנה וכיוצא בזה.

2. מומחיות

שורשיו של חריג נוסף שמבוסס על אדני התודעה הזאת מצויים כבר בבבלי. "רבא אכשריה לרב מרי בר רחל ומנייה בפורסי דבבל" - רבא ממנה את רב מרי לגבאי, אף שאביו של רב מרי לא היה מישראל (ומכאן שמו - בר רחל). הגמרא תבאר שעל מי שאימו מישראל לא חל איסור המינוי, ובכך תתרץ את הקושי: "שום תשים עליך מלך,

כל משימות שאתה משים אל יהו אלא מקרב אחיך". אולם אפשר לומר שרבא עצמו סבר שהמומחיות שרוכש רב מרי אצלו בקורס ההכשרה ("אכשריה... ומנייה") תקנה לו את הסמכות לטפל בנושאים הספציפיים שהוא אמון עליהם (נוסף על כך, התמיכה שהוא מקבל מרבא תהיה הסיוע הנחוץ לו למימוש תפקידו). בזה מתיישבים גם דברי הרשב"ץ בספרו **מגן אבות**, שמסביר ששמעיה ואבטליון שימשו בתפקידים של נשיא ואב בית דין אף שהיו גרים משום "ושמא, כיון שלא היה בישראל כמוהו בקבלה, הוא היה ראוי יותר מכולן. כי לא פסלה תורה גרים אלא בשיש כיוצא בהם בישראל, אבל אם אין כיוצא בהן בישראל, הם קודמין" (**מגן אבות** לרשב"ץ, אבות פ"א מ"י). כלומר, מכיוון שהעליונות של שמעיה ואבטליון בתחום הייתה ניכרת וברורה, היה אפשר למנותם לתפקיד גם בלא קבלה. המומחיות היא שהקנתה להם את הסמכות וחיפתה על החסך המקובל אצל נוכרים. הרב יהודה גרשוני מתרגם את העניין הזה למציאות ימינו וכותב:

> אבל לכל משרות בישראל אם אין מומחה כמותן מותר למנות עכו"ם למשרות גבוהות במדינת ישראל
> או אפשר מטעם שלום מלכות הוי הדין כמו שאין כמותן וצ"ע בכל זה.

(גרשוני, **משפט המלוכה**, הלכות מלכים פ"א ה"ד, עמ' מ)

התוספת החשובה שמוסיף הרב גרשוני היא שלעיתים אין תחליף למיעוט על תקן ייצוג למיעוטים. מנקודת מבט זו, העיקרון של "שלום מלכות" למעשה חופף את הרציונל של "אין מומחה כמותן".[15]

15. הרב בקשי דורון ("סמכות והנהגה", עמ' עב) הלך בעקבות היתר זה: "מכל האמור נראה שאישה וגר יכולים לשמש כמנהיגים, ואפילו כגדולי הדור שכח הנהגתם מחייבת את הסמכות. אשה וגר יכולים לשמש מורי הוראה וללמד תורה ופסקים. תפקידים שהסמכות בהם נקבעת לפי כישורי המועמדים והסמכות יונקת מהכישורים...". ראו גם: אריאל, "שיתוף נכרים", עמ' 139.

3. תפקיד ללא כוח כפייה

הסברנו שהחשש במינוי נוכרי הוא שיזלזלו בו ולא ישמעו לו. אך ישנם תפקידים שאין בהם רכיב של כוח כפייה כלל, ובהם כאלה שאינם כוללים אחריות על אחרים ועל בני אדם אלא הם תפקידים טכניים מנהליים. נוסף על כך, יש מינוי שאין בו בלעדיות - מינוי לתפקיד שדורש עבודה בצוות וקבלת החלטות משותפת. אפשרות זו נזכרת בבבלי, ששם מסופר על דאגתו של רבי זירא לגרים: ״רבי זירא מטפל בהו״ וכן ״רבה בר אבוה מטפל בהו״. המאירי מבאר: ״אין ממנים אותו אף לשום שררה אלא שמקצת שררה מצרפין אותן עם האחרים ומבליעין אותם ביניהם... וזהו לדעתי פירוש מיטפל להו״.[16] ובדומה כתב גם **רד״ל** בהגהותיו לתלמוד (קידושין, דף עו, ע״ב; נדפס בש״ס וילנה): ״לשון טיפול הוא עם אחרים (וכמו טופלין בהמה לבהמה דפ״ק חגיגה) להיותן סיוע לממונים אחרים מיוחסים״. על בסיס זה כתב הרב אליעזר יהודה וולדינברג שאפשר לבחור בנוכרי לחבר כנסת:

> אולם אמינא מילתא חדתא שיוכלו לבחור באינו בן ברית להיות חבר בכנסת, והוא מכיון שחבר בכנסת אינו משמש בדרך כלל בתפקיד מיוחד, אלא משמש כשותף עם שאר חברי הכנסת לישא באחריות קולקטיבית בעולם הציבור ולהביע דעה בעניני המדינה העומדים על הפרק ומכיון שאינו משמש בתפקיד מיוחד ואין לו כשלעצמו שום כח הכרעה מבלי שיצטרפו לדעתו עוד חברי כנסת עד כדי שימצא רוב לדעתו, אם כן באופן כזה לא נקרא משמש באיזה שררה שהיא עד שיחול על כגון דא האיסור של לא תוכל לתת עליך איש נכרי
>
> ואמינא לה ממה שראיתי במאירי על קידושין... אבל המאירי מפרש דהכוונה הוא לעשותו טפל עם אחרים...
>
> ואם כן, דון מינה להתיר גם להבחר כחבר כנסת מכיון ששרותו

16. קידושין עו ע״ב; **בית הבחירה למאירי** קידושין, שם, ד״ה ״כל הפסול״.

מובלעת בצירו שררות האחרים וכנ"ל. אבל אסור לו לשמש כשר או בתפקיד מיוחד אשר הפיקוח ימסר רק לו בלבד.
(**הלכות מדינה** ג, שער ד, עמ' קכח)[17]

במקרים של מינוי לחבר בצוות גם סר החשש מקביעת מדיניות שאינה הולמת את ערכי הציבור, מכיוון שאפשרויות ההכרעה מפוקחות על ידי שאר חברי הצוות.

המלוכה כחלק מההנהגה הדתית

התבוננות נוספת ושונה תציג את המלוכה כמוסד דתי שתפקידו להוביל את העם בדרך ה'. סמכויות המלך נגזרות מן המשימה הכללית והעקרונית הזאת וגם אם הוא יכול לחרוג מהוראות קונקרטיות של התורה, הרי המגמה הכללית שהוא אמור לשרת היא עבודת ה'. המלך כותב לו את משנה התורה על ספר, הוא כפוף לתורה, ובמעמד הקהל הוא שעומד לפני העם וקורא בספר התורה. בהתאם לאמור בפרשת שופטים (דברים יז, טו) הוא גם נבחר על ידי ה'.[18] לפי זה מדובר בתפקיד של מנהיגות רוחנית ומוסרית. תפיסה זו מובעת במדרש (מדרש תנאים לדברים, יז, טו): "תשים עליך מלך - כל שתשימהו עליך לא יהא אלא מן הברורים שבאחיך". במדרש זה מובעת הדרישה להשביח את אנשי שכבת ההנהגה וההובלה מתוך ציפייה שייצרו קומה רוחנית ומוסרית בעלת משמעות. וכפי שפירש **הרשב"ם** (דברים, יז, טו, ד"ה אשר לא אחיך), האיסור למנות גוי למלך נובע מן החשש שהוא יסית את העם לעבודה זרה. זו אולי הסיבה שהדיון בשררה לגר

17. יש מקום לבחון מציאותית את ההגבלה שלא ישמש שר מכיוון שיש לו בלעדיות בתפקידו, על רקע העובדה שיש יועצים משפטיים, פקידים וועדות ביקורת, שלעיתים חלקם בקביעת המדיניות הוא מכריע.
18. לגבי המינוי בידי הקב"ה ראו **רמב"ן על התורה**, דברים יז, טו; **מורה נבוכים** ב, מח.

צף גם בהקשר של תפקידי דיינות.[19] הר"ן (**דרשות הר"ן, יא**) כותב שהמלך יכול לעשות דין שלא לפי חוקי התורה אך בתנאי שהוא עושה זאת כדי להגיע לתכלית של התורה. לנוכח זאת מובן מדוע גוי אינו יכול לשמש בתפקיד הזה, אבל יש לתהות אם מי שמכפיף עצמו לחוקי התורה ומתחייב לפעול בשמה יתאים לתפקיד גם אם אינו מזדהה עם ערכי התורה ואינו שומר מצוות.[20] ייתכן שנוכל לגזור תשובה לכך מאופי סמכויותיו של המלך, שהרי המלך עצמו לא נועד לשמש כלי לחיבור בין הקב"ה לעם ישראל.[21] לצורך הזה עמדו להם נביאים ושופטים, ואם מדובר בזרוע ביצועית או בזרוע מחוקקת ייתכן שהכפיפות לחוקי תורה יכולה להיות מכוח התחייבות ולא מכוח הזדהות פנימית עמוקה.

המשגה זו שלפיה המלך משמש דמות רוחנית, אפשר להתבונן בה מנקודת מבט רחבה - היא אינה חייבת להתרכז בתורה ובהוראותיה. יש בה ציפייה מקיפה יותר שהמלך יעשה שימוש בסמכויות המוקנות לו בהתאם לאינטרסים הכלליים של האומה הישראלית. אנו חפצים שהמדינה שתיכון בארץ ישראל תהיה מדינה יהודית שמשימתה לזקק נכסי תרבות יהודיים ולהנכיח אותם במרחב הציבורי. אנו מעוניינים שהשליט יטבע את החותם של המורשת היהודית בחוקים שהוא מחוקק ובכל הווייתו השלטונית.

דבריו של הרב אריה קרלין לגבי הטעם לאי־מינוי גר לתפקיד של דיין משתלבים בתפיסה זו, וכך הוא כותב:

19. ראו **טור ושולחן ערוך**, חושן משפט סימן ז; **סמ"ע**, ס"ק א שם, ואחרים.
20. דיון זה חופף במידה מסוימת לשאלה שעמדה במחלוקת בין אלון לאנגלרד, האם נכון לחוקק במדינה "חוקים דתיים", באשר למעשה בכך מחליפים את מקור הסמכות מן הקב"ה למדינה.
21. אומנם, התורה קובעת שאחד מתפקידי המלך הוא לקרוא בספר התורה (דברים יז, יט). אך מצד שני, כמה פסוקים קודם לכך נאמר שהכוהנים והלוויים הם שישפטו את העם, הם מקור המשפט והם שיכריעו בשאלות מעשיות (שם, ט–י). זאת ועוד: הקב"ה אומר לשמואל (שמואל א' ח, ז): "כִּי לֹא אֹתְךָ מָאָסוּ כִּי אֹתִי מָאֲסוּ מִמְּלֹךְ עֲלֵיהֶם", ומזה משמע שהמלך הוא מי שחוצץ בין הקב"ה ובין עם ישראל. לפיכך, התפקיד המנהיגותי הדתי של המלך איננו תפקיד מובהק.

> כי אין אנו בטוחים בנטיות נפשו ובשיקול דעתו שיהיה חדור בהכרה המשפטית של עם ישראל ובמהלך המחשבה היהודית, בשעת בירור העניינים: חסר לו הצד החינוכי, המסורת מבית הוריו, הגורם העיקרי המשפיע על דעות האיש ותכונות נפשו.
> (הרב קרלין, **תורת חשן המשפט**)[22]

גם הרב צבי הירש קלישר[23] כתב: "דטעם דין זה של מקרב אחיך הוא מפני שראה יתברך אם רוח המושל נכרי יעלה עלינו יעביר את עמו מדת ישראל ויתן להם חוקים כאשר הורגל מבית מולדתו ומי יאמר לו מה תעשה?"

בהקשר הזה "נוכרי" הוא למעשה כל זר וכל מי שאין לו קשר תרבותי עמוק עם חברת הרוב. ההנחה היא שקשה ללמוד תפיסות תרבותיות וקשה להתחקות אחריהן ואחרי שורשיהן, בבחינת "זר לא יבין זאת". אלו תפיסות שרק מי שינק חלב אם יהודייה יוכל לאמץ. המשגה זו עשויה לחזק את הדרשה המלמדת שאיסור זה על מינוי נוכרי כולל גם איסור למנות את הגר ולהכליל רק את מי ש"אימו מישראל".[24] אומנם ייתכן שלעניין זה, מי שהוגדר נוכרי מצד קורות החיים שלו אך גדל כיהודי והוא בעל תודעה יהודית מגובשת, יוכל לשמש בתפקיד כזה מצד העמדה הנפשית שלו ומצד יחס הסובבים

22. מצוטט כאן מתוך: הרב נריה, **ענבי פתחיה**, עמ' 158. הרב נריה מקשה על הרב קרלין: אם הסכמת הצדדים מועילה למינוי גר, הבעיה איננה מהותית אלא נעוצה בכפייה בלבד. לפי הבנתנו בפרק זה, אכן, ככל הנראה הרב קרלין תפס את המלכות כמוסד רוחני־דתי. זאת בניגוד לאלו שסברו שהסכמה מועילה. הם ראו במלכות מוסד שלטוני־אכיפתי, ועל כן החריגו מצבים שבהם הצדדים מקבלים על עצמם את מרות הגר. במקרה כזה ברור שאין חשש של חוסר יכולת לכוף את הצדדים, שקיים כאשר הגר דן ללא שיש על כך הסכמה בין הצדדים.
23. הדברים הובאו בתשובת הציץ אליעזר מתוך **מאזניים למשפט** לרב קלישר. ראו **שו"ת ציץ אליעזר** יט, סימן מז.
24. ראו המעשה באגריפס המלך: משנה סוטה פ"ז מ"ח; ספרי דברים פיסקא קנז, טו. וכן מדרש תנאים לדברים יז, טו: "והלא כל ישראל ראויים למלכות! הא מה ת"ל 'איש נכרי' – להוציא את הגר". להלכה כתבו האחרונים שאחד מן ההורים צריך להיות יהודי, ולאו דווקא אימו.

אותו כלפיו. זהו כמדומה ביאורו של **הנודע ביהודה** בנוגע לשמעיה ואבטליון, שהיו בני גרים ובכל זאת שימשו נשיא ואב בית דין. לדבריו,

> שמעיה ואבטליון נולדו מזרע כזה שאחד מזרע סנחריב בא על
> בת ישראל מעשרת השבטים
> וגרים מיקרי שפיר אף דנכרי הבא על בת ישראל הולד כשר
> וישראל גמור הוא
> מכל מקום עשרת השבטים עשאום כנכרים
> ומכל מקום מקרב אחיך מיקרי שפיר,
> מכיון שמכל מקום זרע אבותיהם המה שהיו ישראלים ומיקרי
> מקרב אחיך. (**דורש לציון**, סוף דרוש ג)[25]

הנודע ביהודה ניסה ליישב כיצד מצד אחד שמעיה ואבטליון נקראו גרים, ומן הצד השני יכולים היו לשמש בתפקיד נשיא ואב בית דין. הוא טוען שלשמעיה ואבטליון היה ברור מצד היוחסין שלהם שהם יהודים גמורים. הכינוי "גרים" מתאר רק את הפער בין האופן שנתפסו בו בני עשרת השבטים ובין האופן שבו התעצבה התודעה שלהם כיהודים גמורים. הסברו של **הנודע ביהודה** אומנם דחוק וייתכן שהוא רחוק מן הפשט, אך דבריו מדגישים שאכן השאלה אם יוכלו לשמש בתפקידי הובלה והנהגה תוכרע בהתאם לתפיסה התודעתית הפנימית שלהם. ובמקרה דנן, בחינתה חושפת שבסופו של דבר יש לשמעיה ואבטליון הזדהות עמוקה עם העם היהודי והם בעלי "אינסטינקטים יהודיים". הזיהוי שלהם את עצמם כיהודים יתווה את הדרך שבה ישמשו נציגי הציבור ומתוך זהות זו יפעלו כמנהיגים. אפשר להסיק מדבריו של **הנודע ביהודה** שהאיסור על מינוי נוכרי או גר לתפקידים ציבוריים אינו נובע מקדושת ישראל, אלא מדובר בעמדה הנפשית של שייכות שהיא הנקודה המכרעת.

25. מובא בשו"ת **ציץ אליעזר** יט, סימן מז.

תפקיד המלך

לאור דברינו כאן, נראה בפשטות שתפקיד המלך הוא לחוקק חוקים שישמשו גשר בין רוח התורה, המוסר ומורשת ישראל בכללותה ובין הצרכים המדיניים השוטפים. הקריאה בפרשת הקהל לכלל הציבור עשויה לרמוז שמוטל עליו לקבוע מדיניות הלכתית לציבור. מובן שהדבר נוגע למשימות שהן דתיות והלכתיות או רוחניות וערכיות־תרבותיות במהותן. במסכת קידושין מובא שרב ביבי וגר אחד התמודדו על תפקידי שררה:

> מר אמר אנא עבידנא סררותא דמתא
> ומה אמר אנא עבידנא סררותא דמתא
> אתו לקמיה דרב יוסף, אמר להו תנינא: שום תשים עליך מלך... מקרב אחיך - כל משימות שאתה משים לא יהיה אלא מקרב אחיך.
> אמר ליה רב אדא בר אהבה ואפילו אמו מישראל?
> אמר ליה אמו מישראל מקרב אחיך קרינא ביה
> הלכך רב ביבי דגברא רבא הוא ליעיין במילי דשמיא, ומר ליעיין במילי דמתא. (קידושין עו ע״ב)

בסוגיה הזו ההתמודדות הייתה בין רב ביבי ובין גר שאימו מישראל, כמשתמע מחילופי הדברים בין רב יוסף לרב אדא בר אהבה. רב יוסף הכריע שגם הגר יכול לקבל עליו שררה, אך בכל זאת הבחין בין השררה של רב ביבי ובין שררת הגר. רב ביבי יעסוק במילי דשמיא ואילו הגר במילי דמתא. רש״י מבאר שמילי דשמיא כוללים אחריות על גבאי הצדקה ועל הקצבה והחלוקה של כספי הצדקה, וגם על קביעת סדר המתורגמנים והמפטירים. לעומת זאת, מילי דמתא הם שאר צורכי ציבור שאין בהם עניינים של מצווה (טורזינא, כריא, פתיא וכו׳).[26] אפשר לומר שהחלוקה בין רב ביבי ובין הגר נעשתה על רקע

26. רש״י, קידושין עו ע״ב, ד״ה ״במילי דשמיא״, ״במילי דמתא״.

כישורים בלבד (וכדברי רב יוסף: "הלכך רב ביבי דגברא רבה הוא..."). אפשרות אחרת היא לומר שמשרת השררה הקשורה בעיסוק במילי דשמיא היא שניתנת ליהודי מבטן ומלידה כשם שהמלכות אינה ניתנת אלא למי שאימו ואביו גם יחד הם מישראל. בשאר המשרות שאין בהן עניין מובהק של יציקת תכנים יהודיים אין הכרח להציב דמות שיש לה זהות יהודית מובהקת. נמצא שהתפקידים השמורים ליהודים הם כאלו שיש להם זיקה לעניינים רוחניים ותורניים: שר הדתות, שר החינוך, רבנים ראשיים, רבני ערים או קהילות, רבני בית ספר, ראש אולפנה וראש ישיבה, יושב ראש מועצה דתית, ועוד.[27]

חריגים שמוסברים על הרקע הזה

1. זר שנטמע

הרב יהודה זולדן מצביע על כך שהאיסור למנות גוי לתפקידי שררה מופיע אצל הרמב"ם בשני מקומות. במקום אחד (**משנה תורה** הלכות מלכים פ"א ה"ד) מתאר הרמב"ם את האיסור כאיסור מוגבל שיש לו חריגים. במקום שני כותב הרמב"ם כך:

> אין עושין מלחמה עם אדם בעולם עד שקוראין לו שלום...
> אם השלימו וקבלו שבע מצות שנצטוו בני נח עליהן אין הורגין
> מהן נשמה והרי הן למס,
> שנאמר יהיו לך למס ועבדוך...
> **ולא יתמנו על ישראל לשום דבר שבעולם...**
>
> (שם, פ"ו ה"א)

לדבריו של הרב זולדן, ההלכה השנייה, שנאמרה במקורה על שבעת העממים, נוגעת בהקשר המודרני לעמים כבושים שיש להם שאיפות

27. כמובן, ייתכן לטעון שזו משימת כל הזרועות השלטוניות. ראו דברי הרב שאול ישראלי, **הרבנות והמדינה**, עמ' 277: "תפקיד המדינה הוא לשמש מכשיר להגשמת אידיאה מסוימת שהונחה ביסודה".

לאומיות ובבסיסם הם אויבים. במקרה כזה, לאחר הכיבוש אין למנותם בשום אופן לשום דבר שבעולם. ההלכה הראשונה, לעומת זאת, מתייחסת לגויים שלא היו תושבי המקום ולא נכבשו במסגרת לוחמה. את אלו אפשר למנות לתפקידים מסוימים, ולגביהם לא קבע הרמב"ם שאין למנותם "לשום דבר שבעולם". נראה שמה שטוען הרב זולדן קשור לטענתנו כאן. מכיוון שאנו רוצים למצוא במנהיג ובהנהגותיו שיקוף תרבותי, תיתכן גם הבחנה בין זר שהוא עוין לבין זר שלא דבק בו רבב, והנקיות שהוא מביא איתו ותחושת ההשתייכות שלו משכנעות יותר.[28]

2. משרות שאין בהן שאר רוח

מטבע הדברים, אם החשש ממינוי נוכרי קשור לחשש שהנוכרי יעביר אותנו מדת ישראל או ירחיק אותנו מן המורשת היהודית, ממילא יש לדון מה יהיה הדין כאשר מדובר במשרות זוטרות שאין בהן כוח חקיקתי ואזרחי אלא הן תפקידים מנהליים או ביצועיים. במקרים כאלה החשש המקורי מתפוגג.

סיכום ביניים: שלוש תפיסות של מלוכה

הצענו שלוש אפשרויות להבנת האיסור של מינוי נוכרי לתפקידי שררה, מתוך המשגה של משמעות המלוכה. ההמשגות שהוצעו כאן עוגנו במקורות, והן גם מתיישבות עם התפיסה של מקס ובר בעניין המודלים השונים של המנהיגות: מנהיגות כריזמטית (המלוכה כסמל), מנהיגות רציונלית (המלוכה כמוסד שלטוני) ומנהיגות מסורתית (המלוכה כסמכות דתית ורוחנית).[29] אפשר לראות שהחריגים השונים שהוצעו ונאספו בדרך כלל לאוסף האפשרויות השלם אינם רשימה אחדותית. הם מבטאים מחלוקת עמוקה באשר לדרך ההמשגה של

28. זולדן, "מינוי נכרים", עמ' 351.

29. נזכר אצל כ"ץ, **מסורת ומשבר**, עמ' 17 ה"ש 8.

המלוכה שהיא האב טיפוס של איסור מינוי נוכרי לתפקידים ציבוריים. אלו שראו במלך דמות ייצוגית וסמלית סברו שיש להתיר מינוי שאינו עובר בירושה או מינוי שמתברר שהוא מכבד את הציבור. אלו שראו במלך תפקיד כול יכול בעל סמכויות אכיפה ויחסי מרות עם מי שתחתיו אפשרו למנות נוכרי לתפקיד באופן כזה שגם הוא יוכל להפעיל סמכות ומרות ולא יזלזלו בו, אם משום שהציבור עצמו בחר בו, אם משום שהוא מומחה בתחומו ואי אפשר לחלוק על התאמתו לתפקיד ואם משום שמדובר בתפקיד שאין בו כוח כפייה ישיר, לעיתים מפני שהוא נעשה במסגרת צוות.

המעבר משלטון מלוכני למשטר דמוקרטי

השאלה החשובה והמכרעת בעניין הזה היא אם המודל של המלכות שממנו נגזרת ההבנה של מהי סמכות מלוכה, וכפועל יוצא גם מהם תפקידי שררה, רלוונטי במדינה דמוקרטית. האם המעבר מחברה שיש בה שלטון מלוכני לחברה שהשלטון הנהוג בה הוא דמוקרטי אינו מהפך דרמטי שמחייב דיון מחודש בנושא? האם במצב הנוכחי עדיין יש לפעול בהתאם להמשגות האפשריות והחריגים הנגזרים מהן, או שמא אנחנו נתונים במציאות חדשה ואחרת שבה יש לשקול את העניין מחדש?

כשאנו מדברים על המלוכה הקלסית, המלך הוא דמות ריכוזית שתפקידה כולל שלל סמכויות, והוא הדמות שכפופים לה כל בעלי השררה. הבסיס המרכזי לעובדה שכלל הסמכויות מצויות בידי המלך קשורה אצל העמים בשייכות של האדמה למלך ואצלנו בכוחו של הקב"ה, שהוא אדון הכול. תפיסה זו של המלך מתיישבת היטב עם דברי הרמב"ם (**משנה תורה** הלכות מלכים פ"א ה"ג) שמתארים את המלכות האידיאלית ודרך כינונה.[30]

30. ראו גם אריאל, "שיתוף נכרים", עמ' 131.

מדינת ישראל שואפת להיות "יסוד כיסא ה' בעולם" ו"ראשית צמיחת גאולתנו", ובזה כינון מדינה יהודית הוא בבחינת המשך ישיר של ממלכת ישראל. אך עדיין יש לשאול אם המשטר במדינת ישראל נגזר ביסודו מאותה התפיסה, או שמא מאחר שהמבנה השלטוני במדינה דמוקרטית שונה בתכלית והוא מיוסד על שוויון אזרחי - שבמהותו שונה ממוסדות המלך, הסנהדרין והנביא, שבמרכזם שלטון ה' בעולם - אזי ממילא עוצב אופי השלטון בדרך שונה ונעקר ממנו לב ליבה של השררה. לפיכך לכאורה אין לדמות את השררה שמדובר בה ושמכוחה חל האיסור על מינוי נוכרי, לשררות האפשריות כיום. דבריהם של כל הפוסקים ונקודות המבט השונות שלהם על המלוכה משקפים יותר מכול את המרחק הגדול בין מדינה מונרכית, שבה התודעה הבסיסית ביותר היא שתפקידים הם בחזקת קניין פרטי שעובר בירושה מדור לדור, לבין חברה מודרנית־דמוקרטית, שאין בה זכות קניינית לתפקידים. איוש משרות בחברה כזאת מותנה בהסכמה החברתית המשותפת ובבחירה המועמדת מעת לעת לבחינה. חברה מסורתית כמו זו המתוארת בנוגע לשלטון מלוכני אכן מעמידה במרכז חייה את השמירה על ערכי התרבות וההקפדה על לכידות ואחידות. לעומת זאת, מוסדות השלטון בחברה דמוקרטית שעונים על תפיסות יסוד דינמיות הרבה יותר. ביזור הסמכויות מאפשר יתר גיוון, והדומיננטיות של הרוב מספיקה כדי לשמר את הערכים המשותפים לחברת הרוב.

בעקבות זיהוי ההבדלים הללו מציע הרב יצחק הרצוג שמדובר בחברת שותפים,[31] והרב ישראלי אף הוא מדמה את השותפות הזו לאנשים שמקימים עסק משותף וממנים את אחד השותפים לנהל אותו. במקרה של המינוי הזה אין הוא נקרא שררה ולא חלים עליו הדינים המקובלים לגבי תפקידי שררה. על שותפות חלות הלכות שותפים בלבד.

31. "הלא יסוד המדינה מעצמו הוא מעין שותפות... כלום היתה על מדינה זו תורת מלכות ישראל באותה המדה של מלכות ישראל כימי דוד ושלמה, של מלכות ישראל... הרי זה ענין אחר. בעצם זוהי שותפות של עם ישראל ועם נכרי..." (הרצוג, **תחוקה לישראל א**, עמ' 20).

הבחירה כיום למוסדות ניהול וממשל אינה באה להקנות לנבחרים מעמד של שררה ואין זה אלא בבחינת שליחות. למה הדבר דומה? לעסק משותף שהשותפים בוחרים מקרבם את המתאים לנהל את העסק וכו'. ואף שיש לו סמכות לתת הוראות והם חייבים לבצעם. אולם רק מכוחם הוא יונק.
(ישראלי, "נכרי חבר כנסת", עמ' עח)

דבריו של הרב ישראלי מבוססים על דבריו של המהר"ם שיק, שגם ציבור יכול להיכלל בדיני שותפים, וכך הוא מתייחס בפועל לייצוגים שונים של הציבור כדוגמת טובי העיר:

והנה כל ציבור וציבור במקהלות ב"י [=בית ישראל] הם כשותפים ויש לכל אחד ואחד זכות ורשות לכל עניני הציבור כמו שארי שותפין. אבל כדי שלא להיות הדבר כקדירה דבי שותפי ויהיה זה מושך לכאן וזה מושך לכאן. ונאמר מקרא מלא בפשע הארץ רבים שריה. ולזאת המנהג בכל קבוצת ישראל לבחור להם טובי העיר ולהם מסרו זכות שלהם כדי לעשות כל הדברים וכל התיקונים וכל הצטרכות של כל הציבור על פיהם וקי"ל (בחשן משפט סימן ב) דטובי העיר בעירם יש להם רשות לענין תיקוני העיר כב"ד הגדול אלא שבמקצת דברים של דיני ממונות אין להם כח אלא לפי המנהג עיין שם.
(**שו"ת מהר"ם שיק**, חשן משפט, סימן יט)

הבחינה הקובעת אצל הרב ישראלי היא אם התפקיד הזה עובר בירושה, ונראה שההיגיון בדבריו הוא שירושה מבטאת בעצם שלטון שמגיע מלמעלה בדומה לשלטון מלוכני או פיאודלי. אבל אם אנחנו מסכימים כציבור להעניק סמכות לאדם מסוים, אזי העניין תלוי בנו כשותפים.

הרב בצרי מביא את דבריו של הרב ישראלי ומסיק מהם שאם הולכים בדרך זו, הרי אין כל מניעה למנות נוכרים לתפקידי שררה, יהיו אשר יהיו:

> ולפי זה אין כיום לשלטון בארץ כל תוקף של שלטון, רק כעסק גדול שמנהלים אותו שותפים כשליחי יתר השותפים. ועל כן צריך לדון בכל ענייני הכנסת והעירייה על פי הלכות שותפים ושם הוכשרו נכרים. (בצרי, **דיני ממונות** ד, עמ' נח)[32]

הרב בצרי עצמו יוצא כנגד ההצעה של הרב ישראלי וסבור שהיא תוביל למצבים אבסורדיים, למשל הכוח של כל אחד מן השותפים להטיל וטו על עניינים שקשורים לשותפות.[33] לביקורת של הרב בצרי על דברי הרב ישראלי נוספת ביקורת שקשורה לכך שהמעבר מ"הלכות מלכים" ל"הלכות שותפים" מזניח את הממד הלאומי ומחמיץ אותו.

ואולם, אם רואים בטענה של הרב ישראלי טענה עמוקה ומקיפה שיש בה תיאור של שינוי דפוסי השלטון ולא הצעה לאמץ את הלכות שותפים על דקדוקיהן ופרטיהן; אם תופסים אותה כתיאור של תנועה לכיוון שונה ודיוק של צורת השלטון ומיקודה - אזי צודק הרב ישראלי בטענתו. **למעשה, עיקר דבריו של הרב ישראלי מכוונים להורות שבמשטר המודרני עקרנו את הממד הייצוגי־השמימי (האפיון הראשון של המלוכה).**[34]

אומנם, אין חובה לקבל את המודל שהרב ישראלי מדבר עליו ולבסס את דין המדינה ומוסדותיה בעידן שלנו על הבסיס של הלכות שותפים. היות שבמדינה מודרנית אין אפשרות לסמכות בלעדית, אפשר לבטא את צורת השלטון כיום באמצעות המושג של "מטפל להו", לאור ביאורו של המאירי. עד כה הוסבר ביאורו של המאירי כחריג נוסף לאיסור מינוי של נוכרים לתפקידי שררה: רבי זירא התיר מינוי כזה כש"מיטפל להו". כשהנוכרים ממונים כחלק מצוות, הם טפלים לאחרים ואין להם בלעדיות של הכרעות או יש להם סמכות

32. ראו גם רפאל, "זכויות המיעוטים".
33. לפי הצעת הרב ישראלי, כל אזרח יוכל להטיל וטו על דרכי ניהול המדינה. עיינו שם. ראו גם זולדן, "מינוי נכרים", עמ' 354–355.
34. בעוניי, לא זכיתי להבין דבריו החד־משמעיים של הרב אריאל, המבססים את מדינת ישראל כמלכות. ראו אריאל, "שיתוף נכרים", עמ' 131.

הכרעה בצירוף עם אחרים, הדבר יהיה מותר. ואולם מכאן ואילך אפשר להתייחס לחריג הזה כאל מודל רחב. אפשר לטעון שאין מדובר כאן בחריג נקודתי שמתיר למנות נוכרים לסוג מסוים של תפקידים אלא מדובר כאן במודל חדש ושונה. הדין של "מיטפל להו" הוא כלי לתרגום הדין של התורה למצב שבו החברה מתפקדת בדרך שונה.

היתרונות של התבוננות על המשטר הדמוקרטי לא מתוך המודל של "חברת שותפים" אלא מתוך המודל של "מיטפל להו" ברורים:

א. מבחינת צורת המשטר אנחנו חיים בדמוקרטיה ולא במלוכה, וזה עניין עקרוני שיש לו השלכות. נחשוב למשל מהי המשמעות של היות שר במדינה דמוקרטית על פי מבנה השלטון שלה - קרי, שהשר תלוי בקיומה של הממשלה, ובתוך המשרד הוא תלוי בחשב הכללי, בבכירי המשרד ובחוות דעתם המקצועית, בייעוץ המשפטי ובוועדה מייעצת שיש לה כוח לפנות לבג"ץ ולהציב מכשולים בדרכו של השר. התבוננות רחבה על כל המבנה של המשטר הדמוקרטי משלב הבחירה ועד שלב הסמכויות מגלה שתיאור המלך האידיאלי וצורת השלטון שעל יסודה קבעה התורה מה שקבעה אינם הבסיס השלטוני שאנו פועלים לפיו. בסיס השררה בימינו הוא עבודת צוות, העובדה שאנשים נתונים כל העת לביקורת ומשועבדים למערכת של בלמים ואיזונים. זו אינה שותפות כי אם שיתוף ("מיטפל להו"). גם אם השותף אינו חסר ערך, אלא הוא ניכר ויש לו מקום, עדיין אין הוא עומד לעצמו.

ב. מודל ה"מיטפל להו" מאפשר לנו להתגבר על הקשיים שהציג הרב בצרי אל מול הצעתו של הרב ישראלי. בחברת שותפים לכל אחד מן השותפים יש כוח להטיל וטו, מפני שהדגש הוא על האינדיווידואלים. לעומת זאת, במודל של "מיטפל להו" יש שימור ברור של סממנים קולקטיביים. לרוב נשמר כוח ההכרעה.

ג. המודל הזה מאפשר לנו לשמר את האיסור ולקיימו במקרים שבהם יש באמת "קודקוד פירמידה" או תפקיד שהוא ייצוגי וסמלי. בתפקידים הללו יש צורך בפרטיקולריות שבכינון ממלכת כוהנים

וגוי קדוש כאן בארץ. על כן, תפקידים מסוימים עשויים לחרוג מן התיאור המבני הזה ובאמצעותם נוכל לשמר גם את הסמליות שבהקמת מדינה יהודית, בעלת סממנים יהודיים וייצוג ברור לערכי התרבות של חברת הרוב.

מודל ה"מיטפל להו" עומד למעשה בניגוד לאפיון המלוכה כמוסד שלטוני (האפיון השני של המלוכה). אפיונה באמצעות כוח הכפייה והאכיפה גזר שנוכרים אינם יכולים לשמש בתפקידי שררה משום שאנשים לא יסורו למרותם ולא יצייתו להם. ואולם אם אנו מתבוננים במדינה הדמוקרטית ובאופן שבו פועלים מרכזי הכוח, אפשר לראות שכמעט כל משרה שלטונית נעשית בדרך של "מיטפל להו" ועל כן מקעקעת מן היסוד את הקושי שבהשמת נוכרים בתפקידי שררה.

כמובן, חילונה של המדינה המודרנית והאופן שבו מתנחלת הבירוקרטיה המודרנית עומדים בסתירה לאפיון המלוכה כמוסד דתי, ומכאן שבכל התחומים שאינם דתיים אין כל בעיה בהשמת נוכרים.

אם כן, שלוש נקודות המבט על המלוכה שמצביעות על הנימוקים להימנעות מהשמת נוכרים בתפקידי שררה מתעמעמות במדינה המודרנית הדמוקרטית: המודל הייצוגי־שמימי מתערער בשל העובדה שמדובר בחברת שותפים, המודל השלטוני מתערער בשל אפיוני ה"מיטפל להו" - עבודת הצוות והביקורת על השלטון - והמודל הדתי מתערער בשל היותה של המדינה חילונית ברובה. על כן, האיסור מצטמצם ביותר במדינה מודרנית.

למסקנה, חשוב לשמר את האיסור על משמעויותיו המקוריות ולבחון היטב לגבי כל תפקיד ותפקיד אם אומנם ראוי למנות לו נוכרי. המדדים החשובים הם אלו שמנינו בתחילת הפרק כחלק מן ההבנה היסודית של האיסור למנות עלינו מלך נוכרי. בד בבד, אי אפשר להתעלם מכך שהרוב המכריע של התפקידים הקיימים היום אינם עונים על הקריטריונים החריגים הללו, מפני שבמדינה דמוקרטית יסודו של כל תפקיד הוא מינוי ובחירה.

דרכי נועם ושלום כעקרון־על תורני

אסף מלאך

פתיחה

מקום מיוחד מצאנו בדברי חכמים לעניין השלום כגורם שמכוון ומדריך את האופן שבו יש לקבוע הלכה או לפרש ולהבין את דבר ה׳. הכוונה ליחסי שלום מכל סוג שהוא, בין אדם לחברו ובין איש לאשתו, וגם - באופן ספציפי ומפורש - שלום שבין ישראל לעמים.

ספר זה, העוסק ביחסים שבין ישראל לאומות העולם בדורנו - דור המאופיין בשיבת עם ישראל לארצו, ובהתחדשות יחסיו עם האומות לא רק כנתין וכגולה אלא גם כעם ריבוני הנדרש ליחסים עם מיעוטים בארצו ועם עמים ריבוניים אחרים - כולל בתוכו עיסוק

* ד״ר אסף מלאך הוא עמית מטעם סטיוארט האריס ב״בית מדרש לישראל והאנושות״, ראש המכללה למדינאות, מרצה לפילוסופיה פוליטית במרכז האקדמי שלם ויו״ר ועדת מקצוע אזרחות במשרד החינוך.

בהרבה הכרעות פרשניות והלכתיות. כדרכו של לימוד וכדרכה של הלכה, שעליהם כתב הרמב"ן בהקדמתו **לספר מלחמות ה'**, "שאין בחכמה הזאת מופת ברור כגון חשבוני התשבורת ונסיוני התכונה", גם בנושא זה נדרשת תשומת לב לשיקולים המנחים את הפרשן והפוסק. בין השיקולים השונים להכרעות אלו חשוב להציב כשיקול מרכזי את ערך השלום.

דברים מרחיקי לכת נאמרו על השלום כשיקול פרשני ופסיקתי, ובדברים שלהלן נעיין בכמה מהם. הסעיף הראשון עוסק בדרשות מפתיעות שבהן בחרו חז"ל לדרוש את הפסוקים כך שמשה רבנו יתואר כמתעמת עם הקב"ה ואף מסרב לצו אלוהי מפורש מפני ערך השלום, והקב"ה מסכים עימו לבסוף.

הסעיף השני עוסק בסוגיות שבהן השתמשו בפסוק (משלי ג, יז) "דְּרָכֶיהָ דַרְכֵי נֹעַם וְכָל נְתִיבֹתֶיהָ שָׁלוֹם" כנימוק לפרשנות נכונה של פסוקים או כשיקול הלכתי המבהיר את גדריהן של הלכות שונות. נעיין בתמצית גם באופן שבו הרחיבו ראשונים ואחרונים את המשמעות ההלכתית של השימוש בפסוק זה.

בסעיף השלישי נעיין במשמעות של ההלכות שנאמרו מפני דרכי שלום, ובפרט בדינים המעצבים את היחסים הבסיסיים שבין ישראל לגויים מתוך המבט של דרכי שלום. עיון זה מלמד שדרך מרכזית בדברי הראשונים היא להבין את התקנות במקורן ככאלו השמות דגש על ערך השלום עצמו ולא רק על חשש האיבה או הסכנה שעלולה הייתה להתעורר בלעדיהן. באופן מיוחד, דרך המלך היא להבין כך את שיטת הרמב"ם. נראה שהרמב"ם גם כרך את הדינים שנאמרו מפני דרכי שלום בפסוק שנידון בסעיף הקודם, "דרכיה דרכי נועם", ובעיקרון ההלכתי הנובע ממנו.

בסעיף הסיכום ננסה לאפיין את ערך השלום המופיע במקורות רבים כסותר את עיקר הדין או את ההלכה, ואפילו את דבר ה' המפורש בפסוקים. אך חשיבותו העליונה כערך־על או כמגמה ראשונית ועליונה של התורה גורמת שהוא מכריע את צורתם הפשוטה של הפסוקים ושל ההלכות וכביכול מעצב אותם מחדש בצורתו.

אין ברוח כללית חשובה זו כדי לפתור את השאלה עד כמה, מתי והיכן יש לשקול את הדברים, לדרוש את הפסוקים או להכריע בדילמה הלכתית מפני השלום וערכו. עם זאת, מדברי קדמונים אלו אנו למדים על חשיבותה של רוח זו בפרשנות המקורות ובבירור ההלכה, ובפרט על הצורך לשוותה לנגד עינינו בכל הנוגע ליחסי ישראל והעמים. נראה שרוח זו חיונית במיוחד בדורנו כדי שיתקיימו בנו הייעודים הגדולים בדבר מקומו של עם ישראל בין העמים ותוכל לצאת מציון תורה לעמים רבים.

דרשות על מעלת השלום אף כנגד צו ה'

במספר מקומות מצאנו מדרשים מרחיקי לכת שעל פיהם השיקול המוסרי וערך השלום ביחסי יהודים וגויים גוברים אף על צו ה'.

ביסודם עומד הציווי בספר דברים (ב, כד): "רְאֵה נָתַתִּי בְיָדְךָ אֶת סִיחֹן מֶלֶךְ חֶשְׁבּוֹן הָאֱמֹרִי וְאֶת אַרְצוֹ הָחֵל רָשׁ וְהִתְגָּר בּוֹ מִלְחָמָה". מייד לאחר ציווי זה נראה שמשה רבנו פועל בניגוד לציווי המפורש, וכך נאמר (שם ב, כו): "וָאֶשְׁלַח מַלְאָכִים מִמִּדְבַּר קְדֵמוֹת אֶל סִיחוֹן מֶלֶךְ חֶשְׁבּוֹן דִּבְרֵי שָׁלוֹם לֵאמֹר". רק לאחר שסיחון מסרב לקריאתו של משה לשלום, חוזר הציווי להורישו ומתוארת בתורה המלחמה בסיחון. מן הפער הזה שבין צו ה' לפעולה של משה דרשו חז"ל באופנים שונים שערך השלום גבר על הצו המפורש של הקב"ה.

כך נאמר במדרש:

> דבר אחר: ותגזר אמר, אמר רבי יהושע דסכנין בשם רבי לוי: כל מה שגזר משה הסכים הקדוש ברוך הוא עמו, כיצד... הקדוש ברוך הוא אמר לו שילחם עם סיחון, שנאמר (דברים ב, כד): והתגר בו מלחמה, והוא לא עשה כן, אלא (דברים ב, כו): ואשלח מלאכים וגו', אמר לו הקדוש ברוך הוא: כך אמרתי לך להלחם עמו ואתה פתחת בשלום, חייך שאני מקיים גזרתך. כל מלחמה שיהו הולכים לא יהו פותחים אלא בשלום, שנאמר (דברים

כ, י): "כִּי תִקְרַב אֶל עִיר לְהִלָּחֵם עָלֶיהָ וְקָרָאתָ אֵלֶיהָ לְשָׁלוֹם". (דברים רבה פרשה ה, יג)

במדרש זה נאמר שהסכים הקב"ה עם גזֵרת משה ואף קבעה כציווי לדורות.[1] בבמדבר רבה הלשון חריפה יותר, ושם נאמר בפירוש שהקב"ה למד דבר זה ממשה וביטל את דבריו מפני דברי משה:

> דבר אחר, אז ישיר ישראל, זה אחד משלשה דברים שאמר משה לפני הקדוש ברוך הוא ואמר לו למדתני... השלישית, כשאמר לו הקדוש ברוך הוא עשה מלחמה עם סיחון אפילו הוא אינו מבקש לעשות עמך את תתגר בו מלחמה, שנאמר: קומו סעו ועברו את נחל ארנן, ומשה לא עשה כן אלא מה כתיב למעלה: ואשלח מלאכים, אמר לו הקדוש ברוך הוא: חייך שאני מבטל דברי ומקים דבריך, שנאמר: "כי תקרב אל עיר להלחם עליה וקראת אליה לשלום"... (במדבר רבה פרשה יט, לג)

במדרשים אחרים מצאנו שמשה רבנו מצא מקור לדבריו בפרשה אחרת בתורה או בפעולה קודמת של הקב"ה. מדרשים אלו תלו זאת בפירוש דרשני של הביטוי "מדבר קדמות", אך נראה שיסודם ברצון לעדן את דברי המדרש שלעיל שעל פיו דברי משה עומדים בניגוד גמור לדברי הקב"ה, וברצון לתת פשר רוחני־תיאולוגי ליתרון של דברי משה על דבר ה'. וכך נאמר במדרש אגדה דברים:

> "וָאֶשְׁלַח מַלְאָכִים מִמִּדְבַּר קְדֵמוֹת... דִּבְרֵי שָׁלוֹם לֵאמֹר" (דברים ב, כו). אמר לו הקב"ה והלא לא אמרתי לך אלא והתגר בו מלחמה ואתה מה שאלת לו לשלום, אמר לו משה מן התורה למדתי, שכך כתיב בתורה כי תקרב אל עיר להלחם עליה וקראת אליה לשלום, לכך נאמר ממדבר קדמות, מדברי תורה הקודמת לכל,

1. וכן הוא בתנחומא שופטים יט, א: "עשית כראוי שאני מסכים על ידך".

> שצוה בה לקדם בה לשלום לכשיקרב אל עיר להלחם עליה.
> (מדרש אגדה דברים ב, כו, א)

בניגוד לדברי המדרש בבמדבר רבה, לא הקב"ה למד עניין זה ממשה, אלא משה למד עיקרון זה מן התורה, ויישם את הנאמר בפרשת ראה אף במקרה של סיחון, אף שבצו ה' המפורש שם לא נאמר לו לקרוא לשלום אלא למלחמה.[2]

ואולם יש מדרשים שלא נעצו את המקור של פעולתו של משה בפרשה אחרת בתורה, אלא בשיקול דעת מוסרי מפורש שאותו קישרו למהות הכללית של התורה ש"דרכיה דרכי נועם וכל נתיבותיה שלום". במדרשים אלו, מצד אחד ברור שמדובר בשיקול מוסרי של משה רבנו, ומצד שני לא נאמר רק שהקב"ה קיבל את שיקול דעתו או את גזרתו, אלא שהיכולת של משה לפעול נגד צו ה' במקרה הספציפי של המלחמה בסיחון היא כאמור מכוח אחיזתה היסודית של התורה בדרכי נועם. לפיכך, אפילו כאשר יש בה ציוויים על מלחמות ברור לנו שמטרתם בסופו של דבר היא להרבות שלום. וכך נאמר במדרש תנחומא:

> וזאת תורת זבח השלמים. זה שאמר הכתוב: דרכיה דרכי נעם וכל נתיבותיה שלום (משלי ג, יז). כל מה שכתוב בתורה לשום שלום הוא נכתב. ואף על פי שכתוב בתורה מלחמות, אף

2. ניסוח מעודן מזה ישנו במדרש לקח טוב (דברים ב, כו, א), הממתן יותר את הקונפליקט בין הציוויים ומוצא את המקור של משה בדרכו של הקב"ה, שנהג עם פרעה במידת הרחמים: "דבר אחר: 'ואשלח' - אמר הקב"ה בסיחון: 'והתגר בו מלחמה' והוא שלח דברי שלום. ומאין למד משה זה? ממלחמת פרעה שהיתה קדומה, ששלח לו הקב"ה (שמות ט, א): 'שלח עמי ויעבדוני' ולא איבדו לפי השעה". ובאופן אחר בתנחומא בובר (הוספה לדברים י, ג): "'ממדבר קדמות' – מן התורה למדתי שקדמה לכל, כשבאתה ליתן אותה גלוי היה לפניך שאין בני עשו ובני קטורה מקבלין אותה, ואף על פי כן קימת ותבעת אותה להם שיקבלו אותה...". במדרש זה הדגש הוא על כך שהקריאה לשלום נדרשת אף במקרה שברור שהיא לא תיענה בשלום, כפי שאכן היה במקרה של סיחון.

המלחמות לשום שלום נכתבו. אתה מוצא, שבטל הקדוש ברוך גזרתו מפני השלום. אימתי, בשעה שאמר הקדוש ברוך הוא למשה, כי תצור אל עיר ימים רבים (דברים כ, יט) וכל אותו הענין, אמר לו הקדוש ברוך הוא שיחרים אותם, שנאמר (דברים כ, יז) "כִּי הַחֲרֵם תַּחֲרִימֵם...", ומשה לא עשה כן אלא אמר: עכשיו אני הולך ומכה מי חטא ומי שלא חטא?! אלא בשלום אני בא עליהם שנאמר: ואשלח מלאכים ממדבר קדמות דברי שלום... אמר הקדוש ברוך הוא: אני אמרתי כי החרם תחרימם ואתה לא עשית כן, חייך כשם שאמרת כך אני עושה שנאמר: כי תקרב אל עיר להלחם עליה וקראת אליה לשלום (דברים כ, י), לכך נאמר: דרכיה דרכי נעם וכל נתיבותיה שלום (משלי ג, יז). (מדרש תנחומא צו ג, א)

במדרש זה, שיקול הדעת המוסרי של משה רבנו אינו נובע רק מהערך הכללי של השלום אלא גם מהחשש הספציפי מפני פגיעה בחפים מפשע גם אל מול צו ה' המפורש ("עכשיו אני הולך ומכה מי חטא ומי שלא חטא?!").

כאמור, מדרש זה נועץ את בחירתו של משה רבנו לסרב לצו האלוהי, ואת הסיבה שהקב"ה מבטל את גזרתו, ברוחה הכללית של התורה ש"דרכיה דרכי נועם וכל נתיבותיה שלום" ובקביעה ש"כל מה שכתוב בתורה לשום שלום הוא נכתב".

במקביל, מדרשים אחרים קישרו בין פרשת הפתיחה בשלום במלחמה לרשימת הדינים ששנו חז"ל בפרק חמישי במסכת גיטין מפני דרכי שלום. כך נאמר במדרש רבה:

כי תקרב אל עיר. הלכה אלו הן דברים שאמרו מפני דרכי שלום. כך שנו חכמים אלו דברים אמרו מפני דרכי שלום, כהן קורא ראשון ואחריו לוי ואחריו ישראל. ראה כמה הוא כחו של שלום... (דברים רבה ה יב)

במדרש תנחומא נראה שדין זה נקשר בפרט לדרכי שלום ביחס לגויים:

> כי תקרב אל עיר להלחם עליה וגו׳. ראה כמה גדול כח השלום, שאפילו לשונאים אמר הקדוש ברוך הוא לפתוח להם לשלום. כך שנו רבותינו: שואלים בשלום הגוים מפני דרכי שלום.
> (תנחומא שופטים יח, א)

ממדרש זה אף עולה בבירור שהנהגת דרכי שלום ביחס לגויים איננה עניין של חשש מאלימות הגויים כלפי ישראל אם לא ננהג בהם בדרך זו אלא עניין הנעוץ בגדולתו של ערך השלום.

לסיכום, נמצאנו למדים שבעלי המדרש ראו לנכון ללמוד מהקושי בפרשנות הפסוקים בפרשה של הקריאה לשלום לסיחון את גדולת ערך השלום וערך שיקול הדעת המוסרי אף כאשר הם עומדים במפורש כנגד הצו של הקב״ה. כדי להסביר את הבעיה הרוחנית־תיאולוגית של עמידתו של משה כנגד צו ה׳, הסבירו כמה מן המדרשים את מקור התוקף של דברי משה במהותה הכללית של התורה שכל נתיבותיה שלום, וכן קישרו עניין זה למקומות שבהם נימקו חכמים דינים שונים מפני דרכי שלום, ובפרט דינים המחייבים לנהוג כלפי הגויים באופן חיובי משום דרכי שלום. שני הנימוקים, הן הנימוק של ״דרכיה דרכי נועם וכל נתיבותיה שלום״ והן הנימוק של ״דרכי שלום״ המופיעים בתלמודים ובהלכה פעמים רבות ושיידונו להלן בפירוט, היו חשובים בעיני בעלי המדרש עד כדי העמדתם בפני צו אלוהי מפורש, ובפרט בשאלת היחס למלחמה בגויים. להלן יתברר שגם בנושאים ההלכתיים שב ומופיע השלום כעקרון־על הגובר על ערכים אחרים.

יתרה מזו, אפשר להרחיק לכת עוד יותר ולטעון שבעלי המדרש באו לנעוץ את שורשם של השיקולים ההלכתיים של דרכי שלום בפעולתו של משה ובכך להציב להם מקור קדמון ואיתן המחזק את עמידתם אף כנגד הדין הפשוט או המפורש.

האם אפשר לגזור מכך שימוש להלכה בנימוקים אלו, באופן כללי ובפרט ביחס לגויים? ואם כן, באילו מקרים, ומהם התנאים לשימוש כזה? קשה לענות על כך תשובות ברורות. בסעיפים הבאים נעמוד על האופנים השונים שבהם עשו הפוסקים שימוש בנימוקים אלו, הן כנימוקים עצמאיים נגד עיקר הדין והן כנימוקים פרשניים הקובעים את הפרשנות המועדפת במקרה של התלבטות פרשנית, ובפרט ביחסי יהודים וגויים. עיון באופנים הללו מעלה שגם אם קשה לקבוע קני מידה ברורים לגבולות השימוש בנימוקים אלו, הם לא נתפסו בעיני חכמי ישראל כשייכים לתחום המדרש בלבד אלא השפיעו על הפסיקה בפועל.

שאלה נוספת העולה מתוך הדברים היא על הקשר שבין "דרכי נועם" ל"דרכי שלום". האם מדובר בשיקולים זהים או בשיקולים שונים? ואם אלה שיקולים שונים - מה מבחין ביניהם, ובפרט ביחסי ישראל והעמים? גם שאלה זו תלובן בסעיפים הבאים.

לסיכום סעיף זה, מן העניין להזכיר מדרש **שוחר טוב** לספר תהילים הרואה בבחירתו של משה לסרב לצו ה' למלחמה בגויים, והכול מפני השלום, פעולה שתחזור אף לימות המשיח. כך הוא דורש את הפסוק "אֲנִי שָׁלוֹם וְכִי אֲדַבֵּר הֵמָּה לַמִּלְחָמָה" (תהילים קכ, ז):

> מהו "אני שלום"?
> כך אמר הקב"ה למשיח: "תְּרֹעֵם בְּשֵׁבֶט בַּרְזֶל כִּכְלִי יוֹצֵר תְּנַפְּצֵם" (תהילים ב, ט).
>
> אמר לו: רבונו של העולם, לאו. אלא בשלום אני פותח לדבר לגויים. (**שוחר טוב** תהילים קכ ז)

נראה שכמו בפרשת סיחון, שהקושי בפשט הפסוקים נתפרש במדרשים כיוזמה אישית של משה רבנו לקרוא לשלום, כך הפסוק "אני שלום" נדרש כיוזמה אישית של מלך המשיח לקריאה לשלום אף כנגד צו ה'. יתרה מזו, הדמיון נמשך עוד: כמו שאצל משה היוזמה לא נענתה

על ידי סיחון, גם בדרשה על המשיח היוזמה נענית בשלילה על ידי הגויים ("המה למלחמה"), ואף על פי כן הקב"ה מקבל אותה לא כביטוי לתמימות מיותרת אלא כמעלה טובה ורצויה.[3]

"דרכיה דרכי נועם" כשיקול פרשני והלכתי

במקומות שונים בהלכה מצאנו שימוש בשיקולים הלכתיים של דרכי נועם ושל דרכי שלום. בסעיף זה נסקור את השימוש בפסוק "דרכיה דרכי נועם" כבסיס להתמקדות בשאלת המרכזיות של שיקולים אלו בנושאים הקשורים ביחסי יהודים וגויים.

בשתי סוגיות עיקריות מנמק התלמוד הלכות באמצעות הפסוק "דרכיה דרכי נועם וכל נתיבותיה שלום". הסוגיה הראשונה היא במסכת סוכה (לב ע"א-ע"ב) שבה מסתפק התלמוד מהם הצמחים הנדרשים למצוות ארבעה מינים. הסוגיה מעלה אפשרות להבין ש"כפות תמרים" הוא כופרא ו"ענף עץ עבות" הוא הירדוף ודוחה הצעות אלו משום שהתורה "דרכיה דרכי נועם וכל נתיבותיה שלום". רש"י מסביר שהכופרא וההירדוף אין בהם דרכי נועם מכיוון שיש בהם קוצים השורטים את הידיים. יש מהאחרונים שפירשו שמדובר באסמכתה בלבד לפירוש הפסוק, שכבר היה מקובל מסיני.[4] אחרים סוברים שזהו נימוק פרשני: בכל מקום שיש ספק כיצד לפרש פסוק,

3. לנקודה זו ראו מקבילה בדברי המדרשים והמפרשים על הפסוק בתהילים (קט, ד): "תַּחַת אַהֲבָתִי יִשְׂטְנוּנִי וַאֲנִי תְפִלָּה". למשל, במדבר רבה (פרשה כא, כד): "אמרו ישראל: רבון העולמים, הרי אנו מקריבין עליהם שבעים פרים והיו צריכים לאהב אותנו והם שונאין אותנו שנאמר 'תחת אהבתי ישטנוני'. לפיכך אמר להם הקדוש ברוך הוא עכשו הקריבו על עצמכם (במדבר כט, לה): 'בַּיּוֹם הַשְּׁמִינִי עֲצֶרֶת תִּהְיֶה לָכֶם'". וכן במדרש תהילים שם: "...שבעים פרים אני מקריב בחג על שבעים אומות, ואני מתפלל עליהם שירדו הגשמים, הוי 'תחת אהבתי ישטנוני'".

4. הרב אלישיב, **הערות** סוכה לב.

יש להעדיף לפרשו בצורה שתהלום את עקרון־העל של התורה שדרכיה דרכי נועם ונתיבותיה שלום.[5]

הסוגיה השנייה היא במסכת יבמות (פז ע"ב), ושם הפסוק "דרכיה דרכי נועם" וכו' משמש נימוק לשלילת מסקנת הקל וחומר שממנו היינו יכולים ללמוד שאלמנה שיש לה בן מבעלה בעת פטירתו אך לאחר זמן הוא מת, תחזור ותתחייב בייבום. הראשונים הסבירו בצורות שונות מה בדיוק הייתה ההווה אמינא של הקל וחומר ומדוע הסוגיה מבינה שאין בכך משום דרכי נועם.[6] גם במקרה זה יש שהבינו שהשיקול של "דרכיה דרכי נועם" מסייע להכריע בהתלבטות פרשנית איך להבין את הפסוק בפרשת ייבום "ובן אין לו" - אם מדובר בכך שאין לו בן בשעת מיתה, או אפילו כשהמצב ש"בן אין לו" נוצר רק לאחר זמן, כשבנו מת אחריו.[7] לעומת זאת יש שהבינו ששיקול זה הוא שיקול עצמאי דיו לקביעת הדין או גדר הדין, ולא רק במקרה של ספק פרשני.[8]

5. **שפת אמת** סוכה שם (בתוספות ד"ה "האמת"); ר"א וסרמן, **קובץ הערות** ל, סימן ו אות א בשיטת רש"י (אות יא במהדורה הישנה).
6. לפי **הרשב"א** (יבמות יז ע"ב) **והריטב"א** (יבמות פז ע"ב) נראה שההווה אמינא הייתה שתיזקק לייבום ממש, ואפילו לצאת מבעלה השני במקרה שנישאה, וממילא ברור מדוע אין אלה דרכי נועם שתיאלץ לעזוב את בעלה.

   רש"י מסביר שהבעיה היא שאם בינתיים נישאת לאחר וכעת תצטרך חליצה, תתגנה על בעלה. המאירי מוסיף על דבריו את המילים: "ויבואו לידי קטטה" (מסתבר שדייק זאת מסוף הפסוק: "וכל נתיבותיה שלום"). מדברי רש"י והמאירי משמע שלא עלה על הדעת גם בהווה אמינא שתתחייב בייבום ממש ולצאת מבעלה, אלא רק שתחויב בחליצה, וגם זה נשלל מן הטעם של דרכי נועם.

   מדברי התוספות (יבמות ב ע"א, ד"ה "ואחות") נראה שהפגם בדרכי נועם הוא אפילו במקרה שלא נישאת כלל, ובעצם החזרתה לזיקת הייבום לאחר שכבר נפטרה ממנה. כך גם לשון המאירי במקום אחר (יז ע"ב, ד"ה "זה"): "ואלו אתה מחזירה לאיסורה אחר שהותרה אין זה דרכי נועם".
7. ר"א וסרמן, **קובץ הערות**, שם. הוא מדייק זאת מלשון רש"י (יבמות פז ע"ב, ד"ה "דרכיה"): "הילכך על כרחך בן אין לו בשעת מיתה קאמר".
8. ר"א וסרמן, שם, בדעת התוספות.

בהמשך לסוגיה זו השתמשו ראשונים רבים בטעם של דרכי נועם גם בהקשר של סוגיה נוספת במסכת יבמות. הסוגיה שם (יז ע"ב) מביאה את לשון הפסוק "יחדיו" כמקור לכך ש"אשת אחיו שלא היתה בעולמו" פטורה מן הייבום, זאת אומרת במקרה שאדם נפטר בלא בנים ולאחר מכן נולד לו אח. התוספות (שם, ד"ה "אשת") ועוד ראשונים הקשו מדוע נדרש פסוק לכך; הרי אין זה דרכי נועם שאישה תצטרך להמתין כל זמן שחמיה חי שמא ייוולד לבעלה המת אח שיחייב אותה בייבום. ותירצו הראשונים שהפסוק מכוון רק למקרה שחמותה הייתה מעוברת, שבמקרה זה היה אפשר לחשוב שתצטרך להמתין ללידתו ולגדילתו של היבם. אבל במקרה הרגיל שחמותה אינה הרה אכן די בעיקרון של "דרכי נועם" כדי להסיק שאין לחייב אישה להמתין עד מות חמיה כדי לוודא שלא נולד לו עוד ילד שיחייבה בייבום.[9] במקרה הזה ברור שאין מדובר רק בעניין פרשני אלא ממש בקביעת גדר הדין של ייבום לפי העיקרון של דרכי נועם.

לסיכום, השיקול של "דרכיה דרכי נועם" מופיע בתלמוד במסכת סוכה במה שנראה כשיקול פרשני, ובמסכת יבמות במה שניתן להבנה כשיקול פרשני או כשיקול הלכתי עצמאי. מדברי ראשונים רבים ברור שהם אכן הבינו דין זה לא רק כשיקול לפרשנות הפסוק אלא כשיקול עצמאי בקביעת גדר הדין.

9. יבמות יז ע"ב תוספות ד"ה "אשת"; שם, רשב"א ד"ה "אשת".
סוגיה נוספת במסכת יבמות (טו ע"א) מביאה את הצעת רבי יוחנן בן נורי לפתרון בעיית מחלוקת בית שמאי ובית הלל האם "צרת הבת" חייבת בייבום או אסורה בייבום, בכך שיתקנו "שיהו חולצות ולא מתייבמות" ואחר כך תוכלנה להינשא לדברי הכול. על כך הקשה עליו רשב"ג: "מה נעשה להם לצרות הראשונות?". לפי הגמרא הכוונה לצרות הראשונות שכבר נישאו, ואי אפשר לחייבן חליצה כפי שהציע רבי יוחנן בן נורי, שהרי זה יגרום לכך שתימאסנה על בעליהן, וזו איננה אפשרות שיכולה לעלות על הדעת מכיוון ש"דרכיה דרכי נועם וכל נתיבותיה שלום". משמע מכאן, שאף לאיסור דאורייתא - שיש לדעת בית שמאי בצרת הבת שנישאה ללא חליצה - אין לאפשר פתרונות בדרך שתמאיס אישה על בעלה.

לאור הסוגיות הללו השתמשו ראשונים ואחרונים בנימוק של "דרכיה דרכי נועם" כשיקול הלכתי בעשרות מקרים בנושאים מגוונים שתקצר היריעה מלפרטם כאן.[10] יש שהשתמשו בו כדי לקבוע שקושי גדול או כאב פיזי אינם אמורים להיות חלק מקיום מצווה.[11] יש שהשתמשו בו כדי לקבוע שלא ייתכן שקיום מצווה ידרוש מן האדם מאמץ משונה או מופרז.[12] יש שהשתמשו בנימוק זה כדי לקבוע שדין אינו יכול להשתנות למפרע באופן שיגרום סבל או שיוגדר כחטא למי שנהג מלכתחילה כראוי.[13] ויש שנימקו באמצעות פסוק זה דינים שונים הקשורים לדרכי שלום בין בני אדם.[14] בשמו של נימוק זה כתבו

10. לדיונים מסכמים של שימוש זה ראו למשל: שפרבר, **דרכה**, עמ' 89–93 וההפניות שם בהערות 124, 130; בשן, **ממזרח שמש**, עמ' 35–41; לוי, "דרכי נועם", עמ' 33–38.
11. **בשו"ת הרדב"ז** ג, אלף נב (תרכז) פסק שאי אפשר להעלות על הדעת לחייב אדם להניח לסמא את עינו או לחתוך את ידו ורגלו כדי להציל את חברו ממיתה, כי דרכיה דרכי נעם; **בטור** (אורח חיים סימן תרלט) נאמר שמותר לצאת מן הסוכה בזמן ירידת גשמים, וכתב בכנסת הגדולה: "ומשתסרח המקפה, האוכל בה נקרא הדיוט, דכתיב: 'דרכיה דרכי נועם'...".
12. **ר"י מלוניל**, בבא מציעא (ט"ו ע"א מדפי הרי"ף; הובא בקובץ שיטות קמאי וכן בשיטה מקובצת), מבאר מדוע בדבר שאוכל ואינו עושה, כגון עגלים וסייחים, לא חייבו את המוצא לממן משלו: "דכל דרכיה דרכי נועם וכל נתיבותיה שלום, ולא רצה להחמיר על המוצאה שיאכילנה משלו, דדי לו מה שטרח בגופו". **בבית יוסף** (אורח חיים סוף סימן י) מנמק מדוע אין חיוב ציצית בגלימות: "אי נמי, כיוון שאם היינו מחייבים אותם בציצית, היו נפסקין בכל עת הציציות התחתונים בדריסת הרגלים והיה צריך בכל עת לתקנם, איכא למימר דלא חייבה תורה בכך, דכל דרכיה דרכי נועם...". **בדרישה** על הטור (חושן משפט שלז, ד) הסביר מדוע לא אמרו לפועל לאכול תוך כדי סחיבה: "והא דהוצרכו להתיר לו האיסור ולא אמרו שיאכל בשעה שהוא הולך ונושא הסל כשהוא מלא לערותו לתוך הגת, דאז הוה לאחר גמר מלאכה וגם אינו מבטל ממלאכתו, בזה יש לומר חדא דאין נוח לו לאכול באותה שעה שנושא משא הסל על כתפו והתורה דרכיה דרכי נועם...".
13. **שו"ת חכם צבי** סימן מו, חלק על **הב"ח** הסובר שאין לראות המראות עד שיתייבשו, מכיוון שלעיתים מאוחר יותר נראה אדום בקצוות. החכם צבי, שחולק עליו, סובר שאף אם יימצא אחר כך מראה דם בקצוות איננו מטמא, שהרי כבר שימשה ואין אלה דרכי נועם לאוסרה למפרע.
14. **בתשובות הרא"ם**, סימן לב (סימן סח במהדורה אחרת) כתב שאין מומר או

חכמים אחרונים ״דדברי התורה יהיה הכל בנועם ומזג השווה לא שיהא הענין מעוקם״,[15] שצריך ״שמשפטי תורתנו יהיו מסכימים אל השכל והסברא״,[16] וקבעו שכלל זה הוא ״אבן פנה מוסד לקבלה״.[17]

כך או כך, לא מצאנו שנימוק זה קשור במיוחד לנושא של יחסי יהודים וגויים או אפילו שהוא מופיע במפורש בהקשר של יחסי יהודים וגויים. קישור זה נמצא לראשונה בדברי הרמב״ם בהלכות מלכים שנדון בהם להלן.

דרכי שלום

מהות המושג - אילוץ או ערך?

השיקול של דרכי שלום הוא שיקול רווח בהלכה, ודיון מרוכז בו מצוי בקובץ המשניות האחרונות בפרק חמישי של מסכת גיטין (משניות

משומד מייבם משום ״דרכיה דרכי נועם״. וכן כתב **בתרומת הדשן** סימן רכג בשם **האור זרוע**. **הר״י מלוניל** (קידושין, ריש פרק האיש מקדש) מנמק את דברי הסוגיה שחייב אדם לראות את האישה קודם שיקדשנה משום ״ואהבת לרעך כמוך״: ״חייב הוא שיטרח הוא בעצמו אל עיר מושבה ויראנה... כדי שלא ישנאנה... וכל דרכי התורה דרכיה דרכי נועם וכל נתיבותיה שלום״. **בשו״ת הריב״ש החדשות** סימן כד (**ושו״ת מהר״ם חלאווה** סימן קכט), בעניין בת שאביה התחייב להשיאה והיא כעת מסרבת למלא את התחייבותו, כתב: ״אין האב מחויב להכותה או להכריחה כדי לקיים שבועתו... דנהי אם כפאה האב בשוטים או בממון ומסרה לחופה מסירתו מסירה, רשות הוא בידו לעשות כן ולא חובה. וכל שהיא רעה בנישואיה וקרוב הדבר שעל ידי כפיה אין זווגו יעלה יפה לא נתחייב לכוף מצד השבועה כי התורה דרכיה דרכי נועם וכל נתיבותיה שלום״. מצאנו אף נימוק כללי של מערכת דינים בעקרון זה. כך כתב **הטור** חושן משפט סימן קנה סע׳ כא בשם **תשובת הרא״ש** ביסוד הדינים של הרחקת נזקי שכנים: ״והמדקדק בפרק ׳לא יחפור׳ ששיערו חכמים כל דבר ודבר לפי מה שראוי להזיק. והיכא שידוע קצב וסכום עד היכן ראוי להזיק כתבו השיעורים, והיכא שאינו ידוע כתבו בכדי שלא יזיק... כי דרכיה דרכי נועם וכל נתיבותיה שלום, והקפידה תורה שלא יעשה אדם בתוך שלו דבר הגורם היזק לחבירו״.

15. **חכמת שלמה** יבמות פז ע״ב.
16. **שו״ת הרדב״ז** סימן א, נב.
17. **אור שמח** הלכות יבום וחליצה פ״ה הכ״ג.

ח-ט) שבהן נשנו הלכות שנקבעו מפני דרכי שלום.[18] רשימה זו כוללת הלכות בתחומים מגוונים כמו כבוד הכוהן, עירובי חצרות, גזל, השבת אבדה ושביעית. ברשימה זו נכללו גם שתי הלכות הקשורות ליחסי יהודים וגויים. הראשונה היא "אין ממחין ביד עניי עובדי כוכבים בלקט שכחה ופאה מפני דרכי שלום", והשנייה - "ומחזיקין ידי נכרים בשביעית אבל לא ידי ישראל, ושואלין בשלומן, מפני דרכי שלום".

בפשטות, הנימוק של דרכי שלום במשנה ובשאר המקורות אינו מצומצם למניעת איבה שיש בה פיקוח נפש דווקא או אפילו חשש לנזק גופני כלשהו או איבה גדולה בעלת משמעויות מרחיקות לכת בטווח הקרוב או הרחוק. נראה יותר שהוא ביטוי של הרצון להרבות שלום ואחווה בין בני אדם כעניין שהוא בעל ערך ומשקל הלכתי כשלעצמו.[19] דוגמה לכך אפשר לראות בחיוב להעלות את הכוהן ראשון לתורה, ואין לו רשות לחלוק את הכבוד לאחרים כדי למנוע מחלוקת,[20] או בתקנה שמציאת חירש, שוטה וקטן יש בה משום גזל אף שמעיקר הדין אין להם קניין, וכך הם שאר הדינים במשנה גיטין האמורה שנועדו לצמצום המחלוקת וריבוי השלום. בכמה מן הדינים שנאמרו "מפני דרכי שלום", כמו הדין ש"מערבין בבית ישן" שהיו רגילים להניח בו את עירוב החצרות ואין מעבירין לבית אחר,

18. על תקנות דרכי שלום ראו למשל **אנציקלופדיה תלמודית** ז, ערך "דרכי שלום"; שציפנסקי, **התקנות** ב, עמ' שלב-שנד; רובינשטיין, "דרכי שלום"; הילביץ', "דרכי שלום"; שפרבר, **דרכה**, עמ' 91, הע' 130.

19. לאחרונה ניתחה שגית מור בפירוט את ההלכות מן המשנה ומן התוספתא שנכנסו לקובץ שבמסכת גיטין ואת אלו שלא נכנסו. לפי הניתוח שלה, הבחירות של עורך קובץ זה מלמדות על רצון להדגיש את עמידתו של הערך "מפני דרכי שלום" כערך בעל תוקף עצמאי ולא רק כאילוץ. ראו מור, "שיקולי עריכה", בפרט בעמ' 45-58. וראו גם: הילביץ', "דרכי שלום", עמ' שנה, שהבחין בין הטעם של איבה כסכנה, לבין הצורך "להשכין סדר של שלום בעולם", כאחריות המוטלת על ישראל גם ביחס שבין ישראל לגויים, וכמשהו שחורג מחשש סכנה ואיבה.

20. כלשון הסוגיה בגיטין נט ע"ב: "דאתו לאינצויי".

פירש התלמוד בגיטין (ס ע"ב) את הטעם "משום חשדא", והסבירו הראשונים שאנו רוצים שלא יתעורר חשד אצל הרואים שבעל הבית לא הניח עירוב שמא הוא מטלטל ללא עירוב, או שיחשבו שהעברת המיקום נעשתה משום שבעל הבית נהג לגנוב את פת העירוב.[21] גם שיקולים שכאלה כלולים בביטוי "מפני דרכי שלום". בפשט המשניות אין סיבה לטעון שהדינים של דרכי שלום כלפי גויים חורגים משאר הדינים שנמנו באותה רשימה, ואין סיבה לטעון שדווקא דינים אלו מבוססים על החשש מאיבה שתתפתח לכדי פיקוח נפש או לסכנה גדולה במיוחד ליהודים מצד הגויים.[22]

גם סקירה של המונח "משום איבה" בספרות חז"ל מלמדת שהוא מופיע במקומות רבים מאוד בנוגע לתקנות והלכות שנאמרו כדי למנוע איבה בין איש לאשתו ובין אדם לחברו וכדומה.[23] בהקשרים אלו אי אפשר לפרש ביטוי זה כחשש לפיקוח נפש או לנזק ממשי, אלא משמעו הרצון למנוע מחלוקת ולהרבות שלום. ממילא אף במקומות שנזכר בהם במפורש הביטוי "משום איבה" בהלכות שבין יהודים לגויים אין סיבה לפרש שהכוונה לחשש פיקוח נפש, ובפשטות הכוונה היא למנוע מחלוקת.

כך למשל נזכר הביטוי "משום איבה" כנימוק לכך שתיקנו שמעשה ידיה של אישה לבעלה כנגד המזונות שהוא חייב בהם כלפיה, משום איבה (כתובות נח ע"ב). וכן מציאת אישה לבעלה משום איבה (בבא מציעא יב ע"ב), ופירש שם הירושלמי (הלכה ה): "משום קטטה". לא רק בממונות תיקנו כך; אף הפקיעו קידושין מסיבה זו, וקבעו שבמקרה של המקדש אישה "לאחר שימות בעלך" אין היא

21. רש"י ותוספות ד"ה "אלא".

22. כך עולה גם מתוך כמה מן המדרשים שהבאנו לעיל בסעיף א'. למשל, דברי מדרש תנחומא (שופטים יח, א): "כי תקרב אל עיר להלחם עליה וגו'. ראה כמה גדול כח השלום, שאפילו לשונאים אמר הקדוש ברוך הוא לפתוח להם לשלום. כך שנו רבותינו: שואלים בשלום הגוים מפני דרכי שלום".

23. ראו **אנציקלופדיה תלמודית** א, ערך "איבה".

מקודשת מפני איבת בעלה (קידושין סג ע"א). אומנם נשאלת השאלה עד כמה התירו איסורים של ממש משום כך או שרק הפקיעו ממון או קידושין. כך למשל, במקרה שבו הקלו חכמים להאמין לעם הארץ על טהרת יין ושמן לקבל מידם לנסכים ומנחות (חגיגה כב ע"א) לא התירו איסור של ממש, שהרי יש במה לתלות ולא התירו את הידוע במפורש שהוא אסור. לעומת זאת, מקבלים עדות מעם הארץ משם איבה (שם), ולכאורה שם זו יכולה להיות עדות בדינים חמורים שמעיקר הדין היה אסור לקבלה.

נמצאנו למדים שבפשטות אין להבין שהדינים שנאמרו "מפני דרכי שלום" מוגבלים למצב קיצוני של סכנה, או של סכנה בכלל, אלא הם נועדו להרבות שלום ואחווה.

כאמור, בנוגע לגויים נאמר במשנה גיטין (ה, ח): "אין ממחין ביד עניי גויים בלקט שכחה ופאה מפני דרכי שלום". בעניין זה הביא התלמוד ברייתא המרחיבה עיקרון זה גם לדינים נוספים:

> ת"ר: מפרנסים עניי נכרים עם עניי ישראל, ומבקרין חולי נוכרים עם חולי ישראל, וקוברין מתי נכרים עם מתי ישראל, מפני דרכי שלום. (גיטין סא ע"ב)

בתוספתא גיטין נוספו אף הספד וניחום אבלים, ואף נכללו תקנות של גבייה משותפת מיהודים ומגויים על ידי הפרנסים:

> עיר שיש בה ישראל וגוים הפרנסין גובין מישראל ומגוים מפני דרכי שלום.
> מפרנסין עניי גוים עם עניי ישראל מפני דרכי שלום.
> מספידין וקוברין מתי גויים מפני דרכי שלום.
> מנחמין אבילי גויים מפני דרכי שלום.
> (תוספתא גיטין פ"ג הל' יג-יד)

בתלמוד הירושלמי הורחבו הדינים עוד:

תני - עיר שיש בה גוים וישראל מעמידין גבאי גוים וגבאי ישראל,
וגובין משל גוים ומשל ישראל,
ומפרנסין עניי גוים ועניי ישראל,
ומבקרין חולי גוים וחולי ישראל,
וקוברין מתי גוים ומתי ישראל,
ומנחמין אבילי גוים ואבילי ישראל,
ומכבסין (י"ג: ומכניסין)[24] כלי גוים וכלי ישראל - מפני דרכי שלום. (ירושלמי גיטין פ"ה ה"ט לב ע"ב)

לאור האמור לעיל, מסתבר שדינים אלו לא נאמרו מפני חשש סכנה מצד הגויים אלא בשל הרצון להרבות שלום עימם ברובד האנושי, על אף מגמת הריחוק העקרונית מעבודה זרה הכוללת דינים רבים. כך אכן שיטת הרשב"א (גיטין סא ע"ב), הר"ן (שם), הנימוקי יוסף (שם) והריטב"א (שם),[25] ועוד ראשונים. אומנם רש"י כתב בסוגיה בגיטין ש"מתעסקין בהם אם מצאום הרוגים עם ישראל", ונראה שכוונתו שקוברים את מתי הגויים דווקא כאשר מתעסקים בקבורת ישראל באותו מקום, ואז אם יתעסקו רק בשל ישראל ויניחו את של הגויים הדבר יעורר איבה בולטת ומיוחדת, אך אם מישהו מצאם בפני עצמם הוא יכול להשתמט מכך בטענה שאין הוא רוצה לעסוק כלל בקבורת מתים. רש"י דייק זאת מתוך לשון הברייתא "עם מתי ישראל" - משמע לא בפני עצמם. אבל הרשב"א וסיעתו דחו את שיטת רש"י מתוך המקורות השונים שהובאו לעיל שבהם לא נזכר דווקא "עם עניי ישראל" או "עם מתי ישראל", ופירשו את לשון הברייתא שהכוונה שצריך להתעסק עם קבורת הגויים כפי שמתעסק בשל ישראל ולא דווקא עימם יחד בפועל. מתוך דבריהם גם נראה שטעמם איננו משום

24. כך בירושלמי במסכת דמאי ובמסכת עבודה זרה, וכך לשון הרמב"ם (**משנה תורה** הלכות גזלה ואבדה פי"א ה"ג).
25. הכוונה ל**חידושי רבינו קרשקש המיוחסים לריטב"א** שנדפסו בתוך חידושי הריטב"א מהדורת מוסד הרב קוק.

חשש איבה שמתעורר רק במצב של הפליה, אלא משום דרכי שלום שפירושן הרצון להרבות שלום וטוב בעולם.[26]

כך גם עולה מלשון הטור, שפסק:

> וכן מותר לפרנס ענייהם ולבקר חוליהם ולקבור מתיהם ולהספידן ולנחם אבליהם משום דרכי שלום. וכן אין ממחים ביד עני גוי מליטול לקט שכחה ופאה. (**טור** יורה דעה, קנא, יב-יג)

והסביר **הב"ח** שם מדוע לא כתב כדעת רש"י שזה דווקא עם עניי ישראל, כי סבר כרשב"א ור"ן וכלשון התוספתא והירושלמי. והסביר **הפרישה** שלדעת הטור, לשון הברייתא "עם" - לאו דווקא הוא, או שהכוונה שכאשר עושה לעניי ישראל מתחדד הצורך לשתף את הגויים מפני השלום, אך ההיתר הוא לעשות גם כאשר הם לבדם. באותה לשון גם נפסקו הדברים ב**שולחן ערוך** (שם), והסביר **הש"ך** שיש להבינם כדעת הב"ח שהדברים נאמרו "אף בלא עניי ישראל".

הרמ"א ב**דרכי משה** (יורה דעה סימן רנא, סק"א) הביא את שתי הדעות בעניין זה, ובהגהה לשולחן ערוך (רנא, א) כתב "עם", ונחלקו האחרונים בביאור דעתו. **ביאור הגר"א** סובר (יורה דעה סימן קנא, סק"ב) שלדעתו מפרנסים עניי גויים דווקא עם עניי ישראל, אך **הש"ך** שם (סק"ב) סובר שגם לדעתו מפרנסים אותם אפילו לבד.

26. וראו **מרדכי** גיטין תסד, שגם הוא פירש כך בדעת רש"י ונראה שאף נקט כך להלכה. וראו הילביץ', "דרכי שלום", הערה 9, הסובר שגם הרשב"א ושאר ראשונים קיבלו את סברת רש"י שהטעם הוא משום איבה, אך אין דבריו מסתברים ובוודאי אינם מוכחים. על כל פנים, גם הוא כתב (בעמ' שנ"ה) שיש להבחין בין מניעת איבה כרצון ליצור סדר ושלום לבין חשש ממשי של סכנה, שלא עליו מדובר כאן.
אומנם, כמה חוקרים הדגישו שאף אם אין הכוונה במונח "דרכי שלום" לחשש איבה, גם אין כאן קריאה כללית למתן צדקה לכל אדם באשר הוא אדם על בסיס הומניסטי. חלקם הציגו את התשתית של הלכה זו על רקע הרצון לשמר יחסים תקינים עם השכנים הלא־יהודים על רקע תרבות החיים באותם יישובים אחרי מרד בר כוכבא. ראו על כך וילפנד בן־שלום, **גלגל**, עמ' 237-238; 244.

שיטת הרמב"ם - דרכי שלום כדרכי נועם וכדרכי ה'

מקור מרכזי שממנו הסיקו אחרונים שהמושג "דרכי שלום" ביחס לגויים איננו מצומצם לנימוק של מניעת נזק שייגרם מהאיבה והוא נעוץ דווקא בעיקרון הכללי של דרכי הנועם של התורה, הוא דברי הרמב"ם בהלכות מלכים הקובעים ברכה לעצמם:

> אפילו הגויים צוו חכמים לבקר חוליהם ולקבור מתיהם עם מתי ישראל, ולפרנס ענייהם בכלל עניי ישראל מפני דרכי שלום. הרי נאמר (תהילים קמה, ט): "טוֹב ה' לַכֹּל וְרַחֲמָיו עַל כָּל מַעֲשָׂיו". ונאמר דרכיה דרכי נועם וכל נתיבותיה שלום.
> (**משנה תורה** הלכות מלכים פ"י הי"ב)

שיירי קרבן על דברי הירושלמי גיטין הנזכרים בסעיף הקודם (ד"ה "וקוברין") דן בשאלה אם במקום שהדבר אפשרי צריך להשתמט מהעניינים של דרכי שלום ככל האפשר, כפי שנאמר בתלמוד על עניינים שנאמרו משום איבה. מדברי הרמב"ם הללו, ובפרט מכך שהוסיף את הפסוק הראשון של "טוב ה' לכל ורחמיו על כל מעשיו" שאיננו מופיע בסוגיה, הוא מסיק: "משמע דבכל ענין קוברין מתיהם ועושין להן כל הדברים, שחובה עלינו לילך במדותיו ב"ה בכל יכולתנו".[27]

27. מן העניין להעיר שהרמב"ם משתמש בפסוק זה גם בסוף הלכות עבדים (פ"ח ה"ט) כדי לעורר להידמות למידת הרחמים של הקב"ה אף לפנים משורת הדין: "מותר לעבוד בעבד כנעני בפרך. ואף על פי שהדין כך, מדת חסידות ודרכי חכמה שיהיה אדם רחמן ורודף צדק ולא יכביד עולו על עבדו ולא יצר לו ויאכילהו וישקהו מכל מאכל ומכל משתה... ואין האכזריות והעזות מצויה אלא בגוים ערלים, אבל זרעו של אברהם אבינו... רחמנים הם על הכל. וכן במידותיו של הקב"ה שצונו להדמות בהם הוא אומר (תהילים קמה, ט): 'וְרַחֲמָיו עַל כָּל מַעֲשָׂיו'...". וראו גם **מורה נבוכים** (ג, יב) בעניין הטבת ה' לכל הנבראים: "ובפירוש אמר דוד (שם) 'טוֹב ה' לַכֹּל וְרַחֲמָיו עַל כָּל מַעֲשָׂיו', כי המצאתנו הוא הטוב הגדול בהחלט כמו שבארנו, ובריאת הכח המנהיג את בעלי החיים הם הרחמים עליו כמו שבארנו".

שו"ת התעוררות תשובה לרבי שמעון סופר, נכד החתם סופר,[28] דייק גם הוא מלשון הרמב"ם שטעם דינים אלו איננו משום איבה אלא "כי דרכי התורה ונעימים ושלום ולכן נעשה את כל זה, וגם היא כבוד התורה והאמונה לאומת ישראל". ודייק עוד מלשון הרמב"ם, שהוסיף גם את הפסוק הנזכר לעיל, כי בזה "ממילא מוכח שרצון הקב"ה שנעשה להם כל זה, כי הדבק במידותיו כמו שהוא רחמיו על כל מעשיו, כן אנחנו נלך במידותיו ולרחם על כולם".

גם הרב איסר יהודה אונטרמן הסיק מתוך דברי הרמב"ם הללו שלדעתו השורש של דרכי שלום הוא במטרה הגדולה להידמות לטובו ולצדקתו של הקב"ה. מדבריו עולה שזהו חידוש של הרמב"ם, שכשם שבכמה מקומות השתמש התלמוד בנימוק "דרכיה דרכי נועם" כדי לנמק הלכות (כאמור בסעיף הקודם), כך גם יש להשתמש בחלק האחרון של הפסוק "וכל נתיבותיה שלום" כדי להסביר את ההלכות שנאמר בהן "משום דרכי שלום" ואף הלכות שנאמר בהן "משום איבה".[29]

28. א, קסו; ובאופן אחר ב, מא.
29. הרב אונטרמן, "דרכי שלום". וכן כתב בספר **שפת מלך** (הלכות עבודה זרה פ"י ה"ו, עמ' ת) מעין דברים אלו, ואף דייק ש"חידוש גדול חידש לנו רבנו", והסיבה שפתח הלכה זו בלשון "יראה לי" היא שפירש כאן חידוש זה במהות דרכי שלום, "ולא כפי רהט הלשון". ואולם לשון זו נסבה על ההלכה הקודמת ולא על הלכה זו.
וראו לעומתם את דברי **הר"י קורקוס** (מאחרוני הראשונים), שהסביר את החילוק בין מקומות שבהם כתב הרמב"ם "עם עניי ישראל" למקומות שלא כתב כך, שהכול תלוי באיבה: אם יש חשש איבה מפרנסים אף לבד, "ואי ליכא איבה ומצי לאשתמוטי אין מפרנסין ואין קוברין". בדרכו הלך ר"ח קנייבסקי **בדרך אמונה**, (מתנות עניים פ"ז ה"ז) שצמצם את דין הרמב"ם לעניין האיבה וכתב "תקנה דרבנן היא שמותר להוציא מעות צדקה על זה כדי שלא יהיה איבה". אך כאמור לאור לשון הרמב"ם **במשנה תורה** הלכות מלכים אין מסתברים דבריהם (וראו גם **דרך אמונה** שם פ"א ה"ט ס"ק נג, שהבין ברמב"ם שדווקא עם עניי ישראל וכתב שאין כך דעת רוב הפוסקים). וראו הילביץ', "דרכי שלום" (הערה 9, ועמ' שנ"ה) שניסה להסביר את דברי הרמב"ם על "טוב ה' לכל" כאמירות כלליות שאינן שייכות בפרט לדרכי שלום, ואין דבריו מסתברים.

כאמור, ההשלכה המעשית של הבנה זו היא שלעומת מי שפירש שדין דרכי שלום נובע מן החשש לאיבה וממילא היה מקום לומר שיש למעט בפעולות אלו כאשר אפשר להשתמט מהן בלי חשש לאיבה, ואפילו יש מי שראה איסור בדבר לתת במקום שאפשר להשתמט,[30] הרי מדברי הפרשנים הללו עולה במפורש שיש להרבות בפעולות אלו אף כאשר אפשר להשתמט מהן בתואנות שונות שהרי יש בהן הליכה בדרכי ה׳.

ואולם מבחינת מקורותיו של הרמב״ם, מסתבר יותר שהרמב״ם לא ראה בכך חידוש שלו אלא נסמך על לשון התלמוד, שקישרה בין המושג ״דרכי שלום״ לפסוק ״דרכיה דרכי נועם״.

הסוגיה בגיטין בתחילת הדיון על ענייני דרכי שלום שבמשנה עוסקת בדין הקדמת הכוהן בעלייה לתורה ומביאה את הדיון הזה:

> אמר ליה אביי לרב יוסף: מפני דרכי שלום?! דאורייתא היא!
> אמר ליה: דאורייתא ומפני דרכי שלום.
> כל התורה כולה נמי מפני דרכי שלום היא דכתיב: דרכיה דרכי נועם וכל נתיבותיה שלום!
> אלא אמר אביי: לכדמר... (גיטין נט ע״ב)

בפשטות, דעת רב יוסף היא שדינים מסוימים בתורה נאמרו מפני דרכי שלום אך רבים אחרים לא, ולכן היה צריך להדגיש במשנה על דינים מסוימים מדאורייתא שנימוקם הוא מפני דרכי שלום, שהרי לא כולם כאלה. מנגד סובר אביי שדרכי שלום הן התכלית העליונה של התורה כולה ועל כן אין צורך למנות במשנה דינים מסוימים מן התורה שהם מפני דרכי שלום. ממילא יש לפרש את הדינים המנויים

30. ראו דברי הר״י **קורקוס** בהערה הקודמת והצועדים בעקבותיו. וראו הרב רבינוביץ׳, ״חלוקה״, שהביא בשם **שו״ת בית יהודה** לרבי יהודה עייאש (יורה דעה סימן ד): במקום שאין איבה ודרכי שלום לא רק שאין מצווה בדבר, אלא הרי זה איסור גמור מצד ״לא תחונם״, והוא אף נקט כך למעשה במי שאינו גר תושב.

במשנה כתקנות שתיקנו חכמים מפני דרכי שלום, תקנות הסותרות את עיקר הדין. כך או כך, מצאנו שאביי מקשר באופן ישיר בין המושג "דרכי שלום" לפסוק "דרכיה דרכי נועם", ובכך מבהיר שמושג זה איננו "משום איבה" במובן המצומצם שלו.

ייתכן שאף שהסוגיה בדף סא לא הביאה במפורש את הפסוק בהקשר של הברייתא של "מפרנסים עניי נכרים", הרמב"ם הסיק מתחילת הסוגיה שזוהי המהות של דרכי שלום בכל מקום כדבריו של אביי ולכן קישר את דיני דרכי שלום לפסוק זה.[31]

אומנם, ייתכן שהרמב"ם נסמך על מדרש משנת רבי אליעזר, שבו הובאו כל הדברים שנאמרו מפני דרכי שלום וסיומו דומה לדברי הרמב"ם. ואולי מקורו של מדרש זה עצמו בפרשנות הסוגיה בגיטין שהובאה לעיל:

> ואלו דברים אמרו מפני דרכי שלום.
> כהן קורא ראשון... מפני דרכי שלום. ומערבין בבית ישן מפני דרכי שלום... שואלין בשלום גוים אפי' ביום אידם מפני דרכי שלום.
>
> שכל מצותיה של תורה שלום, שנ' וכל נתיבותיה שלום.

31. את עמדתו של הרמב"ם אפשר לחזק גם ממקור נוסף: בירושלמי עירובין (פ"ז ה"ט כד ע"ג) נאמר: "אמר רבי יהושע בן לוי. מפני מה מערבין בחצירות. מפני דרכי שלום. מעשה באשה אחת שהיתה דבובה לחבירתה. ושלחת עירובה ביד ברה. נסתיה וכפפתיה ונשקתיה. אתא אמר לאימיה. אמרה. הכין רחמה לי ולא הוות ידעה. מתוך כך עשו שלום. הדא הוא דכתיב דרכיה דרכי־נועם וכל־נתיבותיה שלום". גם מקור זה מקשר בצורה מפורשת בין המושג "דרכי שלום" לפסוק "דרכיה דרכי נועם", ומחזק את שיטת הרמב"ם האמורה ואת מקורה. וראו רמ"מ שניאורסון, **אגרות קודש** כז, עמ' תנח-תנט, שהביא דברי הסוגיה בגיטין כמקור ללשון הרמב"ם בסוף הלכות חנוכה ש"כל התורה ניתנה לעשות שלום בעולם" בהסתמך על פסוק זה.

(משנת רבי אליעזר, מהדורת ענעלאו, ניו יורק, תרצ"ד, פרשה רביעית, עמ' 85)[32]

על אף דברים ברורים אלו, נראה שדברי הרמב"ם בהלכות עבודה זרה עלולים להטעות וליצור את הרושם שדיני דרכי שלום הם רק משום החשש לאיבה וסכנה, שהרי כך נאמר שם:

> מפרנסים עניי גויים עם עניי ישראל מפני דרכי שלום, ואין ממחין בידי עניי גויים בלקט שכחה ופאה מפני דרכי שלום, ושואלים בשלומם ואפילו ביום אידם מפני דרכי שלום, ואין כופלין להן שלום לעולם, ולא יכנס לביתו שלנכרי ביום אידו לתן לו שלום, מצאו בשוק נותן לו שלום בשפה רפה וכבד ראש. אין כל הדברים האלו אמורים אלא בזמן שגלו ישראל לבין האמות או בזמן שיד הגויים תקיפה, אבל בזמן שיד ישראל תקיפה על אמות העולם אסור לנו להניח גוי עובד עבודה זרה בינינו, אפילו יושב ישיבת ארעי או עובר ממקום למקום לסחורה לא יעבור בארצנו עד שיקבל עליו שבע מצוות שנצטוו בני נח שנאמר לא ישבו בארצך, אפילו לפי שעה...
>
> (**משנה תורה** הלכות עבודה זרה פ"י הל' ה-ו)

מן הדברים הללו יש מקום להבין, כפי שהבין הרשב"א מדברי רש"י,

32. על כך יש להעיר שמצאנו הלכה נוספת ב**משנה תורה** הלכות מלכים (פ"ח הי"א), שגם בה מקורו של הרמב"ם במדרש משנת רבי אליעזר. שם מצאנו בדין גר תושב שצריך לקבל שבע מצוות בני נח מפני שציווה אותן הקב"ה בתורה, ואם עשה כך מפני הכרע הדעת - הריהו חכם ולא חסיד. ראו ב**תשובות הרמב"ם** (בלאו, סימן קמח) שהפנה לברייתא של רבי אליעזר בן יעקב, והדיון במהדורת פרנקל בספר הליקוטים, שהגר"ז מווילנה בספר **תולדות אדם** הפנה למדרש כמקור לרמב"ם, מהר"ץ חיות השיג עליו שאין מדרש כזה, וספר **כבוד מלכים** שהפנה למדרש משנת רבי אליעזר פ"ו. אומנם אין זו בדיוק לשון המדרש, אך יש בו ההבחנה של הרמב"ם בין חסיד לחכם. ראו הדיון על כך בפרק על גר תושב בספר זה.

שהטעם של דרכי שלום הוא חשש מפעולות שנאה של הגויים, ולכן דינים אלו אינם תקפים "בזמן שיד ישראל תקיפה על אומות העולם".[33] ואולם מדברי הרמב"ם בהלכות מלכים המובאים לעיל נראה בבירור שהרמב"ם נועץ את ההלכות הללו בעקרון־העל של התורה ש"כל נתיבותיה שלום".

נראה אפוא לומר שהרמב"ם אינו סובר שטעם דיני "דרכי שלום" הוא משום פיקוח נפש או מחשש לנזק מצד הגויים. הרמב"ם מציג מצב אידיאלי שבו "יד ישראל תקיפה", ובו עם ישראל מבער מן היסוד את העבודה הזרה בארץ ישראל ובאזורי השפעתו, ובשלב זה אין מקום לרחמנות כלפי עובדי עבודה זרה כמות שהם אלא יש לחייבם לאמץ את שבע מצוות בני נח. לעומת זאת, כל עוד איננו נמצאים במצב האידיאלי הזה, הרי מוטל עלינו חיוב לנהוג עימם בדרך ארץ, לפרנס את ענייהם ולשאול בשלומם, ואין זה מחשש לנזק אלא משום דרכי ה', שדרכי השלום בשלב הזה מחייבות התנהגות אנושית ומוסרית גם כלפי מי שאינם יהודים. בצורה זו מתיישבים זה עם זה היטב שני המקורות מדברי הרמב"ם.[34]

33. ראו למשל בסוף מאמרו של הרב ח"ד הלוי, "דרכי שלום", שניתח כך הלכה זו ברמב"ם, אם כי אין שם דיון מקיף בשיטת הרמב"ם בדין דרכי שלום.

34. עניין נוסף בשיטת הרמב"ם הדורש הסבר הוא מדוע בחלק מן הדינים ובחלק מן המקומות נקט לשון "עם מתי ישראל" או "בכלל עניי ישראל" (כך **במשנה תורה** הלכות מלכים הנ"ל, בהלכות עבודה זרה פ"י ה"ה ובהלכות מתנות עניים פ"א ה"ט ופ"ז ה"ז), ואילו בהלכות אבל (פי"ד הי"ב), בעניין ניחום אבלים וקבורה, סתם בלי תוספת הלשון "עם עניי ישראל". והפשוט ביותר הוא, שפירש לשון זו כמו שפירשו **הרשב"א** ודעימיה את הברייתא בגיטין במובן של "כמו שעושה לעניי ישראל", ולא רק כאשר הם עימם יחד וממילא אין לדקדק בדבר. כך עולה מלשון הרמב"ם בהלכות גזילה ואבידה (פי"א ה"ג): "ובכל מקום מכניסין כליהם מפני הגנבים **ככלי ישראל** מפני דרכי שלום". ובדרך זו פירשו כמה אחרונים (למשל בספר **עמודי ירושלים** על הירושלמי הנ"ל). אומנם רבים דייקו מכך חילוקי דינים בין צדקה לקבורה וכדומה. ראו למשל **ב"ח** על הטור שם, **וט"ז** על השולחן ערוך שם שדייק באופן אחר, ועוד רבים. ויש לשים לב גם לכך שהרמב"ם נקט לשון התוספתא שהובאה לעיל, שבעניין צדקה נקטה "עם עניי

התוקף של דרכי שלום: היתר בדיעבד, תקנה או מצווה?

בהמשך לבירור של מהות המושג "דרכי שלום", יש לעיין בשאלה אם דרכי שלום נאמרו כהיתר שבדיעבד או היתר לכתחילה, כעניין טוב, תקנה או מצווה, ואולי כחובה של ממש.

בדין דרכי שלום ביחס לגויים ראינו שהברייתא והתוספתא נקטו לשון שאיננה לגמרי ברורה: "מפרנסים עניי נכרים", "מספידין וקוברין מתי גויים". הרמב"ם השתמש בלשון זו למה שנראה כמצווה מדרבנן: "אפילו הגויים צוו חכמים לבקר חוליהם ולקבור מתיהם". לעומת זאת, הטור והשולחן ערוך נקטו לשון היתר: "וכן מותר לפרנס ענייהם ולבקר חוליהם".

בהמשך לדברים אלה, עמדנו על כך שיש מן האחרונים שהדגישו בפרט את דעת הרמב"ם, שכיוון שדרכי שלום הן הליכה בדרכי ה' יש להרבות בהן ככל האפשר, ולעומתם יש הסוברים שאין בדבר מצווה ממש, ואף יש הסוברים שיש לצמצם בכך היכן שאפשר שהרי זה רק היתר שנאמר משום איבה.[35]

אומנם מצאנו בכמה מקומות שאף מי שרואה מצווה בדבר אין היא נכללת בהגדרה של מצוות צדקה לישראל.[36] כך למשל הוא עניין מתנות לאביונים בפורים, שרבים כתבו שיש לתת מתנות אף לגויים, אך הוסיפו שאין זה גדר רגיל של צדקה.[37] וכן מצאנו הסוברים

ישראל", מה שאין כן בהספד, קבורה וניחום. וראו דברי **הר"י קורקוס** ור"ח קנייבסקי **בדרך אמונה** שהוזכרו לעיל בה"ש 29.

35. **שיירי קרבן** ועוד אחרונים שהבאנו בדעת הרמב"ם לעיל בדעה הראשונה. **הט"ז** (יורה דעה סימן קנא ס"ק ט) סובר שאין בדבר משום מצווה, ובוודאי לא כמו מצוות צדקה בישראל, אך אין לצמצם בדבר. זאת לעומת האחרונים שהבאנו לעיל ה"ש 30, הסוברים שאף יש לצמצם.

36. יסוד הדברים בהבחנה שבתוספתא פאה (פ"ג ה"א): "אין נותנין מעשר עני לעניי גוים, אבל נותנין להן חולין מתוקנין לשם טובה".

37. נחלקו הראשונים האם מותר לתת לגויים מתנות לאביונים. **בשו"ת רש"י** (סימן קלא) יצא כנגד מנהג זה, והוא סובר שהמצווה היא רק בישראל. **הרמב"ן** (בבא מציעא עח ע"ב) כתב שנותנים. **הריטב"א** (מגילה ז ע"ב) מסביר את דברי הירושלמי (מגילה פ"א, ה"ד ע ע"ב) ש"כל מי שהוא פושט ידו ליטול נותנין לו", בכך "שאין נתינה זו מדין צדקה גרידתא אלא מדין שמחה שהרי אף לעשירים

שגבאים ופרנסים רשאים לחלק מן הצדקה אף לעניי גויים משום שנתינה כזו היא מעין התניה של בית דין שחלק מן הכסף שנאסף ייוחד למטרה זו, אך אם אדם פרטי מישראל נדר ממון לצדקה, אינו יוצא אם חילק ממנו לבני נח.[38] ועוד מצאנו חילוקי דינים בין דיני צדקה בישראל לדיני צדקה בגר תושב או בנוכרים.[39] לעומת זאת, פוסקים חשובים בזמננו התירו לחלק מקרן כספי מעשר גם לענייי גויים וגם לקרנות מחקר של גויים לחקר מחלות. מדבריהם נראה שמאחר שנותנים להם "משום דרכי שלום" הרי זה בגדר מצוות צדקה לכל דבר.[40]

גם בנושא קרוב לענייננו, "לשנות בדברי שלום", מצאנו בתלמוד (יבמות סה ע"ב) שתי שיטות: דעת רבי אילעא משום רבי אלעזר ברבי שמעון הסובר ש"מותר לו לאדם לשנות בדבר השלום", ודעת רבי

יש לשלוח מנות, ולפיכך נהגו ליתן מעות פורים לגויים ואפילו עשירים". **והטור והמחבר** בשולחן ערוך אורח חיים סימן תרצ"ד כתבו שבמקום שנהגו לתת אף לגויים נותנים, אך רבים מהאחרונים ביארו שזה משום דרכי שלום או איבה ואין יוצאים בזה ידי מתנות לאביונים או צדקה.

38. **צפנת פענח** על הרמב"ם (הלכות מתנות עניים פ"ז ה"ו) **והערות** על מסכת גיטין מהרב יוסף שלום אלישיב.

39. ראו רבינוביץ', "חלוקה", עמ' סו, בשם **המנחת חינוך** (מצווה תעט, אות ב) שבגר תושב אין דין "לא תאמץ". בשם **חידושי הגרי"ז על התורה**, פרשת ראה, הביא שהמצווה להחיות גר תושב ומצות צדקה לישראל הם שני דינים: בגר תושב יש רק מצווה להחיות, ובצדקה יש דין עד "די מחסורו". הרמב"ם כלל את שניהם תחת מצוות צדקה, ואילו הרמב"ן מנאם כשתי מצוות בגלל חילוקי דינים אלו. וראו בספר זה, בפרק "גֵּר וְתוֹשָׁב וָחַי עִמָּךְ: זכויות סוציאליות למיעוטים במדינת ישראל", עמ' 72.

40. ראו אבידן, **אהבת צדקה**, עמ' 189, הע' 203, שהביא את הפסק הראשון בשם רש"ז אוירבך ואת הפסק השני בשם ר"מ פיינשטיין, ופירש שהם חולקים על דעת הרי"ש אלישיב (המצוינת גם לעיל ה"ש 38). הוא הציע שם גם הסבר אחר לדעתם: שהם סוברים כדעה שדין מעשר כספים איננו מצומצם לצדקה בלבד אלא גם לשאר מצוות.

נתן שם הסובר שזו מצווה.[41] בלא מעט מקומות מצינו שנקטו ממש לשון "דרכי שלום" גם בעניין זה.[42]

עיון נוסף הנדרש להשלמת הדיון הזה נוגע לשאלה אילו דינים נדחים מפני דרכי שלום: דאורייתא, דרבנן או מנהגים, ובאילו תחומים. עיון זה מתפרט לסעיפים רבים הנוגעים לכל אחד מן הנושאים שנאמר בהם "משום דרכי שלום", ועל כן לא עסקנו בו כאן.

מבט מסכם: אופיו של השלום כעקרון־על בתורה

מן הדברים שראינו עד כה עולה הערך התורני החשוב של דרכי נועם ודרכי שלום.

ואולם התבוננות מדויקת יותר במופעים של דרכי נועם ושלום במקורות מלמדת שבמקומות רבים מאוד המושגים האלה מופיעים לא רק כתקנה או כהדרכה בעלמא אלא כנימוק להתגברות על הדין הרגיל או על ההלכה הרגילה. כך למשל הם מאמרי חז"ל בעניין ההיתר או המצווה לשנות מן האמת מפני השלום,[43] כך גם כמה מן הדינים שנאמרו בקובץ המשניות במסכת גיטין "מפני דרכי שלום",[44]

41. וראו גם מחלוקת הראשונים בסוגיית "תלת מילי עבידי רבנן דמשנו במלייהו" (בבא מציעא כד ע"א): הרי"ף סובר שבאלו אין מצווה לשנות, ולעומת זאת מפני השלום מצווה לשנות כדעת רבי נתן. ואילו התוספות (ד"ה "באושפיזא") סובר שגם אלו נאמרו מפני השלום.

42. ראו למשל לשון **מדרש לקח טוב** ויחי (נ, טז): "מותר לשנות מפני דרכי שלום", וכן לשון הריטב"א (כתובות יז ע"א): "דכל שהוא מפני דרכי שלום אין בו משום דבר שקר תרחק" ועוד.

43. יבמות סה ע"ב. נחלקו הראשונים האם יש בזה ביטול מצות עשה: לדעת **ספר חרדים** (סימן רלה), האיסור לשקר הוא רק כשגורם נזק לחברו, ואף מדברי הרמב"ם (**ספר המצוות** לא תעשה רמח; שם רפא) משמע שאיסור זה הוא או כשמכחש בממון או כשמשקר בבית דין. לעומתם בעל **היראים** (מצוות עשה ד, כו) סובר שהמצווה "מדבר שקר תרחק" נאמרה תמיד, וממילא ההיתר לשנות מפני השלום כרוך בביטול מצוות עשה.

44. למשל במצודות חיה ועופות או במציאת חירש, שוטה וקטן, שמעיקר הדין אין בהם קניין.

כך במאמר חז״ל על פרשת סוטה (במדבר רבה פרשה יא, ז): ״גדול שלום שהשם שנכתב בקדושה, אמר הקב״ה ימחה על המים בשביל להטיל שלום בין איש לאשתו״,[45] כך בדברי המשנה בברכות ״והתקינו שיהא אדם שואל את שלום חברו בשם״ בבחינת ״עת לעשות לה׳ הפרו תורתך״.[46]

באמצעות מודל מפורסם שהציע המשפטן רונלד דבורקין לתיאור מערכת המשפט אפשר להסביר מדוע נועם ושלום מופיעים פעמים רבות בפרשנות ובפסיקה ההלכתית כאמצעי התגברות על הדין הרגיל. דבורקין טוען כי החקיקה מורכבת מכללים ומעקרונות. הכללים הם הדרכות מפורטות וקונקרטיות המרכיבות את ספר החוקים. לעומתם, העקרונות הם מכלול של עקרונות מוסריים ותכליות חברתיות המנחים את הכללים ועומדים ביסודם. גם כאשר אין לנו כללים כתובים בתחום מסוים, אפשר לאור העקרונות של השיטה להבין את רוחה ולקבוע את הדין.[47]

מן המקורות שנעשה בהם שימוש בדרכי נועם ושלום שנסקרו בפרק זה, אפשר להסיק שהנועם והשלום משמשים בתפקיד עקרונות במערכת ההלכה. הם נתפסים בתור אפיון כללי של מהות המערכת ומהות הכללים השונים בתוכה, כפי שמשתקף בפסוק ״דרכיה דרכי נועם וכל נתיבותיה שלום״, או בדברי חז״ל שהובאו לעיל: ״כל מה שכתוב בתורה לשום שלום הוא נכתב״, ״כל התורה כולה נמי מפני דרכי שלום היא״.

מתוקף מעמד זה, הם מתפקדים גם כסוג של קנה מידה או אמצעי לביקורת במקרים שבהם הכללים הקונקרטיים בתוך עולם

45. וזה לעומת האיסור הרגיל למחוק את שם ה׳.
46. משנה ברכות פ״ט מ״ה. ופירש רש״י בברכות (נד ע״א): ״ולא אמרינן מזלזל הוא בכבודו של מקום בשביל כבוד הבריות להוציא שם שמים עליו״. ונימק שם: ״פעמים שמבטלים דברי תורה כדי לעשות לה׳, אף זה המתכוין לשאול לשלום חברו זהו רצונו של מקום, שנאמר: ׳בקש שלום ורדפהו׳. מותר להפר דברי תורה ולעשות דבר הנראה אסור״.
47. ראו דבורקין, **זכויות**.

המעשה עלולים להתרחק מעקרון היסוד מחמת הגיוון הרב של הפרטים ושל השיקולים ברמה הפרקטית. תיאור סירובו של משה רבנו לצו ה' מחמת השלום, והסכמתו הפרדוקסלית של הקב"ה לסירובו של משה, הם הדרך המדרשית שבה הביעו חז"ל את היחס המדובר. לדברי המהר"ל מפראג, התופעות של השלום המתגלות בעולם שלנו הן שיקוף וחשיפה של האחדות המתקיימת בעולם האלוהי, הקודמת לפירוט ולפיצול המאפיינים את העולם הזה. על כן שייך השלום לעיקרון עליון הקודם לכללים הספציפיים.[48] במשפט קצר הבהיר הראי"ה קוק שכאשר עקרון השלום מתערב בכללים של האמת והצדק, נראה שהוא משבש אותם אך בכך הוא חושף את האמת העליונה יותר:

> השלום מכוון אל האמת, לא ויתור של אמת כי אם דיוק של אמת יש בו. והצדק היונק מן השלום בשפעו הגלוי - מטל השמים אשר לאמת העליונה הוא שותה.

(**אגרות הראי"ה** ח"ב, תרפט)

יחס זה מעורר את הצורך במנגנון ברור של תיקון הכללים והתאמתם לעיקרון. כפי שכתבנו בפירוט לעיל, השאלה מהו אותו מנגנון, והקביעה מתי ואיך יש להשתמש בו, הן שאלות חשובות שהתשובה עליהן איננה קלה ופשוטה, אך עצם קיומו של עקרון־העל חשוב להבנה מיטבית של השיטה כולה.

מתח זה שבין הכללים המפורשים לבין עקרון־העל משתקף יפה גם בדרשה של המהרש"א בסוף מסכת יבמות, שבה הוא מסביר מדוע מסכת זו מסיימת במאמר חז"ל "תלמידי חכמים מרבים שלום בעולם". לדבריו, עקרונות השלום עלולים לעיתים לסתור את דרך המלך של ההלכה ולהרתיע את החכמים מלפסוק לפיהם, ומשום כך ראו חז"ל עניין לחזקם בדרך זו:

48. **נתיבות עולם**, נתיב השלום פ"א: "כי הנמצאים יש בהם הפכים והוא יתברך כולל את הכל, ומצד השם יתברך אשר הוא כולל את הכל - שלום ביניהם".

> לפי שיש במסכת זו דברים תמוהים לכאורה, כאילו עוקרים דבר מן התורה... ולזה סיים במסכת זו בדרש הזה תלמידי חכמים מרבים שלום בעולם... ורצונו לומר דאין זו עקירה מן התורה אבל דברים אלו נוגעים במידת השלום...
> ומסיים ה׳ עוז לעמו יתן שאין זה עקירת דבר מן התורה כי הקב״ה נתן עוז וכח לעמו שהם תלמידי חכמים בדבר הזה להיות מקילין בדבר, שהרי ה׳ יברך את עמו בשלום כמ״ש וכל נתיבותיה שלום ואין כאן שלום אם תתעגן.
> ובדרך הזה יתפרש המקרא ישא ה׳ פניו אליך, גם לעקור דבר מן התורה, לפי שישים ה׳ לך שלום. ובכן סיימנו המסכת הזאת לשלום, כן יזכינו האל ללמוד וללמד לשלום, אכי״ר. (מהרש״א **חידושי אגדות** יבמות קכא ע״ב)

דברים אלו נכונים לגבי המקצועות השונים שבתורה, אך כאמור, כמה מן המקורות העיקריים לעניין דרכי שלום נוגעים בפרט ליחסי יהודים וגויים ולמלחמת כיבוש הארץ. ראוי להם שיעמדו גם כעיקרון מרכזי בדיון ההלכתי בדבר מקומם של מיעוטים במדינת ישראל הריבונית.

"מה יאמרו הגויים": קידוש השם וחילולו כשיקול הלכתי ביחס למיעוטים במדינת ישראל

שראל רוזנבלט

פתיחה

קידוש השם וחילולו הם אבני יסוד בהבנת מהותו של עם ישראל וייעודו. בספר ויקרא, התורה מתארת ערכים אלו כתכליתן ותוצאתן של המצוות: "וּשְׁמַרְתֶּם מִצְו‍ֹתַי וַעֲשִׂיתֶם אֹתָם... וְלֹא תְחַלְּלוּ אֶת שֵׁם קָדְשִׁי וְנִקְדַּשְׁתִּי בְּתוֹךְ בְּנֵי יִשְׂרָאֵל" (ויקרא כב, לב-לג). בלשונם של חכמים (**סדר אליהו רבה** פרשה כו): "לא נתנה תורה אלא לקדש שמו הגדול".

בעקבות נסיבות החיים הקשות של עמנו הפך המושג "למות על קידוש השם" שגור בפי כול. אכן, הרמב"ם כתב שאחד המובנים של קידוש השם עוסק בהעדפה של שמירת הצו האלוהי על פני החיים

עצמם.[1] אבל עיקרו של האידיאל הנשגב לקדש את השם השגור בפיהם של חכמים אינו עוסק בהעדפת התורה על פני החיים אלא בקידוש השם בתוך החיים עצמם, באמצעות התנהגות מופתית בדרכי מוסר ודרך ארץ ולפנים משורת הדין.

קידוש השם כערך הלכתי מופיע לא רק בעניינים שנוגעים לבני הקהילה היהודית בינם לבין עצמם, אלא גם, ואף בעיקר, בעניינים שנוגעים ליחס שבין יהודים לגויים. השיקול של קידוש השם ומניעת חילולו עשוי להוביל להוראה מעשית שתיטיב עם הגוי ותקרב בין הצדדים, וזאת בניגוד לשורת הדין, שלפעמים דווקא מחדדת את ההבדלים. וכך, למרבה העניין, הרצון לקדש את שם ה׳ בעולם יכונן בפועל גם מערכת יחסים מתחשבת ומאירה יותר בין יהודים לגויים.

באחת הסוגיות המרכזיות שנדון בהן ערך הלכתי זה מקבל משנה תוקף לנוכח ביקורת חריפה על צורת התנהלותו של שאול המלך כלפי קבוצת מיעוט בתוך ממלכת ישראל, במיוחד לאור עובדת היותו נושא בתפקיד הרשמי של מנהיג עם ישראל. הדבר מלמד שיש התייחסות הלכתית לקידוש השם לא רק במישור הפרטי של האדם אלא גם במישור הרחב יותר של עם ישראל כקולקטיב. המשמעות העיקרית של חילול השם נוגעת דווקא למרחב הפרהסיה.[2] ערך זה

1. לפרטי הדין באופן מדויק יותר, עיינו ברמב״ם **משנה תורה** הלכות יסודי התורה פ״ה.
2. כך עולה מסוגיית יומא פו ע״א, וכן ביבמות עח ע״ב. גם בסוגיית סנהדרין עד ע״א, הדנה בשאלה מתי ״יהרג ואל יעבור״ ומתי ״יעבור ואל יהרג״, השימוש במושגי חילול השם הוא רק לפעולה הנעשית לעיני עשרה אנשים מישראל. אכן מהרמב״ם (**משנה תורה** הלכות יסודי התורה פ״ה ה״ד) משמע שכאשר אדם בוחר במיתה על פני אחת משלוש העברות החמורות, הרי זה מקדש את שם ה׳ אף שהדבר נעשה בצנעה. אכן, יש גם מעשים שהם בגדר ״חילול השם בסתר״. ראו משנה אבות פ״ד מ״ד, וכן מצינו בגמרא סוטה לד ע״ב בעניין מעשה יוסף ואשת פוטיפר. על פי פירושו של **רבנו יונה** (אבות שם), יש שני מעשים שהם עצמם מחללים שם שמיים: עבודה זרה ושבועת שקר; מפני שבשניהם הפעולה סותרת באופן ישיר את שם ה׳. הרמב״ם (שם, ה״י) מוסיף הגדרה, הקשורה לכוונתו הפנימית של האדם: אם אדם עובר עברה לא מתוך תאווה או לשם הנאה כלשהי, אלא רק מתוך מרד או פריקת עול, אזי מלבד שעבר עברה

קשור אפוא במובהק לרושם שמעשה מסוים מותיר על אחרים ומתוך כך על אופן הערכתם את עם ישראל, את התורה ואת נותנהּ. וכאשר עוולה נעשית בידי מלך ישראל, אין לך פרהסיה גדולה מזו.

עם תקומתה של מדינת ישראל כמדינת הלאום של העם היהודי חוזר וניעור ההיבט הקולקטיבי של קידוש השם וחילולו כחלק מהמשמעות של מדיניות הממשלה ופעולותיה. בכך מצווה זו מעניקה במידה מסוימת משקל הלכתי לחוות הדעת של הקהילה הבין־לאומית. השילוב בין קידוש השם ברמה הקולקטיבית ובין היחס למיעוטים במדינת ישראל הוא מעניינו של פרק זה.

בטרם ניגש לגופם של דברים יש לעמוד על עצם החידוש שבמושג "חילול השם". הנחת היסוד העומדת בבסיס היגד זה היא שמעשיו של אדם משפיעים לא רק על שמו ומעמדו או על המוניטין של משפחתו וקהילתו ועמו; מעשיו של אדם עשויים להשפיע על היחס שבין עולמנו לקב"ה. מעיון רחב בתורה עולה כי אפשרות זו היא תוצאה של הקשר המיוחד והקרוב וכריתת הברית בין עם ישראל לנותן התורה המוציאם ממצרים. למרגלות הר סיני הקב"ה מייעד את עם ישראל להיות "מַמְלֶכֶת כֹּהֲנִים וְגוֹי קָדוֹשׁ" (שמות יט, ו). בספר ויקרא יש דגש מיוחד על הציווי "קְדֹשִׁים תִּהְיוּ" (ויקרא יט, ב) שפותח כמה פרשיות עמוסות במצוות. פרשיות אלו חותמות במילים "וְנִקְדַּשְׁתִּי בְּתוֹךְ בְּנֵי יִשְׂרָאֵל" (ויקרא כב, לב), היינו שהמובן של עם ישראל כעם קדוש אמור להביא לאחריות או רגישות גדולה יותר באשר להתקדשות שמו של הקב"ה בעולם. דניאל בתפילתו לה' אומר "כִּי שִׁמְךָ נִקְרָא עַל עִירְךָ וְעַל עַמֶּךָ" (דניאל ט, יט), כלומר שם ה' מזוהה עם מצבו ומעשיו של העם היהודי. עם בחירת עם ישראל כעם סגולה מגיעה גם האחריות הגדולה על קידוש השם בעולם.

התודעה הזאת עמוקה מאוד בדרך החשיבה היהודית לאורך הדורות. הטיעון "חילול השם" עשוי לעלות על שפתיהם של יהודים

מסוימת, הרי שהוא גם חילל שם שמיים. ואילו אם אדם נמנע מעברה רק מפני צו ה', הרי שקידש שם שמיים.

בסיטואציות שונות ומגוונות, ממעשים לא מוסריים במובהק ועד לילד שצועק באופן לא מנומס בסביבה נוכרית. המושג הזה נובע מתודעה עמוקה שהעם היהודי לא רק חי על פי התורה ולא רק קורא בשם ה׳ בעולם אלא שבמובן מסוים הוא מייצג את שם ה׳ בארץ. ערך זה משמש אפוא תביעה מוסרית תובענית ובלתי פוסקת להצטיינות במידות ומעשים טובים ודרך ארץ.

על הייחודיות של מושג זה והיותו תודעה "יהודית" מאוד למדתי ממפגשים עם עמיתיי מדתות אחרות. ראיתי כי מושג זה של "חילול השם" היה לרוב זר לאוזניהם. כאשר איש דת מתנהג באופן בלתי מוסרי הדבר מעיד על חסרונותיו של אותו אדם או לכל היותר על חילול שמה של אותה דת. כלומר, מה שנפגע הוא המוניטין של דת זו או אחרת, אך שמו של אלוהים אינו נפגע אף פעם. עבורם, עצם המחשבה שהתנהגות של אדם עשויה לחלל את שמו של אלוהים נתפסת כמופרכת ואף ככפירה במידה מסוימת. אך עבור היהודי זו כאמור תודעת חיים חיה ונוכחת.[3]

חילול השם וקידושו ביחס שבין יהודים לגויים

"חמור גזל הגוי מגזל יהודי", קובעת התוספתא.[4] אף שאיסור "לא תגזול" אמור בנוגע לממונם של יהודי וגוי כאחד,[5] ואף שישנם פרטי דין חמורים יותר ביחס שבין יהודי לאחיו,[6] בכל זאת התוספתא קובעת

3. נראה כי עניין זה נעוץ בפער הקיים בין היהדות לדתות אחרות בתפיסת האדם כנברא בצלם אלוהים, בתפיסת האלוהות ויסוד השכינה המתגלה בעולם, ביסוד הדיאלוגי הקיים ביניהם ובטיב הברית שכורת הקב"ה עם עם ישראל.
4. תוספתא בבא קמא פ"י הט"ו.
5. רמב"ם, **משנה תורה** הלכות גזלה ואבדה פ"א ה"ב; **שולחן ערוך**, חושן משפט סימן שמח סעיף ב׳; שם, סימן שנט, סעיף א׳. וראו **רמ"א** אבן העזר סימן כח סעיף א׳ **וחלקת מחוקק** שם ס"ק ג׳ **ובית שמואל** ס"ק ה׳. להרחבה נוספת בשיטות הראשונים והאחרונים בסוגיה זו ראו **בקונטרסי שיעורים** בבא קמא יז–טו. וראו ירושלמי להלן.
6. **רמ"א** חושן משפט סימן שמח סעיף ב׳.

שגזל של יהודי מגוי חמור יותר מאשר גזל מיהודי "מפני חילול השם". על פי התוספתא מדובר במקרה של "הגוזל את הגוי ונשבע ומת", כלומר באדם שגזל את הגוי ונשבע שלא גזל ולאחר מיתתו של הגוי חזר היהודי והודה במעשיו. הרב יצחק שבדרון, בפירושו **מנחת יצחק**, מסביר שמדובר במקרה שהיהודי החזיר את כל הכסף שגזל ליורשים ובכל זאת אין לו כפרה על מעשיו מפני חילול השם: "דחוץ לזה שעבר על לא תגזול עוד יש בה חילול השם דאפילו מחזיר לו הגזילה אינו מתפייס בזה ושופך בוז וחרפה על כל עם בני ישראל" (**מנחת יצחק** בבא קמא י, טו).

בגזל הגוי, נוסף על הפגם המוסרי שנעשה בין אדם לרעהו, ישנה בעיה נוספת ורחבה הרבה יותר: פגם בשמו של הקב"ה ותורתו והכתמת שמו של עם ישראל בכללותו, שכן הלה מטיל "בוז וחרפה על כל עם בני ישראל". עוון זה, לפי התוספתא, "אינו מתכפר לו",[7] בדומה לקביעת התוספתא במסכת יומא שעל עוון חילול השם אפילו יום הכיפורים אינו מכפר אלא רק יום המיתה.[8]

בניגוד לעמדת הבבלי (בבא קמא קי"ג ע"א)[9] ורוב הפוסקים הסוברים כי גזל הגוי אסור מן התורה, לפי התלמוד הירושלמי (בבא קמא פ"ד ה"ג) האיסור הוא מגזרת חכמים, והסוגיה מפרטת את הנסיבות שהביאו לתקנה זו. משלחת מטעם מלכות רומי הגיעה לפני רבן גמליאל ללמוד ממנו תורה. לאחר שלימדם "מקרא משנה תלמוד הלכות ואגדות" הגיעו אותם חכמי רומי למסקנה כי "כל תורתכם נאה ומשובחת חוץ משני דברים הללו שאתם אומרים". יש שתי הלכות שבעיני הגויים אינן נאות ומשובחות ודומה שהמשלחת חשה פגועה מהן. אחת מהן היא שלדעת רבן גמליאל גזל הגוי אינו אסור מהתורה. בתגובה לפגיעותם של הנוכרים מעיד הירושלמי: "באותו שעה גזר רבן

7. ראו **בתוספתא כפשוטה**, שם, שדן בנוסחים השונים הגורסים "חייב להחזיר" במקום "אינו מתכפר לו".

8. **בספר חסידים** סימן תרסא תולה את מיתת בניו ובנותיו של אדם בעוון רמאות הגוי בענייני ממון.

9. וראו לעיל ה"ש 5.

גמליאל על גזילות עכו"ם שיהא אסור מפני חילול השם". רגישותו של רבן גמליאל לפגיעותם של הגויים היא שהביאה אותו לראות בכך עילה חשובה לתקן תקנה ולאסור את גזל הגוי.[10]

מה כולל איסור זה? הרמב"ם מרחיב את איסור הגזל לכל התנהלות שיש בה שקר ומרמה כלפי הגויים:

> וכן אינן מותרין האונאות והתחבולות ומיני המרמות והזיוף והסלוף עם הגוים, אמרו עליהם השלום אסור לגנוב דעת הבריות ואפילו דעת הגוי, וכל שכן אם יהא תלוי חלול השם שאז יהיה העון חמור יותר, ויושגו לאדם תכונות רעות על ידי כל המעשים הרעים הללו אשר העיד יתעלה על עצמו שהוא מתעב אותן כשלעצמן נעשו עם מי שנעשו, והוא אמרו כי תועבת ה' אלהיך כל עושה אלה כל עושה עול.
>
> (רמב"ם **משנה תורה** הלכות דעות פ"ב ה"ו)

בדבריו מבקש הרמב"ם להזכיר שהבעיה שלפנינו היא בראש ובראשונה בכך שמעשים אלו הם רעים ומכוערים ובלתי מוסריים מצד עצמם, ונוסף על כך הם גם מביאים לחילול השם. כלומר אדם הנוקט דרך זו מביא לגיבוש עמדה שלילית על התורה בקרב הגויים.

היבט נוסף של קידוש השם ביחס שבין יהודים לגויים מופיע בדיון דומה העוסק בהשבת אבדה לגוי. על פי חז"ל (בבא קמא קיג ע"ב) השבת אבדה היא חיוב מיוחד, מעין מידת חסידות,[11] שקיים רק

10. ההלכה השנייה שפגעה באותה משלחת היא שבת ישראל לא תעזור ליולדת נוכרית וגם לא בהנקת בנה. נגד זאת לא תיקן רבן גמליאל תקנה. בפירוש **עלי תמר** הסביר שהלכה זו נאמרה בהקשר של עובדי אלילים וכחלק מהמאבק של התורה בעבודה זרה. הוא מזכיר שם את דברי הבבלי (עבודה זרה כו ע"א), שלמעשה יש לעזור ליולדת נוכרית משום איבה, וקל וחומר בימינו (שו"ת **חתם סופר** ח"ב יורה דעה סימן קלא; שו"ת **אגרות משה** אורח חיים ד, סימן עט; שו"ת **יביע אומר** חלק ח, אורח חיים סימן לח; וראו **שבט מיהודה** ג, סימן ע).
11. **בית הבחירה** למאירי בבא קמא קיג ע"ב.

בין יהודי לאחיו. זאת ועוד, ממסכת סנהדרין (עו ע"ב) עולה שיש מצבים שבהם השבת אבדה לאנשים מסוימים עשויה להיות בעייתית.[12] אף על פי כן, הגמרא מביאה את דברי רבי פנחס בן יאיר שאומר: "במקום שיש חילול השם, אפי' אבידתו אסור" (בבא קמא קיג ע"ב). כלומר, אסור ליהודי להשתמש באבדה של גוי ועליו להחזירה כדי למנוע חילול השם. בדומה לכך, בתלמוד הירושלמי (בבא מציעא פ"ב, ה"ה) מסופר על שמעון בן שטח, נשיא ישראל, שהשיב אבדה לגוי מפני קידוש השם, דהיינו השבת האבדה נעשית לא רק כדי למנוע חילול השם (על דרך השלילה) אלא היא עצמה יוצרת קידוש השם בעולם. ואכן, התלמוד הירושלמי מספר על מקרים שבהם נהגו חכמים עם הגויים בדרכי היושר ולפנים משורת הדין, ובתגובה אמרו אלה: "ברוך אלוהי היהודים". גמרא זו נפסקה להלכה ברמב"ם ובשולחן ערוך.[13] וכך מסיק רבי בנימין בן מתתיה, מחבר **שו"ת בנימין זאב**, שפסק ליהודי להחזיר כסף של גוי שהגיע אליו בטעות:

> ואין להטעות שום בריה לא ישמעאלי ולא גוי כי כשיבוא הקדוש ברוך הוא להושיעם יאמרו האומות בדין עשה עמהם והוציאם מתחת ידינו כי הם אמת ותורתם אמת אבל אם ח"ו יתנהגו ברמאות עם האומות יאמרו ראו מה בחר הקדוש ברוך הוא לחלקו גנבים ורמאים ויש שם ח"ה ח"ו.
>
> (**שו"ת בנימין זאב**, סימן תט)

דברים אלו מזכירים במידה רבה את דברי הרמב"ם לעיל בכך שהם מתייחסים גם לעצם המעשה כרמאות וגם להשפעה הסביבתית שלו, שהוא מביא לחילול השם. אולם בעוד דברי הרמב"ם נסבו על מעשה

12. לפי היד **רמה** אין להשיב אבדה לאנשים ש"אין מִתְאַוִּים ליוצרם". וראו ברש"י שם הסבר אחר. ולפי המאירי המוזכר לעיל, האיסור הזה כמעט שאינו קיים בגויים בימינו. ועיינו בהרחבה רוזנבלט, "המאירי".
13. רמב"ם, **משנה תורה** הלכות גזלה ואבדה פי"א ה"ג; **שולחן ערוך**, חושן משפט, סימן רסו, א.

הגזלה ותולדותיה, שאסורים מהתורה, דברי רבי בנימין כאן אמורים כלפי השבת אבדה, שכאמור אין בה חיוב מעיקר הדין כשמדובר בהשבה לשאינו יהודי. ובכל זאת מעצים רבי בנימין את הכיעור המוסרי שיש בכל מעשה שיש בו שמץ רמאות או שיכול להיתפס כמעשה מרמה כלפי כל בריה.

מן המקרים עד כה ברי כי קידוש השם וחילולו הם חלק בלתי נפרד ממרקם היחסים שבין יהודים לגויים. כמעט אפשר לומר שתמיד תציב לפנינו ההלכה שני רובדי דיון השלובים זה בזה, רובד הלכתי אחד שנובע מהגדרות משפטיות ותפיסות עקרוניות ורובד נוסף הנובע מהיישום שלהן במציאות מתוך רגישות לאופן שבו הן משפיעות על הגויים ועל גיבוש עמדתם ביחס לעם ישראל ותורתו.

ביטוי חריף עוד יותר של ערך קידוש השם והשפעתו על מרקם היחסים בין יהודים לגויים נמצא בסדר אליהו רבה:

> לא נתנה תורה על מנת כן אלא לקדש שמו הגדול, שנאמר ויאמר עבדי אתה ישראל וגו׳ (ישעיה מט, ג), מיכן אמרו, ירחיק אדם עצמו מן הגזל מישראל ומן הגוי, ואפילו מכל אדם שבשוק, שהגונב לגוי לסוף שהוא גונב לישראל, והגוזל לגוי לסוף שהוא גוזל לישראל, נשבע לגוי לסוף שהוא נשבע לישראל, מכחש לגוי לסוף מכחש על ישראל, שופך דמים לגוי לסוף שהוא שופך דמים לישראל, ולא נתנה תורה על מנת כן אלא כדי לקדש שמו הגדול, ושמתי בהם אות ושלחתי מהם פליטים וגו׳ (ישעיה סו, יט), מהו אומר בסוף העינין, והגידו את כבודי בגוים.
>
> (**סדר אליהו רבה** פרשה כו)

קידוש השם בעולם הוא תכלית התורה, ולפיכך פונה המדרש לרובד המעשי ושואל מה יביא את עם ישראל להיות חברת מופת שמאדירה את שם ה׳ בעולם. התשובה לכך: להיות אדם מוסרי כלפי כל בריה ללא הבחנה בין יהודי לגוי, מפני שבמישור המעשי חלוקה זו אינה מתקיימת. אדם שמרמה גוי הוא אדם רמאי ולכן הוא ירמה גם יהודים,

ומן האדם הפרטי תושפע גם כלל האומה ובכך תיפגע התכלית שלשמה ניתנה התורה: "לקדש שמו הגדול". קידוש השם הזה יתקיים כאשר עם ישראל יהיו אנשי מופת ומוסר, נושאים ונותנים באמונה ומעורבים בדעת עם הבריות. המבקש לקדש את השם בעולם חותר להתנהגות מופתית ומוסרית כלפי כל אדם.

המדרש מסיים בנבואת ישעיהו המנבאת מציאות שבה יהודים נשלחים לכל קצוות תבל ועל ידי כך כבוד ה' גדל בעולם. מכאן יוצא אפוא שהגדלת כבוד ה' בקרב האומות תתרחש על ידי אנשי מופת שקשורים לתורה ולעם ישראל והליכותיהם מוסר וחסד, צדקה ויושר, והם אינם מתבדלים מן העולם אלא חיים במעורבות עם גויים בכל מקום שהם.

חילול השם כפעולה ממלכתית

עד כה עסקנו במקרים שבהם קידוש השם או הימנעות מחילולו מתרחשים במישור שבין יהודי פרטי לנוכרי,[14] מקרים שהובאו להלכה אצל הפוסקים לאורך הדורות. בדברים הבאים נבקש להתמקד בסוגיה העוסקת בקידוש השם במישור הממלכתי, כלומר כאשר מלך ישראל כמייצג את עם ישראל גורם לחילול השם או לקידושו, ובהשלכות שיש לכך על ההכרעה ההלכתית.

על פי המסופר בספר שמואל ב' (כא), בימי מלכותו של דוד המלך פקד רעב קשה את הארץ. הקב"ה הסביר לדוד שהסיבה לרעב היא עונש בגין פגיעתו של שאול המלך במיעוט הגבעוני[15] שחי תחת חסותה של ממלכת ישראל, שכן על פי הנאמר במקרא (שם, כא, א),

14. אם כי שניים מהסיפורים שהובאו בתלמוד הירושלמי עסקו בנשיאי ישראל - שמעון בן שטח ורבן גמליאל - כלומר ברבנים בעלי תפקיד ייצוגי ומעמד ציבורי חשוב.

15. על פי מסורת חכמים, הגבעונים התגיירו אך היו במעמד של "גרים גרורים". דהיינו, המניע שלהם לגיור היה אינטרסנטי ולא "לשמה", ולכן בפועל לא צורפו באופן מלא לקהילה הישראלית.

שאול "הֵמִית אֶת הַגִּבְעֹנִים". חכמים התקשו בביאור פסוק זה שכן לא מצאנו זכר במקרא לכך ששאול פגע באופן ישיר בגבעונים. התלמוד הירושלמי (קידושין פ"ד ה"א) משיב שפסוק זה הוא הוא שמלמד אותנו שאכן שאול הרג שבעה אנשים מהגבעונים ובכך הפר הפרה מוחלטת את השבועה שנשבעו נשיאי העדה לגבעונים בימי יהושע.[16] הפרת שבועה בשם השם נתפסת כפעולה מובהקת של חילול השם שעליה נאמר (ויקרא יט, יב): "וְלֹא תִשָּׁבְעוּ בִשְׁמִי לַשָּׁקֶר וְחִלַּלְתָּ אֶת שֵׁם אֱלֹהֶיךָ".[17] ברם, התלמוד הבבלי (יבמות עח ע"ב) מתאר אחרת את עוגמת הנפש של הגבעונים: "מתוך שהרג נוב עיר הכהנים שהיו מספיקין להם מים ומזון, מעלה עליו הכתוב כאילו הרגן". שאול לא הרג אף לא אחד מן הגבעונים ובכל זאת עוונו גדול עד שנחשב "כאילו הרגן". מדוע? מפשט הסוגיה עולה שכוהני נוב עצמם היו מספקים מים ומזון לגבעונים וכעת שרשרת אספקה זו נפסקה. לפי פירושים אחרים[18] הגבעונים הם שסיפקו מים ומזון לכוהנים שהם משרתי ה', ושאול נטל מהם את הזכות לשרת את משרתי ה'. אם כנים הדברים, מדובר בזכויות שלא נכללו בהתחייבותם של זקני ישראל כלפי הגבעונים בימי יהושע. אם כן, לא הפרת השבועה היא ששימשה עילה לשלוש שנות רעב קשות אלא עצם ההרעה הניכרת בתנאי המחיה של הגבעונים בהיותם מיעוט הנמצא בחסות ריבונותה של ממלכת ישראל.[19]

16. ראו רש"י על שמואל שם, המפרש שהגבעונים הללו נהרגו כחלק מהשמדת נוב עיר הכוהנים בידי שאול. וכן בפירוש **קרבן העדה** על הירושלמי שם.
17. וראו דבריו של **המאירי** (מכות טז ע"ב) שחומרה זו של חילול השם קיימת גם כאשר מבחינה הלכתית השבועה לא חלה (שכן הגבעונים רימו את עם ישראל). זאת מפני שבעיני אומות העולם הדבר נתפס כהפרת שבועה שנשבע עם ישראל בשם ה'.
18. מהרש"א **חידושי אגדות** יבמות, עח ע"ב.
19. ראו דבריו של הרב אבינר, "ולא שיקרנו", עמ' 42–43, שטען שחילול השם כאן הוא עניין מקומי הקשור רק להפרת שבועה ולא לסוגיה כללית של יחס למיעוטים. וראו דבריו של הרב שרלו, "חלול השם", עמ' 214–215, שחלק על דבריו.

דוד המלך פונה אל הגבעונים ושואל אותם כיצד אפשר לכפר על הפגיעה בהם, והם משיבים שזה יקרה רק בהוצאה להורג של בני שאול. למרות הביקורת שמותחת הגמרא על בקשה אכזרית זו, דוד המלך נענה לבקשה ותולה על העץ שבעה מבניו של שאול המלך (!). לא זו אף זו, דוד המלך מורה להשאיר את נבלתם על העץ כמה חודשים. מעשים אלו מביאים בסופו של דבר להפסקת הבצורת, וגשם מתחיל לרדת כסימן להיעתרותו של אלוהים למעשה כפרה זה.

סיפור זה אינו חף משתי קושיות חמורות, שהגמרא מקשה אותן. האחת, הריגת בני שאול על עוון אביהם נוגדת את אחד מכללי המוסר היסודיים של משפט התורה (דברים כד, טז): "וּבָנִים לֹא יוּמְתוּ עַל אָבוֹת אִישׁ בְּחֶטְאוֹ יוּמָתוּ". על כך משיבה הגמרא (יבמות עט ע"א): "**מוטב שתעקר אות אחת מן התורה ואל יתחלל שם שמים בפרהסיא**". הקושיה השנייה נוגעת לנאמר מפורשות בתורה שאסור להלין נבלת אדם על עץ. על כך משיבים באופן דומה (שם): "**מוטב שתעקר אות אחת מן התורה ויתקדש שם שמים בפרהסיא**". הפגיעה בתנאי החיים של הגבעונים אינה נמדדת רק ביחס ישר לעוול שנגרם להם אלא גם בהקשר רחב יותר של חילול השם וקידושו, היינו בשם הרע או הטוב שיוצא על עם ישראל כולו ועל ה' ותורתו. וייתכן שחומרת העניין כאן מגיעה דווקא בשל העובדה שמדובר במעשיו של מלך ישראל שיש להם פרסום רב והוא נתפס כמייצג את העם כולו. עניין זה עולה מתוך ההסבר כיצד תליית בניו של שאול מביאה לקידוש השם:

> שהיו עוברים ושבים אומרים: מה טיבן של אלו? הללו בני מלכים הם, ומה עשו? פשטו ידיהם בגרים גרורים, אמרו: אין לך אומה שראויה להדבק בה כזו, ומה בני מלכים כך, בני הדיוטות על אחת כמה וכמה! ומה גרים גרורים כך, ישראל על אחת כמה וכמה! מיד נתוספו על ישראל מאה וחמשים אלף. (שם)

גויים שהיו עוברים בארץ ותמהו למראה תלייתם של בני מלכים הביעו פליאה על חומרת העונש שנוקט מלך ישראל כנגד הפוגעים

במיעוט שהתגייר ונמצא במעמד חברתי דחוי. מעשה זה הותיר רושם רב, והשמועה שנפוצה על מעלתם של ישראל והיחס הרגיש למיעוטים הביאה לידי כך שמאה וחמישים אלף גויים התגיירו מתוך רצון להצטרף לעם ישראל. כלומר, קידוש השם משמעותו הערכה חיובית כלפי עם ישראל שגורמת לאנשים לרצות לדבוק בו מתוך ראייתו כמגדלור מוסרי. מעשיו של מלך ישראל אפוא, לטוב או למוטב, אינם נתפסים כפעולה פרטית אלא ככזאת שמייצגת ביתר שאת את העם כולו. בנוגע למקרה הזה קובעת הגמרא שקידוש השם וחילולו הם שיקול הלכתי עליון אשר בגינו נדחים איסורי תורה מפורשים.

מהו היסוד המשפטי המאפשר לעקור דבר מן התורה עבור מניעת חילול השם? וכי אפשר ומותר לעקור אות אחת מן התורה?! על שאלה זו משיב **הריטב"א**:

> פי' שכל הוראת שעה ולמגדר מילתא שרי וב"ד מכין ועונשין שלא מן התורה, ואין זו עקירה ממש אלא שתעקר לפי ראות בני אדם קאמר, והא דאמרינן אות אחת לאו דוקא דהא מקרא מלא עקרינן. (**ריטב"א** יבמות עט ע"א)[20]

לבית הדין יש היכולת ואף החובה במקרים מיוחדים להורות הוראה מעשית "שלא מן התורה", כלומר שלא על פי שורת הדין. "בית דין מכין ועונשין שלא מן התורה, ולא לעבור על דברי תורה - אלא לעשות סייג לתורה" (יבמות צ ע"ב). מותר לחרוג מן הדין כדי לשמור על הדין. בשם מטרת־העל, שהיא להביא את עם ישראל לשמירת תורה ומצוות, וכדי לעצור סחף שלילי שעשוי להתפתח בחברה, בית דין יכולים להורות שלא על פי דין. לפי הסברו של הריטב"א, את המנדט המשפטי הזה הפעיל דוד המלך כאשר הורה לתלות את בניו של שאול המלך.

20. וכן מסביר המאירי שם.

ועדיין עלינו לחדד את החידוש הגדול שלפנינו. הדוגמאות בגמרא למקרים שבהם מפעילים את סעיף הוראת השעה עוסקות בהגנה על מידת ההקפדה בשמירת ההלכה של עם ישראל, כגון שמירת השבת, פריצות בעריות ועבודה זרה. בסיפור של הגבעונים, לעומת זאת, הבעיה שיש לעצור אינה רפיון דתי בתוך עם ישראל אלא סחף של שם רע על תורת ישראל בקרב אומות העולם בעקבות יחס לא הגון דיו כלפי מיעוטים.

ברם, דווקא העצמת הכוח ההלכתי של קידוש השם כשיקול הכרעתי שדוחה מצווה, כהוראת שעה, מצריכה עיון ושיקול דעת רבים עוד יותר ברמה המעשית. לאורך הדורות נחלקו הפוסקים בגדר הדין של "הוראת שעה" ו"מגדר מלתא" ובשאלה מי יכול לפעיל אותם ומתי.[21] עם זאת, בוודאי אפשר להסיק מכאן כי ערך קידוש השם ומניעת חילולו צריך לשמש שיקול הלכתי משמעותי בהתלבטות בין אפשרויות הלכתיות שונות ובאופן ההכרעה המעשית.[22] וכדברי הראי"ה קוק:

> והחיוב שיהא שם שמים מתאהב על ידך הרי הוא מצוה דאורייתא לכל אדם מישראל, לכל אחד לפי ערכו, ואין כאן לבטלה אלא לקיום רצונו של מקום ומצותו וקידוש שמו, שהוא עדיף ומכריע... והוא הקובע את ההלכה וההליכה.
>
> (**שו"ת עזרת כהן** סימן קה, הערה 5)

יש לחקור ולשאול אם אפשר להשליך מסיפור דוד המלך והגבעונים לכלל המקרים שבהם עשוי להיות חילול השם,[23] או שמא מקרה ייחודי לפנינו הקשור לכך שמדובר באירוע המתרחש במישור הממלכתי,

21. להרחבה ראו **אנציקלופדיה תלמודית** ערך "יש כח ביד חכמים לעקור דבר מן התורה" וכן: מנחם, "ענישה".
22. ראו במאמרו של הרב שרלו, שם.
23. ראו **יביע אומר** ח, אבן העזר יב.

שכן מצינו ששאלת הפרהסיה היא רכיב חשוב בסוגיית חילול השם.[24] ההגדרה ההלכתית של פרהסיה היא מעשה שנעשה בפני עשרה אנשים. ובכל זאת, מבחינת הפרסום וההשפעה אין להשוות את מעשיו של אדם פרטי לאלו של מלך ישראל, ושמא רק בנוגע לחילול השם בידי גוף ממלכתי נאמר "מוטב שתעקר אות אחת מן התורה".[25] במובן הזה מדינת ישראל, פעולותיה ומדיניותה הן במידה רבה נקודת השיא של קידוש השם בפרהסיה ולחלופין עשויות להיות חלילה גם נקודת השיא של חילול השם בפרהסיה. ממילא יש באימוץ מדיניות מוסרית נעלית ומחמירה, ובפרט ביחס למיעוטים במדינה, משום שיא של קידוש השם בעולם.

מהו קידוש השם – חוסן לאומי והתנהגות מוסרית

ערך קידוש השם ומניעת חילולו בעולמם של חכמים מורכב משני רכיבים שונים. האחד קשור למונחים "קידוש השם" או "חילול השם" עצמם שמקורם בתורה והם מוגדרים כתכלית של קיום מצוות או הפרתן (ויקרא כב, לב-לג): "וּשְׁמַרְתֶּם מִצְוֹתַי וַעֲשִׂיתֶם אֹתָם... וְלֹא תְחַלְּלוּ אֶת שֵׁם קָדְשִׁי וְנִקְדַּשְׁתִּי בְּתוֹךְ בְּנֵי יִשְׂרָאֵל".[26] הרכיב השני מצוי בנקודת מבטם של הגויים ובשאלת הערכתם למציאותו של הקב"ה, דבר המושפע ישירות ממצבו וחוסנו של עם ישראל. גם חטא העגל וגם חטא המרגלים איימו לשבור את הכלים, לשמוט את הברית בין הקב"ה לכלל ישראל. בשני המקומות טיעון מרכזי בסנגוריה של משה רבנו הוא ההשפעה השלילית שתהיה לתגובת ה' על דעתם של הגויים בנוגע לקב"ה (במדבר יד, טו-טז): "וְאָמְרוּ הַגּוֹיִם אֲשֶׁר שָׁמְעוּ

24. רמב"ם **משנה תורה** הלכות יסודי התורה פ"ה ה"ב; **רבנו יונה** אבות פ"ד מ"ד.
25. ראו **בשו"ת משפט כהן** סימן קמג.
26. לפי חז"ל ולפי מוני המצוות, זו מצווה בפני עצמה: מצוות עשה "שצונו לקדש השם" (**ספר המצוות לרמב"ם**, עשה ט) ומצוות לא תעשה "שהזהירנו מחלול השם" (שם, לא תעשה סג).

אֶת שִׁמְעֲךָ לֵאמֹר. מִבִּלְתִּי יְכֹלֶת ה׳ לְהָבִיא אֶת הָעָם הַזֶּה אֶל הָאָרֶץ אֲשֶׁר נִשְׁבַּע לָהֶם וַיִּשְׁחָטֵם בַּמִּדְבָּר״.[27]

המקום הראשון שמחבר בין שאלת מה יאמרו הגויים לבין השימוש במונח ״חילול השם״ נמצא בספר יחזקאל:

> וַיְהִי דְבַר ה׳ אֵלַי לֵאמֹר. בֶּן אָדָם בֵּית יִשְׂרָאֵל יֹשְׁבִים עַל אַדְמָתָם וַיְטַמְּאוּ אוֹתָהּ בְּדַרְכָּם וּבַעֲלִילוֹתָם... וָאָפִיץ אֹתָם בַּגּוֹיִם וַיִּזָּרוּ בָּאֲרָצוֹת כְּדַרְכָּם וְכַעֲלִילוֹתָם שְׁפַטְתִּים. וַיָּבוֹא אֶל הַגּוֹיִם אֲשֶׁר בָּאוּ שָׁם וַיְחַלְּלוּ אֶת שֵׁם קָדְשִׁי בֶּאֱמֹר לָהֶם עַם ה׳ אֵלֶּה וּמֵאַרְצוֹ יָצָאוּ. וָאֶחְמֹל עַל שֵׁם קָדְשִׁי אֲשֶׁר חִלְּלוּהוּ בֵּית יִשְׂרָאֵל בַּגּוֹיִם אֲשֶׁר בָּאוּ שָׁמָּה. לָכֵן אֱמֹר לְבֵית יִשְׂרָאֵל כֹּה אָמַר אֲדֹנָי ה׳ לֹא לְמַעַנְכֶם אֲנִי עֹשֶׂה בֵּית יִשְׂרָאֵל כִּי אִם לְשֵׁם קָדְשִׁי אֲשֶׁר חִלַּלְתֶּם בַּגּוֹיִם אֲשֶׁר בָּאתֶם שָׁם. וְקִדַּשְׁתִּי אֶת שְׁמִי הַגָּדוֹל הַמְחֻלָּל בַּגּוֹיִם אֲשֶׁר חִלַּלְתֶּם בְּתוֹכָם וְיָדְעוּ הַגּוֹיִם כִּי אֲנִי ה׳ נְאֻם אֲדֹנָי ה׳ בְּהִקָּדְשִׁי בָכֶם לְעֵינֵיהֶם. (יחזקאל לו, טז-כג)

נבואת יחזקאל מתארת את הקונפליקט שבין עונש הגלות שמגיע לעם ישראל עקב מעשיהם לבין שם ה׳ שמתחלל מעצם ישיבתם בגלות. עם ישראל נתפס בעיני הגויים כ״עם ה׳״, וממילא מצבו הלאומי הרעוע מעיד בעיני הגויים גם על חולשתו כביכול של הקב״ה עצמו. המוניטין הירוד של ה׳ בקרב הגויים הוא הוא חילול השם. לפיכך, כבודו של ה׳ בעולם הוא גם המניע של תהליך הגאולה. ההיפוך בדעת הקהל העולמית על קדושת השם יתרחש כאשר עם ישראל יחזור לארצו

27. וראו גם בדברים כט, כג. אף בספר תהילים (עט) תלוי כבוד שמו של ה׳ בקרב הגויים במצב הלאומי והפוליטי הרעוע של עם ישראל. מבטם של הגויים על עם ישראל ועל תורתו אף משמש טיעון שכנוע לשמירת מצוות התורה (דברים ד, ו): ״וּשְׁמַרְתֶּם וַעֲשִׂיתֶם כִּי הִוא חָכְמַתְכֶם וּבִינַתְכֶם לְעֵינֵי הָעַמִּים אֲשֶׁר יִשְׁמְעוּן אֵת כָּל הַחֻקִּים הָאֵלֶּה וְאָמְרוּ רַק עַם חָכָם וְנָבוֹן הַגּוֹי הַגָּדוֹל הַזֶּה״. ההערכה של הגויים למעלת חכמתן של מצוות התורה עוזרת לעם ישראל עצמו בהערכת יקרתה של תורה.

ויפריח את השממה וישגשג על אדמתו. במקומות אחרים בתנ״ך רואים כי על פי חזון הנביאים התפעלותם של הגויים מגאולתם של ישראל אמורה להביא בסופו של דבר גם להתכנסותן של אומות העולם בירושלים מתוך רצון ללמוד מתורת ה׳, חוקיו ומשפטיו.[28]

ברם, בנקודה זו נוכל לשית את עינינו להבדל בין דברי יחזקאל לבין הדגשים העיקריים בדברי חכמים. על פי חז״ל, הגורם העיקרי שמשפיע על קידוש השם או חילולו הוא ההתנהגות המוסרית והאתית של עם ישראל, ואפילו זו של כל אדם פרטי.

״היכי דמי חילול ה׳?״ שואלת הגמרא ביומא (פו ע״א) - מהן הפעולות המביאות לחילול השם? האמורא רב מפתיע בתשובתו ומדגים זאת על עצמו: כאשר הוא קונה בשר מהקצב בהקפה, בלי לשלם לו מייד. סיטואציה כזאת יכולה להתפרש בעיני אחרים כאילו לקח רב את הבשר ללא תשלום.[29] אף שקנייה בהקפה היא מעשה כשר לחלוטין כאשר הוא נעשה בהסכמה, עדיין יש להימנע ממנו במקום שאין דרך קנייה זו מקובלת, רק מפני דעת הקהל. אומנם דעת הקהל במקרה זה שוגה בפרשנות שלה את המציאות, אך בכל זאת יש להימנע מן המעשה הזה מפני שהשאלה הנידונה בסוגיית חילול השם אינה השאלה אם המעשה צודק מבחינה אובייקטיבית אלא מה דעתם ומחשבתם של מי שצופים במעשה ומפרשים אותו.[30]

מה הקשר בין מעשה קטן זה של אחד מחכמי ישראל לבין הערך הגדול של קידוש השם ומניעת חילולו? אביי מסביר את דברי קודמיו על פי דרשת הפסוק ״ואהבת את ה׳ אלוהיך״:

> כדתניא, ואהבת את ה׳ אלהיך שיהא שם שמים מתאהב על

28. מיכה ד; ישעיהו ב ועוד. להרחבה על מקומם של הגויים בתמונת הגאולה של אחרית הימים בתנ״ך ראו רוזנבלט, ״לעתיד לבוא״.
29. על פי פירוש **רבנו חננאל**. וראו דברי רש״י שפירש באופן אחר.
30. אכן, הגמרא מסייגת שזה נכון רק במקום שבו אין רגילים לקנות בהקפה. כלומר, התחשבות בדעת הקהל היא רק במקרה שהפרשנות (המוטעית) שלהם מובנת בתוך הקשר מעשי ותרבותי מסוים.

> ידך, שיהא קורא ושונה ומשמש תלמידי חכמים, ויהא משאו ומתנו בנחת עם הבריות, מה הבריות אומרות עליו - אשרי אביו שלמדו תורה, אשרי רבו שלמדו תורה. אוי להם לבריות שלא למדו תורה, פלוני שלמדו תורה - ראו כמה נאים דרכיו, כמה מתוקנים מעשיו, עליו הכתוב אומר ויאמר לי עבדי אתה ישראל אשר בך אתפאר. אבל מי שקורא ושונה ומשמש תלמידי חכמים ואין משאו ומתנו באמונה, ואין דבורו בנחת עם הבריות, מה הבריות אומרות עליו - אוי לו לפלוני שלמד תורה, אוי לו לאביו שלמדו תורה, אוי לו לרבו שלמדו תורה, פלוני שלמד תורה - ראו כמה מקולקלין מעשיו וכמה מכוערין דרכיו! ועליו הכתוב אומר באמר להם עם ה׳ אלה ומארצו יצאו. (יומא, שם)

מצוות אהבת ה׳ לפי דרשה זו מובנת כהוראה לאדם לגרום לאנשים אחרים לאהוב את שם ה׳. על פי הברייתא, אפשר להשיג זאת דווקא דרך המישור האתי והמוסרי של תלמידי החכמים. לומדי התורה בתוך הקהילה היהודית משמשים בפועל כמייצגי התורה והם נבחנים על ידי הקהל לא רק על פי אדיקותם במצוות אלא גם בדרך ארץ שלהם. ומה שנכון עבור תלמיד חכם בתוך הקהילה היהודית, עשוי להיות נכון גם לכל יהודי כאשר הוא נמצא בתוך חברה נוכרית.[31]

הקושי בברייתא נמצא במקור שממנו היא לומדת את דינה, הפסוק ביחזקאל (לו, כ): "בֶּאֱמֹר לָהֶם עַם ה׳ אֵלֶּה וּמֵאַרְצוֹ יָצָאוּ". כפי שראינו לעיל, חילול השם בפסוק זה הוא עצם ישיבת עם ישראל

31. הרמב"ם פירש שהסוגיה ביומא פונה דווקא ל"אדם גדול בתורה ומפורסם בחסידות". ברם, דומני שכאשר מדובר בהתרחשות בין יהודים לגויים וברמה הבין-לאומית - עיקרון זה נכון במידה מסוימת לגבי כל יהודי. זאת מפני שאכן בתוך הקהילה היהודית, דווקא קלקול של תלמיד חכם עשוי להביא להערכה לא טובה של התורה, מה שאין כן קלקול של אדם מן השורה. אך כאשר יהודי מקלקל מעשיו לעיני הגויים, הוא נתפס בעיניהם במידה זו או אחרת כנציג עם ישראל, ללא קשר מלא למידת גדולתו בתורה. לכן, דברי הגמרא והרמב"ם רלוונטיים לכל אדם מישראל, ובוודאי להנהגה הפוליטית של מדינת ישראל, שבעיני רבים בעולם מייצגת את הסיפור של העם היהודי.

בגלות ולא מעשה זה או אחר, והוא נגרם בעקבות מצבו הקולקטיבי של עם ישראל ולא בשל פעולתם של אנשי מעלה מקרב הקהילה היהודית. כיצד אפוא משמשים דברי הנביא מקור לדברי הגמרא?

ייתכן שחכמים לומדים מיחזקאל רק את העיקרון הכללי שלפיו המושג "חילול השם" קשור בשאלה "מה יאמרו הגויים", אך מרחיבה את תחולת הדין גם על התנהגות לא ראויה ולא רק על מצבו הלאומי של העם. אך ייתכן שהברייתא מבינה שחילול השם המדובר ביחזקאל מתרחש לא רק כפועל יוצא של עצם היציאה לגלות אלא גם - ואולי בעיקר - בעקבות סיבת הגלות, כמתואר בתחילת הנבואה ההיא (יחזקאל לו, יז): "בֵּית יִשְׂרָאֵל יֹשְׁבִים עַל אַדְמָתָם וַיְטַמְּאוּ אוֹתָהּ בְּדַרְכָּם וּבַעֲלִילוֹתָם". הגויים המזלזלים בשם ה' עושים זאת לא רק מפני חולשתו כביכול של הקב"ה לגאול את עמו, אלא מפני שהם רואים שהעם הנבחר שקיבל את התורה מתנהג באופן לקוי ולא מוסרי. אם כנים הדברים, ברור יותר כיצד פסוק זה הוא המקור של הברייתא המלמדת שגם אדם אחד מישראל יכול לגרום לחילול השם כאשר התנהגותו הבעייתית מביאה לביקורת ציבורית.

בחלק הקודם, ובעקבות סיפור שאול המלך והגבעונים, העמקנו בהיבט הקולקטיבי, הממלכתי, של קידוש השם וחילולו, שמתגבר במידה ניכרת עם הקמתה של מדינת ישראל. הוספנו להעמיק בשני רכיבים שמשפיעים על קידוש השם הזה - החוסן הלאומי והמישור ההתנהגותי־מוסרי של המדינה.

מן הפסוקים ביחזקאל נוכל להסיק כי עצם חזרת עם ישראל לארצו, הקמתה של מדינת ישראל, שגשוגה וחוסנה הם הם שמקדשים את שם ה' בעולם. ואכן, בזירה הבין־לאומית ובעיקר בזירה הבין־דתית, לצד ביקורת על מדינת ישראל, אנחנו רואים שינוי ניכר לטובה ביחס האומות והדתות הן לעם ישראל והן לתורת ישראל.

עם זאת, על פי פרשנות חז"ל לערך קידוש השם, ובפרט לאור סוגיית הגמרא בעניין סיפור שאול ודוד המלך והגבעונים, ודאי שקידוש השם שקשור במדינת ישראל נוגע בעיקר בתוכן המוסרי של המדינה, בערכים שהיא מקדמת, ובפרט ביחסה ההגון כלפי

המיעוטים שבה. כמו כן, שאלת קידוש השם וחילולו תיבחן לא רק על פי קריטריונים פנימיים אלא גם ובעיקר על פי "מה יאמרו הגויים". הגם שעצם תקומת המדינה היא קידוש השם, היא משמשת בעיקר מגבר עוצמתי למעשים הנעשים בה ועל ידה. הפלטפורמה המדינית תהדהד בעולם קידוש השם גדול אם תנהג המדינה באופן הגון ומוסרי בכלל, וכלפי המיעוטים בה בפרט, והיא עשויה חלילה להעצים את חילול השם אם תפעל באופן ההפוך.[32]

הבעיה הפילוסופית, הפסיכולוגית והיישומית בסוגיית קידוש השם

לאחר עיון במקורותיו של עקרון קידוש השם וחילולו, באופיו ההלכתי ובקשר הישיר שלו למציאות חיינו במדינת ישראל, ברצוננו לעמוד על הבעיה הפילוסופית והיישומית שטמונה ביסודו.

השאלה הראשונה היא אם התחשבות בדעתם של אחרים -

32. לוביץ', "קידוש השם", מראה את ההבדל בין ענפים שונים בציונות-הדתית בפרשנות הגמרא ובמושגי קידוש השם וחילולו. אצל הרב צבי יהודה הכהן קוק זצ"ל ובקרב תלמידיו מצוי שימוש נרחב בערך של קידוש השם ביחס למדינת ישראל. מושג זה משמש עבורם לא רק כפרשנות תורנית לעצם קיומה של המדינה, אלא גם כשיקול הלכתי ביחס להכרעות פוליטיות. זאת לא רק במישור הבין-לאומי אלא אפילו בפוליטיקה הפנימית של החברה הישראלית. כך, פעולה שתתפרש כ"חולשה" מנקודת מבט של "חוסן לאומי" ו"עוצמה מדינית" עשויה להתפרש כחילול השם. הרב עמיטל ותלמידיו, לעומת זאת, הדגישו כי קידוש השם הקשור במדינת ישראל הוא בעצם התוכן המוסרי של המדינה וההתנהגות שלה "כמתוקנים שבאומות" ובוודאי לא פחות מהם. לתפיסתם, צעדיה המדיניים של מדינת ישראל ייבחנו בעיקר על פי אמות מידה מוסריות, ועל פי ההוגנות כלפי עמים אחרים או מיעוטים. השאלה העיקרית תהייה האם המדינה מקדמת ערכי מוסר ולא האם החלטה פוליטית כזאת או אחרת משדרת "חולשה" צבאית או מדינית. כך לדוגמה, באופן פוטנציאלי (ומבלי להצביע על מפלגה מסוימת בפוליטיקה הישראלית) דווקא שותפות של מפלגות ערביות בממשלת ישראל עשויה להתפרש כקידוש השם, מפני שהיא מבטאת יחס הגון ושוויוני יותר כלפי קבוצות שונות של אזרחי המדינה.

בייחוד כאשר הדבר נוגע לספֵרה המדינית בתוך הקהילה הבין־לאומית – פוגעת בריבונות ובתפיסת החירות והעצמאות. שאלה זו נשאלת ביתר שאת במציאות שבה מדינת ישראל והקהילה היהודית בארץ ישראל נתונות לרוב לביקורת בין־לאומית. במצב הזה הרגישות ההלכתית לביקורת מבחוץ עשויה להתקהות, הערך של להיות מעורבים בדעת עם הבריות נפגע, וחשיבות מעמדם של תורת ישראל ועם ישראל בקרב האומות נזנחת. במציאות זו, תפיסת החירות של עם ישראל בארצו יכולה להיות מובנת כתנועה שמבקשת להשתחרר בדיוק מ"מה יאמרו הגויים", מהניסיון התמידי למצוא חן בעיני אחרים. המתח הזה מלווה את הציונות מאז ומעולם. מראשית ימי ההגות הציונית, דרך המחתרות השונות ועד העולם הפוליטי של ימינו מעסיקה את עם ישראל השאלה עד כמה יש להתחשב בדעתן של אומות העולם. אין בכוונתנו לפתור את המתח הזה אלא להציב אותו באופן נכון.

על אף האתגרים הקיימים בימינו, אין לאדם מישראל, וקל וחומר לא להנהגה, הרשות להתעלם מיסוד בולט כל כך בתורת ישראל. שורשיו של ערך קידוש השם בעיני העמים נעוצים במסע במדבר לאחר יציאת מצרים – מקום שבו עם ישראל מהלך מתוך חירות, ללא תלות באומה אחרת – וממשיך להיות לו תפקיד חשוב בארץ ישראל בתקופת ממלכת שאול ודוד. לאורך כל הזמן הזה התנ"ך ומסורת התורה שבעל פה מבקשים ללמדנו כי השיקול של קידוש השם תקף. ממילא, חירות ועצמאות אינן סותרות את השיקול "מה יאמרו הגויים".

יתרה מזו, דווקא התפיסה האומרת כי התחשבות בדעתן כל אומות העולם היא סימן לשעבוד, היא היא סימן של פוסט־טראומה מהגלות. במצב בריא, אדם שרוצה להיטיב עם העולם ולהפיץ את הטוב שיש לו בוחר להתחשב במציאות, יש לו החוסן שמאפשר לוותר מעט היכן שהדבר נדרש כדי להשיג את המטרה הגדולה. אך אדם שעדיין עסוק ביציאה משעבוד שהיה נתון בו, כל התחשבות וויתור נחווים אצלו כחזרה לשעבוד. זאת ועוד, על פי חכמים הרצון לקדש

את השם בעולם איננו התחנפות או ביטוי לרגשי נחיתות אלא זהו הביטוי האותנטי של אהבת ה׳: ״שיהא שם שמים מתאהב על ידך״ (יומא פו ע״א). תכליתו של אוהב ה׳ היא ששם שמיים יהיה נאהב על הכול. אם כן, דווקא עובד ה׳ האוהב את קונו דואג תמיד גם לשמור את מצוות בוראו וגם לוודא ששמו יהיה נאהב בעולם.

ברם, דווקא מפני הרלוונטיות של סוגיית קידוש השם וחילולו כשיקול מעשי בהכרעת היחיד והכלל, מתחדדת הבעייתיות של הגדרת קהל היעד הרלוונטי. בדעתם של מי מתחשבים, באילו תחומים ועד כמה?

אפשר לנסח את הבעיה באופן הבא: במציאות פרה־טכנולוגית אפשר לדמיין כיצד קהל השומעים הוא הומוגני באופן יחסי, ובתוך הקשר מקומי פשוט יותר להעריך כיצד חברה מסוימת תשפוט מעשים מסוימים ואם הם יקרבו אותה לאהבת תורה. ואולם בעידן של כפר גלובלי, אל תוך התודעה שלנו פורצות כל הזמן אג׳נדות שונות בתכלית זו מזו. ציוויליזציות מגוונות נוכחות במרחב בו זמנית ומביעות את עמדתן על מה שמתרחש בין הירדן לים. מעשה מסוים עשוי אפוא להאהיב שם שמיים על חברה אחת אך לגרום את ההפך בקרב חברה אחרת. לדוגמה, מה שנתפס כמעשה מוסרי וטוב בעיני החברה בארצות הברית עשויה להיות לו השפעה שונה לחלוטין ברוסיה או בסין. מדיניות קשיחה, אסרטיבית וחסרת פשרות תזכה לתמיכה נלהבת מצד גורמים שמרניים פרו־ישראליים, ואילו מדיניות רכה, מכילה וסובלנית יותר תזכה לתמיכה מצד קהילות בעלות אופי ליברלי יותר. הרב אהרן ליכטנשטיין הצביע על הבעיה וחידד את הקושי ליישם הלכה זו במציאות חיינו:

> לעתים, יש מקרים שבהם אותם ש״יאמרו״ ו״יליזו״, באים מנקודת מוצא שונה לחלוטין מזו שלנו, המוסר שלהם שונה, ואמות המידה שלהם שונות. לנוכח הערכים השונים, ההשקפות השונות, ימתחו הם ביקורת עלינו: מה שנתפס אצלם כערך, אינו בר חשיבות לגבינו, ולעתים הוא אפילו נתפס כערך שלילי.

> כך, לדוגמא, בעל תפישה מתירנית יבקר בחריפות את עולם ההלכה, שמגביל ואוסר את פעולות האדם על כל צעד ושעל. ביקורת מעין זו מושתתת על הנחות יסוד בנוגע לאדם, מהותו ואופיו, גם ברמה אוניברסאלית ועל אחת כמה וכמה ברמה היהודית, שאיננו יכולים להיות שותפים להן. לפי גישתנו, יש היבטים מסוימים בטבעו של אדם שצריכים פיתוח וטיפוח, ולעומתם אחרים שצריכים איפוק וריסון. ביקורת כזו, שאולי מלווה במידה מסוימת במה ש"אומרים במצרים" - מצרים כאב טיפוס לתרבות העולמית החילונית הכללית - היא סוג אחד של בעיה שעשויה להיות כרוכה ב"חילול השם".
> (הרב ליכטנשטיין, "קידוש השם")

לפי הרב ליכטנשטיין, מול חברה שהגדרת הישר והטוב שלה שונה בתכלית מערכי התורה, וכן מול אג'נדות ששוללות את עצם קיומה הלגיטימי של מדינת ישראל בארץ ישראל, בוודאי יהיה קשה לעמוד מאחורי הטענה שיש להתחשב בשאלה אם מעשינו מאהיבים שם שמיים עליהם או לא. מצד שני, האם תיתכן המסקנה שאין להתחשב כלל במה שיאמרו אחרים? מסקנה זו אינה מסתברת, שכן היא שומטת את המשמעות המעשית של מצוות קידוש השם ביחס לגויים כערך הלכתי משמעותי שאף דוחה ערכים או הלכות אחרות, כפי שעולה בתורה ובחז"ל. כיצד אפוא ניחלץ ממעגל קסמים זה? הרב ליכטנשטיין מציע כיוון אחר:

> אך יש בעיה מסוג אחר לחלוטין, שבה הביקורת נאמרת מתוך ראייה ערכית נכונה, שאנו יכולים להיות שותפים להנחות היסוד שלה, אלא שהרושם שנוצר הוא שגוי ומוטעה. במצב כזה בוודאי יש לחשוש מפני "מה יאמרו מצרים" וחילול השם שכרוך בכך. כיוון שאמת המידה העומדת בבסיסם של דברי הביקורת היא אמת מידה נכונה - של צדק, יושר, אמת ומוסר - יש לתת לה חשיבות. (שם)

בדברים אלו הרב ליכטנשטיין מסרב להיכנס לשפה של פוליטיקה של זהויות ולהגדיר מראש מאבקים בין קבוצות או אידיאולוגיות. בכל תחום יש להאזין לביקורת ולתת את הדעת לשאלה אם יש שותפות בהנחות היסוד הגם שיש מחלוקת בפרטים וביישום. במקרים אלו הביקורת על עם ישראל או על ממשלת ישראל אינה מגיעה מתוך שנאת ישראל אלא מתוך שותפות ערכית. לדוגמה, ערכים של יושר ואמת ואיסור גזל הם ערכים שבוודאי תהיה הסכמה רחבה שהם בכלל ערכי התורה, ועל כן גם אם במקרה נקודתי ההלכה מורה שאפשר שלא להשיב את אבדת הגוי אך הגוי עצמו יראה בכך עיוות היושר והאמת, אזי יש להתחשב בדעתו, ועקרון חילול השם יהיה תקף ויכריע את ההוראה המעשית. דברים דומים נוכל לומר על הביקורת כנגד פגיעה בחיי אדם או באיכות החיים שלו, כמו במקרה של שאול המלך.

סיכום ויישום הדברים ביחס לזכויות מיעוטים במדינת ישראל

התורה חוזרת שוב ושוב על חשיבות היחס לזר שגר בארץ ישראל, ועל החובה לדאוג לו לרווחה ולתנאי מחיה טובים ואף לאהוב אותו.[33] זהו עיקרון מוסרי, וזו משימה לאומית הנגזרת מדאגה לחלש וגם כלקח מרכזי מגלות מצרים שבה אנחנו היינו קבוצת מיעוט שמופלית לרעה. לעקרונות אלו יש גדרים הלכתיים המתוחמים בעיקר בסוגיית גר תושב, כלומר יש קריטריונים הלכתיים הקובעים מי נחשב גר תושב ומה כלול בחובותיו של הריבון היהודי כלפיו. הטענה ההלכתית שעולה מפרק זה היא שהשיקול ההלכתי של קידוש השם ומניעת חילולו יש בו כדי לחייב במצבים מסוימים להתעלות מעל להגדרות אלו ולחייב דאגה לקבוצת המיעוט או לזר היחיד גם כאשר יש ספק אם הוא כלול בגדר גר תושב.

33. וראו לעיל, בפרק "'וַאֲהַבְתֶּם אֶת הַגֵּר': שני מעגלים של אהבה" עמ' 117.

ראינו שהגמרא ביבמות מדגישה באופן מיוחד את היחס למיעוט אתני שנמצא תחת ריבונות ישראלית כגורם בעל השפעה רבה ביותר על קידוש שם שמיים בעולם או חלילה להפך - חילול שם שמיים.

בימינו ישנו שיקול שנשמע על פיהם של פוסקי הלכה שחוששים שהתנהגות מפלה כלפי מיעוטים תביא להרעה במצבם של יהודים החיים במקומות שונים בעולם. הגם ששיקול זה נכון הן מבחינה מציאותית והן מבחינה הלכתית, למדנו שישנו שיקול אחר: דאגה מפני חילול השם בעולם. כמו שעלה בסוגיה ביבמות, קידוש השם הוא המצב שבו עם ישראל נתפס כמי שראוי לדבוק בו. בהקשר הספציפי של יחס למיעוטים הדגישה הגמרא את רחשי ליבו של הגוי ששוקל להצטרף לעם ישראל. כאשר הוא רואה כיצד מלך ישראל נוקט יד קשה כלפי מי שמזיק למיעוט אתני בתוך החברה היהודית, הגוי עצמו ירצה להצטרף לעם ישראל מפני שהוא יודע שכאשר הוא יהיה חלק ממיעוט כזה, הוא יזכה ליחס הגון וטוב.

מכיוון שהערך הכללי של יחס מכבד ודאגה לזרים הגרים בארץ הוא ערך תורני יסודי אזי יש להיות קשובים בתשומת לב רבה לביקורת בתחום הזה כאשר היא מגיעה מאנשים או מגורמים ששותפים ברמה הכללית לדאגה לזרים ולמיעוטים, וקל וחומר כאשר זו מגיעה מתוך קבוצות המיעוטים עצמם, בפרט כאשר מדובר באזרחי המדינה.[34]

34. זאת, מבלי להכחיש שעשויות בהחלט להיות מחלוקות אידאולוגיות ומעשיות על מדיניות הגירה, יחס כלפי גורמים עוינים, ועוד.

מדינת הלאום היהודית: מבט השוואתי והיסטורי

אסף מלאך

ויקראו דרור בארץ לכל יושביה מבלי הבדל דת העם, כי כל העמים ילכו איש בשם אלוהיו ואנחנו נלך בשם ה' אלוקינו לעולם ועד. והיא לא תתנהג בדרך הפוליטיק כשאר המדינות... יבואו ללמוד ממנו את דרכי החירות כי מי כמונו יודע את נפש הגר הניגש והנענה תחת יד זרים אכזרים...
וכבר ניסו אצילים רבים ונכבדים אוהבי השלום לתקן עולם בשלום אמת וקיים, להעביר את רעת המלחמה מן הארץ, ולא עלה בידם. ומציון תצא התורה הזאת.
(**כתבי רבי יהודה אלקלעי**, מוסד הרב קוק, ירושלים תשל"ה, עמ' 669)

מעמד המיעוטים בארץ ישראל ובמדינת ישראל מבחינה תורנית, הנושא שבו עוסק ספר זה, מחייב התבוננות בכמה סוגיות: מקומה של מדינת לאום במחשבה המדינית והדמוקרטית בת זמננו, מעמדם של

מיעוטים בתוך מדינת לאום על פי הנורמה הבין־לאומית והמשפט הבין־לאומי, ואופנים שונים של מחשבה על ריבונות ומדינה בהגות העכשווית. היבטים אלו מקרינים בדרכים מגוונות על הסוגיות ההלכתיות, מעוררים שאלות חדשות לגבי דרך הפרשנות הנאותה של דינים והלכות במציאות זמננו ומזמנים כיווני חשיבה נוספים לדיון ההלכתי־תורני. לבירור הזה נועדו הדברים שלהלן, המציגים בתמציתיות כמה מן הסוגיות הללו.

הסעיף הראשון מתאר את מדינות הלאום בעולם הדמוקרטי בן זמננו, את ההדגשה וההנכחה של תרבות הרוב בסמלים ובחוקים שונים, ואת העיגון של מצב זה במשפט הבין־לאומי ובהגות הפוליטית. בכך הוא מציב את ישראל כמדינת לאום על פי הנורמה הרווחת של מדינות לאום במערך הבין־לאומי של ימינו, שלא כדימוי השגור שלפיו האופי היהודי של מדינת ישראל עומד בניגוד לאופייה הדמוקרטי. הסעיף השני דן במשמעות המיוחדת של ישראל כמדינת לאום על רקע חלקה המרכזי של הלאומיות היהודית העתיקה ביצירת מודל מדינת הלאום במערב ועל רקע הרדיפה ההיסטורית המתמשכת של יהודים כקבוצת מיעוט בארצות מגוריהם במשך דורות רבים. הסעיף השלישי עוסק במושג הריבונות המודרני ובאתגרים שמעוררת המציאות הבין־לאומית, שאיננה נענית לו במלואה. המונחים "ריבונות משותפת", "ריבונות חלקית" ו"רכיבי ריבונות", העולים בשנים האחרונות במחקר לנוכח המצב האמור, מזמנים כיווני חשיבה חשובים לגבי שאלת המשמעות של הריבונות היהודית ולגבי האפשרות להעניק זכויות קבוצתיות מסוימות או הכרה לקבוצות מיעוט בלי לבטל את אופייה הריבוני של מדינת הלאום היהודית. הסעיף הרביעי מסכם את משמעות הדיון ההשוואתי מבחינת השיח ההלכתי בעניין קבוצות מיעוטים במדינה היהודית.

דברים אלו נכתבים בימים שבהם צבאות ישראל נתונים בחזית לחימה קשה ומתמשכת עם האויבים הקמים עלינו לכלותנו, והלב דואב על רבים רבים שנפלו ונופלים על משמר ארצנו, ועל אחינו ואחיותינו המצויים בשבי. הטבח האכזרי שביצעו אויבי ישראל בשמחת תורה

תשפ״ד, ומלחמת ״חרבות ברזל״ שבאה בעקבותיו, הזכירו לנו שעוד רבה הדרך לביסוסה הביטחוני של מדינת ישראל ולביעור אנטישמיות ושנאת ישראל מן העולם. מצב קשה זה מדגיש את ההכרח להעמיד בראש את ביטחון מדינת ישראל, אזרחיה ולוחמיה, ולהתייחס בשום שכל לשאלה היכן ומתי וכלפי מי יש ליישם בפועל ולהחיל למעשה דינים כמו גר תושב או דרכי שלום. עם זאת, הוא גם מעורר את החשש שהאירועים המסעירים יסחפו את הנפשות אחרי רגשי שנאה ונקמה כתשתית ליחסינו עם אומות העולם בכלל ועם המיעוטים בארץ ישראל בפרט. אל מול חשש זה יש להעמיק ולברר את החזון התורני־הלכתי השלם המשאיר מקום של כבוד בארץ ישראל לגר ולתושב על פי דרכה של תורה שכל נתיבותיה שלום. ״טוֹב אֲשֶׁר תֶּאֱחֹז בָּזֶה וְגַם מִזֶּה אַל תַּנַּח אֶת יָדֶךָ״ (קהלת ז, יח).

מדינת הלאום: המצב בפועל, הצידוקים והאתגר

בני אדם מתייחדים בכך שהם יצורים מספרי סיפורים. בעלי חיים אינם בעלי זיכרון משותף המשתמר לאורך זמן. עדר קרנפים או להקת ציפורים אינם זוכרים את אבותיהם הקדומים או את החוויות המשותפות של העדר או הלהקה מלפני דורות רבים. לעומת זאת, חברות אנושיות מאופיינות בקיומו של סיפור קולקטיבי משותף, שהוא חלק בלתי נפרד מזהותו של כל אחד ואחת מבני החברה. אומנם, כל יחיד מגיב באופן אחר לסיפור המשותף - אחד משתוקק להשלים את מה שהתחילו אבותיו, אחר רוצה לתקן את העוולות שעשו דורות קודמים, ושלישי טרוד בשימור ובטיפוח של המעשים הגדולים שלהם. כך או כך, עצם קיומה של זהות משותפת רב־דורית והעובדה שהיא מניעה בני אדם לפעולות משמעותיות - הרי זה דבר ברור שקשה להטיל בו ספק. זהו הבסיס העמוק לקיומן של מדינות לאום - מדינות המזוהות עם עַם מסוים ועם מורשתו התרבותית, ושרואות את עצמן ערבות למימוש ולביטוי של הסיפור המיוחד שלו ושל ערכיו ההיסטוריים.

ואכן, בפועל רוב מדינות העולם אינן מדינות ניטרליות. הדגל, הסמל וההמנון של המדינות השונות מבטאים בדרך כלל קשר להיסטוריה, לדת ולערכים של העם החי במדינה. על דגלים של ארצות נוצריות רבות מופיע צלב ועל דגלי מדינות מוסלמיות רבות מופיע סהר או רישום המסמל את האמונה המוסלמית. דוגמאות כמו בריטניה, שווייץ, פינלנד, דנמרק, שוודיה, איסלנד, יוון, ניו זילנד ואוסטרליה מלמדות ששילובו של צלב בדגל של מדינות בעלות מורשת נוצרית הוא נורמה רווחת גם בין הדמוקרטיות שבהן.[1] באותו אופן, מדינות רבות מכריזות על שפה הקשורה בהיסטוריה שלהן כעל שפה רשמית, כוללות בין חוקי המדינה חוקים הקשורים להיסטוריה הלאומית של העם המקומי ולמנהגים הלאומיים, ואף מקבעות היבטים אלו בחוקת המדינה.[2] גם הרצון לשמר ולטפח את הקשרים הלאומיים עם בני העם החיים מחוץ לשטחי המדינה מתבטא במדינות רבות בחקיקה של חוקי שבות המקנים יתרונות בתהליכי התאזרחות לבני העם או לבני הקבוצה האתנית־לאומית החיים בפזורה, ובפעולות נוספות לטיפוח הקשר התרבותי־היסטורי עם בני העם שאינם אזרחי המדינה.[3]

בארצות הברית ובקנדה, כמו במדינות רבות באירופה, קיימים באופן מסורתי "החוקים הכחולים" (Blue Laws), שמחייבים שביתה של משרדי ממשלה ומטילים מגבלות על סחר ועל פעילות פנאי בימי ראשון ובחגים נוצריים, או שתוחמים אותם לשעות מסוימות, בהתאם למסורת הנוצרית של מדינות אלו. לא פעם מוקדשת תשומת לב פרטנית לגופים שמוחרגים מן האיסור הכללי כמו תחנות דלק, גנים ציבוריים, מאפיות וכדומה או לפעילויות של אזורי תיירות. ישנן מדינות שבהן איסורים אלו רחבים למדי, כמו במדינות גרמניה ובאירלנד. באחרות, כמו בדנמרק, בקנדה ובבריטניה, הם צומצמו מאוד בשנים האחרונות בחקיקה או למעשה. לעומת זאת בפולין ישנה

1. לתיאור המצב במדינות ה־OECD ראו תורג'מן, **מחקר משווה**.
2. ויניצקי ושארף, **הצעת חוק יסוד**, עמ' 12–21.
3. יעקובסון ורובינשטיין, **משפחת העמים**, עמ' 222–240.

דווקא הרחבה של איסורים אלו בשנים האחרונות. בארצות הברית, וגם במדינות אחרות, יש הבדלים גדולים בין המדינות השונות, והנורמות נקבעות בהתאם לחקיקה המקומית. בכמה מדינות בארצות הברית ובסקנדינביה אף ישנן הגבלות על מכירת אלכוהול בימי ראשון מתוך תפיסה שזהו זמן שאיננו מתאים לשתייה. כל האיסורים הללו נתונים לדיון ציבורי ומשפטי מתמשך לגבי משמעותם הדתית, הלאומית, התרבותית או הסוציאלית, וגם לגבי החוקתיות שלהם.

בין החוקים המגוונים הקיימים במדינות שונות כשיקוף של מסורות פרטיקולריות ישנם חוקים המגבילים מסחר לשם אכילה של בעלי חיים מסוימים. סעיף 48 של החוקה ההודית קובע שעל המדינה להתאמץ לאסור פעולות של שחיטת פרות ומיני בקר אחרים, בהתאם לקדושתה של הפרה במסורת ההינדית. סעיף זה, שהפך לחוקים מפורטים במדינות השונות בהודו, הוא בסיס לדיון משפטי מתמשך בפרט בעתירות של אזרחים מוסלמים שאינם שותפים למסורת זו, אך בית המשפט שם רואה במגבלות אלו מגבלות סבירות.[4] המקבילה המערבית לכך היא חוק ברוב מדינות האיחוד האירופי, וכן חוק פדרלי משנת 2018 שנחקק בארצות הברית, האוסרים על הרג כלבים וחתולים למטרות אכילה או מסחר, מתוך תפיסה תרבותית הרואה בהם חיות מחמד בלבד. במדינות רבות במזרח, כמו בווייטנאם ובסין, אכילת כלבים היא פרקטיקה מקובלת שאיננה אסורה על פי החוק, או שישנם מאבקים בשנים האחרונות לחקיקת חוק שיאסור זאת. באופן דומה, גם שחיטה ואכילה של בשר סוסים וסחר בו נאסרו בחוק בכמה מדינות בארצות הברית (למשל ניו יורק וקליפורניה), מתוך הנמקה מפורשת הקובעת את מעמדם הסמלי, התרבותי וההיסטורי החשוב של הסוסים בתולדות ארצות הברית. לעומת זאת, יש מדינות באירופה שבהן אין איסור כזה על פי חוק, ובמדינות כמו איטליה, בלגיה ושווייץ זהו מאכל רווח ואף מסורתי.

4. ראו ברק־ארז, **חוקים וחיות אחרות**, עמ' 21–24.

היבט בולט נוסף של הזהות הפרטיקולרית של מדינות הוא הזהות הדתית־לאומית של ראש המדינה, ובפרט הראש הייצוגי שלה. כך למשל, מלך בריטניה חייב להיות אנגליקני, מלך שוודיה חייב להשתייך לכנסיה הלותרנית של שוודיה, מלך נורווגיה חייב להיות חלק מן הכנסייה הנורווגית, ובדנמרק המלך חייב להיות חבר בכנסייה הלאומית הדנית. הנסיכים השולטים במונקו ובליכטנשטיין חייבים להיות קתולים בהתאם לדת המדינה. גם בחוקה של מדינות מוסלמיות רבות ישנן הגבלות דומות. במלזיה על המלך להיות מוסלמי־מלאי; בערב הסעודית - מוסלמי ממשפחת סעוד; במרוקו - מוסלמי שהוא צאצא ממשפחתו של מוחמד; ובירדן - מוסלמי־האשמי. עד ביטול המלוכה בנפאל ב־2008 הייתה חובה על המלך להיות הינדואיסטי, בבהוטן המלך חייב להיות בודהיסטי ובמיאנמר החוקה עדיין אוסרת על מי שאיננו בודהיסטי או שהוא ממוצא אתני זר לכהן כנשיא. גם במדינות רבות מאוד שבהן לא קיימת דרישה שראש המדינה ישתייך לדת מסוימת דווקא, ישנה מגבלה בנוגע לזהותו הלאומית והוא נדרש להיות יליד המדינה, וברבות מהן הוא אף נדרש להיות יליד המדינה במעמד של אזרח המדינה ולא במעמד של מהגר או תושב בלבד. מדינות בולטות שבהן נהוג כלל זה הן ארצות הברית, אוסטריה, פינלנד, אוקראינה, ארגנטינה, ברזיל, מקסיקו, אינדונזיה והפיליפינים.

חלק מנורמות רווחות אלו אף זכו להכרה במשפט הבין־לאומי. בכפוף למגבלות שונות, זכתה הזכות להגדרה עצמית לאומית להכרה במגילת האו"ם משנת 1945,[5] בהצהרות שונות משנות השישים, ושוב ב"הצהרת המילניום" משנת 2000.[6] אמנת ליסבון משנת 2009, המסדירה את פעולת האיחוד האירופי ואת היחסים בין מדינות האיחוד שחתמו על האמנה, קובעת כי "האיחוד יכבד את השוויון שבין המדינות החברות בפני האמנה, כמו גם את זהויותיהן הלאומיות,

5. ראו **מגילת האו"ם**, סעיף 1 וסעיף 55.
6. **הצהרת המילניום**, סעיף 4.

הטבועות במבני היסוד שלהן".[7] באמנה הבין־לאומית בדבר ביעורן של כל צורות ההפליה הגזעית שהתקבלה באו"ם ב־1965 נקבע כי "שום דבר האמור בהצהרה זו לא ניתן לפרשו כפוגע באופן כלשהו בהוראות חוק של מדינות בעלות האמנה לעניין לאומיות, אזרחות והתאזרחות, ובלבד שאותן הוראות אינן מפלות כלפי לאומיות מסוימת".[8] בשנת 2001 קבעו מדינות אירופה בוועידת ונציה שהן רואות בעין יפה את הקשר שבין קהילות מיעוט במדינה מסוימת למדינות־אם הקשורות אליהן בהיבט האתני־תרבותי, ואת רצונן של המדינות האלה לדאוג לאינטרסים ולזכויות של אותן קהילות.[9]

מצב עניינים זה ראוי להדגשה על רקע העובדה שברוב הגדול של מדינות העולם יש גיוון אתני־לאומי בקרב האזרחים, ולא כולם משתייכים לאותה קבוצה לאומית. מתח מובנה נוצר בין הרכיב הלאומי־הדומיננטי לרכיב האזרחי־שוויוני, והוא גובה מאזרחי קבוצות המיעוט מחיר מסוים בעקבות הגדרת המדינה כמדינת לאום. גם כאשר נעשה מאמץ לשמור בצורה מיטבית על זכויות הפרט של כל אזרחי המדינה, עצם הזיקה של המדינה לעם אחד ולתרבות אחת עלולה לפגוע בהיבטים מסוימים של זכויות המיעוטים, ולא פחות חשוב מכך, בעצם היכולת שלהם להזדהות באופן עמוק עם המדינה ולהרגיש אליה חיבור ושייכות. זהו אתגר העומד לפתחן של מדינות הלאום השונות בעידן המודרני.

פילוסופים פוליטיים הדגישו היבטים שונים של מדינת הלאום בתור צידוקים או יתרונות של סדר פוליטי זה, על אף האתגר האמור. נזכיר ארבעה צידוקים עיקריים שלכולם מקום מרכזי גם בהצדקתה של מדינת ישראל כמדינה יהודית ודמוקרטית.[10]

7. **אמנת האיחוד האירופי**, כותרת 1, סעיף 4 (2).
8. **אמנה לביעור הגזענות**, סעיף 1 (3).
9. ועדת ונציה, "מיעוטים", עמ' 3–9.
10. לסקירה מלאה יותר של הצידוקים השונים במחשבה הפוליטית למדינות לאום ולתקפותם במקרה הישראלי ראו מלאך, "מדינת לאום", עמ' 141–173; הנ"ל, "תקפות הטיעונים".

ראשית, הצידוק הלאומי־תרבותי. כל תרבות לאומית משמרת היסטוריה, זיכרון וערכים ייחודיים, והם ראויים לטיפוח ולשימור. העם היהודי הוא בעל היסטוריה ותרבות ייחודיות שהותירו חותם משמעותי בהיסטוריה העולמית הן בזכות התנ״ך ויצירות התורה שבעל פה והן בזכות ההשתתפות הבולטת של יהודים רבים ביצירת חלקים שונים ומגוונים בתרבות העולם, ובפרט התרבות המערבית המודרנית. מדינת ישראל היא המדינה היהודית היחידה בעולם, סמליה הם סמלי העם היהודי, שפתה הרשמית היא עברית, היא מתקיימת בארצו ההיסטורית של העם היהודי והיא ערבה לטיפוח מורשתו. לצד ההכרח לשמור על הזכויות של קבוצות המיעוט, הזכות של היהודים לשמר את תרבותם ולאפשר לה לפרוח ולשגשג מתממשת בצורה מיטבית במסגרת מדינת ישראל.

שנית, הצידוק התועלתני. מדינת הלאום קושרת בין המדינה ופעולותיה ובין ההיסטוריה והערכים של העם. בכך היא מעמיקה את ההזדהות של האזרחים עם המדינה, מחזקת את הסולידריות בקרב האזרחים, ממתנת שסעים חברתיים, ומעצימה את הנכונות של האזרחים לתרום למדינה ולהתגייס למען מטרות לאומיות. האופי היהודי של מדינת ישראל תורם באופן ברור לתחושת האזרחים שהמדינה והצלחתה הן מימוש של חזון הדורות ושל רצונם של הדורות הקודמים, וכך הם עצמם נרתמים להגנתה וחפצים ביציבותה ובשגשוגה. דברים אלו נכונים בפרט בהקשר היהודי־ישראלי, שבו הקשר שבין דת ללאום הוא הדוק ובולט במיוחד.[11] במצב זה, הזיהוי הלאומי של המדינה כמדינה יהודית מייצר אצל יהודים תודעת רציפות של המדינה עם הדורות הקודמים, וכך מסייע להזדהות עם המדינה ולנכונות לתרום לה, ומעמיק מאוד את הקשר של האזרח למדינה.[12]

11. ראו על כך מלאך, **מדינת היהודים**.
12. זאת לעומת משבר אזרחי הקיים במדינות מודרניות רבות, בפרט במדינות מוסלמיות במזרח התיכון, שבהן האזרחים המוסלמים מזדהים עם החמולה או עם האסלאם, אך היסוד הלאומי איננו מרכזי בתרבותם, וממילא יש קושי

הצידוק השלישי מתבסס על הזכות לביטחון ומניעת רדיפות. העם היהודי סבל במשך דורות רבים מפוגרומים, מרדיפות ומהפליה חמורה הן בארצות נוצריות והן בארצות מוסלמיות. גם כיום, מדינת ישראל מתקיימת באזור שבו אוכלוסיות ומדינות רבות עוינות אותה, מערערות על עצם קיומה, ואף קושרות את העוינות הזו לעימות ההיסטורי והדתי עם העם היהודי. מצב זה מצדיק את הגדרתה של מדינת ישראל כמדינה יהודית שקיבלה עליה את האחריות הייחודית לשמש מקלט בטוח מרדיפות ליהודים באשר הם, מתוך ידיעה שקיומו של רוב יהודי במדינה הוא הערובה היחידה, ולכל הפחות המיטבית, ליכולת לממש את ההגנה הזו על חייהם של יהודים.

ולבסוף, הצידוק הדמוקרטי. העיקרון הדמוקרטי הבסיסי קובע שהשאלות הערכיות הנוגעות לאופי המדינה צריכות להיקבע על ידי העם. אומנם אין לפגוע באופן לא מידתי בזכויות המיעוט, אך עצם ההגדרה של המדינה כמדינת העם היהודי היא מתבקשת לאור רצונם של רוב האזרחים בהגדרה הזו. אכן, ישנן מדינות שהאופי הלאומי שלהן בולט ומודגש יותר ואחרות שבהן ההיבט האזרחי מודגש יותר. במדינה דמוקרטית, גם עניין זה צריך להיקבע בבחירות ולשקף את רצונם של האזרחים, מתוך הדגשה שבשום אופן אין לפגוע בזכויות הבסיסיות של האזרחים בני קבוצות המיעוט.

מדינת הלאום היא אפוא תופעה רווחת בעולם המודרני ואפשר להצדיק אותה בצורות שונות. כזו היא גם מדינת ישראל, שבהכרזת העצמאות שלה מפרטת בהרחבה את ההיסטוריה של העם היהודי, את ההכרה הבין־לאומית בזכותו למדינה ואת מה שהיא מכנה במילים המפורסמות: ״זכותו הטבעית של העם היהודי להיות ככל עם ועם, עומד ברשות עצמו במדינתו הריבונית״.

עמוק ביצירת נאמנות אזרחית. ראו על כך למשל לואיס, **המזרח התיכון**, עמ׳ 103-76; בן דור ״דילמות קיומיות״.

מדינת הלאום של העם היהודי לאור מקומו הייחודי בהיסטוריה של הלאומיות

ואולם, הקביעה שמדינת הלאום היא בגדר נורמה בין־לאומית ושישראל איננה חריגה בעצם הגדרתה כמדינת לאום איננה ממצה את מלוא המשמעות של ישראל כמדינת לאום. מבחינת היסטורית, לעם ישראל יש זיקות מיוחדות למושגי הלאומיות ומדינת הלאום המקנים משמעויות נוספות להגדרתה של ישראל כמדינת לאום. הכוונה במיוחד לשני היבטים: בולטות הלאומיות היהודית והשפעתה הרבה על הלאומיות במערב מצד אחד, והרדיפה של היהודים כמיעוט דתי־לאומי מצד שני.

עם ישראל בלט בעת העתיקה בזהות הלאומית המגובשת שלו, שהייתה כרוכה בתודעה היסטורית מפותחת ובזיכרון היסטורי־לאומי כרכיב מרכזי בתודעתו הדתית, לעומת עמים עתיקים שבהם המיתולוגיה וסיפורי האלים הודגשו כבסיס התרבות והדת, וכמעט לא התקיימה בהם כתיבה היסטורית מפותחת.[13] הוא גם בלט בהעצמת כוחו של העם כנגד החשיבות הבלעדית של המלך, שרווחה בתרבויות עתיקות, והדבר אִפשר את התגבשותה של תודעה לאומית כיסוד תרבותי חזק בעידן שבו ברוב התרבויות האפיל היסוד המלוכני על ההיבט הלאומי־עממי.[14] כך, בשלהי העת העתיקה, עם התפשטות המקרא בעמים הנוצריים, הפכה התודעה הלאומית החזקה והברורה המצויה בו למקור השראה מרכזי לעמים נוצריים שונים שלאורך ימי הביניים ובראשית העת החדשה שאבו ממנו השראה לתפיסה לאומית. כך למשל תיאר זאת ההיסטוריון הנודע יעקב טלמון:

> באשראתה של היהדות נהפכו עממיה של אירופה לאחות המאמינים של ימי הביניים ואף דרכם אל הלאומיות בעת

13. אליאדה, **השיבה הנצחית**, בפרט עמ׳ 38–49.
14. ראו על כך מלאך, **מדינת היהודים**, עמ׳ 186–247.

> החדשה נסתייעה במה שלמדו מן היהדות... רעיון העם שאלוהים בחר בו לשליחות אוניברסאלית מיוחדת - מן היהודים הוא לקוח. אפילו מרכיביה החילוניים של הלאומיות המאוחרת יותר - צור מחצבתם היה יהודי.[15]

זאת ועוד, במקרים רבים זיהו עמים נוצריים את עצמם כעם נבחר בדמות עם ישראל המקראי, וכפי שקבעה חדוה בן ישראל: "שכמעט כל אומה נוצרית ראתה את עצמה בשלב זה או אחר של חייה כנבחרת, כישראל החדשה".[16] בכך נעשה שימוש מחודש במושג "ישראל החדש", שהפקיע אותו מן המשמעות הכלל־כנסייתית שיוחסה לו בדרך כלל במחשבה הנוצרית, וייחס אותו לקבוצה לאומית ספציפית. האנגלים ראו באומה האנגלית דווקא את "ישראל החדש", הצרפתים - באומה הצרפתית, וכמותם הרוסים, השוודים, ההולנדים, האתיופים ואחרים.[17]

ההיבט השני קשור לעובדה שלאורך אלפי שנות קיומו כמיעוט דתי־לאומי בגלויות השונות, סבל עם ישראל במיוחד כגר וכתושב בארצות לא לו. רדיפת היהודים לאורך מאות שנים בארצות הנוצריות ידועה לכול, וכפי שתיארו היסטוריונים בולטים, מצבם של היהודים בתקופת שלטונם של שליטים מוסלמים לא היה טוב יותר בדרך כלל, ותקופות "תור הזהב" אינן אלא היוצאות מן הכלל שאינן מעידות על הכלל.[18] רדיפה דתית זו לבשה פנים חדשות בעת החדשה עם עליית הלאומיות והסדר של מדינות לאום, כדלהלן.

מבחינה היסטורית, רגע השיא של התקבלות הרעיון של מדינות הלאום על ידי המערכת הבין־לאומית בתקופה המודרנית בא לידי ביטוי בחוזה ורסאי, שנחתם לאחר מלחמת העולם הראשונה (1919). בחוזה זה, ובחוזים נוספים שנחתמו לאחר המלחמה, התקבל בפועל

15. טלמון, **בעידן האלימות**, עמ' 297–298.
16. בן־ישראל, **בשם האומה**, עמ' 190.
17. על תופעה זו ראו בהרחבה מלאך, "ישראל החדש".
18. לואיס, **היהודים**; גילברט, **באוהלי ישמעאל**.

עקרון ההגדרה העצמית של הלאומים כעיקרון מנחה, בפרט בנוגע לשטחי המעצמות המפסידות במלחמה, ונעשה ניסיון לחלק מחדש מבחינה מדינית את מרכז אירופה ומזרח אירופה , לפי העיקרון הלאומי. כך הוקמו תשע מדינות לאום חדשות (אוסטריה, הונגריה, פולין, צ׳כוסלובקיה, יוגוסלביה, ליטא, לטביה, אסטוניה, פינלנד) שהחליפו את האימפריות הרב־לאומיות שקדמו להן (האימפריה האוסטרו־הונגרית, האימפריה העותמאנית והאימפריה הרוסית).

ואכן, כבר בחוזה ורסאי הורגש הצורך לגעת בבעיית המיעוטים במדינות הלאום החדשות. בפרט חששו מכך היהודים באזורים אלו, שכן הגדרת זהות המדינות על בסיס לאומי יצרה בסיס חדש להפלייתם, לאחר שסוף סוף השתחררו מן ההפליה הדתית שרווחה בימי הביניים והשיגו במהלך המאה התשע־עשרה שוויון זכויות אזרחי בעקבות האמנציפציה. ״חוזי המיעוטים״, חוזים שהכריחו את מדינות הלאום החדשות לתת למיעוטים החיים בקרבן זכויות אזרח, אוטונומיה תרבותית וחופש דת, נחתמו ונוספו לחוזה ורסאי ולחוזים שבאו בעקבותיו, דווקא בזכות לחץ ושתדלנות של ״ועד המשלחות היהודיות״ לוועידת ורסאי, ועד שהוקם ביוזמת ההסתדרות הציונית העולמית. חששם של היהודים לא היה מופרך; כידוע, למעשה ברבות מן המדינות החדשות לא יושמו חוזי המיעוטים, ונהגה בהם הפליה קשה כלפי מיעוטים, ובפרט כלפי המיעוט היהודי.

שני ההיבטים הללו הופכים את חזרתו של עם ישראל לחיים ריבוניים ואת הגדרתה של מדינת ישראל כמדינת לאום לאתגר בעל משמעות היסטורית־עולמית מיוחדת. הם מחדדים את השאלה אם התבנית של מדינת לאום שעלייתה המודרנית כרוכה בדגם היהודי העתיק כמתואר לעיל, מובילה בהכרח להפליה ורדיפה של קבוצות המיעוט, או שייתכן מצב מתוקן שבו מדינת הלאום מזוהה עם לאום דומיננטי אך מצליחה לשמור על קיום בכבוד של קבוצות המיעוט. בפרט נשאלת השאלה אם הסדר הפוליטי העולה מתוך תורת ישראל מאפשר, ואולי אף מחייב, קיום בכבוד של קבוצות המיעוט העומדות בתנאי סף הכרחיים. כעם שסבל מאוד מרדיפות ומהפליה

כקבוצת מיעוט דתית ולאומית, ניצב בפנינו אתגר מיוחד להציב מודל ליחס ראוי ונכון לקבוצות מיעוט, השונה מהיחס שקיבל עם ישראל במשך שנים רבות. לא מקרה הוא שבז׳אנר של האוטופיות הציוניות שרווח בעשורים הראשונים לקיום התנועה הציונית, הודגשו מאוד הסובלנות כלפי כל אדם, החתירה לאחוות עמים והאהדה לגר ולזר, כמוטיבים מרכזיים שאמורים להתקיים במדינה היהודית.[19] **אלטנוילנד**, הרומן האוטופי של בנימין זאב הרצל, רווי בהדגשת הכבוד והשוויון המוענקים לכל תושב ללא הבדל דת ולאום, וברוח זו הוא אף כתב ביומנו:

> מובן מאליו שנתייחס בסבלנות ובכבוד לבני דתות אחרות ונגן באמצעי כפייה קשים ביותר על קניינם, כבודם וחירותם. גם בזה נראה לכל העולם דוגמא נפלאה... צוואתי לעם ישראל: בנו את מדינתכם כך שהזר אשר בתוככם ישבע רצון.[20]

זכויות קבוצתיות והדיונים על מושג הריבונות המודרני

אחד ההיבטים בדיון על זכויות מיעוטים במדינת לאום נוגע לשאלה עד כמה השאיפה הלגיטימית והרצויה של קבוצה לביטוי לאומי שלם במסגרת מדינת לאום נפגעת מהרחבת הזכות הקבוצתית של קבוצת מיעוט או של כמה קבוצות כאלה. במקרים רבים מובן מתח זה כ״משחק סכום אפס״ שבו כל הרחבת הכרה בזכות קבוצתית נוספת מבטלת את הריבונות המלאה של מדינת הלאום. לשם הרחבת המבט על שאלה זו נקדיש עיון קצר להתפתחויות בהבנת מושג הריבונות המודרני.[21]

19. אלבוים־דרור, **המחר של האתמול** א, עמ׳ 104–107.
20. **כתבי הרצל** ב, עמ׳ 71, וראו גם שם, ג, עמ׳ 220.
21. ראו על כך שלהב, **תמורות במושג הריבונות**; ולנסי ומיכאל, ״ריבונות חלולה״. וראו גם שנהב, ״התאוריה הביקורתית״.

מי שהעלה על נס את מושג הריבונות בעת החדשה היה ז'ן בודין, שביצירתו **שישה ספרים על הרפובליקה** משנת 1576 הדגיש את מושג הריבונות כביטוי של העליונות המוחלטת והסמכות המוחלטת שצריכות להתקיים במסגרת פוליטית ראויה לשמה. שלב נוסף בהתבססות המושג התרחש בחתימת חוזה וסטפליה בשנת 1648, אירוע שנחשב בעיני רבים לרגע כינונה של המדינה המודרנית. בין השאר כלל חוזה זה את הפרדת הדת מהמדינה, ואת הסמכות המלאה של השליט להחליט בדבר הנעשה בטריטוריה שלו, בלי כפיפות כזו או אחרת לכנסיה כסמכות על־מדינתית, כפי שמקובל היה בימי הביניים. תומס הובס בספרו **לויתן** (1651) הדגיש את הריבונות כמושג מוחלט החל על כל היבטי השלטון ושאינו ניתן לחלוקה או לשיתוף. לשיטתו, כאשר הריבונות איננה מוחלטת המדינה איננה מסוגלת למלא את ייעודה להחלת ביטחון וסדר עבור האזרחים, וכל פגיעה בה היא פתח ליצירת אנרכיה וחזרה למצב הטבע.[22] חוקרים מודרניים המשיכו לפתח את מושג הריבונות כסמכות בלעדית ומלאה בטריטוריה תחומה היטב, לעומת הממשל בימי הביניים, שהיה מבוסס על חוזים עם קבוצות שונות ולא על רעיון השליטה הטריטוריאלית. מתפיסה זו נגזרת חובת אי־התערבות של מדינות זרות בריבונותה של מדינה בטריטוריה שלה, וכן נגזר ממנה מקומה כחברה שווה בארגונים בין־לאומיים ובעלת סמכוּת לניהול מדיניות חוץ בשם הטריטוריה המדינתית הזאת.

ואולם רבים עמדו על כך שציור אידיאלי זה איננו משקף את המציאות הפוליטית המודרנית בפועל, מכמה סיבות.

ראשית, משטרי נאמנות ושטחי חסות היו מצב רווח במאה השמונה־עשרה והתשע־עשרה. כך למשל, האימפריה העותמאנית

22. הובס, **לויתן**, פרק יח, עמ' 121–129, וראו גם עמ' 145–146. מעין זה יש גם אצל הוגים אחרים בראשית העת החדשה. ראו למשל רוסו, **על האמנה החברתית**, עמ' 39–54, ושם: סעיפים כמו "הריבונות איננה ניתנת להימסר לידי אחר", "הריבונות אינה ניתנת להחלק". זוהי תוצאת הניתוח שלו בעמ' 25–29, המזהה שהאמנה החברתית היא היוצרת את הרצון הכללי שהוא הריבון.

הנחלשת העניקה את זכות ההפעלה והשלטון בפועל בחלק מן הטריטוריות שלה למדינה אחרת ובכך הפכה אותה לחצי־ריבונית באותה הטריטוריה. במקרים אחרים חלקו שתי מדינות קולוניאליות את הריבונות באותו שטח וקיימו במקביל שתי מערכות שיפוט, וכל נאשם היה יכול לבחור באיזו מהן הוא מעדיף להישפט.[23]

שנית, היבטים מסוימים של המשפט הבין־לאומי מכרסמים במושג הריבונות המלאה. כך למשל, במצב שבו נהרות עוברים בכמה מדינות, אסור למדינה אחת לשנות את משטר הזרימה שלהם על ידי שאיבה או שינוי האפיק אלא בהסכמת כל השותפות. במקרים אחרים, למדינות חסרות גישה לים ניתנה גישה לשם דרך פרוזדורי גישה שעליהם הייתה להן ריבונות חלקית כלשהי. פגיעה אחרת בריבונות נעשתה במקרים רבים של אזורים מפורזים בין מדינות בעקבות קונפליקטים מזוינים. גם כאן, על פי הסכמים נקבעות הגבלות על יכולתה של מדינה לממש את ריבונותה באותם אזורים. ועוד, ישנם אזורים שבהם חלים "רכיבי ריבונות" מסוימים בלבד. על פי החוק הבין־לאומי וגם על פי חוקי מדינת ישראל, קרקע הים ושטח התת־קרקע באזורים שסמוכים לחופי ישראל אך נמצאים מחוץ למים הטריטוריאליים שלה הם חלק משטח מדינת ישראל לעניין שימוש בהם למטרות מחקר, שימור וניצול אוצרות הטבע המצויים בהם. חוקים אלו אינם מקנים למדינה ריבונות מלאה בכל הנוגע לשיטור ועניינים נוספים.[24]

שלישית, מאמצע שנות השמונים של המאה העשרים הוחשו התהליכים המערערים את מושג הריבונות הקלאסי. תהליכי הגלובליזציה המואצים יצרו מצב של שווקים פיננסיים, תאגידי ענק בין־לאומיים ומערכות תקשורת החוצים גבולות של מדינות ויחד עימם הסכמי סחר חופשי המקשים להגדיר מה שייך לריבונות המדינתית ומה חלק מריבונות משותפת או על־מדינתית. גם התפתחויות בחוק

23. שלהב, **תמורות במושג הריבונות**, עמ' 3–4.
24. שם, עמ' 4–5.

הבין־לאומי באמצע המאה העשרים פגעו במישרין בזכותה של המדינה להכריז מלחמה והגבילו אותה למצבים ספציפיים מאוד של הגנה עצמית שמתקיימות בהם מגבלות נוספות. עם זאת, למועצת הביטחון של האו"ם ניתנה הסמכות להתיר פעולות צבאיות במקרים מסוימים על אף הפגיעה הישירה בריבונות המדינה.

רביעית, מספר הקבוצות הדורשות הגדרה עצמית עלה בשלהי המאה העשרים, דבר שהצביעה עליו רות לפידות. כיוון שאי אפשר להקים מדינות רבות כל כך, והן אף לא יהיו בנות קיימא, היא סברה שיש לפתח מושגים חדשים של ריבונות חלקית כדי לממש שאיפות אלו.[25] לדבריה, פירוק מושג הריבונות לרכיבי ריבונות יאפשר לממשלה המרכזית להאציל או להקצות סמכויות מסוימות לקבוצות אחרות באופן שיותיר אותה כריבון, אך יקצה רכיבי ריבונות כאלה או אחרים לקבוצות אחרות.

חמישית, על פי סטפן קרסנר, רבתה התופעה של מדינות כושלות שאינן מסוגלות לנהל באופן יעיל את הטריטוריה שהן מופקדות עליה, מצב שמחייב התערבות חיצונית באמצעות חידוש מושגי הריבונות המשותפת ומשטרי נאמנות דה־פקטו. בהיעדר חידוש כזה, מדינות נוטות להתערב במדינות כושלות רק לטובת האינטרסים הכלכליים והפוליטיים שלהן. קרסנר מודע לשלל הבעיות שפתרונות אלה עלולים לייצר אך הוא חושב שהם עדיפים על המצב הקיים שבו העמדת מושג הריבונות הקלאסי כעקרון־על מונעת בפועל פתרונות יעילים.[26] דוגמה לדבר היא צינור הנפט צ'אד-קמרון, שהוקם בשנות התשעים של המאה העשרים. מדובר בשתי מדינות כושלות, ולצ'אד יש משאבי נפט אך אין לה מוצא אל הים. תשלובת של חברות נפט ניאותה להקים את קו הנפט הזה בתנאי שהבנק העולמי יהיה מעורב כשותף בעסקה, ולשם הבטחת הפרויקט הגדירו ריבונות משותפת של המדינות על צינור הנפט לצד מועצה מייעצת שחבריה באים מכמה

25. לפידות, **אוטונומיה**.
26. קרסנר, "ריבונות".

מדינות. הוויתור על כללי הריבונות הקלאסיים אִפשר במקרה הזה פתרון בעיה לשתי מדינות כושלות.

שישית, גם ההתערבות בנעשה במדינות המפירות זכויות אדם באופן קיצוני או מאפשרות לארגוני טרור להתבסס בשטחן הייתה בסיס לדיון מתפתח על מושג הריבונות. משברים הומניים במדינות אחדות בשנות התשעים, וההתערבות של ארצות הברית בעירק ובאפגניסטן אחרי פיגועי 11 בספטמבר 2001, חיזקו את העמדה שיש מקרים שבהם הריבונות של מדינה צריכה להיות מושעית, שכן ריבונות היא מושג שהוא לא רק בגדר זכות אלא גם מטיל אחריות על הריבון, ובלי קבלת אחריות כזאת ריבונותו חשופה לפגיעה.[27]

ברשימה המעודכנת של מחלקת המדינה של ארצות הברית מינואר 2024 יש 63 טריטוריות המכונות תלותיות או בעלות ריבונות מיוחדת.[28] מיקרונזיה ואיי מרשל הוכרו ב־1986 כמדינות ריבוניות אך הן חתומות על הסכם שמותיר את ענייני הביטחון שלהן בידי ארצות הברית, ואת ענייני החוץ שלהן כפופים רשמית להתייעצות ביניהן לבין ארצות הברית, ובפועל בידי ארצות הברית. האי מאן והאי גרנזי הם דוגמאות ליחידות פוליטיות שלכל אחת מהן פרלמנט עצמאי, תושביהם אינם מצביעים לפרלמנט הבריטי אך נושאים דרכון בריטי בעל כיתוב ייחודי, וענייני החוץ והביטחון שלהם מנוהלים על ידי הממלכה המאוחדת. גיברלטר היא טריטוריה עם מעט יותר עצמאות, אך בעלת מאפיינים דומים לאלה של טריטוריה בריטית שתושביה אינם מצביעים לפרלמנט הבריטי. הונג קונג ומקאו הן דוגמאות לערי מדינה בעלות מעמד מיוחד תחת השלטון הסיני עם זיקה מיוחדת לבריטניה ולפורטוגל בהתאמה, במה שמכונה "מדינה אחת, שתי שיטות". גם נסיכות אנדורה, השוכנת בין צרפת לספרד, היא בעלת סוג ייחודי של ריבונות משותפת, שלפיה נשיא צרפת והבישוף של

27. בכיוון זה ראו, למשל, עציוני, "ריבונות".

28. ראו אתר מחלקת המדינה האמריקנית: תלויות ואזורי ריבונות מיוחדים (https://www.state.gov/dependencies-and-areas-of-special-sovereignty/).

אורחל בספרד נחשבים שניהם לנסיך־שותף בנסיכות. האי הקטנטן פיסנט, שגם הוא שוכן על גבול צרפת־ספרד, מצוי בבעלות משותפת של שתי המדינות, המחליפות את הריבונות ביניהן על האי בכל שישה חודשים. אנטרקטיקה, שטח עצום של 14 מיליון קמ״ר, הוכרזה באמנת אנטרקטיקה משנת 1959 כ״מורשת משותפת של המין האנושי״ והוסדרה הפעילות בה בלי להקנות ריבונות למדינה ספציפית. דוגמה מורכבת אחרת היא הסכם דייטון משנת 1995, שנועד להסדיר את הממשל במדינת בוסניה והרצגובינה בסיומה של מלחמת האזרחים. הוא קבע נשיאות בת שלושה חברים (נציג אחד לכל קבוצה אתנית) המתחלפים בתפקיד הנשיא מדי שמונה חודשים, ויצר שני גופים ריבוניים למחצה: הפדרציה של בוסניה והרצגובינה, שרוב אוכלוסיה בוסנים־מוסלמים וקרואטים־קתולים, ורפובליקה סרפסקה, שרוב תושביה סרבים־אורתודוקסים. מערכת זו אכן נחשבת למסורבלת מאוד ומקשה קבלת החלטות יעילה. אפשר להציג עוד עשרות דוגמאות של איים קטנים, ערי גבול, שטחים בים וכדומה שיש לגביהם הסדרים מיוחדים החורגים מהתפיסה הקלאסית של הריבונות כסמכות ושל אחריות מלאה של ריבון אחד בטריטוריה נתונה.

מכל הסיבות הללו העלו בעשורים האחרונים חוקרים שונים את הטענה שבפועל חלק ניכר מן המציאות הפוליטית העולמית אינה נענית לתבניות של הריבונות הקלאסית, ושהניסיון להיאחז בה באדיקות יתרה ולהתאים את המציאות לגדריה אף עלול לגרום נזק. מושגים כמו ״ריבונות משותפת״, ״ריבונות חלקית״ ו״רכיבי ריבונות״ משקפים בצורה הולמת יותר את המצב במקומות רבים והם חיוניים לשם מציאת פתרונות פוריים והסדרים התואמים את צורכי המערכת הבין־לאומית.

להתפתחויות אלו בתפיסת הריבונות חשיבות רבה כשבאים לבחון שאלות הנוגעות למעמד המיעוטים בארץ ישראל הן בתחומיה הריבוניים של מדינת ישראל והן באזורי יהודה ושומרון שמדינת ישראל טרם החילה עליהם ריבונות ולא קבעה את מעמדם הסופי. באיזו מידה הכרה בזכויות מיעוטים פוגעת במדינת הלאום, ואיזה סוג

של הכרה גורם לפגיעה כזאת? שאלות אלה קשורות בשאלה מהי הריבונות שאנו מצפים לה ממדינת הלאום. גם ברמה ההלכתית מסתבר שיש משקל לנורמות הרווחות במערכת הבין־לאומית ולמחשבה הפוליטית על משמעותה של מדינה וריבונות כאשר באים לבחון כיצד מתקיימת מצוות יישוב ארץ ישראל או ירושתה, ואם אלו נפגעים ממתן ריבונות חלקית, אוטונומיה או אפילו הכרה בזכויות מסוימות של קבוצות המיעוטים. מובן שלשאלות אלו היבטים נוספים שיש להתחשב בהם, למשל ההיבטים הביטחוניים והחשש מהעצמת גורמים עוינים בתוך המדינה, אך המחשבה הרחבה על המצב האידיאלי ביחס למיעוטים צריכה לכלול גם שאלות אלו.

המבט ההשוואתי והדיון ההלכתי

להיבטים השונים שעלו עד כה ישנה חשיבות רבה מבחינת הדיון ההלכתי.

סוגיות כמו חילול ה׳ ודרכי שלום, שיוחדו להן פרקים בספר זה, ובהם מתברר בין השאר הקשר הישיר של מושגים אלו ליחסים של עם ישראל ואומות העולם, מקבלות את משמעותן ומשקלן ההלכתי בין השאר מתוך ההבנה של הנורמות המקובלות בקרב המתוקנות שבאומות. מצד אחד, עצם האפיון של מדינות רבות בעולם כמדינות לאום בעלות זיקה לתרבות פרטיקולרית, ובהן גם מדינות דמוקרטיות בולטות, חשוב לחיזוק הלגיטימיות של מדינת ישראל כמדינת הלאום היהודי. מצד שני, הכרת הנורמות של המדינות הדמוקרטיות בימינו, החתירה שלהן ליישום ערכי השוויון והחירות לכלל אזרחי המדינה וגם דרכי ההתמודדות שלהן עם מצבי ביניים מאתגרים, בין שנוצרו על רקע היסטורי ספציפי ובין שנוצרו בגלל מתחים ומאבקים צבאיים או כלכליים - הכרה זו היא בעלת משקל בדיון ההלכתי כיצד נכון ליישם מושגים אלו בזמננו.

זאת ועוד, ההיכרות עם הנורמה הבין־לאומית המקובלת מאירה באור נוסף את הדיון המקראי וההלכתי על גר תושב שזכה להרחבה

בפרקים של ספר זה. היא מאפשרת לקרוא את הדינים השונים של גר תושב אל מול הסדרים הפוליטיים של העולם המודרני ולהבין את מוקדי הדמיון והמתח שבין שתי המערכות. בעניין זה אפשר להעיר כמה נקודות בעלות חשיבות.

ראשית יש לומר שהיחס החיובי הבסיסי החוזר ונשנה במקרא, בדברי חז"ל ובהלכה לתושב או לגר תושב, מלמד שהאידיאל של שלטון עם ישראל בארץ ישראל אינו שולל את קיומם של לא־יהודים בארץ. התנאים הקובעים מהם תנאי הסף הנדרשים כדי להיכלל במעמד זה, וכמותם הגדרים השונים של המחויבות כלפי גר תושב, באים רק לאחר עמדת היסוד הטמונה בעצם המושג הזה ולפיה קיומו של עם ישראל בארצו איננו מחייב את אי־קיומם של לא־יהודים בארץ. עניין זה ראוי לחידוד בפרט אל מול המצוות של יישוב ארץ ישראל והורשת הארץ ומחיית שבעת העמים שישבו בה בזמן כיבוש יהושע. מן המצוות הללו היה אפשר להסיק שהמקרא או ההלכה חותרים למצב אידיאלי שבו רק בני ישראל חיים בארץ, ללא קיומם של זרים כלל, טענה שטרם נעלמה מן העולם. בניגוד לכך, הפסוקים הרבים והדיונים ההלכתיים לגבי תושב וגר תושב מלמדים שהמצוות הנזכרות, בכל אופן שבו נפרש אותן, אינן כוללות שלילה גורפת של מגורי לא־יהודים בארץ. אף את הגדרת הרמב"ן למצוות יישוב הארץ, "שלא נעזבנה ביד זולתנו מן האומות או לשממה", שומה עלינו לפרש באופן שממוקד בריבונות הממלכתית של בני ישראל על הארץ ולא בשלילת המגורים של לא־יהודים בארץ בבחינת גרים תושבים.[29]

יתרה מזו, הדינים הספציפיים של גר תושב, כמו המצווה "להחיותו" - הן בהיבט הכלכלי והן בהיבט של פיקוח נפשו במצב סכנה - והציווי לברור לו מקום יפה להושיבו בו, מלמדים על שאיפתה

29. ראו על כך בפרק "ריבונות מדינית ואוטונומיה קהילתית במדינת ישראל: גר תושב ומצוות יישוב הארץ", לעיל עמ' 179.
אומנם ישנה דעה שגר תושב הוא רק מצב זמני וארעי של שנים־עשר חודש בדרך לגיור מלא, אך היא לא התקבלה כדעה המרכזית בפסיקה. ראו על כך בפרק "מיהו גר תושב בזמן הזה", לעיל עמ' 39.

של התורה להקנות לגר תושב מעמד שיאפשר לו חיים בכבוד בקרב עם ישראל. היחס בין הדינים הללו לזכויות האדם המקובלות בעידן המודרני מזמין בירור רחב. מקובל לחלק את זכויות האדם לזכויות יסוד (כגון חופש ביטוי, תנועה והתאגדות, שוויון והליך הוגן), לזכויות פוליטיות (כגון הזכות לבחור ולהיבחר), לזכויות חברתיות (כגון בריאות, חינוך, דיור ודיני עבודה) ולזכויות קבוצתיות למיעוטים. בנוגע לכל אחת מקבוצות הזכויות יש דיון מתמשך על האופן הנכון ליישומן במדינה מודרנית ועל האופן הרצוי לאיזון ביניהן במקרים השכיחים של התנגשות בין זכויות וביניהן לבין האינטרס הציבורי. באופן כללי מקובל שזכויות היסוד והזכויות הפוליטיות ניתנות באופן גורף לאזרחים, ואילו מתן זכויות חברתיות וקבוצתיות תלוי במכלול שיקולים ערכיים, כלכליים, זהותיים ומקומיים. גם ההיבט החוקי והחוקתי בנוגע לזכויות אלו מקבל ביטוי שונה במדינות שונות ובמשפט הבין־לאומי. כך או כך, אפשר לזהות את מגמת התורה לעגן את מעמדו של גר תושב כמעמד מכובד, נוסף על עצם היתר המגורים בארץ.

זאת ועוד, היבטים שונים בדיון ההלכתי לגבי חיוביו ההלכתיים של גר תושב, משאלת שמירת השבת ועד חיובו במצוות שונות של ישראל נוסף על שבע מצוות בני נח, מלמדים על תפיסה מסוימת של גר תושב כשותף לסיפור הישראלי. פרטי דינים אלו התבררו בספר זה בפרקים המתאימים, ואפשר לזהות בהם מגמה לחיבור גר תושב למה שניתן לכנותו בשפה המודרנית ההיבט הרפובליקני של האזרחות. היבט זה נידון במחשבה הפוליטית נוסף על ההיבט הליברלי הנוגע לזכויות האזרח, והוא ממוקד ביכולת של האזרח להיות שותף לסיפור הלאומי או המדינתי ומזוהה עימם, מעורב בעשייה הפוליטית ובעל השפעה על השיח הציבורי.[30] אם דינים אלו מלמדים על קרבה של גר תושב אל הסיפור הלאומי־הישראלי, דינים אחרים מלמדים דווקא על

30. על הקרבה בין רפובליקניזם ללאומיות ועל ההבחנה ביניהם ראו מלאך, "רפובליקניזם".

הרצון לשמר את הבידול בין היחס לפרט שאינו יהודי לבין הצביון הרשמי של המדינה שצריך להישאר ישראלי (כמו הציווי למנות מלך ושאר מינויים מישראל דווקא), או על הצורך לשמור על האיזון בין הדאגה לחיים בכבוד של גר תושב לבין שימור האקסקלוסיביות של האחווה הישראלית.

חתימה: לא תחנם בזמן הזה

כתריאל ברנדר

ברכת שיבת ציון והצורך בעיון הלכתי מחודש

את ספרו **הלכות מדינה** פותח הרב אליעזר יהודה וולדינברג:

> דבר שלח ה׳ ביעקב ונפל בישראל. גברו עלינו חסדי ה׳ וזיכנו אחרי אלפי שנות גלות להחזירנו כבראשונה אל נחלת אבותינו, לחיות חיי עם עצמאי בארצו... חובתינו להורות נתיב ודרך לאומה השבה לתחיה לפלוש אל חוקי התורה ומשפטיה, שעל ידי ההליכה בה שהיא הליכות-עולם תגיע לה, אל תיקרי הליכות אלא הלכות, לידי ההכרה הברורה שרק הלכותיה של תורת קדשינו יכולות לשמש יסוד ובנין ולצינור שאיבה מתמיד להלכות -מדינתנו, ותביא בכנפיה לידי נקודת מפנה לליכוד

* הרב דר׳ כתריאל ברנדר הוא נשיא רשת ׳אור תורה סטון׳ וראש הישיבה.

העם כולו במסגרת רחבה ומקיפה אשר הבריח התיכון שלה אשר יבריחנו מן הקצה אל הקצה יהא חק המשפט העברי במלוא משמעותו, שיהפך להיות לנושא מרכזי ולרוח החיה של העם, עד שעוד לא יאמר לדון בו רק בחדרי חדרים בלבד, כי אם אמור יאמר בגאה ובגאון להעלותו על שולחן-המדינה במוסדות-נבחריה-ומחוקקיה, בהיותו מחוג־מכוון והכשיר הגשמה גדול לעם-כולו.

(הרב אליעזר יהודה וולדינברג, **הלכות מדינה**, חלק א׳, ירושלים תשי״ב, עמ׳ 5, 8)

המתנה האלוהית של שיבת עמנו לארצנו מחייבת אותנו להוקיר את הזכות הגדולה הזו. אחת הדרכים הנדרשות מאיתנו היא הקפדה על חקירה, הבנה ויישום נכון של ההלכות הקשורות לישיבה בארץ ישראל.

במיוחד עלינו לתת את הדעת לדינים שלא נידונו במציאות שבה עם ישראל זוכה לריבונות מדינית בארץ ישראל - ועלינו להעמיק בהם מחדש בעין הלכתית קפדנית.

אם לא נערוך בירור מדוקדק של הלכות אלו, שהפכו לחלק בלתי נפרד מהמציאות היומיומית שלנו, אנו עלולים לתמוך - במעשינו הפרטיים ובמדיניותנו הציבורית - בעמדות שאינן מעוגנות בהלכה, ואף עלולות להיתפס כגזעניות.

במוקד הדברים עומדים דיני המיעוטים הלא יהודיים הגרים בארץ ישראל, ושאלת מכירת קרקע להם. פרק זה מבקש לדון בשאלות אלו, ולברר לפי ההלכה את מעמדו של הגוי בארץ ישראל - הן לעניין מגוריו והן לעניין רכישת קרקע בתחומיה.

מקור איסור מכירת קרקע לגויים

במקומות רבים בתורה אנו מוזהרים מפני התרת מגורי נכרים או מכירת קרקע להם בארץ ישראל:

לֹא־תִכְרֹת לָהֶם וְלֵאלֹהֵיהֶם בְּרִית. לֹא יֵשְׁבוּ בְּאַרְצְךָ פֶּן־יַחֲטִיאוּ אֹתְךָ לִי כִּי תַעֲבֹד אֶת־אֱלֹהֵיהֶם כִּי־יִהְיֶה לְךָ לְמוֹקֵשׁ.
(שמות כג לב - לג)

כִּי יְבִיאֲךָ ה' אֱלֹהֶיךָ אֶל־הָאָרֶץ אֲשֶׁר־אַתָּה בָא־שָׁמָּה לְרִשְׁתָּהּ; וְנָשַׁל גּוֹיִם רַבִּים מִפָּנֶיךָ הַחִתִּי וְהַגִּרְגָּשִׁי וְהָאֱמֹרִי וְהַכְּנַעֲנִי וְהַפְּרִזִּי, וְהַחִוִּי וְהַיְבוּסִי שִׁבְעָה גוֹיִם רַבִּים וַעֲצוּמִים מִמֶּךָּ. וּנְתָנָם ה' אֱלֹהֶיךָ לְפָנֶיךָ וְהִכִּיתָם הַחֲרֵם תַּחֲרִים אֹתָם לֹא תִכְרֹת לָהֶם בְּרִית וְלֹא תְחָנֵּם.
(דברים ז, א-ב)

למי נאסרה מכירה זו?

האם האיסור מוגבל רק לשבעת עממי כנען, כפי שמופיע בהקשר הפסוקים? אם כן, הרי דין זה איננו רלוונטי עוד, שכן התלמוד (יומא נד ע"א, ברכות כח ע"א) מלמד שסנחריב בלבל את האומות, ובכללן את שבעת עממי כנען. כתוצאה מכך, אין עוד זיהוי ברור של עמים אלו, ולכאורה האיסור בטל מעיקרו.

הרחבת תחולת האיסור לעובדי עבודה זרה

אולם מדרשי ההלכה מרחיבים את תחולת האיסור, ומחילים אותו על כל עובדי עבודה זרה. הנימוק שבפסוקים לאיסור הוא התגוננות מפני החשש "פן תחטיאו אותך לי". עבודת אלילים מערערת את יסודות הקדושה של הארץ ושל העם השוכן בתוכה, ולכן נאסר למכור קרקע לעובדי אלילים או להתיר להם להתגורר בה דרך קבע:

"לא ישבו בארצך" <הרי> זו אזהרה **שלא יושיבו גוי עובד ע"ז ביניהם.** (מכילתא דרבי שמעון בר יוחאי שמות כג, לג)

"השמר לך פן תכרת ברית ליושב הארץ" <הרי> **זו אזהרה שלא לכרות ברית לעובדי עבודה זרה.** "כי את מזבחותם תתצון" הרי

זו מצות עשה לאבד ע"ז וכל משמשיה וכל הנעשה בשבילה.[1]
(שם, לד, יב)

בעקבות זאת הרמב"ם מונה בספר המצוות:

והמצוה החמישים היא שהזהירנו מחמול על עובדי עבודה זרה ומייפות דבר מכל מה שייוחד להם והוא אמרו יתעלה: "לא תחנם". (**ספר המצוות לרמב"ם** מצות לא תעשה נ)

והמצוה הנ"א היא שהזהירנו מהושיב עובדי עבודה זרה בארצנו, כדי שלא נלמד כפירתם. והוא אמרו ית': "לא ישבו בארצך פן יחטיאו אותך לי". ואילו רצה הגוי לעמוד בארצנו אינו מותר לנו זה עד שיקבל עליו שלא לעבוד עבודה זרה ואז יהיה איפשר לו לשכון. וזה יקרא "גר תושב". רוצים בזה שהוא גר לעניין שיהיה מותר לשכון בארץ לבד. וכן אמרו (ע"ז סד ע"ב): "אי זהו גר תושב - זה שקבל עליו שלא לעבוד עבודה זרה". ואולם עובד עבודה זרה לא ישכון עמנו ולא נמכור לו נחלה ולא נשכיר. ובבאור בא לנו הפירוש (שם כ ע"א): "לא תתן להם חנייה בקרקע". וכבר התבארו משפטי מצוה זו במסכת סנהדרין ובעבודה זרה (יט ע"ב - כא ע"ב).[2] (שם, נא)

חשוב לציין כי הרמב"ם כאן מגדיר גר תושב לא כמי שמקבל על עצמו את שבע מצוות בני נח כולן (כדעת חכמים בעבודה זרה סד ע"ב), אלא סובר כרבי מאיר (שם), שמסתפק במניעת מעבודה זרה בלבד כדי להיות מוגדר כ"גר תושב".

1. ראו גם מדרש תנאים (שמאוחר יותר ממדרשי הלכה שהזכרנו למעלה): "הא אם קבלו עליהן שלא לעבוד ע"ז אין את רשאי להערים עליהן ולשבותן". (**מדרש תנאים** (הופמן) דברים כ, יח)
2. ראו גם רבי יצחק מקורביל, **ספר מצוות קטן** מצוה קלה: שלא לחון עובדי אלילים.

לפי זה, עמים או יחידים שאינם עוסקים בעבודה זרה אינם נכללים באיסור, ומותר להם להתגורר בארץ ולרכוש בה קרקע.[3] גישה זו, שהאיסור הוא מוגבל לעובדי אלילים נתמכת בידי ראשונים נוספים, וביניהם תוספות[4], רמב"ן[5], הרשב"א[6] והמאירי.[7]

רבים מן הפוסקים[8] מצטטים בהקשר זה את הרב רפאל מיוחס בן שמואל (בערך 1695–1771. היה הרב הראשי לירושלים) בפירושו על

3. על מוסלמים שמאמינים בייחוד ה' ראו **שו"ת הרמב"ם** סימן תמח וכן **משנה תורה**, הלכות מאכלות אסורות יא, ז.
ביחס לנוצרות: אמונות השילוש בנצרות מוגדר בהלכה כאמונה של "שיתוף", שלרוב הפוסקים עבור מי שלא יהודי לא מוגדר כעובדה זרה. ראו אגרת של הרב אהרון סלובייציק (להלן, הערה 12) וכן בספר "ושמו אחד" הפרקים על הנצרות, בייחוד עמודים 133–176.

4. עבודה זרה כ ע"א, ד"ה דאמר קרא לא תחנם: "אי נמי משום דאדוקי בעבודת כוכבים טפי אבל שאר אומות לא". ראו גם חולין קיד ע"ב, ד"ה "עד שיפרוט לך הכתוב כדרך שפרט לך בנבלה".

5. **רמב"ן על התורה** לשמות כג, לג: "'כי תעבוד את אלהיהם כי יהיה לך למוקש... לא ישבו בארצך כי יהיה לך למוקש פן יחטיאו אותך לי כי תעבוד את אלהיהם', וכן אמר (להלן לד, יב): 'פן תכרות ברית ליושב הארץ פן יהיה למוקש בקרבך'. **והטעם, כי ישיבתם בארצך יהיה לך למוקש ולמכשול פן יחטיאו אותך לי בדרכיהם הרעים ובעלילותם הנשחתות, כי תעבוד את אלהיהם...**".

6. **שו"ת הרשב"א** חלק א סימן ח: "ומה ששאל ממך הנער בשולח אדם ירך לנכרי, איך יתישב עם מה שאמרו אסור לתת מתנת חנם. ואמרת לו דההוא דשולח ירך לנכרי לא לחנם אלא לגמול למה שקדם **או בגוי שאינו עובד עבודה זרה** - יפה אמרת". ראו גם **תורת הבית הארוך** בית ה שער א דף מ ע"ב: "אלמא כל שידענוהו שאינו עובד ע"ג אינו בכלל גזירות הללו".

7. **בית הבחירה למאירי** עבודה זרה כא ע"א: "ולענין פסק דבר זה לא נאמר אלא בארץ ובזמנים שהזכרנו אבל בחוצה לארץ **ובזמנים אלו אף לבית דירה ואף בשכונה ובשורה מותר וכל שכן במקומות שאין עבודת האלילים מצויה שם שדבר זה עיקר איסורו** לאותם עובדי האלילים שהיו אליליהם בבתיהם ומקטרים ומזבחים להם שם" (ראו גם מאירי שם כ ע"א).
ראו גם להלן בפרק "מיהו גר תושב בזמן הזה" מקורות רבים שמוסלמים ונוצרים נחשבים גר תושב בזמן הזה. על כך ראו גם **ט"ז** יורה דעה קכד, ד.

8. ראו דברי הרב צבי פסח פרנק **בכרם לציון** ג, וכן **בשו"ת הר צבי** זרעים ב, מז; הרב חיים דוד הלוי, **שו"ת עשה לך רב** ד, א; ט, לג.

השולחן ערוך, **מזבח אדמה**. לדבריו מותר למכור קרקע למוסלמים, שכן אינם עובדי עבודה זרה.

עוד מציין הרב מיוחס שגדולי ישראל בעבר נהגו למכור בתים וקרקעות למוסלמים, מאחר שאינם עובדי אלילים, וכי האיסור חל רק על גויים העובדים עבודה זרה בפועל. יתר על כן: הוא קובע שמאחר שבדורנו איננו בקיאים בהבחנה בין דתות עובדות אלילים לדתות שאינן כאלה - הרי מותר למכור קרקע לכל גוי. הרב מיוחס מבסס את דבריו על גישת הרמב"ם המופיעה בספר המצוות:

> אין מוכרין להם בתים כו' והאידנא שראינו גדולי ישראל מו"ה מוהרש"א ומהרמ"ם וכמה וכמה חצרות ובתים וכיוצא נראה ודאי דהיינו משום דלאו "דלא ישבו בארצך" לענין חניה בקרקע היינו על גוים עובדי עבודה זרה דוקא. א"כ כ"ש בישמעאלים וכ"כ הר"ם פ"י מהלכו' ע"ז וכן במנין המצו' להר"ם ובש"ס בכל המקומו' לא נאמר אלא בע"ז... ועיין סי' קמ"ח חי"ב י"א שאין כל דברים אלו אלא באותו זמן, אבל בזמן הזה אין בקיאין בטיב אלילים לפיכך וגו' וכל שאר דברים כו' יע"ש אם כן נ"ר דבזמן הזה לא נאמר גם לאו דלא תחונם לענין חנית קרקע באלו. ואפי' את"ל דגם באלו כו' מ"מ נראה דוקא בעובד כו' אפי' שאינם בקיאים אבל כישמעאלים ודאי לא נאמר עליהם לא ישבו בארצך והרי מרן ח"מ קע"ה הלכה פסוקה דכשאין הישראל נותן לו דמים שנותן הגוי רשאי למוכרה לגוי אם לא כשנראה שהגוי מבקש להשחית כו' הא לאו הכי שריא ותמהני איך עלה בדעת דשואל אותי בדבר זה אם היה איסור דאורייתא. (**מזבח אדמה** סימן קכ'א או"ח)

לסיכום, לפי גישתו של הרב רפאל מיוחס ושל פוסקים רבים מהדורות האחרונים,[9] הנשענים על מדרש ההלכה, שיטת הרמב"ם בספר המצוות,

9. ראו גם תורה תמימה לשמות כג, לג; דברי הרב אליהו קלצקין **באמרי שפר**

הרשב"א, תוספות, הרמב"ן, המאירי והראב"ד (שיידונו בהמשך המאמר), איסור מכירת קרקעות הוא לעובדי עבודה זרה. לעומת זאת, מי שאינו עובד עבודה זרה - מותר לו להתגורר בארץ ישראל ולרכוש בה קרקע.

הרחבת האיסור – שיטת הרמב"ם במשנה תורה

עם זאת, נראה לכאורה שהרמב"ם במשנה תורה נקט גישה שונה בנוגע לשאלה זו. לשיטתו שם, תנאי לישיבת גוי בארץ הוא שיקבל על עצמו את כל שבע מצוות בני נח:

(ג) אין מוכרין להם בתים ושדות בארץ ישראל... ומותר למכור להם בתים ושדות בחוצה לארץ מפני שאינה ארצנו.

(ד)...ואסור ליתן להם מתנת חנם אבל נותן הוא לגר תושב שנאמר לגר אשר בשעריך תתננה ואכלה או מכור לנכרי במכירה ולא בנתינה.

(ו) אין כל הדברים האלו אמורים אלא בזמן שגלו ישראל לבין הנוכרים או שיד הנוכרים תקיפה על ישראל אבל בזמן שיד ישראל תקיפה עליהם אסור לנו להניח עובדי עבודה זרה בינינו, ואפילו יושב ישיבת עראי או עובר ממקום למקום בסחורה **לא יעבור בארצנו אלא עד שיקבל עליו שבע מצות שנצטוו בני נח שנאמר לא ישבו בארצך אפילו לפי שעה**, ואם קבל עליו שבע מצות הרי זה גר תושב. ואין מקבלין גר תושב אלא בזמן שהיובל נוהג. אבל שלא בזמן היובל אין מקבלין אלא גר צדק בלבד. (**משנה תורה**, הלכות עבודה זרה י, ג-ו).

סימן צב; דברי הנצי"ב **משיב דבר** ב, נו; **העמק דבר** דברים ז, ב.

בעוד שהרמב"ם מבחין בין תקופות שבהן לעם ישראל יש ריבונות מלאה על ארץ ישראל לבין תקופות (כמו זמננו), שיש בהן צורך להתחשב בנורמות מצד ממשלות זרות - הוא מורה שאם הייתה לעם ישראל סמכות מלאה על הארץ, היה נדרש כל אדם לקבל על עצמו את כל שבע מצוות בני נח כתנאי לישיבתו בארץ ישראל. כאמור, פסיקה זו שונה מדבריו ב"ספר המצוות", שם הדרישה המרכזית היא שהגוי יפסיק לעבוד עבודה זרה.

לכאורה להבדל מהותי זה בין גישתו של הרמב"ם ב"ספר המצוות" לבין גישתו ב"משנה תורה" יש השלכות ניכרות במציאות העכשווית.

הגבלת האיסור: הראב"ד והכסף משנה

הראב"ד מערער על דברי הרמב"ם ב"משנה תורה" בשתי נקודות:

על דברי הרמב"ם (הלכות עבודה זרה י, ו) "ואפילו יושב ישיבת עראי או עובר ממקום למקום בסחורה לא יעבור בארצנו", מעיר הראב"ד: "א"א זאת לא מצאנו ולא שמענו מעולם והפסוק שהוא מביא בז' אומות הוא..." - ראשית, מקור הדין שהביא הרמב"ם עצמו אינו עוסק אלא בשבעת עממי כנען וכיצד יכול הרמב"ם ולהרחיב את הדין כך שיחול על כל הגויים?

שנית, לדעת הראב"ד, הדין שגר תושב נוהג רק בזמן שהיובל נוהג אינו נוגע לעצם הזכות של גוי לגור בארץ ישראל או לרכוש בה קרקע. כל עוד הוא נוהג בפועל כגר תושב ושומר את שבע מצוות בני נח, אין צורך בתהליך פורמלי כדי שיותר לו להתגורר בארץ: "אבל שלא בזמן היובל אין מקבלין אלא גר צדק בלבד - א"א איני משוה לו בישיבת הארץ". (שם)

סברת הראב"ד הגיונית: אם הבעיה היא חשש של השפעה לרעה על התרבות הרוחנית בארץ ישראל - אין מדובר בצורך הפורמלי להיעשות גר תושב, אלא במחויבות המוסרית של הגוי, כפי שהיא באה לידי ביטוי בשמירת שבע מצוות בני נח.

גם מדברי ספר החינוך משתמע שאף על פי שאין מקבלים גר תושב אלא בזמן שהיובל נוהג, כאשר הגוי מקבל על עצמו ביוזמתו שבע מצוות בני נח הוא נחשב כגר תושב:

...מדיני המצוה מה שאמרו זכרונם לברכה [ע"ז ס"ה ע"א] כשאין נותנין להם מתנות חנם דדוקא למי שעובד עבודה זרה, אבל לא למי שאינו עובד עבודה זרה ואף על פי שהוא עומד בגיותו לאכול שקצים ורמשים ושאר כל העבירות כגון גר תושב, **דמכיון שקבל עליו שבע מצוות מפרנסין אותו ונותנין לו מתנת חנם...**

(**ספר החינוך** פרשת ואתחנן מצוה תכו)

ואכן, הרב יוסף קארו בפירושו על משנה תורה לרמב"ם, ה"כסף משנה", מציע שגם לדעת הרמב"ם, כאשר אין אפשרות פורמלית להתקבל כגר תושב (כל עוד היובל אינו נוהג), גוי שמחויב בפועל לשמירת שבע מצוות בני נח - רשאי להתגורר בארץ ישראל ולהיחשב כגר תושב:

ולדעת רבינו נראה לומר דאין ה"נ שאם מעצמו קיבל עליו שבע מצות שאין מונעין אותו מישיבת הארץ ולא בא לומר אלא שאין בית דין מקבלין אותו. (**כסף משנה** הלכות עבודה זרה י, ו)

כל איסור שנאמר ביחס לגוי כזה - בטל, שכן עיקר הטעם לאיסור הוא החשש שהגוי ייצור תרבות רוחנית רעילה. אך כאשר מעשית הוא שומר את המצוות, החשש הרוחני מתבטל - וממילא גם האיסור.

לאור עמדתו של הראב"ד וגישתו הזהירה של ה"כסף משנה", אשר מנסח באופן מינימלי ולא חד-משמעי את עמדתו של הרמב"ם ב"משנה תורה" - כותב הרב הרצוג, את ההערה הבאה:

> אבל על כל פנים בין שדעת הרמב"ם באמת כך או איננה כך, הרי לנו שני עמודי התורה הללו, הראב"ד ומרן בעל שולחן ערוך ז"ל, מסכימים לדעת אחת, שנכרי שאינו עובד ע"ז אעפ"י שלא קיבל בפני בית דין של ישראל אין למנוע ממנו הישיבה בארץ ישראל. חוץ מזה כבר הכריע קודמי ז"ל (עיין להלן) שאומה שלמה שקיבלה עליה שבע מצות, גם בזה"ז יש להן דין גרים תושבים. **(תחומין, ב)**

זו גם הסיבה לכך שהרב קוק סבר שמותר למכור קרקע בארץ ישראל למוסלמים - אפילו לפי גישת הרמב"ם כפי שהיא מופיעה ב"משנה תורה":

> **והעיקר הוא טעמא דלא תחנם, לא תתן להם חניה בקרקע, ובזה י"ל דישמעאלים אינם עע"ז, ודינם כג"ת, ומותר לתן להם חניה בקרקע.** ולפו"ר נראה דתלוי בפלוגתא דהרמב"ם והראב"ד (שם ה"ח), דהרמב"ם כתב דאין ג"ת נוהג כ"א בזמן שהיובל נוהג, ומשמע שגם לענין ישיבה וחניה בקרקע צריך דוקא שיקבל בפני ג' שלא לעבוד ע"ז, וכל שבע מצות ב"נ, אמנם הראב"ד כתב שאינו מודה לו בישיבת הארץ, משמע דס"ל שגם בזה"ז יש ג"ת לענין ישיבת הארץ, וי"ל דה"נ לענין חני' בקרקע. **ומד' הכ"מ משמע דגם הרמב"ם מודה לענין ישיבה, ולא קאמר כ"א שאינו ג"ת לכל הדברים.... א"כ כיון דבנכרי שאינו עע"ז, ובפרט אומה שלמה המפורסמת בכך, מסתברא דליכא איסור זה, לכה"פ לדעת הראב"ד בפ"י מה' ע"ז, שכתב דלא בעינן לענין ישיבת הארץ דוקא יובל, וה"ה לענין חני' בקרקע מן הסתם, ולד' הכ"מ גם הרמב"ם יודה בזה.** (שו"ת **משפט כהן** [ענייני ארץ ישראל] סימן נח)

בעקבות דברי ה"כסף משנה" סבר גם הרב אהרן סולובייצ'יק שאפשר לראות בנוצרים ובמוסלמים גרים תושבים - אף ללא תהליך פורמלי של קבלה.[10]

נימוקים נוספים בפוסקים להיתר

קיימים שיקולים הלכתיים נוספים שיכולים לעקוף את האתגר. זאת גם לשיטתם הסוברים שאיסור "לא תחנם" חל על כל גוי בתקופה שאין יובל נוהג, משום שאין ביכולתנו לקבלו כגר תושב באופן פורמלי, וממילא סבורים שקבלת גר תושב בפני בית דין היא תנאי מוקדם.

לדוגמה, הרב קוק בתשובתו מביא את דברי הרב שך, שאם גוי מחזיק כבר בקרקע בארץ ישראל - אין איסור נוסף בכך שירכוש קרקע נוספת.

לפי שיטה זו, האיסור חל רק על עצם קניין הקרקע הראשון, כלומר - על עצם יצירת אחיזה ראשונית של גוי בארץ. אבל כאשר גוי כבר מחובר לארץ דרך בעלות קודמת, רכישת קרקע נוספת אינה איסור נוסף. לפיכך, מכירת קרקע לגוי שכבר יש בבעלותו נדל"ן בארץ ישראל - אינה נחשבת להפרת האיסור של "לא תחנם".

> בענין "לא תחנם", שאסור למכור לגוי קרקע בארץ ישראל. **יפה העיר חד מבי דינא הרה"ג ר"ז שך נ"י, די"ל דבגוי שבלא"ה יש לו חניה בקרקע אין התוספת, מה שמוסיפים עליה עתה אסורה מה"ת;** ויותר נכון לפ"ז לבחור בגוי שכבר יש לו קרקע בא"י. אע"ג דיש לומר שאם יקנה ממנו ישראל הקרקע הקודמת

10. https://leverageit.nyc3.digitaloceanspaces.com/ots/wp-content/uploads/2025/06/03192837/LetterFromRavAhronSoloveichik.pdf

> אז הלא תצא החניה מתחת ידו, ונמצא אז שבקרקע זו הנמכרת לו כעת נתנה לו חניה בקרקע. מ"מ יש לומר דבתר השתא אזלינן, ועכשיו הוא אינו נותן לו חניה בקרקע, שהרי כבר יש לו מקודם, והוא מקושר לארץ ישראל בלא"ה ע"י קרקע שיש לו מכבר. (הראי"ה קוק, **שבת הארץ** פתח דבר, סימן יב, עמ' נב)

החזון איש חולק על כך:

> ואין חילוק בין אם כבר יש לו לעכו"ם קרקע בארץ או לא, דבכל בית ושדה שמוסר להם הרי הוא נותן חני' לעכו"ם בקרקע זה. ואף אם היה מקום להסתפק. סתימת המשנה והגמ' מכרעת שאין חילוק". (**חזון איש** זרעים, שביעית, סימן כד, עמ' 149)

אכן, החזון איש נודע בהתנגדותו למכירת קרקע לגוי כדי לתת פתרון לחקלאות בארץ ישראל. אולם באותו הקשר הוא מביא את שיטת הראב"ד שהזכרנו לעיל, האיסור שכתוב בתורה על מכירת קרקע לגויים מתייחס רק לשבעת עממי כנען, ואינו חל על שאר האומות - ומשמעות הדבר היא, שלמעשה, אין לאיסור הזה רלוונטיות כיום.

בהמשך דבריו, מוסיף החזון איש שלדעת הראב"ד, איסור "לא תחנם" חל - כפי שמבואר בגמרא עבודה זרה (יט ע"ב) - רק על גויים עובדי עבודה זרה, וזאת מתוך אחריותו של היהודי למנוע עבודה זרה מן הארץ. לכן, אומר החזון איש, לפי שיטת הראב"ד, כאשר מדובר בגוי מונותאיסט - אין איסור למכירת קרקע (זרעים, שביעית, סימן כ"ד, עמ' קמ"ט ע"א).

החזון איש גם מציין שלפי הרמב"ם (בהלכות איסורי ביאה, פרק י"ד, הלכה ח'), מותר לאפשר לגר תושב להיות בארץ ישראל רק כאשר הוא מקבל על עצמו את שבע מצוות בני נח - ולאחר שהתקבל באופן פורמלי בפני בית דין. כפי שכבר הוזכר, תהליך פורמלי כזה אפשר לקיים רק בזמן שהיובל נוהג.

אולם, מציין החזון איש, שלפי הבנת הראב"ד, הגוי נדרש רק לשמור בפועל על שבע מצוות בני נח, ללא צורך בהליך פורמלי של קבלת מעמד גר תושב. הבנה זו, לפי הראב"ד בדברי הרמב"ם, מאפשרת גם היום לגוים השומרים שבע מצוות בני נוח לגור בארץ ישראל".

כאמור, גישה זו עולה גם מדברי ה"כסף משנה" (שם), שמבין את הרמב"ם כך: אם עיקר החשש הוא מפני יצירת סביבה תרבותית שאינה תואמת את הנורמות המוסריות של שבע מצוות בני נח - הרי שכאשר חשש זה אינו קיים, מותר לגוי השומר מצוות אלו להתגורר בארץ ולרכוש בה קרקע.

הרב הרצוג כותב, שגם אם כל הטעמים ההלכתיים שהוזכרו אינם מספיקים כדי להתיר מכירת קרקע לגוי מבחינה עקרונית, יש להכיר בכך שבמציאות המדינית הנוכחית, קריאה לאיסור מוחלט על מכירת קרקע לגויים עלולה לערער את קיומה של מדינת ישראל כולה, לגרום לחילול השם חמור, ואף לסכן את קיומו של העם היהודי ברחבי העולם.[11]

הרא"ש מוסיף רובד נוסף לסיבה שבגינה מותר למכור קרקע לגוי בזמננו:

מאחר שכיום גם גויים עובדי עבודה זרה אינם מכניסים אלילים לבתיהם - אין עוד מקום לחשש של השפעה שלילית על שכניהם היהודים, וממילא אין איסור. כלומר, עיקר הסיבה שהוזכרה בעבר כאיסור - השפעה רוחנית מזיקה הנובעת מעבודת אלילים - אינה רלוונטית במציאות הנוכחית, ולכן אין למנוע את מכירת הקרקע:

> והאידנא שאין העובדי כוכבים רגילין להכניס עבודת כוכבים לבתיהם אלא בשעת חולי שרו.

(**רא"ש** עבודה זרה פרק א סימן כב)

11. הרב י"א הלוי הרצוג, "זכויות המיעוטים לפי ההלכה", **תחומין** ב (תשמ"א), עמ' 169–179.

אפשרות נוספת להבנת סוגיית "לא תחנם" מופיעה בשו"ת "ישועות מלכו", של הרב ישראל אליהו יהושע טרונק מקוטנא.[12] שם הוא כותב, שכאשר מכירת קרקע לנכרי נעשית לתועלת הציבור היהודי - אין איסור "לא תחנם" חל על כך. כלומר, גם לנכרי שאינו מקבל על עצמו את שבע מצוות בני נח, או שאינו נמנע מעבודה זרה, עדיין ייתכן שיותר למכור לו קרקע, אם הדבר נעשה לטובת היהודי שמוכר את הקרקע.

היתר זה נשען על דברי רבנו ניסים, שדן באיסור "לא תחנם" בנסיבות אחרות, ומציין כי במקרים שבהם יש תועלת ליהודי - אין איסור "לא תחנם" חל:

> כל המשחרר עבדו עובר בעשה. משמע דלאו עשה גמור הוא דבגמ' פרכינן מיתיבי מעשה ברבי אליעזר שנכנס לבית הכנסת ולא מצא שם עשרה ושחרר עבדו והשלימו לעשרה ומפרקינן מצוה שאני ואי עשה גמור הוא היכי דחינן עשה שבתורה משום האי מצוה ויש מתרצים שלא אמרה תורה לעולם בהם תעבודו **אלא משום שלא יתן להם מתנת חנם כענין שכתוב בעובדי כוכבים לא תחנם וכיון דאיכא מצוה לאו משום חנינה דידהו קא עביד אלא לצורך עצמו והוה ליה כנותן דמי עצמו.**
>
> **(ר"ן על הרי"ף** גיטין כ ע"ב)

לכן, במקרה שבו עסקת קרקע מיטיבה עם המוכר היהודי או עם הקהילה היהודית - האיסור "לא תחנם" אינו חל.[13]

12. **שו"ת ישועות מלכו** יו"ד סימן נ"ה.
13. זו גם גישת הרשב"א (ראו שו"ת הרשב"א חלק א סימן ח).

סיכום

עמדנו כאן על שאלה מורכבת ורב-ממדית: מהו מעמדם ההלכתי של גויים בארץ ישראל, ובפרט האם מותר למכור להם קרקע. שאלה זו, שלא נידונה בהרחבה בתוך מציאות של מדינה יהודית במשך מאות שנות גלות, חזרה להיות רלוונטית ומעשית עם שיבת עם ישראל לארצו.

החזון של הרב וולדנברג, שבו פתחנו, מתממש כאן בפועל: ההלכה יוצאת מן התיאוריה ונעשית ל״ מחוג־מכוון והכשיר הגשמה גדול לעם-כולו״, מנחה את החיים המעשיים בשיבתנו לארץ.

מהסקירה עולה כי קיימות שתי גישות עיקריות בקרב הפוסקים:

הגישה המצמצמת: דעות רבות וחשובות מגבילות את איסור מכירת קרקע לגויים רק למי שעובד עבודה זרה בפועל. בין הסוברים כך: הרמב״ם בספר המצוות - הרואה בהימנעות מעבודה זרה תנאי מספיק להיחשב כגר תושב; התוספות, הרמב״ן, הרשב״א והמאירי - המגבילים את האיסור לעובדי אלילים; הרב רפאל מיוחס ופוסקים מהדורות האחרונים - המתירים מכירה למוסלמים הרואים בהם מונותאיסטים.

גישה מרחיבה ראינו בדברי הרמב״ם במשנה תורה, הדורש מכל גוי לקבל על עצמו את כל שבע מצוות בני נח כתנאי לישיבה בארץ ישראל.

גם לפי הגישה המרחיבה העלו הפוסקים כמה היתרים חשובים: עמדת הראב״ד והכסף משנה - שאין צורך בתהליך פורמלי של קבלת מעמד גר תושב, ומספיק שהגוי שומר בפועל על שבע מצוות בני נח; שיטת הרב קוק שהאיסור אינו קיים לגוי שכבר מחזיק קרקע; דעת הרא״ש שבזמננו אין חשש של השפעה רוחנית שלילית; עמדת ״ישועות מלכו״ שכאשר המכירה לטובת היהודי אין איסור.

כפי שציין הרב הרצוג, שני עמודי התורה - הראב״ד ומרן בעל השולחן ערוך - מסכימים שאין למנוע את הישיבה בארץ ישראל מנוכרי שאינו עובד עבודה זרה, אפילו שלא קיבל עליו שבע מצוות בני נח בפני בית דין.

מהדיון עולה כי יש בסיס הלכתי מוצק לומר שנוכרי שאינו עובד עבודה זרה - ובכלל זה נוצרים ומוסלמים - מותר לו להתגורר בארץ ישראל ולרכוש בה קרקע. זאת במיוחד כאשר מדובר באומות שלמות המקבלות עליהן את עקרונות שבע מצוות בני נח.

במציאות המדינית והחברתית הנוכחית, שבה איסור מוחלט על מכירת קרקע לגויים עלול לערער את יסודות קיומה של מדינת ישראל ולגרום לחילול השם חמור, יש משקל רב לשיקולים המתירים.

מימוש המחויבות שלנו לחקור סוגיות אלו לא רק מאפשר לנו להחיות נושאים הלכתיים שהיו רדומים במשך אלפי שנים, אלא גם מבטא קשר אמיתי לארץ. שכן, אם אנו מוכנים לבחון את הדקויות של ההלכות הנוגעות לארץ ישראל, הדבר מעיד על מחויבות מלאה לאמץ את המתנה שאלוהים נתן לנו עם יישובה של הארץ והולדתה של מדינת ישראל.

קיצורים ביבליוגרפיים

אבידן, **אהבת צדקה** = א"מ אבידן, **אהבת צדקה**, ירושלים תשס"ח.

אבינר, "ולא שיקרנו" = ש"ח הכהן אבינר, "ולא שיקרנו בבריתך", **ארצי** א (תשמ"ב), עמ' 38-44.

אבינר, "הישמעאלים" = א' אבינר, "מעמד במדינת ישראל לפי ההלכה", **תחומין** ח, 337-361.

אונטרמן, "דרכי שלום" = א"י אונטרמן, "דרכי שלום והגדרתם", **אור המזרח** טו, תשכ"ה-תשכ"ו, עמ' 227-231 (נדפס שנית: **מורשה** א, תשל"א, עמ' 5-10).

אלבוים־דרור, **המחר** = ר' אלבוים־דרור, **המחר של האתמול** א: **האוטופיה הציונית**, ירושלים תשנ"ג.

אליאדה, **השיבה הנצחית** = מ' אליאדה, **המיתוס של השיבה הנצחית: ארכיטיפים וחזרה**, ירושלים תש"ס.

אלישיב, **הערות** = י"ש אלישיב, **הערות רבינו הגרי"ש אלישיב זצוק"ל** (מהדורה חדשה) סוכה, ירושלים תשע"ד.

אלעזר, **עם ועדה** = ד"י אלעזר, **עם ועדה: המסורת המדינית היהודית והשלכותיה**, ירושלים .

אמנה לביעור הגזענות = United Nations General Assembly, *International Convention on the Elimination of All Forms of Racial Discrimination (ICERD)*, 1965 https://www.ohchr.org/en/instruments-mechanisms/instruments/international-convention-elimination-all-forms-racial.

אמנת האיחוד האירופי = European Union, *Treaty on European Union*, Official Journal C 326, 1992. https://eur-lex.europa.eu.

אפלבאום, "הראויים לגור" = ד"י אפלבאום, "הראויים לגור בירושלים", בתוך: י' רפאל (עורך), **קובץ תורה שבעל־פה** לח, ירושלים תשנ"ז, עמ' קלו-קמא.

ארד, "שמירת שבת" = מ' ארד, "שמירת שבת כסימן זהות ליהודים בתקופה ההלניסטית והרומית", 18.12.2009, אתר מכון שכטר https://schechter.ac.il/article/sabbath-second-temple/.

ארה"ב, הכרזת העצמאות = א' גוטפלד (מתרגם), "הכרזת העצמאות של ארצות הברית", **אתר השגרירות של ארצות הברית בישראל**.
https://web.archive.org/web/20110721145732/http://usembassy-israel.org.il/publish/constitution/us_decl.htm.

אריאל, "שיתוף נכרים" = י' אריאל, "שיתוף נכרים בשלטון במדינת ישראל", **תחומין** מג, תשפ"ג, עמ' 129–140.

ארלוזורוב, "יותר מארדואן" = מ' ארלוזורוב, "יותר מארדואן: ממשלת ישראל הכי חזקה וריכוזית בעולם", **דה מרקר**, 18/7/2019.

מניטו, **סוד מדרש התולדות** = י"ל אשכנזי, **סוד מדרש התולדות: שיחות מפי הרב יהודא ליאון אשכנזי (מניטו) על מדרשי חז"ל** (עריכה ומקורות: חיים רוטנברג), בית אל תשע"ב.

בובר, **מלכות שמים** = מ׳ בובר, **מלכות שמים**, ירושלים תרצ״ב.

בן ישראל, **ביטחון סוציאלי** = ר׳ בן ישראל, ע׳ הרבסט, ט׳ צורף, **ביטחון סוציאלי**, רעננה תשע״ב.

בן מנחם, ״ענישה״ = ח׳ בן מנחם, ״ענישה שלא מן הדין״, **משפטי ארץ** א, תשס״ב.

בנין יהושע = י׳ פאלק, בנין יהושע, דיהרנפורט, תקמ״ח.

בן־ישראל, **בשם האומה** = ח׳ בן־ישראל, **בשם האומה: מסות ומאמרים על לאומיות וציונות**, באר שבע תשס״ד.

בצרי, **דיני ממונות** = ע׳ בצרי, **דיני ממונות** ד, ירושלים תשמ״ב.

בקשי דורון, ״סמכות והנהגה״ = א׳ בקשי דורון, ״סמכות והנהגה לנשים וגרים״, **תורה שבעל פה** כ, (תש״מ), עמ׳ סו-עב.

ברית אברהם = **ספר הילקוט עם פירוש ברית אברהם**, ליוורנו תכ.

ברמן, **גר תושב** = א׳ ברמן, **גר תושב בספרות ההלכה של ימי הביניים**, חיבור לשם קבלת תואר דוקטור לפילוסופיה, האוניברסיטה העברית, תשע״ה.

ברמן, **נבראו שווים** = י׳ ברמן, **נבראו שווים: כיצד פרץ המקרא את המחשבה המדינית הקדומה** (תרגם: צ׳ ארליך), תל אביב תשע״ג.

ברנדס, ״ההתיישבות״ = י׳ ברנדס, ״ההתיישבות בחבלי הארץ שבריבונות נכרית״, **תחומין** יז, תשנ״ז, עמ׳ 96-106.

ברק־ארז, **חוקים וחיות אחרות** = ד׳ ברק־ארז, רמת גן תשע״ה .

בשן, **ממזרח שמש** = א׳ בשן, **ממזרח שמש עד מבואו - פרקים בתולדות יהודי המזרח והמגרב**, לוד תשנ״ו, עמ׳ 35-41.

גילברט, **באוהלי ישמעאל** = מ׳ גילברט, **באוהלי ישמעאל**, ירושלים תשע״ג.

גרשוני, "המיעוטים" = י' גרשוני, "המיעוטים במדינת ישראל לאור ההלכה", **תחומין** ב, תשמ"א, עמ' 4-15.

גרשוני, **משפט המלוכה** = י' גרשוני (גרודנר), **משפט המלוכה**, ניו יורק תש"י.

דבורקין, **זכויות** = R. Dworkin, *Taking Rights Seriously*, Cambridge MA 1978.

דוד, **מדינת ישראל** = י' דוד (עורך), **מדינת ישראל בין יהדות לדמוקרטיה**, המכון הישראלי לדמוקרטיה, ירושלים, 2000.

הובס, **לויתן** = ת' הובס, **לויתן: או החומר, הצורה והשלטון של קהיליה כנסייתית ואזרחית**, תרגם: י' אור, ירושלים תשס"ג.

הורביץ, **ארחות רבינו הקהילות יעקב** = א' הלוי הורביץ, **ארחות רבינו הקהילות יעקב**, בני ברק תשנ"א.

הילביץ', "דרכי שלום" = א' הילביץ', "לביאור הסוגיא 'מפני דרכי שלום' ביחס לגויים", **יובל סיני** מאה, ירושלים תשמ"ז, עמ' שכח-שנח.

הלוי, "דרכי שלום"= ח"ד הלוי, "דרכי שלום ביחסים שבין יהודים לשאינם יהודים", בתוך: תחומין ט תשמ"ח עמ' 71-81.

הלוי, **ישראל והעמים** = ה"י הלוי, **ישראל והעמים**, א, ירושלים תשס"ט.

הצהרת המילניום = United Nations General Assembly, *United Nations Millennium Declaration*, Resolution 55/2, 2000. https://www.un.org/en/development/devagenda/millennium.shtml.

הרב שך, **מכתבים ומאמרים**, בני ברק אייר תש"מ.

הרצוג, "זכויות" = י"א הרצוג, "זכויות המיעוטים לפי ההלכה", **תחומין** ב, 169-179.

הרצוג, **תחוקה לישראל** = י״א הרצוג, **תחוקה לישראל** א, ירושלים תשמ״ט.

ולדינברג, **הלכות מדינה** = א׳ ולדינברג, **הלכות מדינה** ג, ירושלים תשט״ו.

וילפנד בן־שלום, **גלגל** = י׳ וילפנד בן־שלום, **גלגל הוא והוא עובר על הכל: עוני וצדקה בעיני חכמי ישראל**, תל אביב תשע״ז.

ויניצקי ושארף, **הצעת חוק יסוד** = ח׳ ויניצקי וש׳ שארף, **הצעת חוק יסוד: ישראל מדינת הלאום של העם היהודי**, ירושלים תשע״ז.

ולנסקי ומיכאל, ״ריבונות״ – כ׳ ולנסי וק׳ מיכאל, ״׳ריבונות חלולה׳: על התמורות במעמד מדינות הלאום הערביות בראי עשור לטלטלה הערבית״, **עדכן אסטרטגי** 24.1, תשפ״א.

ועדת ונציה, ״מיעוטים״ = Venice Commission, "Report on the Preferential Treatment of National Minorities by their Kin .state", *Venice Commission Repor,* Venice 2001

זוין, ״המדינה״ = ש״י זוין, ״המדינה העברית וקדושת הארץ״, **תחומין** י, תש״ן, עמ׳ 15–25.

זוין, **המועדים בהלכה** מועדים = ש״י זוין, **המועדים בהלכה**, ירושלים תש״מ.

זולדן, ״מינוי נכרים״ = זולדן, י׳, ״מינוי נכרים לתפקידים ציבוריים״, **תחומין** כג, תשס״ג, עמ׳ 348–357.

זעירא ומשה, **סוגיות בהעסקה של זרים בישראל** = ג׳ זעירא, נ׳ משה, **סוגיות בהעסקה של זרים בישראל**, ירושלים תשע״ה
https://main.knesset.gov.il/Activity/Info/MMMS
ummaries19/Foreign.pdf.

זקס, **השותפות הגדולה** = י׳ זקס, **השותפות הגדולה** (תרגם: צ׳ ארליך), ירושלים תשע״ג.

זקס, **עתיד** = J. Sacks, *Future Tense*, London 2009.

זר זהב = **משניות מסכת נגעים: עם התוספתות, הברייתות וסוגיות הש"ס מלוקטות מספרא, ספרי, ספרי זוטא ומסכתות קטנות, והסוגיות מתלמוד בבלי**, אשדוד תשע"ח.

זר כבוד, "הנכרי והגר" = מ' זר כבוד, "הנכרי והגר במקרא", בתוך: י' קיופמן (עורך), **עז לדוד : קובץ מחקרים בתנ"ך : מוגש לדוד בן־גוריון במלאת לו שבעים ושבע שנים**, ירושלים תשכ"ד, עמ' 550–567.

חדד, **מיעוטים** = א' חדד, **מיעוטים במדינת ישראל היבטים הלכתיים**, ירושלים, 2010.

חסדי דוד = ד' פארדו, **ספר חסדי דוד: פרוש על מתניא ותוספתא** ד, ירושלים תש"ל.

טלמון, **בעידן האלימות** = י' טלמון, **בעידן האלימות**, תל אביב תשל"ד.

יוסף, "מסירת שטחים" = ע' יוסף, "מסירת שטחים מא"י במקום פיקוח נפש", **תחומין** י, תשמ"ט, עמ' 34-47.

יעקובסון ורובינשטיין, **משפחת העמים** = א' יעקובסון וא' רובינשטיין, **ישראל ומשפחת העמים: מדינת לאום יהודית וזכויות אדם**, ירושלים ותל אביב תשס"ג.

ישראלי "מעמד הנכרי" = ש' ישראלי "מעמד הנכרי במדינה ישראלית לאור התורה" התורה והמדינה, ז-ח (תשט"ו-תשי"ז) עמ' צו-קכ. נדפס שנית: הנ"ל, **עמוד הימיני**, תל אביב תשכ"ו, סימן יב.

ישראלי, "מסירת שטחים" = ש' ישראלי, "מסירת שטחים מא"י במקום פקוח נפש", **תחומין** י, תשמ"ט, עמ' 48-61.

ישראלי, "נכרי חבר כנסת" = ש' ישראלי, "נכרי חבר כנסת וחבר עירייה", **תורה שבעל פה** טז, (תשל"ד), עמ' עב-עט.

ישראלי, **הרבנות והמדינה** = ישראלי, ש׳, **הרבנות והמדינה**, ירושלים תשע״ה.

ישראלי, **חוות בנימין** = ש׳ ישראלי, **חוות בנימין א**, נ׳ גוטל (עורך), כפר דרום, תשנ״ב.

כ״ץ, **גוי של שבת** = י׳ כ״ץ, **גוי של שבת : הרקע הכלכלי־חברתי והיסוד ההלכי להעסקת נוכרי בשבתות ובחגי ישראל**, ירושלים, תשס״ז.

כ״ץ, **מסורת** ומשבר = י׳ כ״ץ, **מסורת ומשבר**, ירושלים תשמ״ו.

כי לא יינחם האלוהים על מתנותיו ולא על קריאתו = "The Gifts and Calling of God are Irrevocable", *Vatican Commission for Religious Relations with the Jews*, Rome 2015.

כתבי הרצל = **כתבי הרצל ב**, תל אביב תש״ך.

לבנסון, **מורשת אברהם** = J. D. Levenson, *Inheriting Abraham: The Legacy of the Patriarch in Judaism, Christianity, and Islam*, Princeton 2012.

לואיס, **היהודים** = ב׳ לואיס, **היהודים בעולם האסלאם**, ירושלים תשנ״ו.

לואיס, **המזרח התיכון** = ב׳ לואיס, **המזרח התיכון והמערב**, ירושלים תש״ל.

לוביץ׳, ״קידוש השם״ = ר׳ לוביץ׳, ״המושגים ׳קידוש־השם׳ ו׳חילול־השם׳ בהגות של הציונות הדתית״, **שאנן** טז, תשע״א, עמ׳ 113–146.

לוי, ״דרכי נועם״ = י׳ לוי, ״דרכיה דרכי נועם - מקור להלכה״, **המעין כא**, תשמ״א, עמ׳ 33–38.

לוין, **פסקי דין** = א״ד לוין (עורך), **פסקי דין בדיני ממונות ובבירור יוחסין מבית דין ירושלים לדיני ממונות ולבירור יוחסין, בהוצאת הנהלת בית דין צדק ירושלים** ט, ירושלים תשס״ה.

לורברבוים, **פוליטיקה** = מ' לורברבוים, **פוליטיקה וגבולות ההלכה**, ירושלים תשס"ו.

ליכטנשטיין, "קידוש השם" = א' ליכטנשטיין, "לחיות על קידוש השם - חלק ב", אתר **תורת עציון**
https://etzion.org.il/he/halakha/studies-halakha/laws-state-and-society/kiddush-hashem-sanctifying-gods-name-part-2.

לפידות, **אוטונומיה** = R. Lapidoth, *Autonomy: Flexible Solutions to Ethnic Conflict*, Washington D.C. 1997.

מאיר עין = **ספרי עם פירוש מאיר עין**, ירושלים תשל"ח.

מור, "שיקולי עריכה" = ש' מור, "שיקולי עריכה של קבצים הלכתיים: עיון ספרותי־משפטי בקובץ 'מפני דרכי שלום' במשנה", **דיני ישראל** לז, תשפ"ג, עמ' 35–71.

מלאך, "אחרונים" = א' מלאך, "הנצרות כדת חיובית בדברי אחרונים" בתוך: י' נגן ואחרים, **ושמו אחד: ריפוי הקשר שבין ישראל לדתות העולם**, ירושלים תשפ"ב, עמ' 151–176.

מלאך, "ישראל החדש" = א' מלאך, "ישראל החדש: גלגולו של הרעיון ושל הדימוי בעמים הנוצריים", **היסטוריה** 41, תשע"ח, עמ' 37–74.

מלאך, "מדינת לאום" = א' מלאך, "מדוע מדינת לאום? טיעונים בזכות מדינת הלאום בהגות המדינית", **תרבות דמוקרטית** 19, תש"ף, עמ' 141–173.

מלאך, "עמדן" = א' מלאך, "הרב יעקב עמדן: היסודות החיוביים של הנצרות" בתוך: י' נגן ואחרים, **ושמו אחד: ריפוי הקשר שבין ישראל לדתות העולם**, ירושלים תשפ"ב, עמ' 133–150.

מלאך, "רפובליקניזם" = א' מלאך, "רפובליקניזם לאומי: מעבר לטוב המשותף", **השילוח** 28, תשפ"ב.

מלאך, "תקפות הטיעונים" = א' מלאך, "תקפות הטיעונים בזכות מדינת הלאום במקרה הישראלי", בתוך: ר' זריק ואחרים (עורכים), **משפט, מיעוט וסכסוך לאומי**, תל אביב תשע"ז, עמ' 123–150.

מלמד, **בני חורין** = יב"צ מלמד, **בני חורין: עיונים בנושא חירות האדם וזכויותיו במקורות ישראל**, תל אביב תשנ"ב.

מלמד, **הרחבות לפניני הלכה שבת** = א' מלמד, **הרחבות לפניני הלכה שבת**, הר ברכה תשע"א.

מן, **באר מרים** = ד"י מן, **באר מרים : חידושים, ביאורים והערות על הרמב"ם הלכות מלכים**, כפר חסידים תשמ"א.

מנחת שלמה = ר' שלמה זלמן אוירבך, **שו"ת מנחת שלמה** ירושלים תשס"ה.

מרגליות, **טל תחיה** = ר' מרגליות, **טל תחיה**, באר שבע תשס"ח.

נבון **מדינה קטנה** = ח' נבון, **מדינה קטנה לעם גדול: יותר יהודית, פחות כופה: הצעה למדינה יהודית רזה**, ראשון לציון תשע"א.

נבון, "יישוב ארץ ישראל" = ח' נבון, "מצוות יישוב ארץ ישראל", https://etzion.org.il/he/halakha/studies-halakha/laws-state-and-society/0-מצוות-יישוב-ארץ-ישראל.

נגן ואחרים, **ושמו אחד** = י' נגן ואחרים, **ושמו אחד: ריפוי הקשר שבין ישראל לדתות העולם**, ירושלים תשפ"ב.

נגן, "מה היה חסר" = י' נגן, "מה היה חסר בהסכם אוסלו?", https://www.kipa.co.il/מה-היה-חסר-בהסכם-אוסלו-1099814/ חדשות/דעות (אוחזר 12.11.24).

נגן, "רמב"ם" = י' נגן, "הרמב"ם: מצוות במח נח כדת הבלעדית לאומות העולם" בתוך: י' נגן ואחרים, **ושמו אחד: ריפוי הקשר שבין ישראל לדתות העולם**, ירושלים תשפ"ב, עמ' 83–102.

נגן, "שבע מצוות" = י' נגן, "שבע מצוות בני נח: תנאי סף לחברה אנושית או זהות דתית?" בתוך: י' נגן ואחרים, **ושמו אחד: ריפוי הקשר שבין ישראל לדתות העולם**, ירושלים תשפ"ב, עמ' 39–50.

נגן, "שבת" = י' נגן, "שבת לישראל ושבת לאומות" בתוך: י' נגן ואחרים, **ושמו אחד: ריפוי הקשר שבין ישראל לדתות העולם**, ירושלים תשפ"ב, עמ' 301–309.

נוסטרה אטטה = *Nostra Aetate: Declaration on the Relation of the Church to Non-Christian Religions*, Rome 1965.

נר מצווה לרב יהודה סיד, שאלוניקי תקע"א.

נריה, "קהל גרים" = מ"צ נריה, "קהל גרים", **תורה שבעל פה** יג (תשל"א), עמ' צו-קכו.

נריה, **ענבי פתחיה** = מ"צ נריה, **ענבי פתחיה**, כפר הרואה, תשנ"ב.

סולוביצ'יק, **ילד שעשועים** = א' סולוביצ'יק, **ילד שעשועים**, ירושלים תשע"ו.

סולוביצ'יק, **שיעורים** = י"ד סולוביצ'יק, **שיעורים לזכר אבא מרי ז"ל**, ב, ירושלים תשס"ב .

סטודנט, "זקס" = Gil Student, "Rabbi Sacks' Theology of the Stranger: A Halakhic Defense", https://www.torahmusings.com/2021/10/rabbi-sacks-theology-of-the-stranger-a-halakhic-defense/ (אוחזר 13.11.24).

ספרי, פינקלשטיין = **ספרי**, מהד' פינקלשטיין, ניו־יורק וירושלים תשנ"ג.

עוזיאל, **פסקי עוזיאל** = ב"צ עוזיאל, **פסקי עוזיאל בשאלות הזמן**, ירושלים תשל"ז.

עזרת כהנים = י"י פינברג, **ספר עזרת כהנים : והוא ביאור על משניות מסכת מדות**, ירושלים תשס"ב.

עמדן, **רסן מתעה** = ל' גוטליב, "'רסן מתעה' לרבי יעקב עמדן - מהדורה קמא ובתרא: עם מבוא, השוואה טקסטואליות והערות", בתוך ב' איש שלום (עורך), **בדרכי שלום : עיונים בהגות יהודית מוגשים לשלום רוזנברג**, ירושלים תשס"ז, עמ' 295-321.

עציוני, "ריבונות" = A. Etzioni, "Sovereignty as Responsibility", *Orbi* 50.1, 2006, pp. 71–85

פיקאר, "מעמד נכרי" = א' פיקאר, "מעמד נכרי במדינת ישראל בפסיקת רבני הציונות הדתית", **ראשית** 1, תשס"ט, עמ' 187-212.

צוריאל "אהבה" = מ' צוריאל, "אהבה אוניברסלית - על יחס חיובי לאומות העולם", https://www.yeshiva.org.il/midrash/4453 (אוחזר 15.11.24).

קובץ הערות = א' וסרמן, **ספר קובץ הערות למסכת יבמות** ירושלים תשס"ג.

קויפמן, **תולדות האמונה** = י' קויפמן, **תולדות האמונה הישראלית** ב, ירושלים תשל"ו.

קוק, **לנבוכי הדור** = א"י קוק, **לנבוכי הדור**, ירושלים תשמ"ד.

קוק, **לנתיבות ישראל** = צ"י קוק, **לנתיבות ישראל**, ירושלים תשל"ט.

קוק, **משפט כהן** = א"י הכהן קוק, **שו"ת משפט כהן** (ענייני ארץ ישראל), ירושלים תשנ"ג.

קוק, **שיחות הרצי"ה** = צ"י קוק, **שיחות הרב צבי יהודה: ארץ ישראל**, ירושלים תשע"א.

קוראן = **הקוראן: מהדורה חדשה עם תיקוני תרגום והערות מורחבות**, תרגם: א' רובין, תל אביב 2015.

קלישר, **מאזנים למשפט** = צ"ה קלישר, **מאזנים למשפט**, ירושלים תשע"א.

קנייבסקי, **יבמות** = י"י קניבסקי, ושי"ח קניבסקי, *מסכת יבמות מן תלמוד ירושלמי עם ביאור* ... בני ברק תשע"ג.

קרלין, **תורת חשן המשפט** = א' קרלין, **תורת חשן משפט**, תל אביב תש"א.

קרסנר, "ריבונות" = S.D. Krasner, "Sharing Sovereignty: New Institutions for Collapsed and Failed States", *International Securit* 29.2, 2004, pp. 85–120.

רבינוביץ', "חלוקה" = ש' רבינוביץ', "בענין חלוקת כספי קופות הצדקה לעניי עכו"ם", **בית הלל** לב, תשס"ח, עמ' סד-סט.

רבינוביץ', **שו"ת מלומדי מלחמה** = נ"א רבינוביץ', **שו"ת מלמדי מלחמה**, מעלה אדומים תשנ"ד.

רבינוביץ', **שו"ת שיח נחום** = נ"א רבינוביץ', **שו"ת שיח נחום**, מעלה אדומים תשע"ג.

רבנו הלל = **ספרי עם פירוש רבנו הלל**, ירושלים תש"ח.

רובינשטיין, "דרכי שלום" = ש"ת רובינשטיין, "תקנות שהתקינו חז"ל מפני דרכי שלום", **תורה שבעל פה** כא, תש"מ, עמ' ס-סו.

רוזנבלט, "המאירי" = ש' רוזנבלט, "רבי מנחם המאירי: מוסר ואמונה בה' כבסיס לאחווה", בתוך: י' נגן ואחרים, **ושמו אחד: ריפוי הקשר שבין ישראל לדתות העולם**, ירושלים תשפ"ב, עמ' 103-122.

רוזנבלט, "לעתיד לבוא" = ש' רוזנבלט, "בין ישראל לעמים לעתיד לבוא: ארבעה מודלים בנבואות אחרית הימים", בתוך: י' נגן

ואחרים, **ושמו אחד: ריפוי הקשר שבין ישראל לדתות העולם**, ירושלים תשפ"ב, עמ' 17-29.

רוסו, **על האמנה החברתית** = ז"ז רוסו, **על האמנה החברתית**, ירושלים תשנ"ו.

רייזל, **מבוא למדרשים** = ע' רייזל, **מבוא למדרשים**, אלון שבות תשע"א.

רמב"ן **תורת האדם** = רמב"ן, "תורת האדם" בתוך: ח"ד שעוועל (עורך), **כתבי רבינו משה בן נחמן: יוצאים לאור על־פי כתבי יד ודפוסים ראשונים עם מראי מקומות, הערות ומבואות**, ירושלים תשמ"ח, כרך ב עמ' ט-שיא.

רמב"ן, "פירוש לשיר השירים" = רמב"ן, "פירוש לשיר השירים" בתוך: ח"ד שעוועל (עורך), **כתבי רבינו משה בן נחמן: יוצאים לאור על־פי כתבי יד ודפוסים ראשונים עם מראי מקומות, הערות ומבואות**, ירושלים תשמ"ח, כרך ב עמ' תעג-תקיח.

רפאל, "זכויות המיעוטים" = ש' רפאל, "זכויות המיעוטים בישראל בהלכה", **תורה שבעל פה** כא, (תשל"ט), עמ' סז-עג.

שוגרמן, "היחס למיעוטים" = א' שוגרמן, "היחס למיעוטים במדינת ישראל", **ניב המדרשיה** יח-יט, תשמ"ה-תשמ"ו, עמ' 265-275. https://www.daat.ac.il/daat/kitveyet/niv/shugerman-1.htm.

שלהב, **הסדרי הקבע** = י' שלהב, **לקראת הסדרי הקבע: תמורות במושג הריבונות**, הרצליה תשס"ט.

שנהב, "התאוריה הביקורתית" = י' שנהב, "מהו צבעה של? מחשבות על ריבונות פוסט־וסטפלית", ג' אייל (עורך), **ארבע הרצאות על תיאוריה ביקורתית**, ירושלים תשע"ב, עמ' 25-49.

שניאורסון, **אגרות קודש** = מ"מ שניאורסאהן, **אגרות קודש** כז (תשלא-תשלב), ברוקלין תשס"ו.

שפירא, **הר הקודש** = מ"נ שפירא, **הר הקודש**, ירושלים תשנ"ב.

שפרבר, **דרכה** = ד' שפרבר, **דרכה של הלכה**, ירושלים תשס"ז.

שפת מלך = ש' קורח, **שפת מלך**, בני ברק תשנ"ח.

שציפנסקי, **התקנות** = י' שציפנסקי, **התקנות בישראל ב**, ירושלים תשס"ד, עמ' שלב-שנד.

שרייבר, **אגלי בכרה** = ח"י שרייבר, **אגלי בכרה**, חמ"ד תשע"ג https://tora-forum.co.il/attachments/אגלי-בכרה-pdf.11133.

שרלו, "חלול השם" = י' שרלו, "עקירת אות מן התורה מפני חלול השם", א"ח שנוולד (עורך), **ספר הראל: צבאיות ישראלית באספקלריה תורנית**, רמת הגולן תשנ"ט, עמ' 203-234.

תולדות אדם = דמ"א טרוס (אשכנזי), **ספרי דברים עם פירוש תולדות אדם**, ירושלים תשס"ד.

תורג'מן, **מחקר משווה** = א' תורג'מן, **מחקר משווה: דגל סמל והמנון במדינות לאום דמוקרטיות**, ירושלים תשע"ז.

המרכז הבין דתי אור תורה

הופכים את הדת לחלק מהפתרון

המרכז הבין־דתי אור תורה מבוסס על האמונה שליהדות תפקיד חשוב בסיפור הגדול של האנושות, וכי עם חזרת ישראל לארצו והקמת ריבונות יהודית הגיעה העת לברר לעומק את מהות התפקיד הזה ולהוציאו אל הפועל. זאת ועוד: המרכז חרת על דגלו להפוך את התורה ואת חכמת ישראל לחלק מן הפתרון לאתגרים מורכבים שבהם הדת היא רכיב מרכזי, וזאת באמצעות קידום הקשר ושיתוף הפעולה בין היהדות לדתות אחרות. באופן ממוקד יותר, המרכז עוסק בטיב היחסים בין עם ישראל ומדינת ישראל לעמים ומדינות אחרות מנקודת מבט דתית.

מטרה זו מבוססת על התובנה כי הממד הדתי הוא רכיב מרכזי בסכסוכים ובמלחמות ארוכות השנים במזרח התיכון. לאורך השנים הוצעו פתרונות והועלו אינטרסים הסותרים את הזהות הדתית העמוקה של הצדדים השונים, מתוך פרדיגמה מערבית־חילונית שאיננה מתאימה למזרח התיכון ולכן איננה אפקטיבית. אדרבה, ראינו כיצד התעלמות מהשורשים הדתיים של הסכסוך הובילה דווקא לעליית כוחות דתיים קיצוניים ואלימים, במקום למיתונם.

גישתנו הפוכה בתכלית. אכן, הדת היא חלק עמוק מהבעיה. אך אנו מאמינים כי היא גם יכולה וצריכה להיות חלק מהפתרון. תובנה חשובה זו היא פרי של העמקה ומחקר רעיוניים מזה; וראיות רבות מהשטח מזה, על בסיס ניסיון רב־שנים של שיח עמוק עם מנהיגי דת ברחבי העולם המוסלמי. אשר על כן, אנו מאמינים שפיוס ארוך טווח

במזרח התיכון בפרט, ובין ישראל למדינות מוסלמיות בעולם בכלל, **בהכרח יכלול דיפלומטיה בין דתית**. אנו רואים כי לדרך זו פוטנציאל גדול, ובלתי ממומש, להניב תוצאות רבות ערך בהפחתת האלימות, בחיזוק המאבק באנטישמיות, בשכלול יחסי החוץ של מדינת ישראל, **ובקידום הכרה רחבה יותר של העולם המוסלמי בתורת ישראל ובקיומו של עם ישראל בארץ ישראל**. עמדה זו אינה מחליפה את הצורך להבין את סבך האינטרסים המשותפים והמנוגדים של הכוחות הפועלים במזרח התיכון, לנווט ביניהם ולפעול באופן נחוש במישור הבטחוני אל מול גורמים עוינים. ברם, היא מוסיפה את הנדבך הדתי כרכיב מרכזי והכרחי.

בתוך כך, המרכז הבין דתי אור תורה מתמקד בשנים אלו באופן מיוחד בסוגיות היסוד הרעיוניות, התיאולוגיות והזהותיות העומדות בבסיס היחסים שבין היהדות והאסלאם ועוסק בהן באופן ישיר כדי להשיג פריצת־דרך ביחסים בין הדתות, בדומה לפריצת הדרך שהושגה לפני 60 שנה עם הצהרת ה"נוסטרה אטטה" המפורסמת שפרסם הוותיקן בשנת 1965. תהליך מסוג זה דורש העמקה רעיונית ויצירת תוכן, בניית שדה שותפויות בתוך העולם היהודי ובמקביל יצירת רשת קשרים ואמון עם גורמים מתונים ובעלי השפעה בעולם המוסלמי. הניסיון מראה שישנה אוזן קשבת לגישה כזו במקומות רבים בעולם המוסלמי. באופן מפתיע הרצון באזורים רבים לקשר עמוק עם העם היהודי דווקא הלך וגדל תוך כדי מלחמת "חרבות ברזל". זאת משום שהמלחמה הנוכחית גרמה לחידוד של ההבדלים בין הגורמים המתונים לקיצוניים באסלאם ושל האיום שהאחרונים מהווים על הראשונים, גם ללא קשר למדינת ישראל. מאז הסכמי אברהם אנו עדים לכך שנורמליזציה עם מדינת ישראל משמשת סממן חשוב של מתינות בקרב מדינות מוסלמיות, **אך קשרים אלו זקוקים גם לשפה דתית**, ולתמיכה ולעידוד של מנהיגי הדת, כדי לרתום גורמים נוספים לתהליך מבורך זה.

פעילות המרכז

התוכנית האסטרטגית של המרכז בנויה על שלושה יסודות מרכזיים: מחקר ופיתוח; בניית שדה הדיפלומטיה הבין־דתית בתוך העם היהודי; ודיפלומטיה בין־דתית מול מנהיגי דתות אחרות.

המחקר והפיתוח נערכים במסגרת בית המדרש לישראל והאנושות, המשמש בית היוצר של התשתית הרעיונית, האמונית וההלכתית ואשר מניע את פעילותנו בשדה הדיפלומטיה הבין דתית. בית המדרש מכנס רבנים וחוקרים, העוסקים בלימוד תפיסות יהודיות כלפי דתות אחרות ובחקר רעיונות מרכזיים של אמונות שונות, תוך בניית גשרים אפשריים למפגש אמיתי, מכבד ונוקב. בשנת תשפ"ב (2022) פרסם בית המדרש את ספרו הראשון בעברית: "ושמו אחד: ריפוי הקשר בין ישראל ודתות העולם" (הספר פורסם גם באנגלית בשנת תשפ"ה - 2024). הספר השני, "וחי עמך", שאתם אוחזים בידיכם, עוסק ביחס למיעוטים במדינה יהודית לאור ההלכה. עוד פרסם בית המדרש מסה נרחבת המניחה תשתית רעיונית לריפוי היחסים שבין היהדות לבין האסלאם (בעברית, ערבית ואנגלית) והוא שוקד על פרסומים נוספים.

בניית שדה הדיפלומטיה הבין דתית בתוך העם היהודי באה לידי ביטוי בראש ובראשונה בתוכנית העמיתים על שם בליקלה, שהיא חלק **ממכון בליקלה לשיח בין דתי** שבתוך המרכז. התוכנית מאתרת מנהיגים בעלי השפעה ומספקת להם הכשרה ותמיכה כדי להרחיב את מעגלי ההשפעה של המרכז. בוגרי התוכנית מעורבים בתחומים רבים בעולם הבין דתי, החל מקבוצות לימוד משותפות וגישור בערים מעורבות בישראל ועד לתיווך בין פוליטיקאים ואנשי דת בכירים. המכון מפעיל עוד שתי תוכניות דומות ברמה הבינלאומית לרבנים דוברי אנגלית וכן מקדם מגוון פעילויות חינוכיות ותקשורתיות בתחום.

פעילות הדיפלומטיה הבין דתית מתבטאת בשותפות בשורה ארוכה של כנסים בינלאומיים רבי־השפעה, בהפעלת רשת בינלאומית של קבוצות למידה ושיתופי־פעולה עם מנהיגים דתיים חשובים ברחבי העולם, בפעילות תקשורתית ועוד. המרכז מתמקד בשנים אלו באופן מיוחד בהשגת **פריצת דרך ביחסים בין היהדות לאסלאם**. תאוריית השינוי שלו מתבססת על שימוש בשיח רעיוני ככלי ליצירת אמון, פיתוח תכנים ויצירת מיזמים משותפים. תוצרי התהליך מתרחבים בהמשך לשומעי לקחם של מנהיגי הדת הנמצאים במרכזו ובאים לידי ביטוי בדרשות, פרסומים, כתיבת חומרים חינוכיים ופעילות תקשורתית. פעילויות אלו צפויות לשנות את הפרדיגמה והסיפור החברתי־תרבותי־דתי וכך מצד אחד להוות משקל נגד לאנטישמיות הגואה ומצד שני לאפשר למנהיגים הפוליטיים לאמץ גישה יעילה יותר ממה שנוסה עד כה. המרכז, על פי הגדרתו העצמית, אינו עוסק בהסדרים דיפלומטיים לכשעצמם אך סבור שהתוצרים, השפה והקשרים שהוא יוצר יש בהם כדי לסייע בפריצת דרך פוטנציאלית במזרח התיכון. כדי לוודא שמאמציו תואמים את האסטרטגיה הרחבה של מדינת ישראל, המרכז פועל בשיתוף־פעולה הדוק עם משרדי הממשלה הרלוונטיים, בית הנשיא ורשויות ממשלתיות שונות.

The Ohr Torah Interfaith Center

Making Religion Part of the Solution

The Ohr Torah Interfaith Center is founded on the belief that Judaism has a vital role in the grand story of humanity. With the historical return of the Jewish people to its land and the establishment of Jewish sovereignty over seven decades ago, the time has come to thoroughly explore the essence of this role and put it into practice.

The Interfaith Center is committed to making the Torah and Jewish wisdom part of the solution to complex challenges in which religion is a central component—by fostering connection and cooperation between Judaism and other faiths and opposing those who wish to weaponize religion. More specifically, the Center deals with the nature of the relationship between the Jewish people and the State of Israel with other faiths and countries from a religious perspective.

The Blickle Institute for Interfaith Dialogue identifies influential Jewish leaders and equips them with tools and support to expand the Center's impact in the field of Interfaith Diplomacy and Dialogue. In a yearlong seminar, fellows meet every two weeks to study the foundations of other faiths and how Judaism relates to them. They also participate in major international conferences, maintain a global network of learning groups, and collaborate with prominent religious leaders worldwide. In the past five years, the Blickle fellowship has graduated over 60 dedicated trailblazers in the field of Interfaith Dialogue.

We are grateful to Lisbeth (may she live and be well) and Karl-Hermann Blickle (of blessed memory) for their very generous support of the Blickle Institute for Interfaith Dialogue.

The Beit Midrash for Judaism and Humanity serves as the think tank and ideological engine for the Interfaith Center's diplomacy and dialogue work. The Beit Midrash brings together rabbis and scholars to study Jewish approaches to other religions and core concepts of other faiths, building conceptual bridges for honest, respectful engagement.

In 2022, the Beit Midrash published its first book in Hebrew, *God Shall be One: Reenvisioning Judaism's Approach to Other Religions* (also published in English in 2024). Inspired by the Catholic Church's historic 1965 Nostra Aetate that promoted reconciliation between Christianity and Judaism, the Beit Midrash has also released a comprehensive essay laying the groundwork for reconciliation between Judaism and Islam (in Hebrew, Arabic, and English), and continues to develop new and inspiring content.

Thank you to our dear friends of the Beit Midrash for Judaism and Humanity:

Dr. Michelle Friedman and Mr. Benjamin Belfer
Dr. Giti and Mr. Jack Bendheim
Mr. David Harris
Mrs. Gloria Harris
Mrs. Jodi and Mr. Jeff Harris
Mrs. Rachel and Mr. Alan Jacoby
Dr. Monique and Dr. Mordecai (z"l) Katz
Mrs. Danielle and Mr. Jeffrey Wild
Mrs. Edna and Mr. Avner Zussman